A FASE DO SANEAMENTO DO PROCESSO ANTES E APÓS A VIGÊNCIA DO NOVO CÓDIGO DE PROCESSO CIVIL

PAULO PIMENTA
ADVOGADO

A FASE DO SANEAMENTO DO PROCESSO ANTES E APÓS A VIGÊNCIA DO NOVO CÓDIGO DE PROCESSO CIVIL

ALMEDINA

TÍTULO:	A FASE DO SANEAMENTO DO PROCESSO ANTES E APÓS A VIGÊNCIA DO NOVO CÓDIGO DE PROCESSO CIVIL
AUTOR:	PAULO PIMENTA
EDITOR:	LIVRARIA ALMEDINA – COIMBRA www.almedina.net
LIVRARIAS:	LIVRARIA ALMEDINA ARCO DE ALMEDINA, 15 TELEF. 239851900 FAX 239851901 3004-509 COIMBRA – PORTUGAL livraria@almedina.net LIVRARIA ALMEDINA ARRÁBIDA SHOPPING, LOJA 158 PRACETA HENRIQUE MOREIRA AFURADA 4400-475 V. N. GAIA – PORTUGAL arrabida@almedina.net LIVRARIA ALMEDINA – PORTO R. DE CEUTA, 79 TELEF. 222059773 FAX 222039497 4050-191 PORTO – PORTUGAL porto@almedina.net EDIÇÕES GLOBO, LDA. R. S. FILIPE NERY, 37-A (AO RATO) TELEF. 213857619 FAX 213844661 1250-225 LISBOA – PORTUGAL globo@almedina.net LIVRARIA ALMEDINA ATRIUM SALDANHA LOJAS 71 A 74 PRAÇA DUQUE DE SALDANHA, 1 TELEF. 213712690 atrium@almedina.net LIVRARIA ALMEDINA – BRAGA CAMPUS DE GUALTAR UNIVERSIDADE DO MINHO 4700-320 BRAGA TELEF. 253678822 braga@almedina.net
EXECUÇÃO GRÁFICA:	G.C. – GRÁFICA DE COIMBRA, LDA. PALHEIRA – ASSAFARGE 3001-453 COIMBRA E-mail: producao@graficadecoimbra.pt JUNHO, 2003
DEPÓSITO LEGAL:	196346/03
	Toda a reprodução desta obra, por fotocópia ou outro qualquer processo, sem prévia autorização escrita do Editor, é ilícita e passível de procedimento judicial contra o infractor.

À Susana, minha querida Mulher
Às nossas Filhas, Leonor e Constança

Aos meus Pais,
de quem recebi o exemplo

PREFÁCIO

O presente trabalho corresponde à minha dissertação de mestrado em Ciências Jurídico-Processuais, apresentada na Faculdade de Direito da Universidade de Coimbra, em Novembro de 2000, cuja discussão pública ocorreu em 8 de Novembro de 2002, perante o Júri constituído pelos Senhores Professores Doutores Manuel Henrique Mesquita (que foi meu orientador), Miguel Teixeira de Sousa (que foi arguente) e João Calvão da Silva.

Procedi a pequenos ajustamentos, destinados a actualizar as referências legislativas e doutrinárias. Quanto ao mais, mantive o enquadramento definido para o trabalho. Tal enquadramento está marcado por uma visão do processo civil determinada pela minha própria actividade profissional, que me leva a procurar conjugar o que, por vezes, é difícil conciliar, isto é, a docência académica e a advocacia. Com efeito, a reflexão e a investigação que a docência académica demanda nem sempre se articulam com o ritmo e a espontaneidade impostos pelo quotidiano forense.

Aproveito a oportunidade para agradecer ao Senhor Professor Doutor Manuel Henrique Mesquita o tratamento que sempre me dispensou. Tendo-me recebido como mestrando na Faculdade de Direito de Coimbra, desde cedo revelou acreditar nas minhas capacidades, aceitando ser meu Orientador e tendo dado claros sinais de confiança no meu trabalho, no domínio do processo civil.

Também deixo uma referência muito especial ao Senhor Dr. António Montalvão Machado.

Comecei por ser seu aluno, e foram as suas extraordinárias prelecções que suscitaram o meu interesse pela disciplina. Passei a ser seu colaborador nas aulas de processo civil. Entretanto, tive a honra de publicar com ele "O novo processo civil", que vai na quarta edição, trabalho que é o repositório das nossas aulas.

Ao longo destes anos, tenho contado sempre com o apoio, com o reconhecimento e com a amizade do Dr. António Montalvão Machado, o que muito me orgulha, pois se trata, indiscutivelmente, de uma figura de referência no ensino universitário do processo civil.

Este é ainda o lugar para uma menção particular ao Senhor Dr. Gil Moreira dos Santos, distinto advogado e docente universitário.

Para mim, constitui motivo de grande satisfação contar com a sua amizade e com as suas manifestações de apreço. Além disso, é um enorme privilégio e um permanente estímulo conviver com tão talentoso jurista.

I

INTRODUÇÃO

A última reforma do direito processual civil português foi operada pelo Código de Processo Civil (CPC) de 1995.

O novo código foi aprovado pelo Decreto-Lei (DL) n.º 329-A/95, de 12 de Dezembro, tendo o art. 16.º desse diploma fixado para a sua entrada em vigor o dia 1 de Março de 1996. Porém, o art. 1.º da Lei n.º 6/96, de 29 de Fevereiro, dando nova redacção àquele art. 16.º, diferiu para o dia 15 de Setembro seguinte o início de vigência do novo código. Entretanto, o novo governo em funções aproveitou esse período de tempo para proceder a alguns ajustamentos no diploma de 1995, os quais se concretizaram através do DL n.º 180/96, de 25 de Setembro.

Por tudo isso, o novo código de processo civil só veio a entrar, efectivamente, em vigor no dia 1 de Janeiro de 1997 (cfr. o art. 4.º do DL n.º 180/96, de 25.09, que deu nova redacção ao sobredito art. 16.º do DL n.º 329-A/95, de 12.12, na esteira, aliás, do já estatuído pelo art. 5.º da Lei n.º 28/96, de 2 de Agosto).

Não obstante, preferimos datar de 1995 este diploma, por ter sido esse o ano da sua publicação[1].

Por outro lado, entendemos que se trata, realmente, de um novo código de processo civil, embora o próprio legislador tenha reservas acerca da qualificação deste diploma como tal[2].

Uma das matérias atingidas, de modo mais significativo, pela reforma foi a respeitante à fase do saneamento na acção declarativa, o que

---

[1] Neste sentido, A. Montalvão Machado (*op. cit.*, p. 13, nota de rodapé n.º 3) e A. Montalvão Machado/Paulo Pimenta (*O novo processo ...*, p. 24).

[2] Cfr. o Preâmbulo do DL n.º 329-A/95, de 12.12. Atente-se que esse Preâmbulo não é totalmente elucidativo, já que, a espaços, ao longo do mesmo, encontramos afirmações que indiciam estarmos, afinal, face a um novo código. Dando conta dessa *dúvida* criada pelo Preâmbulo, Antunes Varela [*A reforma do processo civil português ..., Revista de Legislação e de Jurisprudência (RLJ)*, n.º 3872, ps. 325-327]. No sentido da posição assumida no texto, A. Montalvão Machado (*op. cit.*, ps. 12-13, nota de rodapé n.º 2), A. Montalvão Machado/Paulo Pimenta (*O novo processo...*, p. 24), J. Lebre de Freitas/J. Redinha/R. Pinto (*op. cit.*, Prefácio, p. V) e J. Pereira Batista (*op. cit.*, p. 10, nota de rodapé n.º 15).

é, de resto, destacado no próprio Relatório preambular do diploma que aprovou o novo código.

A fase do saneamento, sucedendo aos articulados das partes, corresponde ao segundo período da tramitação processual declarativa, desempenhando diversas e relevantes funções, que iremos analisar ao longo do trabalho. Deve adiantar-se que a importância desta fase na economia do processo tem sido, sucessivamente, reforçada em cada nova versão do código de processo civil, como também veremos.

Desde a primeira intervenção legislativa, em 1907, pela qual se instituiu um despacho judicial, a proferir findos os articulados, destinado ao julgamento das nulidades processuais, passando pelos Decretos de 1926, 1930 e 1932, que alargaram, decisivamente, a intervenção do juiz, após a fase dos articulados, solução que foi apurada e consolidada no CPC de 1939 e no de 1961, até ao CPC de 1995, diploma que redimensionou, tornando mais abrangente e ambiciosa, esta fase processual, temos de reconhecer que a fase que ora nos ocupa é, na verdade, nuclear e imprescindível no rito processual. E esta conclusão impor-se-á qualquer que seja o enquadramento que pretenda instituir-se para tal fase.

Por outras palavras, diremos que a "fase do saneamento, como ponto de escala estrategicamente situado entre o local de partida e o de destino do processo, constitui uma aquisição indiscutível do processo civil"[3].

Aliás, o regime consagrado no CPC de 1995 é, antes de mais, o reconhecimento das virtualidades deste segundo período processual, em todas as suas vertentes tradicionais, ou seja, a verificação da regularidade da instância, o eventual conhecimento imediato do mérito da causa, a selecção da matéria de facto relevante e a preparação das fases posteriores do processo. Mas é mais do que isso. O novo regime procurou tornar esta fase o palco privilegiado para a concretização do princípio da cooperação entre as partes, e entre estas e o tribunal, o que implicará uma aproximação entre todos os intervenientes processuais, de forma a que algumas das decisões judiciais a tomar aí beneficiem do contributo e da participação activa das partes, com o consequente comprometimento e corresponsabilização de todos os intervenientes no objectivo fundamental do processo:
– a justa composição do litígio.

---

[3] Cfr. A. Abrantes Geraldes (*op. cit.*, Vol. II, p. 31).

Antes de prosseguirmos, devemos registar que a designação adoptada para este momento processual – fase do saneamento – não estará isenta de críticas, o que decorrerá do facto de a expressão não conseguir sintetizar as inúmeras vertentes desta fase. De resto, esta dificuldade de designar, doutrinariamente, a fase em estudo não é nova, pois que já foi experimentada face ao CPC de 1939, manteve-se na vigência do CPC de 1961 e persiste com o CPC de 1995, aspecto de que daremos conta quando analisarmos cada um dos diplomas.

*

Considerando, de um lado, a importância nuclear desta fase processual na estrutura da acção declarativa, de outro, o ênfase dado pelo legislador às alterações introduzidas e, finalmente, as expectativas criadas a seu propósito (acompanhadas, refira-se, de não pouca controvérsia), afigura-se-nos pertinente e justificado o estudo e a apreciação do regime ora instituído.

Este trabalho beneficiará, certamente, da circunstância de, decorridos alguns anos sobre o início da vigência do CPC de 1995[4], haver já determinadas indicações sobre o modo como as novas soluções foram acolhidas na prática forense, incontornável meio para aferir da bondade de alterações legislativas, em matéria processual. Assim como beneficiará do amadurecimento de certas ideias e juízos, expressos, digamos, "em cima do acontecimento".

Por outro lado, um adequado tratamento da matéria objecto deste estudo implicará a referência à forma como a fase do saneamento foi sendo regulada na nossa legislação processual civil, ao longo dos tempos. Com efeito, e desde já, merece destaque o facto de esta fase processual ter sido sempre alvo de regulamentação em cada uma das reformas mais relevantes, de que daremos conta, na altura devida.

O presente trabalho será dividido em duas partes. A primeira parte tem em vista a análise das diversas intervenções legislativas que, até 1995, implicaram modificações na fase do saneamento. Tal análise, que será feita obedecendo à cronologia daquelas intervenções, desdobrar-se-á em três planos. O primeiro, respeitará ao período anterior ao CPC de 1939. O se-

---

[4] Doravante, sempre que for referido o CPC sem indicação da data, isso significará que nos reportamos ao Código de Processo Civil de 1995.

gundo, versará sobre o próprio CPC de 1939. O terceiro, tratará do CPC de 1961.

A segunda parte do trabalho dedicar-se-á ao estudo da fase do saneamento à luz do CPC de 1995. Neste domínio, a exposição das soluções consagradas pela última reforma do processo civil, será acompanhada de alguns juízos apreciativos sobre o novo regime e a estrutura da fase do saneamento do processo.

II

A FASE DO SANEAMENTO DO PROCESSO ANTES DA VIGÊNCIA DO NOVO CÓDIGO DE PROCESSO CIVIL

A) A FASE DO SANEAMENTO DO PROCESSO NO PERÍODO ANTERIOR AO CÓDIGO DE PROCESSO CIVIL DE 1939

1. NOTA LIMINAR

Este modo de balizar no tempo o nosso estudo poderia implicar que incluíssemos, neste primeiro período, uma série de referências que nos levariam, pelo menos, aos primórdios da nacionalidade. Mas não. Na verdade, basta-nos remontar ao tempo do CPC de 1876, o primeiro código de processo civil português. Isto porque, até então, a ideia de saneamento do processo não era tratada[5].

Aliás, em bom rigor, o próprio CPC de 1876 também não contemplava qualquer momento saneador do processo declarativo. Com efeito, as quatro fases processuais consagradas nesse código – articulados, instrução, discussão e julgamento – sucediam-se, lógica e cronologicamente, sem que, antes do momento destinado à elaboração da sentença, o juiz verificasse a regularidade da instância, em termos de garantir a oportuna decisão de mérito.

Este regime tradicional do processo civil era de molde a conduzir a que as acções observassem a sua tramitação integral, acabando o juiz por concluir, na sentença, que tinha de abster-se de conhecer do mérito da causa, a pretexto da incompetência do tribunal, da ilegitimidade das partes ou por outros vícios de natureza formal (cfr. o art. 283.º do CPC de 1876). Tal desfecho da instância, já de si indesejável, era particularmente gravoso quando acontecia em acções que se arrastavam penosamente, ao longo de meses e anos, até chegarem à sentença, fruto de excessivas formalidades, nomeadamente, instrutórias e de inúmeras possibilidades de chicana processual em que o processo de então era fértil[6].

---

[5] Para uma panorâmica do processo civil português, ao longo dos tempos, cfr. A. da Palma Carlos (*op. cit.*, ps. 11-52).

[6] A este propósito, cfr. Antunes Varela (*A evolução* ..., ps. 58-62) e J. Alberto dos Reis (*Breve estudo* ..., p. 150).

2. O DECRETO N.º 3, DE 29 DE MAIO DE 1907

O Decreto n.º 3, de 29 de Maio de 1907, corresponde à primeira intervenção legislativa marcada por uma preocupação saneadora do processo.

É certo que se tratou de um diploma cujo campo de aplicação era circunscrito. Com efeito, esse diploma veio introduzir um regime simplificado do processo civil (e comercial) para as causas de pequeno valor – tratou-se do processo sumário[7].

Ainda assim, merece destaque o facto de ter sido criado um despacho, a proferir no final da fase dos articulados (ou após a nomeação ou impugnação dos peritos). Era o *despacho regulador do processo*, conforme ficou conhecido[8].

Nos termos do art. 9.º daquele diploma, o juiz deveria proferir despacho destinado ao julgamento das nulidades processuais[9].

Como se vê, a função saneadora deste despacho era ainda rudimentar, escapando à sua prolação inúmeras questões processuais, susceptí-

---

[7] Note-se que este Decreto era omisso sobre a forma do processo por si instituído. O código vigente apenas previa duas formas, a ordinária e a especial (cfr. o art. 4.º do CPC de 1876). Face a isto, J. Alberto dos Reis (*Processo ordinário civil* ..., Vol. I, ps. 575-578 e 623-624) classificou este processo como sumário. No mesmo sentido se pronunciou Barbosa de Magalhães (*op. cit.*, Vol. I, p. 49).

[8] Neste sentido, J. Alberto dos Reis (*Breve estudo* ..., p. 149, e *Curso de processo* ..., p. 247). No dizer de Anselmo de Castro (*op. cit.*, Vol. III, p. 248), a criação deste despacho deveu-se à influência do direito processual austríaco.

[9] Além dessa função, única que aqui interessa, o mesmo despacho servia ainda para mandar passar cartas precatórias, se disso fosse caso, e para designar dia para julgamento (cfr. os n.os 2 e 3 do citado art. 9.º). Este despacho regulador do processo foi, depois, incluído nos diplomas relativos à acção de despejo: – cfr. os Decretos de 30.08.1907 (art. 12.º) e de 12.11.1910 (art. 21.º) e os Decretos n.º 4:999, de 27.06.1918 (art. 17.º), e n.º 5:411, de 17.04.1919 (art. 75.º).

veis de, mais adiante, determinarem a absolvição do réu da instância. Não obstante, encontra-se aí o embrião do futuro despacho saneador[10], que chegou aos nossos dias, embora este haja também conhecido várias etapas de evolução, de que daremos conta.

---

[10] Neste sentido, Barbosa de Magalhães (*op. cit.*, Vol. I, p. 49) e J. Alberto dos Reis (*CPC Anotado*, Vol. III, p. 181).

3. O DECRETO N.º 12:353, DE 22 DE SETEMBRO DE 1926

Este diploma marca o início de uma série de medidas legislativas de reforma do processo civil, que culminou no CPC de 1939[11].

O Decreto n.º 12:353, da autoria do Prof. J. Alberto dos Reis, introduziu no nosso ordenamento jurídico-processual três princípios – o da oralidade, o da concentração e o da actividade do juiz – que, conforme assinalava o respectivo Relatório, orientavam "as reformas modernas de processo"[12].

No que tange, concretamente, ao objecto deste trabalho, foi propósito do legislador, expresso no Relatório do diploma, o seguinte: – "não se iniciar a produção de prova senão quando haja a segurança de que o juiz conhecerá do objecto da causa".

O que estava em jogo era, pois, evitar "chegar-se ao fim de um processo longamente instruído e preparado, com uma larga produção de prova e alegações complicadas, e o juiz abster-se de conhecer do pedido, ou por incompetência do tribunal, ou por ilegitimidade das partes, ou por vícios de forma".

Em concretização desse desiderato – e em claro desenvolvimento do sistema iniciado pelo referido Decreto n.º 3, de 29.05.1907 –, o art. 24.º do Decreto n.º 12:353 consagrou, na tramitação do processo ordinário (e dos processos especiais), um despacho, a proferir entre o final da fase dos articulados e o início da fase instrutória do processo, que era destinado ao seguinte:

1.º conhecer das nulidades processuais (aqui, tal como já acontecia desde 1907);

---

[11] Neste sentido, A. da Palma Carlos (*op. cit.*, ps. 30 e 39).

[12] Tendo saído com inexactidões, o Decreto foi novamente publicado sob o n.º 12:488, em 14.10.1926.

2.º apreciar a legitimidade das partes e a sua representação em juízo;

3.º resolver quaisquer outras questões (prévias ou prejudiciais) susceptíveis de impedirem o julgamento material da causa[13].

Como se vê, este preceito alargou, e muito, os fins e o campo de aplicação do sobredito despacho regulador do processo.

De tal forma que o próprio autor do diploma sustentou não tratar-se já de um despacho apenas *regulador*, sugerindo "a designação de despacho *saneador* ou *expurgador*, visto destinar-se a limpar o processo das questões que podem obstar ao conhecimento do *mérito* da causa"[14].

Podemos, assim, dizer que o diploma em análise lançou as bases de uma nova fase processual, dirigida ao saneamento do processo, a qual funcionava como um crivo, antecipando para o despacho saneador a apreciação de questões (formais) que, até então, eram relegadas para a sentença (cfr., de novo, o art. 283.º do CPC de 1876)[15,16].

---

[13] Nos termos do § 1.º deste preceito, o juiz só podia diferir a resolução desta última categoria de questões quando o estado do processo impedisse a imediata decisão.

[14] J. Alberto dos Reis (*Breve estudo* ..., p. 150).

[15] Neste sentido, Antunes Varela (*A evolução* ..., p. 63) e J. Alberto dos Reis (*Processo ordinário e sumário*, Vol. I, ps. 169-172, e *Breve estudo* ..., ps. 150-151).

[16] O Decreto de que vimos tratando provocou, até pelo seu carácter inovador, diversas reacções. Em face disso, foi ordenada a realização de um inquérito, destinado a fazer um levantamento adequado das dúvidas e dificuldades. De seguida, foi publicado o Decreto n.º 13:979, de 25.07.1927, que introduziu as alterações tidas por adequadas, não atingindo, todavia, o art. 24.º supra mencionado.

4. O DECRETO N.º 18:552, DE 3 DE JULHO DE 1930

Este diploma ampliou mais ainda o âmbito do despacho saneador, aumentando a sua importância no processo.

A partir de então, além da função saneadora que lhe estava cometida, este despacho passou a ter uma função julgadora. Quer dizer, o despacho saneador deixou de confinar-se ao conhecimento de questões estritamente formais tornando-se também o meio adequado ao conhecimento do mérito da causa, verificadas que fossem certas condições[17].

Na verdade, a segunda parte do art. 10.º deste diploma impunha ao juiz o dever de, no despacho saneador, "conhecer de todas as outras questões para cuja decisão o processo lhe ofereça os elementos necessários".

Assim, sempre que, findos os articulados, o processo contivesse todos os elementos tidos por suficientes para o imediato julgamento de mérito (e desde que não houvesse impedimentos de ordem formal, naturalmente), o despacho saneador valeria como sentença de mérito.

Atente-se que, embora este Decreto n.º 18:552 regulasse apenas o processo sumário, o art. 30.º desse diploma determinava que a referida segunda parte do seu art. 10.º tinha carácter geral, aplicando-se, por conseguinte, às demais formas processuais.

Conforme ensinou o Prof. J. Alberto dos Reis[18], na base desta evolução legislativa do despacho saneador esteve o princípio da economia processual.

Foi à luz desta ideia que, inicialmente, o despacho desempenhou uma função saneadora (ou depuradora) do processo. Foi, ainda, em obediência a tal princípio que veio a consagrar-se a possibilidade de o despacho se assumir como autêntica sentença de mérito.

---

[17] Neste sentido, J. Alberto dos Reis (*CPC Anotado*, Vol. III, p. 182).

[18] J. Alberto dos Reis (*CPC Anotado*, Vol. III, p. 182).

5. O DECRETO N.º 21:287, DE 26 DE MAIO DE 1932

Este diploma destinou-se, primeiramente, a compilar a legislação processual civil (e comercial) que se encontrava dispersa por inúmeros diplomas, alguns dos quais já mencionados. Além disso, foi aproveitada a oportunidade para introduzir mais algumas correcções no regime vigente.

Relativamente à fase do saneamento, o respectivo art. 102.º confirmou – agora também, directamente, para o processo ordinário – as funções do despacho a proferir após os articulados.

Nessa conformidade, o despacho saneador desempenhava uma dupla função.

De um lado, destinava-se a apreciar questões de índole formal, tais como as nulidades, a legitimidade das partes e a sua representação, e quaisquer questões susceptíveis de obstarem ao conhecimento do mérito da causa (cfr. os n.os 1, 2 e 3 do citado art. 102.º)[19].

De outro lado, a nova função do despacho saneador, dedicada ao conhecimento do mérito da causa, ao julgamento material da questão, convertendo o despacho numa sentença de mérito (cfr. o n.º 4 do dito art. 102.º)[20,21].

---

[19] O § 1.º deste preceito reiterava a solução que remontava ao Decreto n.º 12:353, de 22.09.1926, segundo o qual a apreciação dessas questões de natureza formal só poderia deixar de fazer-se, neste momento, quando o estado do processo o impossibilitasse.

[20] Sobre o âmbito do despacho saneador, como decisão de mérito, cfr. J. Alberto dos Reis (*Breve estudo* ..., ps. 182-183).

[21] Quanto ao processo sumário, observava-se o regime fixado para o ordinário, por remissão do art. 113.º deste Decreto n.º 21:287, de 26.05.1932. A propósito da aplicação desse regime aos processos especiais, cfr. J. Alberto dos Reis (*Breve estudo* ..., ps. 201-205).

6. O DECRETO N.º 21:694, DE 29 DE SETEMBRO DE 1932

Com este novo diploma, foi dado mais um significativo passo no sentido da modernização do processo civil português, criando-se um mecanismo destinado a ordenar a acção, ao nível da questão fáctica, e a preparar as fases subsequentes, definindo, antes de mais, o objecto da instrução.

Deve destacar-se também o facto de o art. 11.º do Decreto n.º 21:694 ter imposto o regime da discussão oral, na primeira instância, em todas as causas cíveis ou comerciais.

Até então, particularmente antes do aparecimento do Decreto n.º 12:353, de 22.09.1926, a situação era, em regra, a seguinte: – nos processos ordinário e especiais, a discussão era escrita; – nos processos sumário e comercial, a discussão era oral.

Com o Decreto n.º 12:353, embora não houvesse uma alteração efectiva a esse estado de coisas, o seu art. 37.º veio já estabelecer a possibilidade de, naqueles primeiros processos, a discussão poder passar a ser feita oralmente, se as partes acordassem nisso ou o juiz o determinasse.

Esta solução foi reproduzida no art. 97.º do Decreto n.º 21:287, de 26.05.1932.

Quer dizer, a regra ia sendo, apesar de tudo, a da discussão escrita, tal como decorria do regime tradicional do CPC de 1876 (cfr. o seu art. 400.º)[22].

Foi, pois, pelo Decreto n.º 21:694 que tudo se alterou, e modernizou.

Passemos, agora, a considerar e a destacar o art. 15.º do Decreto n.º 21:694.

Este preceito veio instituir uma nova peça processual, o *questionário*, a elaborar pelo juiz, depois de decorrido o prazo fixado no n.º 5 do art. 102.º do Decreto n.º 21:287, de 26.05.1932.

---

[22] Sobre este ponto, cfr. J. Alberto dos Reis (*Breve estudo* ..., ps. 402 e ss.).

Quer dizer, nos termos do referido art. 102.º do Decreto n.º 21:287, o juiz proferia, findos os articulados, o despacho saneador, nos moldes e para os fins já indicados, expressos, aliás, nesse preceito.

Devendo o processo prosseguir, esse despacho servia, igualmente, para intimar as partes para juntarem aos autos documentos pertinentes, bem como para organizarem, em definitivo, os seus róis de testemunhas, no prazo de oito dias (cfr. o n.º 5 daquele art. 102.º).

Findo esse prazo, o processo seria, de novo, feito concluso ao juiz para este proceder à elaboração do questionário. Nessa tarefa, o juiz, com subordinação a números, iria formular *quesitos*. Tais quesitos respeitariam a pontos de facto articulados, que fossem pertinentes e que se revelassem indispensáveis à resolução da causa, nos termos prescritos no art. 15.º do Decreto n.º 21:694[23].

O questionário, assim elaborado, era notificado às partes, podendo estas, em três dias, deduzir as reclamações que entendessem[24], sobre as quais incidiria o competente despacho do juiz, o qual apenas poderia ser impugnado no recurso interposto da decisão final (cfr. o § 1.º do art. 15.º do Decreto n.º 21:694).

Esta nova peça processual assumiu uma importante função em toda a economia do processo. O questionário passou a balizar a actividade instrutória, bem como passou a definir o âmbito da intervenção do tribunal (no julgamento da matéria de facto).

Na realidade, era o questionário que definia o objecto fáctico do processo, sendo por referência ao mesmo que se desenrolariam as fases processuais posteriores ao saneamento.

Nessa conformidade, o § 2.º do art. 15.º do Decreto 21:694 estabelecia, por um lado, que o depoimento de parte, o arbitramento por meio de exame ou vistoria e a inquirição de testemunhas só podiam recair sobre factos integrados no questionário. Por outro lado, estabelecia que apenas sobre esses mesmos factos poderia versar a decisão do tribunal colectivo ou do juiz singular.

Até ao aparecimento deste Decreto, a tramitação processual desenvolvia-se sem que o objecto da instrução fosse, formalmente, definido.

---

[23] Acerca do teor dos quesitos, cfr. J. Alberto dos Reis (*Breve estudo* ..., ps. 426 e ss.).

[24] A propósito dos fundamentos das reclamações contra o questionário, cfr. J. Alberto dos Reis (*Breve estudo* ..., ps. 430 e ss.).

I. Introdução 29

Daí que os pontos de facto sobre que recaía a actividade probatória fossem os que estavam vertidos nos articulados oferecidos pelas partes. A limitação fixada pela lei, a esse propósito, era a que decorria da irrelevância, da impertinência ou da não essencialidade de certos pontos de facto para a decisão da causa, cabendo ao juiz definir, em concreto, o âmbito da diligência probatória, circunscrevendo-a ao justo limite.

Em bom rigor, no CPC de 1876, essas limitações seriam mínimas, porquanto a lei apenas prescrevia que os factos objecto de prova eram os articulados (cfr., designadamente, os arts. 226.º, quanto ao depoimento de parte, e 273.º, quanto à prova testemunhal).

Nos diplomas posteriores, tais limitações eram mais patentes.

No Decreto n.º 12:353, de 22.09.1926, são exemplo disso os arts. 30.º (prova por arbitramento) e 32.º.§ único e 36.º (prova testemunhal).

E no Decreto n.º 21:287, de 26.05.1932, podemos apontar os arts. 45.º (depoimento de parte), 50.º (arbitramento) e 59.º.§ único e 63.º (prova testemunhal).

Embora tenhamos afirmado que o questionário foi instituído pelo Decreto n.º 21:694, de 29.09.1932 – o que, aliás, é rigoroso[25] –, não podemos deixar de referir que, nos diplomas que o antecederam, havia já preceitos que previam a fixação de pontos de facto.

Todavia, o que então estava em causa era apenas delimitar o âmbito da decisão do tribunal (no julgamento da matéria de facto), e não já preparar a própria actividade instrutória.

Assim é que o CPC de 1876, a propósito da acção ordinária, com intervenção de jurados, regulava a formulação de quesitos a que deveria responder o júri (cfr. os seus arts. 401.º a 403.º).

Por outro lado, o código de processo comercial (CPComercial), na sua redacção originária, prescrevia a formulação de quesitos na própria audiência final, após o encerramento dos debates (cfr. o art. 55.º.§5.º).

Mais tarde, com a reforma operada pelo Decreto n.º 21:287, de 26.05.1932, o art. 51.º do CPComercial passou a estatuir que o juiz devia formular os quesitos sobre que recairia a decisão do tribunal colectivo, cinco dias antes da data designada para a discussão e julgamento. Nos termos desse preceito, os quesitos compreenderiam apenas, "de entre os

---

[25] Neste sentido, J. Alberto dos Reis (*CPC Anotado*, Vol. III, p. 204).

factos articulados e pertinentes à causa, os que forem necessários para a resolver".

Como se verifica, em cada uma das situações descritas, a formulação dos quesitos tinha lugar numa fase bem adiantada da acção declarativa. O seu objectivo não era, de todo, definir a actividade instrutória, mas ordenar e orientar o julgamento da matéria de facto pelo tribunal, desonerando-o de pronunciar-se sobre aspectos sem relevo para a decisão da causa.

Só com o regime instituído pelo Decreto n.º 21:694, de 29.09.1932, é que o questionário assumiu a dimensão que foi mantendo até aos nossos dias. Note-se que, ainda assim, face a este diploma, a indicação dos meios de prova era feita antes de organizado o questionário, solução que, em termos de técnica processual, não seria a mais indicada.

B) A FASE DO SANEAMENTO DO PROCESSO NO CÓDIGO DE PROCESSO CIVIL DE 1939

1. PRELIMINARES

O passo seguinte da evolução que vimos analisando foi o aparecimento do código de processo civil de 1939, instituído pelo Decreto n.º 29:637, de 28 de Maio de 1939.

Na realidade, o CPC de 1939 – em vigor a partir do dia 1 de Outubro desse ano – foi o culminar das reformas legislativas iniciadas em 1926[26].

Este novo diploma representou, à época, um avanço muito significativo, "uma revolução profunda do antigo sistema processual"[27]. Nas palavras do autor do Projecto, Prof. J. Alberto dos Reis, as características fundamentais do CPC de 1939 eram as seguintes: – "*Processo oral* e *processo concentrado*, dirigido e *comandado* (...) por um *juiz forte e activo*"[28].

No que respeita à matéria objecto do nosso estudo, podemos dizer que o CPC de 1939, por um lado, desenvolveu e consolidou as soluções normativas que haviam sido lançadas pelos diplomas antecedentes, designadamente, os Decretos n.º 21:287, de 26.05.1932, e n.º 21:694, de 29.09.1932. Assim aconteceu com o despacho saneador (art. 514.º do CPC de 1939) e com o questionário (art. 515.º do CPC de 1939).

Por outro lado, foram introduzidas algumas inovações relevantes, tais como a audiência preparatória (arts. 512.º e 513.º do CPC de 1939) e a especificação (art. 515.º do CPC de 1939).

---

[26] Neste sentido, A. da Palma Carlos (*op. cit.*, ps. 30 e 39), J. Alberto dos Reis (*O novo código* ..., ps. 160 e ss.) e Varela/Bezerra/Nora (*op. cit.*, p. 31).

[27] Varela/Bezerra/Nora (*op. cit.*, p. 33).

[28] J. Alberto dos Reis (*O novo código* ..., *RLJ*, n.º 2649, p. 164).

Face à organização sistemática consagrada no CPC de 1939[29], diremos que, indiscutivelmente, a acção declarativa passou a integrar um período processual colocado entre o final da fase dos articulados e o início da fase da instrução.

Aliás, isso é patente no modo como as matérias se encontravam dispostas ao longo do Título II do Livro III do CPC de 1939.

O Título II, que tratava do processo de declaração, continha quatro subtítulos.

O Subtítulo II, que versava sobre o processo ordinário, integrava seis capítulos, o último dos quais relativo aos recursos. Portanto, no que respeitava à pendência da acção declarativa em primeira instância, as suas disposições estavam repartidas por cinco capítulos, assim dispostos:

– Capítulo I – Dos articulados
– Capítulo II – Da audiência preparatória e despacho saneador
– Capítulo III – Da instrução do processo
– Capítulo IV – Da discussão e julgamento da causa
– Capítulo V – Da sentença

Temos, portanto, que o CPC de 1939 instituiu, formalmente, uma nova fase processual, cujas bases haviam sido lançadas, como dissemos, pelo Decreto n.º 12:353, de 22.09.1926. Esta fase marcava uma transição entre o momento inicial do processo, destinado à apresentação das teses das partes, e os momentos posteriores, em que se produziam as provas, em que se discutia a matéria objecto da produção de prova, em que se julgava a matéria de facto, e em que, finalmente, era proferida a sentença.

No essencial, a razão de ser e a função desta fase, eram aquelas de que já se deu conta. Em primeiro lugar, verificar a regularidade da instância, fazendo-a terminar se fossem detectadas irregularidades não sanadas. Em segundo lugar, se a instância não devesse findar por motivos processuais, proferir decisão sobre o mérito da causa, se o estado do processo o permitisse. Em terceiro lugar, se a instância pudesse prosseguir (por estar regular) e devesse prosseguir (por não poder decidir-se já o mérito da

---

[29] A propósito da sistematização do CPC de 1939, cfr. J. Alberto dos Reis (*O novo código* ..., *RLJ*, n.º 2640, ps. 18-20).

II. A fase do saneamento do processo antes da vigência...　33

causa), esta fase destinava-se a preparar o processo para as fases subsequentes, de instrução, discussão e julgamento, e sentença.

Em todas estas vertentes, adivinhava-se uma clara preocupação de economia processual[30].

A matéria sobre que nos debruçamos encontrava-se prevista, no CPC de 1939, entre os arts. 512.º e 516.º, sob a epígrafe "Da audiência preparatória e despacho saneador".

Desde cedo, foi reconhecido que esta designação não era a mais adequada, pecando, antes de mais, por incompleta, já que referia apenas dois dos actos ou diligências que aí podiam ocorrer, ignorando outros bem relevantes, tais como a especificação e o questionário[31]. Por outro lado, normalmente, a designação das fases procura expressar, ainda que sinteticamente, a sua vertente funcional. Ora, sob essa perspectiva, era ainda mais insuficiente a terminologia usada pelo legislador.

As dificuldades de acertar numa denominação correcta foram assumidas, imediatamente, pela doutrina. Assim é que o próprio Prof. J. Alberto dos Reis afirmava que "é muito difícil, senão impossível, exprimir numa fórmula única tudo o que se pode passar na fase a que nos vamos referir"[32].

Não obstante, foram surgindo algumas propostas de designação para esta importante fase da tramitação do processo declarativo, sendo recorrentes a de "Fase do saneamento ou condensação"[33] e a de "Fase da condensação"[34].

Conforme já antecipámos, o problema relativo à designação do segundo período da tramitação processual declarativa manteve-se aquando da publicação do CPC de 1961 – para o que muito contribuiu, naturalmente, a manutenção da epígrafe proveniente de 1939 –, voltando a colo-

---

[30] Neste sentido, J. Alberto dos Reis (*O novo código ...*, *RLJ*, n.º 2651, ps. 194-195) e Paulo Cunha (*op. cit.*, T. II, p. 7).

[31] Neste sentido, J. Alberto dos Reis (*CPC Anotado*, Vol. III, p. 164) e Paulo Cunha (*op. cit.*, T. I, p. 82).

[32] J. Alberto dos Reis (*CPC Anotado*, Vol. III, p. 165; cfr., igualmente, o Vol. II, p. 333). Atente-se que Barbosa de Magalhães (*op. cit.*, Vol. I, p. 54), ainda face ao Projecto do CPC de 1939, que apresentava, para esta fase, apenas a epígrafe "Despacho saneador", assumia que a expressão "não é própria; em nosso parecer deve ser suprimida, ou ser substituída por outra que, francamente, não sabemos qual possa ser".

[33] Neste sentido, Manuel de Andrade (*Lições ...*, ps. 107-108 e 129 e ss.).

[34] Neste sentido, Paulo Cunha (*op. cit.*, T. I, ps. 81-83, e T. II, ps. 5 e ss.).

car-se face ao actual CPC – agora, perante uma nova epígrafe –, conforme veremos.

É chegada a altura de nos determos, concretamente, nos aspectos mais relevantes desta fase do processo declarativo, tal como resultou do regime consagrado no CPC de 1939.

Como já ficou dito, foi instituída uma audiência preparatória, cujo âmbito era definido pelos arts. 512.º e 513.º daquele diploma. Foi também introduzida uma nova peça processual, a especificação, que se articulava, funcionalmente, com o questionário (que já existia desde 1932, como vimos), e estava regulada no art. 515.º do mesmo código. Mantiveram-se o despacho saneador e o questionário, sujeitos, ainda assim, a alguns ajustamentos, como veremos.

2. ENQUADRAMENTO DA FASE DO SANEAMENTO DO PROCESSO NA TRAMITAÇÃO DA ACÇÃO DECLARATIVA

De acordo com a sistematização do CPC de 1939 – sistematização que, no essencial, se manteve nos códigos de 1961 e de 1995 –, decorrida a fase dos articulados[35], ao longo da qual as partes tomavam posição face ao litígio sujeito à apreciação jurisdicional, o processo seria concluso ao juiz.

Na sequência desta conclusão do processo, caberia ao juiz, em função do exame que fizesse dos autos, convocar uma audiência preparatória ou proferir logo o despacho saneador[36].

Se tivesse lugar a audiência preparatória, o despacho saneador só seria proferido depois de realizada a discussão proporcionada pela audiência, salvo se aí as partes se tivessem conciliado, assim findando o processo.

A prolação do despacho saneador tanto era passível de conduzir ao termo do processo, fosse por motivos de forma, fosse por razões ligadas ao mérito da causa, como de levar à conclusão de que o processo poderia e deveria seguir para os períodos subsequentes, a fim de ser, na devida altura, proferida a sentença final.

Nesta última hipótese, isto é, havendo o processo de prosseguir, o juiz, depois de proferir o despacho saneador, trataria de ordenar ou organizar os pontos de facto com relevo para a decisão da causa, discriminando-os em função de, nessa altura do processo, estarem já demonstrados (especificação) ou necessitarem de prova (questionário).

---

[35] No CPC de 1939, o autor dispunha de dois articulados – petição inicial (art. 480.º) e réplica (art. 507.º) – e o réu de outros tantos – contestação (art. 490.º) e tréplica (art. 509.º). O art. 510.º daquele código previa um quinto articulado, a apresentar pelo autor, para resposta à tréplica, no caso de reconvenção, articulado que a doutrina designava por quadrúplica, na esteira da sugestão de Paulo Cunha (*op. cit.*, T. I, p. 576).

[36] Atente-se que o juiz já tinha tido contacto, anteriormente, com o processo, ao menos, no despacho liminar (cfr. os arts. 481.º a 483.º do CPC de 1939).

Vemos, portanto, que esta segunda fase do processo declarativo desempenhava uma função relevantíssima em toda a estrutura da acção, de tal forma que este poderia terminar aí mesmo, ou, prosseguindo, apresentaria a fisionomia e os contornos que então lhe fossem fixados.

Isto posto, passemos a analisar, separadamente, mas articulando-os entre si e integrando-os na dinâmica da acção, a audiência preparatória, o despacho saneador, a especificação e o questionário.

3. AUDIÊNCIA PREPARATÓRIA

3.1. Finalidades da audiência preparatória

De acordo com a prescrição do art. 512.º do CPC de 1939, findos os articulados, o juiz deveria convocar uma audiência de discussão, se tivesse sido deduzida alguma excepção (salva a nulidade do processo) ou se entendesse que o estado do processo o habilitava a conhecer do pedido.

A audiência preparatória tinha em vista proporcionar uma discussão entre as partes, perante o juiz, antes de este proferir o despacho saneador, no qual, conforme os casos, iria decidir as excepções levantadas nos articulados ou conhecer do pedido.

Tratou-se de uma inovação do CPC de 1939, que resultou da proposta do Prof. Barbosa de Magalhães, no âmbito da Comissão Revisora[37].

Foi sustentado, e com razão, que a circunstância de haver matérias (formais ou substanciais) decididas no despacho saneador levava as partes (através dos seus advogados) a, cautelarmente, verterem nos articulados toda a sua argumentação acerca dessas matérias, assim transformando (e adulterando) aquelas peças em alegações.

Era, no entanto, compreensível que procedessem desse modo, caso contrário, ver-se-iam na contingência de aquelas questões serem decididas sem que sobre elas se tivessem pronunciado.

Havia, pois, no entender de Barbosa de Magalhães[38], que criar um regime que assegurasse uma dupla finalidade:

– garantir que os articulados mantivessem o seu cariz tradicional e primordial, qual fosse o de serem peças destinadas à "exposição

---

[37] A este propósito, cfr. J. Alberto dos Reis (*CPC Anotado*, Vol. III, p. 167).

[38] Barbosa de Magalhães (*op. cit.*, Vol. I, ps. 51-53).

concisa e singela dos fundamentos da acção e da defesa, isto é, das linhas essenciais da lide"[39],[40];

– proporcionar às partes a possibilidade de, na presença do juiz, debaterem (oralmente) as questões que este iria apreciar no despacho saneador, ao mesmo tempo o habilitando a melhor decidir.

A instituição desta audiência preparatória constituiu, segundo o autor do Projecto do CPC de 1939[41], uma importante manifestação e aprofundamento do princípio da oralidade em processo civil, na medida em que as questões a discutir e o objectivo dessa discussão aconselhavam que tal se fizesse oralmente, em diligência adequada ao efeito.

Concretizando, temos, pois, que aquela audiência seria convocada por duas ordens de razões.

Em primeiro lugar, por ter sido suscitada nos autos alguma excepção, salva a nulidade de todo o processo. Quer dizer, a partir do momento em que alguma das partes levantasse uma excepção nos autos – matéria que o juiz deveria apreciar no despacho saneador –, impunha o art. 512.º do CPC de 1939 que tal apreciação fosse antecedida de uma diligência (audiência) em que as partes debatessem o assunto, expondo, oralmente, os respectivos pontos de vista. Já assim não aconteceria se a excepção invocada fosse a da nulidade de todo o processo [cfr. os arts. 193.º e 499.º.a) do CPC de 1939], hipótese em que o juiz apreciaria a questão, no despacho saneador, sem audiência prévia das partes[42].

---

[39] Neste sentido, J. Alberto dos Reis (*CPC Anotado*, Vol. III, p. 167).

[40] Atente-se que, originariamente, face ao CPC de 1876 (cfr., entre outros, os seus arts. 93.º e 394.º a 398.º), a designação *articulados* advinha da circunstância de as peças serem redigidas sob a forma articulada (por artigos); mais tarde, com a nova redacção art. 93.º do CPC de 1876 (cfr. o Decreto n.º 21:287, de 26.05.1932), deixou de se estabelecer correspondência entre uma coisa e outra; o mesmo se verificava no CPC de 1939 (cfr. o art. 151.º). Acerca deste assunto, cfr. Paulo Cunha (*op. cit.*, T. I, p. 69, nota de rodapé n.º 1, e ps. 79-80).

[41] J. Alberto dos Reis (*O novo código* ..., *RLJ*, n.º 2649, p. 165).

[42] Note-se que J. Alberto dos Reis (*CPC Anotado*, Vol. III, p. 166), alertava para a existência de um outro possível desvio ao regime do art. 512.º do CPC de 1939, que resultava do art. 103.º do mesmo código, a propósito da excepção da incompetência absoluta. Segundo esse preceito, suscitada tal excepção, o juiz podia conhecer dela, imediatamente, ou remeter a apreciação para o despacho saneador. Optando pela primeira alternativa, o conhecimento da excepção levantada não implicaria audiência preparatória.

II. A fase do saneamento do processo antes da vigência...   39

Importa destacar que o art. 512.º do CPC de 1939, ao referir a dedução de excepções, se dirigia tanto às excepções dilatórias como às excepções peremptórias, matéria regulada entre os arts. 498.º e 505.º daquele diploma legal.

À primeira vista, poder-se-ia pensar que estariam em causa apenas as excepções dilatórias. Com efeito, considerando que o outro caso justificativo de audiência preparatória era o de o juiz entender que o estado do processo já lhe permitia o conhecimento do pedido, considerando ainda o efeito da procedência das excepções peremptórias (cfr. a segunda parte do art. 498.º do CPC de 1939), pareceria que decidir uma excepção peremptória fazia parte da *operação* de conhecimento do pedido, até porque em ambas as situações estava em jogo o mérito da causa (por oposição ao julgamento de questões processuais). Mas não. E não, porque o CPC de 1939 distinguia, claramente, as duas hipóteses, desde logo, a propósito do despacho saneador, conforme resultava dos n.ºs 2 e 3 do seu art. 514.º[43].

Portanto, à luz daquele diploma, uma coisa era o juiz conhecer uma excepção peremptória, outra seria o juiz apreciar o pedido formulado pelo autor [face à impugnação do réu (cfr. a primeira parte do art. 491.º do CPC de 1939)], sendo que, num e noutro caso, do que se tratava era de decidir o mérito da causa[44].

Ainda no âmbito das excepções, tenha-se em atenção que a circunstância de haver excepções susceptíveis de apreciação no despacho saneador não era, por si só, motivo para a convocação da audiência preparatória. Para tal, era ainda necessário que a excepção tivesse sido deduzida no processo. Escapavam, portanto, ao regime do art. 512.º do CPC de 1939 as excepções de conhecimento oficioso. Quanto a essas, porque não invocadas, o juiz conheceria delas no despacho saneador, sem precedência de debate em audiência[45,46].

---

[43] Voltaremos a este assunto, quando tratarmos, directamente, do despacho saneador. Mais adiante ainda, já no âmbito do CPC de 1961, retomaremos a questão.

[44] Neste sentido, Paulo Cunha (*op. cit.*, T. I, ps. 23-24), criticando a dicotomia apontada.

[45] Neste sentido, Paulo Cunha (*op. cit.*, T. II, p. 16); cfr., também, Barbosa de Magalhães (*op. cit.*, Vol. I, p. 53).

[46] Longe vinham os tempos do regime consagrado, finalmente, no n.º 3 do art. 3.º do CPC de 1995.

40   *Paulo Pimenta*

*

A segunda situação em que a audiência preparatória devia ser convocada era quando o juiz entendesse que, face aos elementos constantes dos autos, estava em condições de conhecer do pedido, logo no despacho saneador (cfr. o art. 512.º do CPC de 1939).

Conforme resultava do n.º 3 do art. 514.º do CPC de 1939, o conhecimento do pedido no despacho saneador dependia de a questão de mérito, sendo apenas de direito, poder ser decidida com perfeita segurança, ou, sendo de direito e de facto, ou só de facto, o processo conter todos os elementos necessários para uma decisão conscienciosa.

Assim sendo, findos os articulados, sempre que o juiz, utilizando o critério antecedente, achasse que podia já conhecer do pedido, deveria fazê-lo no despacho saneador. Antes, porém, deveria convocar as partes para uma audiência, de modo a que estas pudessem pronunciar-se, produzindo as alegações orais correspondentes.

3.2. Convocação e regime da audiência preparatória

Nos termos do disposto no art. 512.º do CPC de 1939, verificada alguma das duas situações aí indicadas, o juiz deveria marcar uma audiência preparatória, a realizar num dos dez dias subsequentes.

Embora a lei o não referisse, era adequado que o despacho não se limitasse a marcar a data da audiência, mas indicasse também o seu objecto, até para garantir uma maior eficiência dos actos a praticar. Com efeito, conhecendo o motivo concreto da audiência, as partes poderiam preparar-se para os debates, e estes resultariam mais profícuos[47].

Do que temos vindo a dizer, resulta o carácter obrigatório da audiência preparatória, nos casos indicados no art. 512.º do CPC de 1939. Quer dizer, não estava na disponibilidade do juiz convocar a audiência ou deixar de fazê-lo. Verificado o circunstancialismo previsto naquele preceito, não restava ao juiz alternativa, pois teria de cumprir a lei. Não o fazendo, conduziria à não realização de uma diligência imposta por lei, o que constituiria, consequentemente, uma nulidade processual, submetida ao regime

---

[47] Neste sentido, J. Alberto dos Reis (*CPC Anotado*, Vol. III, p. 168).

II. A fase do saneamento do processo antes da vigência...

do art. 201.º do CPC de 1939. No caso, tratar-se-ia de uma irregularidade relevante, na medida em que seria passível de influir no exame ou decisão da causa[48]. Por isso, determinaria a anulação dos actos processuais subsequentes a tal omissão.

De acordo com o prescrito pelo art. 512.º do CPC de 1939, teria lugar a notificação às partes para a sua comparência pessoal na audiência ou, ao menos, para que se fizessem representar por advogado com poderes especiais para transigir[49]. A razão de ser desta convocatória não assentava tanto nos motivos concretos da realização dessa audiência, mas na circunstância de a lei impor que, no seu início, fosse tentada a conciliação das partes, como veremos de seguida.

*

Aberta a audiência, o primeiro acto a praticar era a tentativa de conciliação das partes, a promover pelo juiz da causa (art. 513.º do CPC de 1939).

Verifica-se que o legislador achou por bem que, quando houvesse esta audiência, e antes de entrar, propriamente, nas diligências a que ela se destinava, se procurasse encontrar uma saída consensual (conciliatória) para a questão, segundo um critério de equidade[50].

Tal conciliação, a alcançar-se, faria terminar o processo, por transacção (cfr. o art. 292.º do CPC de 1939)[51].

*

Frustrada a hipótese de conciliação – ou porque não tivesse sido alcançada ou porque não pudesse ter sido tentada, e, aqui, se o juiz não decidisse adiá-la –, a audiência preparatória deveria prosseguir.

---

[48] Assim se pronunciava J. Alberto dos Reis (*CPC Anotado*, Vol. III, ps. 169-170).

[49] Seria condenada em multa a parte faltosa que não se fizesse representar devidamente (cfr. o art. 512.º *in fine* do CPC de 1939).

[50] Acerca do modo como a conciliação deveria ser tentada, cfr. J. Alberto dos Reis (*CPC Anotado*, Vol. III, ps. 177 e ss.).

[51] O § único do art. 513.º do CPC de 1939, a propósito da impossibilidade de realizar a conciliação, conferia ao juiz a hipótese de adiar a audiência, se entendesse importante tentar essa conciliação; o mesmo preceito esclarecia ainda que a conciliação podia ser tentada em qualquer estado do processo, sempre que o tribunal o julgasse oportuno.

Nessa conformidade, de acordo com a segunda parte do art. 513.º do CPC de 1939, o juiz daria a palavra aos advogados das partes, primeiro, ao do autor, depois, ao do réu, "para que discutam as questões suscitadas nos articulados e que devam ser decididas no despacho saneador", sendo que o juiz deveria conduzir a discussão, garantindo que as questões fossem tratadas pela ordem por que deveriam ser resolvidas nesse despacho (cfr. o art. 514.º do CPC de 1939), podendo cada um dos mandatários usar da palavra duas vezes.

Teria, portanto, lugar a discussão (debate) em vista da qual foi instituída a audiência preparatória no CPC de 1939[52].

---

[52] No entender de Paulo Cunha (*op. cit.*, T. II, p. 19), a discussão a realizar nesta audiência não teria de circunscrever-se às questões motivadoras da sua convocação, podendo alargar-se aos demais assuntos sobre que versaria o despacho saneador.

4. DESPACHO SANEADOR

4.1. **Preliminares**

Desde o Decreto n.º 21:287, de 26 de Maio de 1932, estava estabilizada, no nosso ordenamento jurídico-processual, a dupla vertente do despacho saneador, conforme resultava do art. 102.º daquele diploma, de que já demos conta.

Assim, esse despacho destinava-se, antes de mais, à apreciação de questões de natureza processual-formal. Por outro lado, o despacho saneador dirigia-se à apreciação do mérito da causa, valendo, nesse caso, como uma sentença material.

O CPC de 1939 manteve o despacho saneador, com as apontadas funções, colocado, estrategicamente, entre o final dos articulados e o início da instrução. O legislador aproveitou, no entanto, para proceder a alguns ajustamentos na redacção do preceito que regulava o despacho saneador (o art. 514.º do código), ajustamentos motivados, além do mais, pela necessidade de uma correcta articulação dele com a nova sistematização conferida à segunda fase processual.

Ao contrário do que sucedia com a audiência preparatória (que nem sempre teria lugar), o despacho saneador era de prolação obrigatória.

Daí que, havendo aquela audiência, fosse proferido depois de a mesma ter findado, até porque a discussão proporcionada pela audiência tinha em vista preparar a decisão a proferir no despacho saneador. Se a audiência não fosse convocada, a prolação do despacho saneador seria acto subsequente ao encerramento da fase dos articulados.

Embora o CPC de 1939 não fosse, de todo, elucidativo acerca deste ponto, a tal conclusão se chegaria, considerando, de um lado, o teor dos seus arts. 512.º a 514.º, e, de outro, a conjugação deste despacho com as funções da audiência preparatória. Portanto, se houvesse audiência preparatória, o despacho saneador seria proferido no prazo de dez dias, após a conclusão daquela, conforme se retirava do proémio do referido art. 514.º.

E se não houvesse audiência preparatória? A lei era omissa acerca deste aspecto. Por outras palavras, a regulamentação legal assentava no pressuposto de que a audiência tinha (sempre) lugar. Daí o modo como estavam redigidos e como se sucediam os arts. 513.º e 514.º do CPC de 1939[53].

Perante isso, entendia-se que, findos os articulados, e na sequência da conclusão do processo referida no proémio do art. 512.º do CPC de 1939, ao juiz se colocavam duas alternativas. Ou convocava a audiência preparatória – se disso fosse caso –, concluída a qual iria lavrar o despacho saneador, em dez dias, ou, então, não convocava a audiência preparatória – por não haver motivo para isso –, hipótese em que disporia de dez dias para proferir o despacho saneador[54].

4.2. Funções do despacho saneador

O art. 514.º do CPC de 1939 fixava, nos seus três números, os fins do despacho saneador.

O n.º 1 desse preceito referia-se ao conhecimento das excepções dilatórias e nulidades processuais. O seu n.º 2 regulava a decisão sobre as excepções peremptórias. E o n.º 3 tratava do conhecimento do pedido.

Um primeiro olhar sobre este preceito revela que o legislador de 1939 concentrou num único número (o n.º 1) as matérias de carácter processual. Em contrapartida, as questões relativas ao mérito da causa foram desdobradas em dois números (os n.os 2 e 3)[55].

Dediquemos alguma atenção ao âmbito do despacho saneador, analisando as questões a resolver pelo juiz.

A primeira parte do despacho saneador era dedicada à apreciação das questões de ordem processual. Já sabemos que um dos aspectos primor-

---

[53] Neste sentido, Paulo Cunha (*op. cit.*, T. II, p. 20).

[54] Neste sentido J. Alberto dos Reis (*CPC Anotado*, Vol. III, p. 183) e Paulo Cunha (*op. cit.*, T. II, p. 20).

[55] Recorde-se que, no Decreto n.º 21:287, de 26.05.1932, as matérias de cariz processual se encontravam reguladas nos n.os 1, 2 e 3 do art. 102.º, e as ligadas ao mérito da causa no n.º 4 do mesmo preceito.

II. A fase do saneamento do processo antes da vigência...

diais da fase saneadora do processo era, justamente, a de verificação da regularidade da instância.

O que estava em causa era garantir que o processo só transitasse para as fases posteriores se estivessem reunidas condições para o julgamento material da questão. E isso só aconteceria se não houvesse irregularidades ou, ao menos, se estas estivessem sanadas. Caso contrário, o processo deveria ficar por aí, sendo-lhe posto termo por uma sentença que, declarando o vício, absolvesse o réu da instância (cfr. o art. 293.º do CPC de 1939).

Nessa ordem de ideias, o art. 514.º.1 do CPC de 1939 estatuía que, ao proferir o despacho saneador, o juiz devia começar por conhecer das excepções dilatórias (geradoras da absolvição da instância) e das nulidades processuais[56].

Quanto às excepções dilatórias susceptíveis de conduzir à absolvição da instância[57,58], estas deveriam ser conhecidas pela ordem fixada no art. 293.º do mesmo diploma. Este preceito indicava os casos em que o juiz tinha de abster-se de conhecer do mérito da causa, devendo absolver o réu da instância, em virtude da procedência de excepções dilatórias. O § único desse art. 293.º, em sintonia com o § 1.º do art. 499.º do CPC de 1939, esclarecia que a absolvição da instância só ocorreria se o vício não tivesse sido, entretanto, sanado[59].

No que respeitava às nulidades processuais, a lei impunha a sua apreciação, mesmo daquelas cuja verificação não determinasse à anulação de todo o processo. Atente-se que, na realidade, a regra era mesmo essa, ou seja, normalmente, as nulidades processuais, atingindo (anulando) em maior ou menor extensão o processado, não determinavam a sua anulação integral. Aliás, o único caso apontado de nulidade que inquinava todo o processo era o da ineptidão da petição inicial, figura prevista no art. 193.º do CPC de

---

[56] Atente-se que aqui se incluíam tanto as questões suscitadas pelas partes como aquelas de que o tribunal podia conhecer oficiosamente. A diferença é que, no primeiro caso, o despacho seria antecedido da audiência preparatória, como vimos.

[57] Note-se que só estas seriam de considerar aqui. Na verdade, a incompetência relativa do tribunal (cfr. o art. 108.º do CPC de 1939), constituindo embora uma excepção dilatória [cfr. o art. 499.º.f) do mesmo código], era questão a resolver antes do despacho saneador (cfr. o art. 110.º do CPC de 1939).

[58] O elenco das excepções dilatórias constava, ainda que exemplificativamente, do art. 499.º do CPC de 1939.

[59] Ou se o processo devesse ser remetido para outro tribunal, como no caso particular do art. 105.º do mesmo diploma.

1939. Só que, nesse caso, a nulidade *convolava-se* em excepção dilatória, de acordo com a previsão dos arts. 293.º.2 e 499.º.a) do CPC de 1939.

Pelas razões já expostas, a prolação do despacho saneador constituía o momento mais oportuno para serem consideradas as excepções dilatórias e as nulidades processuais. Era, na verdade, muito importante que estes aspectos do processo ficassem aí encerrados, para que, seguidamente, as partes e o juiz se pudessem concentrar na parte substancial da questão trazida a juízo, para a qual se buscava uma sentença material.

Vincando, justamente, esta perspectiva, o § 1.º do art. 514.º do CPC de 1939 determinava que as questões referidas no seu n.º 1 (excepções dilatórias e nulidades processuais) fossem resolvidas no despacho saneador. A sua resolução só poderia ser remetida para momento ulterior (para a sentença, em princípio) quando, de todo em todo, o estado do processo ainda não permitisse ao juiz pronunciar-se sobre elas, o que este sempre deveria justificar, podendo os tribunais superiores apreciar a bondade dessa justificação[60][61].

Percorrida a primeira etapa do raciocínio decisório do despacho saneador, duas alternativas eram possíveis. Podia suceder que o juiz julgasse procedente alguma excepção dilatória, o que conduziria à absolvição do réu da instância, assim terminando o despacho saneador e o próprio processo. Em contrapartida, podia acontecer que não fossem reconhecidos quaisquer vícios ou irregularidades processuais (ou porque não existiam ou porque, a terem existido, estavam já sanados), hipótese em que o juiz deveria prosseguir o seu raciocínio decisório, debruçando-se sobre as matérias seguintes, de acordo com a estatuição do art. 514.º do CPC de 1939.

As matérias seguintes eram as relativas ao fundo da questão, isto é, matérias atinentes à procedência ou improcedência da acção.

Neste âmbito, o CPC de 1939 distinguia entre o conhecimento de excepções peremptórias e o conhecimento do pedido, o que era patente no modo como se encontrava redigido o respectivo 514.º.

---

[60] No sentido de que a justificação deveria conter a indicação expressa dos concretos elementos de que dependesse a decisão, J. Alberto dos Reis (*CPC Anotado*, Vol. III, p. 186).

[61] Esta solução normativa não era novidade; já se encontrava nos Decretos n.º 12:353, de 22.09.1926 (art. 24.º.§ 1.º) e n.º 21:287, de 26.05.1932 (art. 102.º.§ 1.º).

De acordo com o n.º 2 desse preceito, o juiz deveria – ultrapassada a primeira etapa do juízo emitido no despacho saneador – decidir se procedia alguma excepção peremptória.

Competia, portanto, ao juiz apreciar as excepções peremptórias invocadas pelas partes, bem como cuidar de verificar a ocorrência de alguma de que pudesse conhecer oficiosamente[62].

O § 2.º desse art. 514.º do CPC de 1939 estabelecia, acerca da oportunidade da decisão sobre as excepções peremptórias, que tal decisão deveria ser proferida no despacho saneador, sempre que o processo fornecesse os elementos indispensáveis para o efeito, nos termos do n.º 3 do artigo. Essa remissão significava que o julgamento das excepções peremptórias no despacho saneador era imperativo quando a questão, sendo apenas de direito, pudesse ser decidida aí com perfeita segurança, ou, quando a questão fosse de direito e de facto, ou só de facto, o processo contivesse já todos os elementos necessários para uma decisão consciensiosa.

Como podemos verificar, no que respeitava às excepções peremptórias, a imperatividade do seu conhecimento revestia contornos diferentes do fixado pelo mesmo art. 514.º para o julgamento das questões formais.

Quanto a estas últimas, como vimos, o legislador assumia como normal que houvesse condições para as decidir no despacho saneador. Nessa medida, impunha o seu conhecimento, e sujeitava a abstenção de tal conhecimento a justificação expressa.

Relativamente às excepções peremptórias, ciente de que o normal seria o processo, na altura do saneamento, não proporcionar o julgamento dessas matérias, o legislador limitou-se a prescrever que, nos casos em que (ocasionalmente) esse conhecimento fosse possível, deveria o juiz resolver o assunto no próprio despacho saneador.

Quer isto dizer que, numa e noutra hipótese, era obrigatório decidir aquelas questões no despacho saneador. A diferença residia no facto de o não julgamento das excepções peremptórias estar isento de justificação[63].

---

[62] Já sabemos que, tratando-se de excepções arguidas nos articulados, a decisão respectiva deveria ser antecedida de debate, em audiência preparatória (cfr., de novo, o art. 512.º do CPC de 1939).

[63] Neste sentido, J. Alberto dos Reis (*CPC Anotado*, Vol. III, p. 188), alertando mesmo para o facto de o diferimento da apreciação da excepção peremptória estar sujeito a sindicância, nos termos gerais.

Quando o juiz, apreciando alguma excepção peremptória, concluísse pela sua procedência, deveria absolver o réu do pedido, em conformidade com o disposto na segunda parte do art. 498.º do CPC de 1939.

Se, pelo contrário, a decisão fosse no sentido da improcedência da excepção peremptória, significaria isso que, por ora, o processo não terminaria.

Assim sendo, e observando o comando do art. 514.º do CPC de 1939, haveria o juiz de passar a ponderar sobre a possibilidade de conhecimento do pedido.

De acordo com o n.º 3 desse preceito, como já vimos, a propósito do julgamento das excepções peremptórias, por remissão do § 2.º do mesmo artigo, o despacho saneador seria o momento adequado ao conhecimento do pedido, sempre que a questão de mérito, sendo apenas de direito, pudesse ser decidida com perfeita segurança, ou quando, sendo ela de direito e de facto, ou só de facto, o processo fornecesse os elementos necessários para uma decisão conscienciosa.

A ideia subjacente a esta previsão legal era a seguinte: – o juiz deveria conhecer do pedido (assim como das excepções peremptórias) no despacho saneador, sempre que se convencesse de que a observância das fases subsequentes do processo em nada alteraria o sentido da decisão a tomar nesse despacho saneador[64].

Tal como acontecia com as excepções peremptórias, resultava do CPC de 1939, igualmente, a obrigatoriedade de a decisão sobre o pedido ser exarada no despacho saneador, sempre que houvesse condições para tal, não podendo a mesma ser relegada, sem motivo, para a sentença final.

Note-se que o § 3.º do referido art. 514.º do CPC de 1939 estabelecia que, quando conhecesse do pedido, o despacho saneador valeria como uma sentença, assim sendo considerado[65].

---

[64] Neste sentido, Paulo Cunha (*op. cit.*, T. II, p. 23).

[65] Embora não fosse ponto incontroverso, defendia-se a admissibilidade de o despacho saneador conter julgamentos parciais, no caso de a acção ter sido proposta com vários fundamentos e ser possível ao juiz, no despacho saneador, concluir pela improcedência de um deles, havendo a acção de prosseguir quanto aos demais fundamentos; neste sentido, J. Alberto dos Reis (*CPC Anotado*, Vol. III, p. 193).

4.3. Valor das decisões proferidas no despacho saneador

Aspecto relevante e objecto de controvérsia era o atinente ao valor ou alcance das decisões proferidas no despacho saneador.

Tratando-se de decisões que conduzissem à extinção da instância, por motivos de ordem processual, uma vez transitada em julgado a decisão, o assunto ficaria resolvido em definitivo.

O problema colocava-se quando a prolação do despacho saneador não conduzisse ao termo do processo. Quer dizer, proferido o despacho saneador, no qual se decidira não haver excepções dilatórias os nulidades, poderia o juiz, mais tarde, transitado em julgado tal despacho, reapreciar aquelas questões, decidindo, então, de modo diverso? Por outras palavras, formar-se-ia ou não caso julgado sobre essa decisão?

No CPC de 1939, a figura do caso julgado estava prevista nos arts. 671.º e 672.º, distinguindo-se aí o caso julgado material (ou substancial) do caso julgado formal.

O caso julgado material formava-se sobre as decisões (sentença ou despacho) que recaíssem sobre o mérito da causa, tendo eficácia dentro e fora do processo. Por sua vez, o caso julgado formal constituía-se sobre as decisões que versassem apenas sobre a própria relação processual, o que implicava que, por regra, a sua eficácia se circunscrevesse aos limites desse processo.

O problema do alcance das decisões proferidas no despacho saneador não era novo. Já no domínio da legislação anterior, designadamente, a propósito do art. 24.º do Decreto n.º 12:353, de 22.09.1926, e do art. 102.º do Decreto n.º 21:287, de 26.05.1932, a doutrina e a jurisprudência se haviam ocupado dessa questão[66].

Com o CPC de 1939, o assunto voltou a ser debatido, tendo-se formado, essencialmente, duas orientações. Uma delas, sustentava que a decisão proferida no despacho saneador, transitado este em julgado, encerrava, definitivamente, a questão, não podendo, mais tarde, na sentença, retomar-se aquela e decidi-la noutro sentido[67]. A outra orientação defendia

---

[66] A este propósito, cfr. o relato de J. Alberto dos Reis (*Breve estudo* ..., ps. 192--200).

[67] Sufragava esta opinião Paulo Cunha (*op. cit.*, T. II, ps. 28-30).

que a decisão proferida no despacho saneador só constituiria caso julgado quanto às questões aí, concretamente, apreciadas[68].

A posição que se afigurava mais adequada e equilibrada era esta última. As consequências a que conduzia eram as seguintes.

Sempre que o juiz, no despacho saneador, apreciasse uma concreta questão levantada no processo, e decidisse pela sua improcedência, logo que o despacho transitasse em julgado, a questão ficaria encerrada, não sendo lícito ao tribunal reequacioná-la na sentença (ou em recurso). Estaria, então, constituído caso julgado acerca desse assunto, circunscrito, pois, àquilo que fôra apreciado em concreto.

Em contrapartida, nos casos em que, como era frequente, ao juiz se não afigurasse a existência de excepções dilatórias ou nulidades de conhecimento oficioso, nem concretas questões dessa natureza tivessem sido invocadas nos autos, o despacho saneador limitava-se a um enunciado genérico[69], no qual, singelamente, se declarava não haver excepções dilatórias ou nulidades que cumprisse apreciar. Tal enunciado genérico não poderia, segundo a melhor doutrina, conduzir à formação de caso julgado, obstando a que, mais tarde, o juiz viesse a considerar haver, afinal, uma excepção ou uma nulidade, não detectadas por ocasião do despacho saneador. Portanto, a declaração genérica contida no despacho saneador teria um carácter provisório, significando apenas que, quando aquele foi proferido, não se vislumbraram excepções ou nulidades, não já que inexistissem, de todo. Daí que o juiz pudesse, adiante, retomar a questão e concluir em contrário, se fosse caso disso.

Importa, a este propósito, alertar para o disposto no art. 104.º do CPC de 1939, integrado nas disposições que definiam o regime da incompetência absoluta (que era uma excepção dilatória), o qual estabelecia que, mesmo não tendo sido arguida, a questão da (in)competência absoluta devia ser ponderada no despacho saneador. Este preceito esclarecia, no entanto, que a decisão proferida só geraria caso julgado em relação às questões concretas aí decididas. Temos, pois, que o legislador adoptou, se bem que numa situação pontual, a solução que afirmámos ser a melhor

---

[68] Adepto desta tese era J. Alberto dos Reis (*CPC Anotado*, Vol. III, ps. 198-200); note-se que este autor, no período legislativo anterior ao CPC de 1939, subscrevera a opinião contrária (*Breve estudo* ..., ps. 198-200).

[69] A uma fórmula *vaga e abstracta*, no dizer de J. Alberto dos Reis (*CPC Anotado*, Vol. III, p. 199), ou a uma fórmula *incaracterística*, segundo Paulo Cunha (*op. cit.*, T. II, p. 29).

II. A fase do saneamento do processo antes da vigência... 51

doutrina. O seu silêncio em relação às demais matérias é que motivou as divergências de que se deu conta[70].

Em conclusão, dir-se-á, acompanhando J. Alberto dos Reis[71], que "a declaração genérica referida é desprovida de qualquer conteúdo útil, de qualquer valor jurisdicional; reduz-se a uma enunciação meramente *formulária*, sobre a qual não é possível constituir o caso julgado, nem mesmo o caso julgado formal".

No que respeitava ao julgamento das questões de fundo, e como já se antecipou, o CPC de 1939, a propósito das possíveis decisões a proferir no despacho saneador, distinguia, claramente, entre a decisão de excepções peremptórias e o conhecimento do pedido. Este diverso tratamento andava associado não só à perspectiva inerente a cada uma das decisões, mas às possíveis diferenças que poderiam derivar da pronúncia sobre uma e outra das matérias.

Na verdade, ao conhecer do pedido, o juiz haveria de concluir pela sua procedência ou pela sua improcedência. Condenando o réu no pedido ou absolvendo-o dele, o juiz sempre estaria a proferir uma decisão sobre o mérito da causa, decisão que seria o fruto da ponderação e do confronto entre a pretensão expressa pelo autor e a impugnação oposta pelo réu. Já quando apreciasse uma excepção peremptória, a conclusão podia ser pela sua procedência ou pela sua improcedência. Se julgasse procedente a excepção peremptória, isso significaria que tinha obtido acolhimento a defesa indirecta deduzida pelo réu, com a sua consequente absolvição do pedido. Nesse caso, ainda que por via indirecta, a decisão proferida contenderia com o mérito da causa[72]. Em contrapartida, se tal excepção peremptória fosse julgada improcedente, o mérito da questão manter-se-ia, quanto a este ponto, incólume.

Apesar desta afinidade entre o conhecimento do pedido (num ou noutro sentido) e a decisão de procedência da excepção peremptória, parece evidente que, na óptica do legislador de 1939, só havia, realmente,

---

[70] Era, aliás, considerando o carácter isolado do art. 104.º do CPC de 1939 que Paulo Cunha (*op. cit.*, T. II, ps. 29-30), partidário da ideia de caso julgado em todas as situações (como vimos), apenas admitia como desvio à sua tese a hipótese prevista na lei.

[71] J. Alberto dos Reis (*CPC Anotado*, vol. III, p. 200).

[72] Neste sentido, Paulo Cunha (*op. cit.*, T. II, ps. 23-24).

decisão sobre o mérito da causa quando o juiz conhecesse do pedido, isto é, quando ponderasse, directamente, sobre o pedido e a causa de pedir e sobre a impugnação oposta pelo demandado[73].

Nessa ordem de ideias, o art. 691.º do CPC de 1939, ao definir o âmbito do recurso de apelação, estatuía que este cabia só da sentença final e do despacho saneador que conhecessem do mérito da causa, ou seja, que conhecessem do pedido[74].

4.4. Recurso do despacho saneador

Proferido o despacho saneador, as decisões nele vertidas eram passíveis de impugnação através de recurso, nos termos gerais, a interpor no prazo de oito dias a contar da sua notificação (cfr. o art. 685.º do CPC de 1939).

Para se definir o recurso a interpor e o regime a que ficaria submetido, importava atentar na matéria objecto desse despacho e no próprio sentido da decisão.

Quando o despacho saneador tivesse apreciado o mérito da causa, isto é, conhecido do pedido, ao abrigo do art. 514.º.3 do CPC de 1939, tal despacho valeria como sentença (como vimos) e o recurso próprio seria o de apelação, tal como resultava das disposições conjugadas dos arts. 514.º.§ 3.º e 691.º daquele código.

Nos casos em que a decisão proferida no despacho saneador versasse sobre as matérias consignadas no n.º 1 (excepções dilatórias e nulidades processuais) e no n.º 2 (excepções peremptórias) do art. 514.º do CPC de 1939, o recurso próprio seria o de agravo.

No que respeitava ao regime desse agravo, importava saber se a decisão recorrida tinha ou não posto termo ao processo. Nos casos em que o processo findasse no despacho saneador, o recurso teria subida imediata, nos próprios autos e com efeito suspensivo [cfr. os arts. 734.º.a).2, 736.º.1 e 740.º do CPC de 1939]. Se a decisão proferida no despacho saneador não pusesse termo ao processo, a subida do agravo seria retida até ao momento

---

[73] Neste sentido, J. Alberto dos Reis (*CPC Anotado*, Vol. III, p. 189).

[74] Era neste preciso sentido que J. Alberto dos Reis (*CPC Anotado*, Vol. V, ps. 390-394) interpretava o art. 691.º do CPC de 1939.

em que subisse o recurso da decisão proferida sobre as reclamações contra o questionário[75], sendo que o agravo subiria nos próprios autos [cfr. os arts. 734.º.c) e 736.º.2 do CPC de 1939], ou até que estivesse fixado o questionário (por falta deste último recurso), hipótese em que o agravo do despacho saneador subiria em separado (cfr. o art. 737.º.2 do mesmo código).

---

[75] Cfr. o art. 515.º do CPC de 1939.

5. ORGANIZAÇÃO DA MATÉRIA DE FACTO

5.1. Preliminares

Nos casos em que a prolação do despacho saneador não tivesse posto termo ao processo, este haveria, naturalmente, de prosseguir para as fases subsequentes, isto é, passar-se-ia às fases destinadas à instrução, discussão e julgamento da causa, para, finalmente, ser proferida a sentença que lhe poria cobro.

Antes disso, porém, impunha-se definir o objecto fáctico do processo, ou seja, fixar os pontos de facto por referência aos quais se desenrolariam aquelas fases subsequentes.

Como já vimos, o Decreto n.º 21:694, de 29.09.1932, instituíra no nosso ordenamento jurídico-processual o questionário, a elaborar pelo juiz, nos termos definidos pelo art. 15.º daquele diploma.

A este propósito, o CPC de 1939 manteve a figura[76], com alguns retoques. Ao mesmo tempo, introduziu uma outra peça, a especificação, digamos, paralela, funcionalmente, ao questionário, na qual seriam vertidos os pontos de facto já assentes, não carecidos de prova. Quer dizer, por via destas duas peças fazia-se a organização, a sistematização da matéria de facto a considerar nos autos.

*

É óbvio que tal organização da matéria de facto só faria sentido, só teria razão de ser quando o processo devesse prosseguir, por a decisão contida no despacho saneador não lhe ter posto termo.

Quando falamos em despacho saneador pretendemos referir não só o próprio despacho em si considerado, mas também o despacho que o juiz

---

[76] Considerada por J. Alberto dos Reis (*CPC Anotado*, Vol. III, p. 204) uma das peças mestras da nossa arquitectura processual.

viesse a proferir na sequência do provimento de recurso do despacho saneador que tivesse posto termo ao processo. É que, ao conceder tal provimento, a Relação ordenaria a substituição do despacho recorrido por um outro que mandasse avançar o processo.

Assim, de acordo com o prescrito pelo art. 515.º do CPC de 1939, quando o processo houvesse de prosseguir, o juiz, no prazo de oito dias, deveria lavrar as referidas peças (especificação e questionário), destinadas a organizar a matéria de facto.

O prazo de oito dias contava-se, portanto, da prolação do despacho saneador que determinasse o prosseguimento dos autos, quando não tivesse posto termo ao processo, ou do momento em que, tendo obtido provimento o recurso interposto para a Relação, nos termos referidos, o juiz lavrasse novo despacho, mandando avançar o processo[77].

*

As regras relativas à organização da matéria de facto constavam do art. 515.º do CPC de 1939.

Segundo este preceito, a organização da matéria de facto implicava que os pontos de facto fossem agrupados em duas categorias, a especificação (que conteria os pontos de facto assentes) e o questionário (no qual seriam vertidos os pontos de facto carecidos de prova).

O bom desempenho dessa tarefa, por parte do juiz, exigia a observância de algumas directrizes fixadas ao longo do próprio art. 515.º. Por um lado, os pontos de facto a considerar eram apenas os constantes dos articulados oferecidos pelos partes (cfr., a propósito, o art. 664.º do CPC de 1939). Por outro lado, tais factos deveriam *interessar* à solução da causa, deveriam ser *pertinentes* e deveriam ser *indispensáveis* para a resolver.

Impõem-se duas referências ao modo como este art. 515.º do CPC de 1939 estava redigido.

Primeiro, apesar de isso não resultar, claramente, do seu texto, devia entender-se que as regras aí enunciadas se dirigiam tanto à elaboração da especificação como à do questionário, sem prejuízo da diferença funcional de cada uma das peças. Uma leitura apressada daquele preceito poderia levar o intérprete à conclusão de que algumas das exigências feitas pelo

---

[77] Neste sentido, J. Alberto dos Reis (*CPC Anotado*, Vol. III, ps. 201-202).

art. 515.º só valeriam para o questionário, entendimento que não seria correcto[78].

Segundo, a definição dos factos a considerar na organização da matéria de facto mostrava-se, até certo ponto, pouco precisa, o que terá ficado a dever-se à circunstância de este preceito ter sido decalcado do art. 15.º do Decreto n.º 21:694, de 26.09.1932 (se bem que este apenas previsse o questionário, como vimos).

Na verdade, o texto do art. 515.º do CPC de 1939 continha expressões que, digamos, correspondiam a diferentes graduações na valoração dos factos a considerar. É que a lei tanto falava em factos *com interesse* como em factos *indispensáveis* para a decisão da causa, na certeza de que um facto com interesse não era, necessariamente, um facto indispensável[79]. O sentido a atribuir ao preceito em análise era o de que deveriam ser considerados no processo todos os factos articulados que se mostrassem relevantes ou necessários para a boa decisão da causa.

Avançando para o modo como o juiz devia proceder à organização da matéria de facto, temos que tal tarefa se desdobrava em dois momentos de raciocínio decisório.

O primeiro momento destinava-se a separar a matéria de facto articulada em função da sua relevância ou irrelevância para a decisão da causa. Os pontos de facto irrelevantes seriam colocados de lado e rejeitados no desenvolvimento do processo. Em contrapartida, a matéria de facto tida como relevante ficaria no processo, a fim de poder servir de base à resolução da questão, na altura própria, e em função do posterior desenrolar da instância.

O segundo momento do raciocínio decisório do juiz seria, então sim, dedicado a repartir a matéria de facto relevante em duas outras categorias, uma sob o rótulo de especificação, outra sob a epígrafe de questionário.

5.2. Especificação

Nos termos fixados pelo art. 515.º do CPC, deveriam ser levados à

---

[78] Neste sentido, J. Alberto dos Reis (*CPC Anotado*, Vol. III, p. 204).

[79] Esta relativa imprecisão do texto legal suscitou algumas dúvidas na doutrina e na jurisprudência, de que J. Alberto dos Reis (*CPC Anotado*, Vol. III, ps. 220-221) deu conta.

espetificação os factos que o juiz considerasse confessados, admitidos por acordo ou provados por documentos[80].

A especificação era, pois, a peça escrita destinada a albergar os pontos de facto articulados e relevantes para a decisão da causa que, na altura do saneamento, já se mostrassem provados por alguma das três vias indicadas.

Tratava-se, portanto, de factos assumidos, em definitivo, para o processo, destinados a serem considerados pelo juiz incumbido de lavrar a sentença final[81]. Eram factos já provados, sobre os quais não recairia (por inútil) a subsequente actividade instrutória do processo, e sobre os quais não se pronunciaria o tribunal colectivo.

A importância ou a vantagem da especificação resultava da sua própria função no processo. É que, anteriormente – no período que decorreu entre 1932 (data do Decreto n.º 21:694, de 26.09) e a vigência do CPC de 1939 –, a tarefa de selecção da matéria de facto estava circunscrita ao questionário, à matéria controvertida.

Daí resultava que toda a demais matéria de facto articulada pelas partes ficava a constituir uma amálgama na qual se misturavam pontos de facto relevantes e irrelevantes, numa desordem. Ora, a *separação dessas águas* sempre teria de ser realizada. Quanto mais não fosse, no momento da elaboração da sentença[82]. Essa altura não seria, no entanto, a mais adequada. Portanto, já que, na fase do saneamento, se *mexia* na matéria de facto, para definir o questionário, o mais certo e adequado seria aproveitar o ensejo para, logo aí, expurgar o processo de todos os pontos de facto irrelevantes. Em consequência, os pontos de facto restantes [isto é, os não rejeitados e não quesitados] constituiriam o grupo dos factos relevantes e assentes. Portanto, deveriam ser elencados numa peça própria, a especificação, assim se contribuindo para melhor ordenar, facticamente, o processo.

---

[80] Incluíam-se aqui os documentos autênticos, os autenticados e os particulares a que se referia o art. 542.º do CPC de 1939; neste sentido, J. Alberto dos Reis (*CPC Anotado*, Vol. III, ps. 202-203).

[81] Cfr., a propósito, o art. 659.º (segunda parte) do CPC de 1939; cfr., também, J. Alberto dos Reis (*CPC Anotado*, Vol. V, ps. 32-33); cfr., ainda, o art. 653.º.g) (segunda parte) do CPC de 1939.

[82] Acerca do modo como a sentença devia ser elaborada, particularmente, quanto aos seus fundamentos de facto, no período anterior ao CPC de 1939, cfr. J. Alberto dos Reis (*Breve estudo ...*, ps. 463-465).

II. A fase do saneamento do processo antes da vigência...

Tratou-se, pois, de um importante contributo do CPC de 1939 a criação desta nova peça.

5.3. Questionário

Definida, na especificação, a matéria de facto assente, deveria o juiz passar à elaboração do questionário.

Ao questionário seriam levados os pontos de facto articulados e relevantes (até porque os irrelevantes já tinham ficado para trás) que se mostrassem controvertidos.

A elaboração do questionário constituía um dos momentos mais delicados e importantes na tramitação da acção declarativa. Em função daquilo que fosse levado ao questionário, assim se definiria a posterior actividade instrutória da causa e assim se delimitaria o âmbito da intervenção do tribunal colectivo.

O questionário era, antes de mais, como o próprio vocábulo indicia, um conjunto de questões ou quesitos. De acordo com o fixado pelo art. 515.º do CPC de 1939, os quesitos deviam ser redigidos com subordinação a números e deviam versar sobre pontos de facto.

Considerando a razão de ser dos quesitos, podemos dizer que estes tinham como destinatários imediatos os litigantes e como destinatário mediato o tribunal colectivo.

Desde logo, o questionário dirigia-se às partes. Quer dizer, o juiz do processo levava ao questionário os pontos de facto articulados (por aquelas) que, sendo relevantes, se apresentassem controvertidos. Formulava, portanto, questões acerca desses pontos de facto, de cuja demonstração em juízo dependeria a procedência das pretensões deduzidas pelas próprias partes.

Nesse medida, definido o questionário, cada um dos litigantes cuidaria de carrear para os autos os meios de prova destinados, justamente, à demonstração da realidade dos factos articulados e quesitados. Daí o dizer-se que uma primeira função do questionário era a definição do âmbito da instrução, em sintonia, aliás, com o teor do art. 517.º do CPC de 1939[83]. Como é evidente, cada parte trataria de procurar demonstrar, de

---

[83] Neste sentido, J. Alberto dos Reis (*CPC Anotado*, Vol. III, p. 205) e Paulo Cunha (*op. cit.*, T. II, p. 35).

entre os factos quesitados, aqueles que fossem convenientes e favoráveis à respectiva pretensão, postura que se harmonizava com o disposto nos arts. 519.º e 520.º do CPC de 1939, acerca do ónus da prova e da sua repartição. Eram, pois, os litigantes os primeiros destinatários do questionário, sendo que esta peça processual iria moldar a subsequente actuação processual daqueles nos autos.

Por outro lado, e num segundo momento, o questionário dirigia-se ao tribunal colectivo. Se aquela peça era constituída por questões sobre pontos de facto, cabia ao tribunal colectivo responder a tais questões, conforme a convicção que viesse a formar perante a prova produzida nos autos – era o julgamento da matéria de facto (quesitada), também designado por resposta aos quesitos, previsto no art. 653.º.g) do CPC de 1939.

Quer dizer, na fase do saneamento, formulavam-se perguntas, ao que se seguiria a produção de prova, após o que tais perguntas seriam respondidas pelo tribunal colectivo, na fase de discussão e julgamento da causa. Daí, também, o dizer-se que a segunda função do questionário era a de delimitar a intervenção do tribunal colectivo[84].

Sem prejuízo de, mais adiante, virmos a precisar e pormenorizar certos aspectos, podemos dizer, por ora, e genericamente, que a matéria de facto apurada nos autos (expressa pela resposta aos quesitos) mais a matéria de facto que havia sido levada à especificação (na fase do saneamento) eram a base sobre a qual trabalharia o juiz incumbido de lavrar a sentença final (cfr. o art. 659.º do CPC de 1939).

Quais os ditames a observar pelo juiz da causa na elaboração do questionário?

Como já foi possível apurar, quase toda a actividade processual posterior à fase do saneamento se desenrolava por referência ao questionário. Só isso bastaria para exigir do juiz particular zelo na redacção desta peça. A esse propósito, J. Alberto dos Reis afirmava que o questionário era "um acto que põe à prova as qualidades de inteligência e ponderação do juiz, as suas faculdades de síntese, compreensão e domínio da matéria de facto do pleito", recomendando que "o juiz há-de esforçar-se por se elevar acima

---

[84] Assim, J. Alberto dos Reis (*CPC Anotado*, Vol. III, p. 205) e Paulo Cunha (*op. cit.*, T. II, p. 35).

II. A fase do saneamento do processo antes da vigência... 61

das minudências e pormenores, de forma a ter uma *visão superior* da causa que lhe permita apreender as *linhas essenciais* do litígio"[85].

A primeira e principal nota acerca da redacção dos quesitos era a de que estes só podiam versar sobre matéria de facto, não já sobre questões de direito. É que, por um lado, a actividade instrutória, nos termos do art. 517.º do CPC de 1939, apenas podia recair sobre os factos constantes do questionário. Por outro lado, a posterior intervenção do tribunal colectivo era circunscrita ao julgamento da matéria de facto, tendo-se como não escritas as respostas deste tribunal sobre questões de direito [cfr. os arts. 653.º.g) e 647.º do CPC de 1939]. Portanto, impunha-se ao juiz a cautela de não incluir no questionário quesitos sobre aspectos jurídicos, não só porque isso ia para além do âmbito próprio daquela peça, como porque iria demandar das partes e do tribunal colectivo uma actuação, afinal, inútil.

Por uma questão de conveniência, digamos, funcional e de raciocínio, reservaremos para mais tarde considerações suplementares sobre a problemática do teor dos quesitos, sobre aquilo que podia ou devia ser quesitado e sobre o confronto questão de facto-questão de direito.

É que, como se sabe, o assunto manteve (e mantém) plena actualidade nos códigos de processo civil posteriores ao de 1939. Assim sendo, quando centrarmos a nossa atenção no CPC de 1995, voltaremos a este assunto, com maior profundidade e abrangência, sendo que o que aí dissermos valerá, adaptada e *retroactivamente*, para o CPC de 1939.

5.4. Reacções contra a especificação e o questionário

Conforme foi dito, dentro dos oitos dias posteriores à prolação do despacho saneador (prazo contado nos termos sobreditos), e se o processo houvesse de prosseguir, o juiz deveria passar à organização da matéria de facto, especificando e quesitando os pontos de facto articulados e relevantes para a decisão da causa.

Assim elaboradas essas duas peças, seguir-se-ia a notificação às

---

[85] J. Alberto dos Reis (*CPC Anotado*, Vol. III, ps. 204-205).

62 Paulo Pimenta

partes, as quais eram admitidas a deduzir "as reclamações que entenderem" (cfr. a segunda parte do art. 515.º do CPC de 1939)[86].
De acordo com o previsto no § 2.º do art. 515.º do CPC de 1939,
aquelas reclamações tanto podiam ser opostas à especificação como ao
questionário. No que respeita aos fundamentos das reclamações, o mesmo
§ 2.º estabelecia que o questionário poderia ser impugnado por deficiência, excesso, complexidade ou obscuridade[87].

Concretizando, as partes podiam reclamar contra o questionário,
alegando não terem sido aí incluídos factos que reuniam condições para a
sua quesitação – era o fundamento da deficiência do questionário.

Podiam reclamar contra o questionário, a pretexto de aí haver sido
vertida matéria insusceptível de quesitação, por não reunir requisitos para
tal, seja por não ter sido articulada, seja por não ser relevante para a
decisão da causa, seja por já estar demonstrada, seja por constituir questão
de direito[88] – era o fundamento de excesso do questionário.

Além disso, podiam as partes reclamar contra o questionário, invocando a sua complexidade, isto é, a circunstância de apresentar questões
passíveis de conduzir a respostas confusas, obscuras ou contraditórias.

Finalmente, era motivo de reclamação contra o questionário o caso
de a redacção dos quesitos ser dúbia, criar dificuldades na determinação
do seu exacto sentido – era o fundamento da obscuridade do questionário.

Note-se que o CPC de 1939, estabelecendo embora a possibilidade
de reclamação contra a especificação, acabou por apenas se referir, expressamente, ao questionário, ao indicar os fundamentos da reclamação (cfr.,
de novo, o § 2.º do seu art. 515.º). Não obstante, o melhor entendimento
era o de que, por princípio, a especificação também poderia ser impugnada
com base naqueles argumentos, exceptuando, talvez, o caso da arguição da
complexidade da especificação, que não parecia viável[89].

---

[86] À falta de indicação expressa, o prazo para apresentar as reclamações era o
geral, de cinco dias, fixado no art. 154.º do CPC de 1939.

[87] Sobre este assunto, cfr. J. Alberto dos Reis (*CPC Anotado*, Vol. III, ps. 224-228),
que se seguiu de perto.

[88] Sobre este último caso, J. Alberto dos Reis (*CPC Anotado*, Vol. III, p. 228) sustentava não se tratar de um excesso de quesitação, considerando-o "um caso especial de
ilegalidade". No sentido do texto, cfr. Manuel de Andrade (*Noções elementares ...*, p. 189,
nota de rodapé n.º 4).

[89] Neste sentido, J. Alberto dos Reis (*CPC Anotado*, Vol. III, p. 228).

II. A fase do saneamento do processo antes da vigência... 63

Importa atentar que, em certas situações, a reclamação contra o questionário, com fundamento no excesso de quesitação (por o facto estar já demonstrado), levava incluída (implicitamente, ao menos) uma reclamação contra a especificação por deficiência desta (por não incluir um facto já assente), e *vice-versa*. Quer dizer, por vezes, a reclamação deduzida tinha em vista levar a que certos pontos de facto *transitassem* de uma peça para outra. Para que tal acontecesse, era sempre exigível um requisito prévio: – que o facto tivesse sido articulado e fosse relevante para a decisão da causa. Caso contrário, o mais que podia acontecer era esse facto *sair* da peça onde fôra (mal) incluído e não ser mais considerado, daí em diante.

*

Formulada alguma reclamação, e depois de notificada a parte contrária, para se pronunciar, em dois dias, seria proferido despacho destinado a apreciar a reclamação (cfr. a segunda parte do art. 515.º do CPC de 1939).

O § 3.º do art. 515.º do CPC de 1939 previa a possibilidade de interposição de recurso de agravo para a Relação. Das disposições conjugadas dos arts. 734.º.a).3, 736.º.1 e 740.º do CPC de 1939, resultava que tal agravo tinha subida imediata, nos próprios autos e com efeito suspensivo[90]. O regime desse agravo implicava, naturalmente, a *paralisação* do processo, ao nível da primeira instância, já que os autos subiriam à Relação. Só quando esta se pronunciasse, e o processo retornasse à primeira instância, é que a tramitação normal poderia ser observada, até porque não era admitido recurso dessa decisão para o Supremo Tribunal de Justiça.

Deve referir-se que, na Comissão Revisora do Projecto do CPC de 1939, foi discutida a questão de saber se o despacho que decidia as reclamações haveria ou não de ser passível de recurso próprio. Tanto mais que, no regime precedente, a solução consagrada era a de que aquele despacho apenas poderia ser impugnado no âmbito do recurso interposto da decisão final (cfr. o art. 15.º § 1.º do Decreto n.º 21:694, de

---

[90] Note-se que a subida deste recurso implicaria a subida de recursos anteriores, cuja subida tivesse ficado retida, incluindo-se aqui o agravo interposto do despacho saneador que não tivesse posto fim ao processo [cfr. o art. 734.º.c) do CPC de 1939].

29.09.1932)[91]. A verdade é que acabou por ser consagrada na lei a doutrina sustentada pelo autor do Projecto, defensor do recurso[92].

Como se imagina, a pendência deste agravo, interposto do despacho que decidisse as reclamações, poderia constituir um motivo de retardamento da instância, passível até de ser usado como expediente dilatório. Não obstante, o legislador terá decidido correr esse risco, atentas as supostas vantagens do regime, quais fossem a de impedir a entrada do processo na fase da instrução, antes de fixado o questionário, e a de evitar os casos de repetição da audiência final[93,94].

*

De acordo com art. 516.º do CPC de 1939, fixado que estivesse o questionário, seriam as partes notificadas para indicarem os meios de prova de que pretendessem fazer uso nos autos. Do § único deste preceito resultava que o momento da fixação do questionário dependia da interposição (ou não) de recurso de agravo. Decorrido o prazo correspondente, sem que fosse interposto recurso, o questionário ter-se-ia por fixado. Havendo recurso, o questionário só estaria fixado quando os autos baixassem à primeira instância ou quando fosse cumprida a decisão da Relação.

Podemos dizer que esta notificação às partes (para indicarem a prova), estando embora colocada, sistematicamente, na fase do saneamento, constituía a antecâmara da fase da instrução, marcando, pois, a transição da segunda para a terceira fase do processo declarativo.

---

[91] Neste sentido se pronunciou Barbosa de Magalhães (*op. cit.*, Vol. I, ps. 60 e 66).

[92] Oportunamente, veremos que, decorridas mais de quatro décadas, a Reforma Intercalar de 1985, levada a cabo pelo DL n.º 242/85, de 09.07, veio a retomar aquela solução do Decreto n.º 21:694.

[93] Sobre este ponto, cfr. J. Alberto dos Reis (*CPC Anotado*, Vol. III, ps. 229-230).

[94] Atente-se que o art. 653.º.g) do CPC de 1939 previa a possibilidade de o juiz presidente formular quesitos novos; sobre este ponto, cfr. J. Alberto dos Reis (*Dúvidas e questões, RLJ*, n.º 2662, ps. 372-373, n.º 2663, ps. 385-387, e n.º 2664, ps. 401-402).

C) A FASE DO SANEAMENTO DO PROCESSO NO CÓDIGO DE PROCESSO CIVIL DE 1961

1. PRELIMINARES

Como já dissemos, o CPC de 1939 constituiu um marco relevantíssimo na evolução do direito processual civil português, consagrando novas e importantes soluções em diversos aspectos, designadamente, ao nível da acção declarativa.

Apesar disso, ou talvez por isso, algumas das disposições desse diploma geraram larga controvérsia e crítica[95], a ponto de, a breve trecho, ter sido assumida a necessidade de introduzir algumas alterações ao CPC de 1939, tarefa de que foi incumbido o Prof. J. Alberto dos Reis. Este eminente processualista, para além de ter sido o responsável pelo Projecto do CPC de 1939, estava bem ciente dos problemas levantados pelo novo diploma na prática forense, já que, numa interessante iniciativa, aproveitara a *Revista de Legislação e de Jurisprudência* para ir tratando e respondendo a questões concretas suscitadas pelos leitores, tais como juízes e advogados. Além disso, por sua proposta, foi realizado um inquérito público[96], com vista a recolher elementos e sugestões a considerar nessa revisão. Apesar do empenho com que J. Alberto dos Reis partiu para essa nova etapa, o seu falecimento (no ano de 1955) impediu-o de concluir o trabalho.

---

[95] Um dos aspectos mais criticados – que escapa ao âmbito deste trabalho – tinha a ver com a constituição e o funcionamento do tribunal colectivo, em virtude do sistema da oralidade vigente na instrução do processo. Sobre este ponto, cfr., entre outros, A. da Palma Carlos (*op. cit.*, p. 40), Manuel de Andrade (*Noções elementares ...*, p. 22) e Varela/Bezerra/Nora (*op. cit.*, ps. 34-35). Apreciando o sistema da oralidade consagrado em Portugal, cfr. Pessoa Vaz (*op. cit.*, ps. 143 e ss.).

[96] A respectiva circular foi publicada no *Boletim do Ministério da Justiça (BMJ)*, 45.º, p. 35.

Por tal circunstância, o Ministro da Justiça (Prof. Antunes Varela) decidiu nomear uma comissão de juristas[97], com vista a levar por diante o objectivo de reformar o CPC de 1939. E se os trabalhos de revisão começaram por dirigir-se a resolver as questões colocadas pela crítica, o certo é que o seu âmbito foi sendo alargado, acabando por conduzir ao aparecimento de um novo código – o CPC de 1961, aprovado pelo DL n.º 44 129, de 28 de Dezembro de 1961, cuja vigência se iniciou no dia 24 de Abril do ano seguinte.

Não podemos deixar de registar que, apesar da afirmação precedente, é controvertida a questão de saber se o diploma a que nos referimos constituiu (ou não) um novo código, autónomo face ao de 1939. De um lado, o próprio legislador não cuidou de esclarecer este ponto, antes tomou uma posição dúbia. Com efeito, o art. 1.º do dito DL n.º 44 129, de 28.12.1961, prescrevia o seguinte: – "É aprovado o Código de Processo Civil que faz parte do presente decreto-lei". Em contrapartida, a dado passo do respectivo Relatório ficou exarado que tal "reforma (...) não envolve, contudo, uma substituição dos princípios fundamentais que a legislação processual vigente abraçou"[98]. Por outro lado, na doutrina, embora a opinião tida por dominante fosse no sentido da autonomia do CPC de 1961[99], havia quem sustentasse que o diploma de 1961 mais não era do que uma nova redacção do CPC de 1939[100].

*

---

[97] Dessa comissão faziam parte diversos magistrados, designadamente, os juízes conselheiros Eurico Lopes Cardoso, José Osório, Eduardo Coimbra e Dias Freire, e também A. da Palma Carlos, advogado e professor da Faculdade de Direito da Universidade de Lisboa.

[98] Não deixando de ser curioso que algo semelhante tenha ocorrido com o CPC de 1995, como veremos.

[99] Neste sentido, A. da Palma Carlos (*op. cit.*, ps. 41-42), E. Lopes Cardoso (*Código ...1962*, Advertência prévia, p. 5), Manuel de Andrade (*Noções elementares ...*, p. 23) e Varela/Bezerra/Nora (*op. cit.*, ps. 34-38); mais recentemente, igualmente, A. Montalvão Machado (*op. cit.*, p. 12, nota de rodapé n.º 1) e A. Montalvão Machado/Paulo Pimenta (*O novo processo...*, p. 22); acrescente-se que também o Supremo Tribunal de Justiça (STJ), no Assento n.º 14/84, de 16.10.1984 (*BMJ*, 340.º, p. 157), se referiu à autonomia do CPC de 1961 face ao de 1939.

[100] Assim, Castro Mendes (*Direito ...*, Vol. I, p. 163) e, depois, J. Lebre de Freitas (*Em torno da revisão ...*, p. 7, e *Inconstitucionalidades ...*, p. 30), bem como J. Lebre de Freitas/J. Redinha/R. Pinto (*op. cit.*, Prefácio, p. V).

II. A fase do saneamento do processo antes da vigência... 67

No que concerne à fase processual que vimos analisando, deve reconhecer-se que não foi por aí que o CPC de 1961 revelou autonomia face ao anterior. O que acaba por ser natural, se considerarmos que a fase do saneamento tinha acabado de ser estabilizada (após um significativo processo evolutivo) pelo CPC de 1939, além de que, vinte anos após, os actos e as peças que a integravam se mostravam adequados. Daí que, neste âmbito, as alterações introduzidas pelo CPC de 1961 não tivessem sido de grande monta.

De qualquer modo, conforme destacou o Ministro da Justiça de então[101], tais alterações, de um lado, procuraram optimizar a audiência preparatória, de outro, foram no sentido de concentrar numa única peça (num só despacho) o despacho saneador, a especificação e o questionário, facultando ao juiz "um balanço completo, minucioso, cuidado, de todo o material, provado ou por provar, que interessa à decisão da causa"[102].

Em termos de organização sistemática, o CPC de 1961 manteve a fase do saneamento como o segundo período processual, após o dos articulados e antes do momento da instrução. Formalmente, foi mantida a designação proveniente do código anterior, isto é: – Da audiência preparatória e despacho saneador.

Tal circunstância fez perdurar a discussão que vinha detrás, acerca da melhor designação para esta importante fase processual, sem que, mais uma vez, fosse alcançada uma fórmula inteiramente satisfatória[103].

---

[101] Referimo-nos à conferência proferida pelo Ministro da Justiça (Antunes Varela), na inauguração do Palácio de Justiça do Porto, em 30.10.1961, na qual foi feita uma apresentação pública das alterações introduzidas pela reforma (*BMJ*, 110.º, ps. 13 e ss.).

[102] Neste mesmo sentido, cfr. o ponto n.º 9 do Relatório do diploma que aprovou o CPC de 1961.

[103] Sobre este ponto, cfr. Varela/Bezerra/Nora (*op. cit.*, ps. 368-370), que utilizavam a designação "julgamento antecipado da acção ou saneamento e condensação do processo". Refira-se ainda que, para Anselmo de Castro (*op. cit.*, Vol. III, p. 247), esta era a fase do "despacho saneador", enquanto Castro Mendes (*Direito* ..., Vol. II, p. 621) usava a expressão "condensação" e Manuel de Andrade (*Noções elementares* ..., p. 172) preferiria "saneamento ou condensação".

2. ENQUADRAMENTO DA FASE DO SANEAMENTO DO PROCESSO NA TRAMITAÇÃO DA ACÇÃO DECLARATIVA

Conforme já foi antecipado, a tramitação da acção declarativa apresentava uma sistematização que se consolidara no CPC de 1939 e foi mantida no CPC de 1961 (e também no de 1995, como veremos). Assim, após a apresentação dos articulados pelas partes[104], o processo seria submetido a despacho judicial. Competiria, então, ao juiz decidir-se pela convocação de uma audiência preparatória (art. 508.º do CPC de 1961) ou pela prolação do despacho saneador (art. 510.º do CPC de 1961), em função de certas circunstâncias.

Dada a reconhecida similitude entre o esquema da fase do saneamento (e dos actos a praticar aí) no CPC de 1939 e no CPC de 1961, cuidaremos, essencialmente, de destacar os aspectos em que este último inovou face ao anterior, limitando-nos, quanto ao mais, a uma referência superficial.

Tal como fizemos ao analisar aqueloutro código, iremos desenvolver o nosso estudo do CPC de 1961 considerando, sucessivamente, a audiência preparatória, o despacho saneador, a especificação e o questionário.

---

[104] No CPC de 1961, o autor podia oferecer dois articulados – petição inicial (art. 467.º) e réplica (art. 502.º) – e o réu outros dois – contestação (art. 486.º) e tréplica (art. 502.º). O art. 504.º desse diploma admitia ainda a resposta à tréplica (quadrúplica), para o réu se pronunciar sobre a matéria da reconvenção. Por outro lado, atente-se que o CPC de 1961 alargou a ambas as partes a hipótese de apresentação dos articulados supervenientes (art. 506.º).

3. AUDIÊNCIA PREPARATÓRIA

3.1. Casos de audiência preparatória

O art. 508.º do CPC de 1961 regulava os casos que justificavam a realização de uma audiência preparatória, indicando quando a sua convocação era obrigatória e quando era facultativa. Neste aspecto, importa referir que o CPC de 1961 inovou. De facto, embora se mantivessem as hipóteses justificativas da audiência preparatória, o legislador alterou o regime da sua convocatória.

Assim, esta audiência conservou a sua vocação de proporcionar uma discussão oral entre as partes, quando estivesse em causa o conhecimento do pedido ou a apreciação de qualquer excepção.

No entanto, de acordo com o n.º 1 do art. 508.º do CPC de 1961, só era obrigatória a sua convocação no primeiro caso, isto é, quando ao juiz se afigurasse possível conhecer já no despacho saneador (sem necessidade de mais provas) do pedido ou de algum dos pedidos principais, ou do pedido reconvencional. Tratava-se, pois, de garantir às partes o exercício do contraditório, antes da decisão sobre o objecto da causa[105]. O desrespeito pelo art. 508.º.1 do CPC de 1961, com a consequente decisão sobre o objecto da causa sem a prévia discussão em audiência preparatória, constituiria uma nulidade processual, nos termos do art. 201.º do mesmo diploma, porquanto se trataria da omissão de um acto prescrito por lei, sendo tal irregularidade susceptível de influir na decisão da causa[106,107].

Por outro lado, de acordo com o n.º 3 do art. 508.º do CPC de 1961, o juiz podia convocar a audiência preparatória para discutir qualquer

---

[105] Neste sentido, Anselmo de Castro (*op. cit.*, Vol. III, p. 256).

[106] Neste sentido, Castro Mendes (*Direito* ..., Vol. II, p. 626).

[107] Aliás, uma das razões pelas quais esta audiência se designava *preparatória* era a circunstância de se destinar a *preparar* a prolação do despacho saneador; neste sentido, Varela/Bezerra/Nora (*op. cit.*, p. 372).

excepção. A redacção deste n.º 3, e o seu confronto com o referido n.º 1 do mesmo preceito, mostrava que o legislador decidiu conferir ao juiz o poder de optar pela marcação ou não dessa audiência, se apenas estivesse em causa uma excepção, ou seja, aqui a audiência passou a ser facultativa[108].

Nessa conformidade, findos os articulados, quando deparasse com alguma excepção – arguida pelas partes ou de que pudesse conhecer por si[109] –, o juiz tinha de decidir se seria profícua (ou não) a realização de uma discussão entre os litigantes acerca da excepção, antes de a decidir (no despacho saneador).

Atente-se ainda que o modo amplo como estava redigido o n.º 3 do art. 508.º do CPC de 1961 (*qualquer* excepção) parecia indiciar que a facultatividade da convocação da audiência preparatória tanto respeitava às excepções dilatórias como às excepções peremptórias. Não obstante, as opiniões sobre esse ponto dividiam-se[110]. A isso não era, certamente, alheia a circunstância de o CPC de 1961 (repetindo a solução do CPC de 1939) distinguir entre decidir uma excepção peremptória e conhecer do pedido. O que era patente face ao art. 510.º do CPC de 1961 (e ao art. 514.º do CPC de 1939). Tal distinção, como vimos já, radicava no facto de a decisão das excepções peremptórias nem sempre conduzir à improcedência da acção, não contendendo, pois, com o pedido[111].

Apesar de ser essa a concepção legislativa – que não seria, provavelmente, a mais adequada[112] –, não parece que, no estrito âmbito do art. 508.º do CPC de 1961, houvesse razão para excluir do sentido do seu n.º 1 (e, portanto, da obrigatoriedade da audiência) a discussão de excepções peremptórias[113]. O que implicaria que, em rigor, a convocação

---

[108] A este propósito, Castro Mendes (*Direito* ..., Vol. II, p. 627) dizia que o poder do juiz era discricionário.

[109] Recorde-se que, no domínio do CPC de 1939, neste âmbito, a audiência só seria de convocar quanto às excepções deduzidas (cfr. o respectivo art. 512.º).

[110] No sentido dessa facultatividade em ambos os casos, cfr. Castro Mendes (*Direito* ..., Vol. II, p. 627); em sentido contrário, sustentando que a facultatividade era limitada às excepções dilatórias, sendo obrigatório convocar a audiência para discutir excepções peremptórias, cfr. Anselmo de Castro (*op. cit.*, Vol. III, ps. 256-257).

[111] A propósito, cfr. os arts. 510.º.4 e 691.º do CPC de 1961.

[112] Cfr., a propósito, a diferente solução adoptada pelo CPC de 1995, conforme se retira dos seus arts. 510.º.1.b) e 691.º.

[113] Note-se que no ponto n.º 9 do Relatório do diploma que aprovou o CPC de 1961, a este propósito, ficou exarado o seguinte: – "A audiência preparatória só é indispensável

II. A fase do saneamento do processo antes da vigência...

da audiência preparatória só teria carácter facultativo a propósito da discussão de excepções dilatórias[114].

3.2. Convocação e regime da audiência preparatória

Findos os articulados, sendo caso de realizar uma audiência preparatória – fosse em convocação obrigatória, fosse em convocação facultativa –, o juiz deveria designá-la para dentro de dez dias (art. 508.º.1 *in fine* do CPC de 1961).

O n.º 4 do art. 508.º do CPC de 1961, em concretização do que a doutrina sustentara no domínio do código anterior, prescrevia que o despacho designativo da audiência indicasse o seu objecto, assim proporcionando às partes a devida preparação para a discussão a realizar aí.

O mesmo preceito esclarecia que, apesar de o juiz ter convocado a audiência no convencimento de que estaria em condições de conhecer já do pedido, tal não obstaria a que, na sequência do debate, viesse a chegar a conclusão inversa. Esta solução tinha em vista os casos em que o juiz, após o debate, verificasse que, afinal, a decisão ainda não podia ser proferida, por serem necessários mais elementos, por serem precisas mais provas. A não existir esta *válvula de escape*, o juiz ver-se-ia na contingência de decidir por decidir, muito provavelmente, de forma incorrecta, o que seria inaceitável.

Nos termos do n.º 2 do art. 508.º do CPC de 1961, sempre que a causa admitisse transacção (cfr. o art. 299.º desse diploma) e as partes residissem na comarca, seriam notificadas para comparecerem pessoalmente ou se fazerem representar por advogado com poderes especiais para transigir, sob pena de multa. Neste aspecto, o CPC de 1961 repetia o regime do código precedente, com a particularidade de esta notificação se limitar às partes residentes na comarca.

---

no caso de se pretender conhecer, no saneador, de algum pedido ou de qualquer excepção peremptória. Para discussão de outras excepções é facultativa ...".

[114] Atente-se na justificação adiantada por Anselmo de Castro (*op. cit.*, Vol. III, p. 253) para tal. Como se verifica, o alcance do princípio do contraditório era ainda incipiente. Sobre a extensão actual desse princípio basilar do processo civil, cfr. J. Lebre de Freitas (*Introdução* ..., ps. 96 e ss., particularmente, ps.102-105).

74   *Paulo Pimenta*

Do que se tratava era de, aproveitando a oportunidade da realização da audiência preparatória, diligenciar no sentido de encontrar uma solução consensual para a causa. Quer dizer, a tentativa de conciliação não justificaria, por si só, a realização dessa audiência. No entanto, se tal audiência tivesse lugar, a lei impunha ao juiz, dentro dos condicionalismos dos art. 508.º.2 do CPC de 1961, que procurasse conciliar as partes, sendo, aliás, esse o primeiro acto a praticar na audiência[115].

Na verdade, o art. 509.º.1 do CPC de 1961 estabelecia que, iniciada a audiência, o juiz procuraria a conciliação das partes, assente numa solução de equidade[116].

Se a conciliação fosse alcançada, o processo terminaria aí, naturalmente [cfr. o art. 287.º.d) do CPC de 1961]. Quando não fosse possível obter esse resultado, deveria a audiência prosseguir, entrando-se, então, no tratamento daquilo que, concretamente, motivara a sua convocação, sem prejuízo de o juiz vir a tentar a conciliação em qualquer outro estado do processo julgado oportuno, sendo certo que as partes não podiam ser convocadas mais de uma vez só para esse fim (cfr. o art. 509.º.4 do CPC de 1961).

Quando a audiência devesse prosseguir, passar-se-ia ao debate (discussão) entre os advogados das partes. De acordo com a previsão do art. 509.º.2 do CPC de 1961, o juiz daria a palavra aos advogados das partes, podendo cada um deles usar dela por duas vezes. Quando a discussão versasse sobre o pedido, o primeiro a usar da palavra seria o mandatário do autor, seguindo-se o do réu. Esta ordem seria invertida quando a discussão respeitasse a excepções ou a acção fosse de simples apreciação negativa[117].

Em todo o caso, de acordo com o mesmo preceito, competia ao juiz conduzir a discussão, de forma a que as questões fossem tratadas segundo a ordem por que deveriam ser resolvidas no despacho saneador (cfr. o art. 510.º.1 do CPC de 1961).

---

[115] Cfr. o art. 509.º.3 do CPC de 1961, acerca da falta de uma ou de ambas as partes.

[116] No que respeita ao modo como o juiz deveria conduzir essa diligência, mantinham-se pertinentes as indicações que, na vigência do código de 1939, foram avançadas por J. Alberto dos Reis (*CPC Anotado*, Vol. III, ps. 177 e ss.).

[117] Neste sentido, Castro Mendes (*Direito ...*, Vol. II, p. 629). Note-se que, tratando--se de discussão sobre o pedido reconvencional, o primeiro a usar da palavra seria o mandatário do réu reconvinte.

4. DESPACHO SANEADOR

4.1. **Preliminares**

O despacho saneador manteve, no CPC de 1961, as funções que lhe apontámos no código anterior, servindo, por um lado, para a verificação dos aspectos ligados à relação processual e, de outro lado, para a apreciação do mérito da causa, mediante certas circunstâncias.

Este despacho, de capital importância na dinâmica do processo, tinha sempre lugar, por princípio. Só assim não sucederia nos casos em que, antes disso, as partes se tivessem conciliado, por exemplo, na audiência preparatória, pondo termo ao processo [cfr. os arts. 509.º.1 e 287.º.d) do CPC de 1961], ou nos casos em que o réu não tivesse contestado, devendo aplicar-se o regime da revelia operante, o que implicaria a supressão da fase do saneamento (cfr. o art. 484.º do CPC de 1961).

No que respeita ao exacto momento processual em que o despacho saneador seria proferido, o CPC de 1961 era mais explícito do que o de 1939, estabelecendo o seu art. 510.º.1 que o prazo para tal prolação era de quinze dias, a contar da realização da audiência preparatória[118] ou do final do articulados, quando o juiz decidisse não convocar aquela audiência. Verifica-se, pois, que este preceito apenas clarificou (e consagrou expressamente) aquilo que era o entendimento dominante sobre o assunto, à luz do CPC de 1939, conforme demos conta.

---

[118] Ou da data para que estava marcada; é que, não obstante o teor do art. 509.º.3 do CPC de 1961, a falta de ambas as partes (e seus mandatários) implicaria que a mesma não se pudesse realizar.

4.2. Funções do despacho saneador

O âmbito da decisão a proferir no despacho saneador era definido pelo n.º 1 do art. 510.º do CPC de 1961.

Tal como se passava no diploma precedente, as matérias de natureza processual estavam concentradas numa só alínea [a alínea a)], ao passo que as questões que contendiam com o mérito da causa estavam inscritas nas duas restantes [alíneas b) e c)].

Assim, no despacho saneador, o juiz haveria de começar por conhecer das excepções dilatórias geradoras de absolvição da instância, bem como das nulidades processuais. Depois, decidir acerca da procedência de excepções peremptórias. Por fim, conhecer directamente do pedido, sempre em função de certas circunstâncias, de que trataremos adiante[119,120].

4.2.1. *Apreciação das excepções dilatórias e das nulidades processuais*

O primeiro grupo de questões a considerar no despacho saneador, de acordo com a alínea a) do n.º 1 do art. 510.º do CPC de 1961, respeitava à própria relação processual.

Decorrida a primeira etapa do processo – a fase dos articulados –, e antes de o processo entrar no período da instrução, impunha-se verificar a regularidade da instância.

Nessa conformidade, competia ao juiz apurar se todos os requisitos de ordem técnica, dos quais dependia o conhecimento do mérito da causa, estavam ou não respeitados. Tratava-se, pois, daquilo a que poderemos chamar a função mais tradicional do despacho saneador, aquela com vista da qual ele fôra instituído, ainda sob a designação primitiva de "despacho regulador da instância", no ano de 1907, como vimos.

---

[119] Além destas funções, indicadas no art. 510.º.1.a) do CPC de 1961, o despacho saneador serviria também para apreciar *questões eventuais*, nomeadamente, as previstas nos arts. 315.º.2, 345.º.1, 355.º.4 e 362.º.3 do mesmo código. Neste sentido, Luso Soares (*op. cit.*, ps. 374-375), na esteira de Paulo Cunha (*op. cit.*, T. II, p. 24).

[120] Segundo Manuel de Andrade (*Noções elementares ...*, p. 175), também as questões relativas à admissibilidade da reconvenção deveriam ser apreciadas no despacho saneador.

II. A fase do saneamento do processo antes da vigência...

Assim, nos termos do referido preceito, o juiz deveria começar por conhecer das excepções dilatórias susceptíveis de gerar a absolvição da instância, segundo a ordem indicada no art. 288.º do CPC de 1961.

As excepções dilatórias – que eram um meio de defesa e cujo elenco exemplificativo constava do art. 494.º do CPC de 1961– obstavam à apreciação do mérito da acção e determinavam a absolvição da instância ou a remessa do processo para outro tribunal (cfr. os arts. 487.º.2 e 493.º.2 do mesmo código).

Ora, no despacho saneador, o juiz só deveria cuidar daquelas excepções dilatórias que conduzissem à absolvição da instância, que eram, aliás, a maioria[121]. A esse propósito, o n.º 1 do art. 288.º do CPC de 1961, nas suas várias alíneas, indicava os casos em que, perante uma excepção dilatória, o juiz deveria abster-se de conhecer do pedido, proferindo uma decisão de absolvição da instância.

Portanto, observando a ordem dessas alíneas[122], o juiz iria, sucessivamente, verificar se o tribunal tinha (ou não) competência absoluta, se a petição era apta (ou inepta), se as partes tinham (ou não) personalidade judiciária, se tinham (ou não) capacidade judiciária ou, sendo incapazes, se estavam (ou não) representadas, se gozavam (ou não) de legitimidade, etc.

Naturalmente, o juiz só passaria para o ponto seguinte daquela sequência quando concluísse que o ponto anterior não consubstanciava uma excepção dilatória, pois, se assim acontecesse, o resultado seria o de absolvição da instância, com fundamento nessa concreta excepção[123]. Por outro lado, é evidente que a apreciação das (possíveis) excepções dilatórias estava condicionada pelos poderes de cognição do juiz, isto é, se a matéria fosse de conhecimento oficioso, o juiz ponderaria sobre ela, ainda que não fosse arguida pelas partes, caso contrário, estaria dependente dessa arguição[124].

---

[121] Atente-se no regime particular da incompetência relativa do tribunal cujo efeito era apenas o da remessa dos autos (cfr. o art. 111.º.3 do CPC de 1961) e que, em todo o caso, deveria ser resolvida antes do despacho saneador (cfr. o art. 110.º.2 do mesmo código).

[122] Note-se que a alínea e) do art. 288.º.1 do CPC de 1961 tinha carácter genérico, implicando a sua conjugação, pelo menos, com o art. 494.º do mesmo diploma.

[123] Neste sentido, J. Alberto dos Reis (*CPC Anotado*, Vol. III, p. 184).

[124] Não obstante, em matéria de excepções dilatórias, por força do art. 495.º do CPC de 1961, a regra era a da oficiosidade do conhecimento.

78 Paulo Pimenta

*

Importava, porém, ter em conta o disposto no art. 288.º.2 do CPC de 1961, conjugando-o com o art. 494.º.2 do mesmo código.

Desses preceitos resultava que o facto de um processo revelar circunstâncias que constituíssem excepções dilatórias não implicaria, inelutavelmente, o apontado efeito de absolvição da instância. Isso só aconteceria se, na verdade, a falta ou irregularidade não fossem, entretanto, sanadas. Ora, a este propósito, encontravam-se dispersas pelo CPC de 1961 algumas disposições que previam o tempo e o modo de providenciar no sentido de tal sanação, impondo mesmo ao juiz uma actuação concreta para o efeito.

Nessa conformidade, se o juiz, no momento em que fosse proferir o despacho saneador, constatasse uma falta ou irregularidade que fosse sanável – sem que, anteriormente, tivesse já diligenciado no sentido da sua sanação –, impunha-se que, em vez de logo proferir aquele despacho saneador, promovesse a sanação respectiva.

Para tal, deveria o juiz, isso sim, proferir um despacho destinado a, conforme os casos, ordenar a citação do representante legal do incapaz (cfr. o art. 24.º do CPC de 1961), fixar prazo para o representante do autor obter autorização ou deliberação exigida por lei (cfr. o art. 25.º.1 do CPC de 1961)[125], convidar o autor a constituir advogado (cfr. o art. 33.º.3 do CPC de 1961)[126] ou a suprir a falta, insuficiência ou irregularidade do mandato (cfr. o art. 40.º.2 do CPC de 1961)[127], convidar o réu a indicar o valor da reconvenção (cfr. o art. 501.º.2 do CPC de 1961). Neste sentido se pronunciava o Prof. Castro Mendes, sugerindo para tal despacho a expressiva designação de despacho *pré-saneador*[128].

---

[125] Atente-se que só o vício inerente ao representante do autor constituía excepção dilatória, nos termos do art. 494.º1.d) do CPC de 1961. Quanto ao representante do réu, a cominação era apenas a prevista no art. 25.º.2 *in fine* do mesmo código.

[126] Note-se que, sendo obrigatório o patrocínio judiciário, só era excepção dilatória a falta de constituição de advogado pelo autor [cfr. o art. 494.º.1.e) do CPC de 1961]. Relativamente ao réu, não deixaria também de lhe ser dirigido convite para constituir advogado. Só que, atento o disposto no art. 33.º.3 *in fine* do CPC de 1961, a cominação seria outra.

[127] Também aqui, só os vícios inerentes ao autor constituíam excepções dilatórias [cfr., de novo, o art. 494.º.1.e) do CPC de 1961]. Quanto ao réu, a consequência seria apenas a consignada no n.º 2 do referido art. 40.º.

[128] Castro Mendes (*Direito ...*, Vol. II, ps. 631-632). Note-se que este autor excluía do âmbito desse despacho pré-saneador a ilegitimidade por violação de litisconsórcio

II. A fase do saneamento do processo antes da vigência... 79

Em face do exposto, temos que o juiz, por ocasião do despacho saneador, antes de declarar e julgar procedente qualquer excepção dilatória, haveria de ponderar sobre a hipótese de a irregularidade ser sanável. Sendo insanável, é claro que nada mais restaria senão proferir uma decisão de absolvição da instância. Se fosse sanável, impunha-se providenciar pela respectiva sanação, proferindo o competente despacho pré-saneador, nos termos sobreditos, com vista à regularização da instância[129, 130].

Proferido tal despacho, deveriam os autos aguardar o que daí resultasse. Desse modo, se a irregularidade viesse a ser sanada, o problema estaria resolvido, o que seria declarado no despacho saneador, não havendo, por conseguinte, obstáculo à oportuna decisão sobre o mérito da causa. Já se a irregularidade se mantivesse insanada, o juiz proferiria despacho saneador de absolvição da instância, com fundamento na procedência dessa excepção dilatória[131].

Quer isto dizer que, face à reconhecida sanabilidade de certas irregularidades ou vícios processuais, o juiz não deveria bastar-se com a sua simples detecção e declaração do respectivo efeito (absolvição da instância). Competir-lhe-ia, antes disso, accionar os mecanismos processuais adequados a tal sanação. Só se resultassem infrutíferas essas diligências é que caberia a decisão (formal) de absolvição da instância.

Com esse procedimento, evitar-se-ia que, por meras razões de ordem formal, ficassem pelo caminho inúmeras acções. Apesar de tudo, sabia-se que, na prática forense, nem sempre as coisas se passavam desse modo, isto é, certos magistrados, chegados ao despacho saneador, limitavam-se a verificar a regularidade da instância e se, porventura, encontrassem vícios (ainda que sanáveis) mais não faziam do que declarar a respectiva excepção dilatória, pondo termo ao processo com uma decisão de absolvição da instância[132].

---

necessário, atenta a sua sanabilidade mesmo após a prolação do despacho saneador, à luz do art. 269.º.1 do CPC de 1961 (*Direito* ..., Vol. II, p. 631, nota de rodapé n.º 527).

[129] Neste sentido, também, Anselmo de Castro (*op. cit.*, Vol. II, p. 257).

[130] Este procedimento (nesta altura) supõe que, antes desse momento, não fôra já proferido despacho com tal objectivo, o que poderia ter acontecido.

[131] A este propósito, Castro Mendes (*Direito* ..., Vol. II, p. 632) falava em despacho saneador *positivo* ou *negativo*, conforme o vício tivesse sido sanado ou não.

[132] Sobre este ponto, dando conta dessa "tendência" de alguns juízes, A. Montalvão Machado (*op. cit.*, p. 246).

*

Se o processo não terminasse pela procedência de qualquer excepção dilatória, o juiz, ainda ao abrigo do art. 510.º.1.a) do CPC de 1961, deveria passar a conhecer das nulidades processuais, mesmo daquelas que não gerassem a anulação de todo o processo.

As nulidades processuais[133] decorriam da inobservância do formalismo fixado na lei, determinando a sua inutilização, em maior ou menor extensão, dos actos praticados. Estas nulidades podiam resultar da prática de um acto que lei não permitisse, da omissão de um acto que a lei prescrevesse ou da prática de um acto (permitido ou obrigatório) sem as formalidades devidas (cfr. o art. 201.º do CPC de 1961)[134].

O CPC de 1961 previa duas categorias de nulidades: – as principais e as secundárias. Nulidades principais eram as indicadas expressamente na lei (cfr. os seus arts. 193.º, 194.º, 199.º e 200.º), nulidades secundárias seriam as restantes (cfr. o seu art. 201.º)[135].

Como dissemos, no despacho saneador, depois de apreciar as excepções dilatórias (e se o processo não terminasse pela procedência de alguma delas), o juiz haveria de conhecer das nulidades processuais, mesmo que não conduzissem à anulação de todo o processo. Aliás, a regra era a de que as nulidades não inviabilizassem (não anulassem) todo o processo, mas apenas parte dele. Na verdade, a única que anulava todo o processo parecia ser a ineptidão da petição inicial (cfr. o art. 193.º.1 do CPC de 1961)[136], só que constituía uma excepção dilatória, sendo apreciada antes das demais nulidades, nos termos das disposições conjugadas dos arts. 288.º1.b), 494.º.1.a) e 510.º.1.a) (primeira parte) do CPC de 1961.

*

No que respeita à oportunidade do conhecimento das excepções dilatórias e nulidades processuais, o art. 510.º.2 do CPC de 1961 pres-

---

[133] Note-se que estas nulidades não se confundiam com as nulidades da sentença (cfr. o art. 668.º do CPC de 1961).

[134] Sobre esta matéria, cfr. Manuel de Andrade (*Noções elementares* ..., ps. 176 e ss.) e Varela/Bezerra/Nora (*op. cit.*, ps. 387 e ss.).

[135] O regime das nulidades processuais, designadamente, quanto à sua arguição, ao seu conhecimento oficioso (ou não), à sua apreciação e aos seus efeitos, constava dos arts. 202.º a 209.º do CPC de 1961; cfr., também, os n.os 2 e 3 do art. 201.º do mesmo diploma.

II. A fase do saneamento do processo antes da vigência... 81

crevia a obrigatoriedade de tais questões serem resolvidas no despacho saneador, salvo quando o estado do processo impedisse a sua apreciação. Neste campo, o CPC de 1961 mantinha a solução que era já tradicional e assentava na consideração de que os aspectos de índole processual (que funcionavam como questões prévias face à matéria de fundo) deveriam ficar resolvidos quanto antes, de modo a que, então, o juiz e as partes centrassem a sua atenção e empenho naquilo que, realmente, interessava: – o mérito da causa.

Ora, o despacho saneador apresentava-se como o momento adequado para essa verificação, depois de decorrida a fase dos articulados e uma vez estabilizados os contornos essenciais da lide. Por outro lado, a solução plasmada no n.º 2 do art. 510.º do CPC de 1961 expressava um juízo de normalidade pois que, atenta a natureza dessas questões, em regra, na altura do despacho saneador, o processo conteria já os elementos indispensáveis ao seu conhecimento.

Não obstante, podia suceder que, em certos casos, o processo não reunisse já aqueles elementos, tornando-se necessário que avançasse para as fases processuais subsequentes, de modo a que a questão pudesse, então, vir a ser apreciada. Para esses casos, a lei admitia o diferimento da decisão, tendo o juiz de justificar tal procedimento, sendo que tal justificação deveria indicar a concreta circunstância impeditiva da imediata decisão no despacho saneador[137], ponto que poderia ser objecto de discussão em sede de recurso, nos termos gerais.

4.2.2. *Decisão das excepções peremptórias*

Cumprida a alínea a) do n.º 1 do art. 510.º do CPC de 1961 (e se o processo não tivesse terminado por razões de ordem formal), o juiz deveria pronunciar-se acerca da procedência de alguma excepção peremptória, nos termos da alínea b) do mesmo preceito. Assim, a função seguinte do despacho saneador era a de decisão sobre as excepções peremptórias, tanto as invocadas pelas partes como as de conhecimento oficioso[138].

---

[136] Neste sentido, entre outros, Castro Mendes (*Direito* ..., Vol. II, p. 630, nota de rodapé n.º 526). Em sentido diferente, Anselmo de Castro (*op. cit.*, Vol. II, p. 219).

[137] Neste sentido, Varela/Bezerra/Nora (*op. cit.*, p. 387), na esteira de J. Alberto dos Reis (*CPC Anotado*, Vol. III, p. 186).

[138] A propósito do conhecimento oficioso das excepções peremptórias, o CPC de 1961 só referia o caso julgado (cfr. o art. 500.º); quanto às demais, a solução deveria

Se julgasse procedente alguma excepção peremptória, o juiz absolveria o réu do pedido, absolvição que seria total ou parcial, conforme a natureza e o alcance da excepção (cfr. o art. 493.º.3 do CPC de 1961). Quando, pelo contrário, a excepção peremptória fosse julgada improcedente (ou não houvesse sequer excepções peremptórias a apreciar), isso implicaria que, sob esse aspecto, nada obstaria ao normal prosseguimento da instância para as fases subsequentes, sem prejuízo de o juiz vir a conhecer directamente do pedido ainda no despacho saneador, nos termos da alínea c) do n.º 1 do art. 510.º do CPC de 1961, assim pondo termo ao processo, ponto que estudaremos de seguida.

De acordo com o n.º 3 do art. 510.º do CPC de 1961, que remetia para a alínea c) do n.º 1 do mesmo preceito, as excepções peremptórias deviam ser decididas no despacho saneador, sempre que a decisão pudesse ser tomada com a *necessária segurança*, se a questão de mérito fosse unicamente de direito, ou se estivessem reunidos os elementos indispensáveis para uma *decisão conscienciosa*, sendo a questão de direito e de facto ou só de facto.

Como se verifica, a lei regulava de modo diferente a questão da oportunidade da decisão a proferir no despacho saneador sobre as excepções dilatórias e nulidades processuais, de um lado, e sobre as excepções peremptórias, de outro. Melhor dizendo, regulava de modo diferente a postura que o juiz deveria assumir sempre que não decidisse qualquer dessas questões, embora, no fundo, o regime do conhecimento (e sua obrigatoriedade) fosse o mesmo[139].

Relativamente às primeiras, como vimos já, por regra, era imposto o seu conhecimento no despacho saneador, só a título excepcional se admitindo o diferimento da decisão, mediante motivo justificativo. Em contrapartida, quanto ao julgamento das excepções peremptórias, o legislador assumiu que, habitualmente, na altura do despacho saneador, o processo ainda não conteria todos os elementos necessários à decisão, entendimento que correspondia à normalidade. Por isso, em vez de impor *a priori* o dever de decisão, estatuiu que, sempre que estivessem reunidas as condições para tal, o juiz deveria pronunciar-se sobre as excepções

---

encontrar-se na lei substantiva. Neste sentido, Manuel de Andrade (*Noções elementares ...*, p. 138).

[139] Neste sentido, Anselmo de Castro (*op. cit.*, Vol. III, p. 254).

II. A fase do saneamento do processo antes da vigência...   83

peremptórias, não lhe sendo lícito deixar de o fazer[140]. Nos restantes casos (que seriam a maioria), bastaria ao juiz afirmar (no próprio despacho saneador) que não tinha ainda condições para decidir, sem precisar de justificar tal afirmação, porquanto se *presumia* essa circunstância[141].

4.2.3. *Conhecimento directo do pedido*

Cumprido o segundo momento do raciocínio decisório que devia presidir à elaboração do despacho saneador, sem que o processo terminasse por decisão correspondente (seja porque não tivesse havido excepções peremptórias a considerar, seja porque as consideradas tivessem improcedido), deveria o juiz observar o disposto na alínea c) do n.º 1 do art. 510.º do CPC de 1961.

Nessa conformidade, teria o juiz de ponderar sobre a possibilidade de, logo no despacho saneador, conhecer directamente do pedido, assim condenando ou absolvendo o réu do pedido.

E o juiz estaria vinculado a tal conhecimento directo do pedido sempre que se mostrassem reunidas as condições fixadas no referido preceito, isto é, quando a decisão pudesse ser tomada com a *necessária segurança*, se a questão fosse apenas de direito, ou quando o processo contivesse os elementos indispensáveis para uma *decisão conscienciosa*, sendo a questão de direito e de facto ou só de facto[142].

Ora, o juiz conhecia directamente do pedido quando ponderava (directamente) sobre a pretensão do autor e respectivos fundamentos, confrontando-a com a eventual impugnação oposta pelo réu, para determinar se aquela pretensão procedia ou improcedia. Para tal, era necessário que o juiz concluísse estarem reunidas as condições adequadas a esse conheci-

---

[140] Neste sentido, Anselmo de Castro (*op. cit.*, Vol. III, p. 254) e Varela/ /Bezerra/Nora (*op. cit.*, p. 386).

[141] Em todo o caso, entendia-se que era passível de recurso o despacho saneador que relegasse para mais tarde a decisão das excepções peremptórias, quando nos autos houvesse os elementos necessários a essa decisão. Neste sentido, Varela/Bezerra/Nora (*op. cit.*, p. 386, nota de rodapé n.º 2).

[142] Nas palavras de Castro Mendes (*Direito ...*, Vol. II, p. 638), o conhecimento do pedido deveria ocorrer "sempre que os factos necessários para a resolução do litígio estejam já provados no processo, não carecendo por isso de ulterior instrução ou actividade probatória". Este autor alertava ainda para o seguinte: – "a questão de mérito *nunca* poder ser unicamente de direito" (*Direito ...*, Vol. II, p. 638, nota de rodapé n.º 534).

mento. Nos casos (que seriam a maioria) em que considerasse não dispor ainda dessas condições, o magistrado ordenaria o prosseguimento dos autos, remetendo para a sentença a decisão do processo, declarando isso mesmo no despacho saneador[143]. Tal como vimos no âmbito do conhecimento (no despacho saneador) das excepções peremptórias, o diferimento desta decisão não carecia de justificação expressa já que o habitual e previsível era, exactamente, o processo não estar suficientemente instruído para ser decidido no despacho saneador.

*

Importa retomar aqui um ponto que já referimos, a propósito do CPC de 1939, qual seja o da dicotomia entre a decisão sobre as excepções peremptórias e o conhecimento directo do pedido.

Com efeito, o art. 514.º do CPC de 1939, acerca das decisões a proferir no despacho saneador, tratava separadamente a decisão sobre a procedência das excepções peremptórias (art. 514.º.2) e o conhecimento directo do pedido (art. 514.º.3), o que tinha o significado e as implicações que apontámos, ainda que sumariamente.

O CPC de 1961 manteve, no essencial, aquela dicotomia, embora tenha procedido a alguns ajustamentos de regime.

É certo que, ao pronunciar-se sobre as excepções peremptórias arguidas ou suscitadas no processo, o juiz estaria a proferir uma decisão que contendia com o fundo da questão, que tinha conteúdo material, quanto mais não fosse porque não respeitava à relação processual. Tal circunstância seria, pois, de molde a equiparar esta decisão (sobre a excepção peremptória) à decisão que conhecesse do próprio pedido, a qual respeitava, obviamente, ao fundo da questão. Só que essa decisão sobre a excepção peremptória tanto podia ser no sentido da sua procedência, como no da sua improcedência. Quando a excepção fosse procedente, o réu seria absolvido do pedido, assim naufragando a pretensão do autor, total ou parcialmente (cfr. o art. 493.º.3 do CPC de 1961). Nos casos em que fosse improcedente, isso significaria que, sob esse aspecto, a pretensão do autor não seria abalada.

---

[143] Apesar do texto legal [art. 510.º.1.c)] – que, aliás, era idêntico ao do CPC de 1939 (art. 514.º.3) –, não se via bem como é que, sendo apenas de direito, a questão poderia deixar de ser resolvida no despacho saneador. Assim, Anselmo de Castro (*op. cit.*, Vol. III, p. 255).

II. *A fase do saneamento do processo antes da vigência...*   85

Do exposto resulta que – na perspectiva do CPC de 1961 – uma coisa seria decidir o mérito da causa, outra seria conhecer do pedido, daí as alíneas b) e c) do n.º 1 do seu art. 510.º. Por outras palavras, o juiz decidia o mérito da causa, quer quando apreciasse uma excepção peremptória (julgando-a procedente ou improcedente), quer quando conhecesse directamente do pedido. Mas ao julgar uma excepção peremptória (ainda que ela procedesse) essa decisão não versaria *directamente* sobre o pedido. De outro modo ainda, só haveria conhecimento directo do pedido quando o juiz se pronunciasse sobre a pretensão do autor, tendo por referência a matéria da impugnação deduzida (pois a defesa por impugnação é uma defesa directa). Ao invés, se a decisão fosse apenas sobre a excepção peremptória, tal decisão seria ainda sobre o mérito da causa e a respectiva procedência acabaria por repercutir-se sobre o pedido do autor, mas só de modo indirecto (por ser indirecta a defesa por excepção)[144,145].

4.3. Valor das decisões proferidas no despacho saneador

Um dos pontos mais controvertidos, no domínio do CPC de 1961, era o de saber qual o valor, qual a eficácia vinculativa, do despacho saneador quanto às decisões aí exaradas[146]. Acabámos de ver quais as questões – umas de ordem formal, outras de cariz substancial – a tratar pelo juiz no despacho saneador.

Quanto às primeiras – excepções dilatórias e nulidades processuais –, o juiz deveria lavrar o despacho saneador, mostrando ter observado o art. 510.º.1.a), em harmonia com o art. 288.º, ambos do CPC de 1961, pronunciando-se sobre umas e outras. Se detectasse alguma dessas irregularidades (insanável ou insanada), o juiz decidiria em conformidade, absolvendo o réu da instância ou anulando o que tivesse de anular, aproveitando e corrigindo o que pudesse sê-lo. Nos casos em que enten-

---

[144] Neste sentido, Castro Mendes (*Direito* ..., Vol. II, ps. 640 e 642-643).

[145] Deste raciocínio devia excluir-se a excepção do caso julgado pois, embora figurasse como excepção peremptória, tinha um sentido distinto das demais, o que, aliás, tinha eco no n.º 2 do art. 691.º do CPC de 1961, de que trataremos adiante. Sobre o alcance da excepção do caso julgado, cfr. J. Alberto dos Reis (*CPC Anotado*, Vol. III, ps. 86-87).

[146] Esta questão não era nova, porquanto já no CPC de 1939, e mesmo antes, era debatida, como se registou.

desse não haver (ou não proceder) qualquer excepção ou nulidade, o juiz declararia isso mesmo.

Relativamente às decisões proferidas nesse despacho em que o juiz ponderasse, directa e concretamente, sobre certa excepção ou nulidade (arguida ou suscitada) e concluísse pela sua improcedência, tal decisão, logo que transitada em julgado (cfr. o art. 677.º do CPC de 1961), precludiria futura discussão desse concreto assunto, por se ter formado caso julgado formal (cfr. o art. 672.º do CPC de 1961), aspecto que era incontroverso.

O problema colocava-se, aí sim, quando o juiz, por referência ao art. 510.º.1.a) do CPC de 1961, exarava o despacho saneador de modo vago, genérico ou abstracto, segundo algumas designações usadas pela doutrina. Isto é, quando o juiz (num procedimento que era muito comum nos tribunais) lavrava o despacho saneador declarando que o tribunal era competente, que as partes gozavam de personalidade e capacidade judiciárias, que eram legítimas e que não havia outras excepções, nem nulidades. Ou quando, mais simplesmente, o juiz se limitava a declarar que o processo não apresentava excepções nem continha nulidades.

Face a um enunciado deste género, e transitado em julgado o despacho saneador, a questão estava em saber se, naquele processo, poderia o juiz vir a concluir que, afinal, procedia uma excepção dilatória. Por outras palavras, aquela decisão genérica expressa no despacho saneador seria apta a constituir caso julgado formal ou não[147]?

A este propósito eram configuráveis duas correntes. Num sentido, sustentar-se-ia que o despacho saneador constituiria caso julgado formal, portanto, tal decisão genérica seria vinculativa, tendo efeito preclusivo quanto a eventuais excepções não detectadas. Em sentido contrário, defender-se-ia que o caso julgado só ocorreria relativamente aos pontos que o despacho saneador tivesse apreciado e decidido em concreto, apenas estes ficando encerrados pelo trânsito em julgado desse despacho. Logo, qualquer declaração genérica no sentido da inexistência desta ou daquela excepção não obstaria a que, posteriormente, viesse a ser detectada e declarada tal excepção, com os respectivos efeitos. Acrescia que, ainda nesta perspectiva, tendo o tribunal julgado improcedente uma excepção dilatória, invocada com certo fundamento, o trânsito em julgado do des-

---

[147] Sobre este tema, cfr. Castro Mendes (*Direito* ..., Vol. II, ps. 692 e ss.), M. Teixeira de Sousa (*Introdução* ..., ps. 81-82) e Varela/Bezerra/Nora (*op. cit.*, ps. 393 e ss.).

pacho saneador não impediria o reconhecimento posterior da mesma excepção, por novo e diferente motivo[148].

Ora, no domínio do CPC de 1961, esta controvérsia acerca do valor das decisões proferidas no despacho saneador era "especialmente agravada pela circunstância de, no sistema constituído, haver duas soluções parcelares ou sectoriais de sinal oposto"[149].

Na verdade, por um lado, a propósito da competência absoluta do tribunal, o art. 104.º.2 do CPC de 1961 prescrevia que "o despacho só constitui, porém, caso julgado em relação às questões concretas de competência que nele tenham sido decididas". Aqui, como se vê, a lei excluía do âmbito do caso julgado (formal) a simples declaração genérica pronunciada no despacho saneador sobre a competência absoluta do tribunal.

Em contrapartida, logo em 1 de Fevereiro de 1963, o STJ proferiu um Assento estabelecendo o seguinte: – "É definitiva a declaração em termos genéricos, no despacho saneador transitado, relativamente à legitimidade, salvo a superveniência de factos que nesta se repercutam"[150].

Perante estas duas diferentes orientações, uma relativa à competência absoluta, outra referente à legitimidade das partes, colocava-se o problema de saber qual dos regimes aplicar às demais excepções dilatórias e às nulidades processuais.

Para responder a essa questão, perfilaram-se duas orientações. Assim, havia quem sustentasse que a solução consagrada no Assento devia alargar-se, por analogia, às restantes questões de forma (excepções dilatórias e nulidades), tanto mais que o art. 104.º.2 do CPC de 1961 seria uma norma excepcional[151]. Ao invés, outros advogavam que a doutrina daquele Assento era a menos acertada, não devendo, pois, ser aplicada para além do âmbito por si definido. Por isso, nos restantes casos, valeria a solução do referido art. 104.º.2, que era a mais equilibrada, conduzindo a que só ficassem encerradas as questões que o despacho saneador tivesse apreciado em concreto[152].

---

[148] Para uma síntese dos argumentos em que assentavam as referidas correntes, cfr. Gonçalves Salvador (*Valor do despacho* ..., ps. 7-10).

[149] Neste sentido, Varela/Bezerra/Nora (*op. cit.*, p. 394).

[150] Este Assento foi publicado no Diário do Governo, 1ª Série, de 21.02.1963.

[151] Neste sentido, Castro Mendes (*Direito* ..., Vol. II, ps. 633-634) e M. Teixeira de Sousa (*Introdução* ..., p. 82).

[152] Neste sentido, Anselmo de Castro (*op. cit.*, Vol. II, ps. 266-272), Manuel de Andrade (*Noções elementares* ..., p. 185, nota de rodapé n.º 2) e Varela/Bezerra/Nora (*op. cit.*, p. 395).

88 Paulo Pimenta

Esta última era, na verdade, a melhor orientação, acabando mesmo por ter consagração no CPC de 1995, como veremos (cfr., por ora, o seu art. 510.º.3)[153].

*

E qual o valor das decisões proferidas no despacho saneador sobre o mérito da causa? Conforme vimos, ultrapassada a apreciação das questões de forma (e sem que o processo devesse ter terminado por isso), o juiz deveria dar cumprimento às alíneas b) e c) do n.º 1 do art. 510.º do CPC de 1961, passando a ponderar acerca da procedência de alguma excepção peremptória (podendo também concluir pela sua improcedência) e da possibilidade de conhecimento directo e imediato do pedido.

A esse propósito, o art. 510.º.4 do CPC de 1961 estabelecia que, julgando procedente uma excepção peremptória ou conhecendo directamente do pedido, o despacho saneador ficaria tendo, para todos os efeitos, o valor de uma sentença, assim sendo designado (era o chamado saneador--sentença). Este regime assentava na consideração de que, nesses casos, o despacho saneador punha termo ao processo, resolvendo materialmente a questão, ora absolvendo o réu do pedido – pela procedência da excepção peremptória ou pela improcedência da acção (quando conhecesse directamente do pedido) –, ora condenando o réu no pedido – pela procedência da acção (assente no conhecimento directo do pedido).

Em contrapartida, o despacho saneador não valeria como sentença nos casos em que o juiz, apreciando a excepção peremptória, a julgasse improcedente, pela simples razão de que tudo ficaria em aberto, devendo a acção prosseguir até à decisão final (sentença).

Sucedia que o sentido da decisão proferida no despacho saneador, quando versava sobre aquelas duas matérias, era importante não só para os efeitos do n.º 4 do art. 510.º do CPC de 1961, mas também para a fixação da espécie de recurso a interpor do despacho saneador, tendo em conta o

---

[153] A propósito desta matéria, atente-se ainda na particular posição de Gonçalves Salvador (*Saneador* ..., ps. 217-219). Este magistrado entendia que o dito Assento consagrava a "boa orientação". No entanto, analisando criticamente tal aresto, defendia que o despacho saneador só faria caso julgado quando se referisse a certo pressuposto processual e não já quando fosse *genérico*, isto é, quando não individualizasse o pressuposto. Aliás, mesmo antes do Assento, era já este o entendimento de Gonçalves Salvador (*Valor do despacho* ..., ps. 12-15).

II. A fase do saneamento do processo antes da vigência...

disposto no art. 691.º do mesmo diploma. É que, a propósito dos casos em que cabia recurso de apelação, o n.º 1 deste art. 691.º reservava tal espécie de recurso para as decisões (sentença final ou despacho saneador) que conhecessem do mérito da causa. E o seu n.º 2 esclarecia que conhecia do mérito da causa a decisão (contida na sentença final ou no despacho saneador) proferida sobre a procedência de alguma excepção peremptória (salvo o caso julgado)[154].

A ressalva feita ao caso julgado, significando que a decisão acerca da procedência dessa excepção peremptória não constituía um verdadeiro conhecimento do mérito da causa, assentava no facto de tal excepção, conduzindo embora à absolvição do pedido, ter apenas carácter processual, por via da qual o juiz se limitava a respeitar a força vinculativa de decisão anterior. Nessa medida, o recurso que viesse a ser interposto da decisão que reconhecesse o caso julgado seria o de agravo (cfr. o art. 733.º do CPC de 1961).

Ainda neste âmbito, importa esclarecer que só aparentemente havia desarmonia entre o disposto no art. 510.º.4 e no art. 691.º.2 do CPC de 1961[155]. À primeira vista, poder-se-ia ser levado a pensar que, face ao teor do n.º 4 daquele art. 510.º – só tinha valor de sentença o despacho saneador que julgasse procedente uma excepção peremptória ou que conhecesse directamente do pedido –, o recurso de apelação apenas deveria caber das decisões (sentença ou despacho saneador) que julgassem procedente uma excepção peremptória ou que conhecessem directamente do pedido.

Não obstante, o art. 691.º do CPC de 1961 regulava o âmbito do recurso de apelação por referência às decisões sobre o mérito da causa, sendo que o seu n.º 2 considerava que conhecia do mérito da causa a decisão que se pronunciasse sobre a procedência das excepções peremptórias (aí se incluindo, pois, tanto a decisão de procedência como a de improcedência da excepção).

O que acontecia, na verdade, é que os preceitos em causa não tinham, propriamente, de se conciliar ou harmonizar, pelo simples facto de terem campos de aplicação e alcances diferentes.

---

[154] Repare-se na evolução deste preceito, face ao CPC de 1939. Aí, como já tivemos oportunidade de dizer, a apelação respeitava a decisões sobre o mérito da causa, o que, nesse código, se restringia aos casos de conhecimento directo do pedido. Sobre este ponto, cfr. J. Alberto dos Reis (*CPC Anotado*, Vol. V, ps. 388-394).

Com efeito, o sentido do art. 510.º.4 do CPC de 1961 era apenas o de equiparar à sentença o despacho saneador que pusesse termo ao processo, julgando a acção procedente ou improcedente[156]. Isto, porque o despacho saneador, ao resolver materialmente a questão, estaria a desempenhar uma função própria da sentença (cfr., a propósito, o art. 156.º do CPC de 1961). Por sua vez, o sentido do art. 691.º do CPC de 1961 era o de definir quais os casos em que o recurso próprio seria o de apelação, ao mesmo tempo regulando, por exclusão, os casos de recurso de agravo (cfr. o art. 733.º do mesmo código).

E, neste âmbito, o entendimento era o de que a apelação versaria sobre decisões que conhecessem do mérito da causa. Assim sendo, é evidente que, além dos casos de conhecimento directo do pedido, respeitaria também ao mérito da causa uma decisão (despacho saneador ou sentença) que apreciasse uma excepção peremptória, quer a julgasse procedente (e pusesse termo ao processo), quer a julgasse improcedente (e implicasse o prosseguimento dos autos), pois que, num e noutro caso, estariam em causa questões materiais, questões de fundo, e não de forma[157]. Daí que o recurso próprio fosse o de apelação. Daí, pois, o n.º 2 do art. 691.º do CPC de 1961, expressando a intenção legislativa de submeter ao recurso de apelação qualquer decisão sobre as excepções peremptórias, independentemente do concreto sentido dessa decisão.

4.4. Recurso do despacho saneador

As decisões tomadas no despacho saneador, em cumprimento do disposto no art. 510.º.1 do CPC de 1961, podiam ser impugnadas por via de recurso.

A determinação da espécie de recurso a interpor dependia da matéria sobre que versava a decisão impugnada. Por outro lado, a definição dos termos do recurso, designadamente, a sua interposição, regime de subida e efeitos, dependia do teor e sentido da decisão recorrida.

---

[155] No sentido de que havia uma *distonia* entre aqueles preceitos, justificando uma interpretação restritiva do último deles, cfr. Varela/Bezerra/Nora (*op. cit.*, ps. 396-398).

[156] Na certeza de que, como se sabe, a decisão de improcedência da acção podia derivar do conhecimento directo do pedido ou da procedência de uma excepção peremptória.

[157] Neste sentido, Castro Mendes (*Direito* ..., Vol. II, ps. 642-643).

II. A fase do saneamento do processo antes da vigência...   91

Ao mesmo tempo, era preciso articular este ponto com a eventual reclamação deduzida contra a especificação e o questionário, duas outras peças processuais lavradas em seguida ao próprio despacho saneador. É que, conforme veremos adiante, a organização da matéria de facto era feita pelo juiz na mesma peça de que constava o despacho saneador, ao qual se seguiriam, então, a especificação e o questionário, tal como prescrevia o art. 511.º.1 do CPC de 1961.

Para melhor se compreender esta questão, iremos tratá-la considerando, primeiramente, os casos em que a prolação do despacho saneador conduzisse ao termo do processo, após o que passaremos aos casos em que, proferido o despacho saneador, a acção deveria prosseguir.

Assim, nos termos já analisados, o processo podia findar no despacho saneador por três ordens de razões:

– por absolvição do réu da instância, com fundamento na procedência de uma excepção dilatória;
– por absolvição do réu do pedido, em virtude da procedência de uma excepção peremptória;
– por conhecimento directo do pedido, o que podia gerar a procedência ou improcedência da acção.

Em qualquer dos casos, o despacho saneador seria notificado às partes e estas disporiam do prazo de oito dias para interporem o respectivo recurso (cfr. o art. 685.º.1 do CPC de 1961).

Quanto ao primeiro caso, isto é, quando a decisão fosse de absolvição da instância, o recurso seria o de agravo (cfr. o art. 733.º do CPC de 1961), que subiria imediatamente, nos próprios autos e com efeito suspensivo [cfr. os arts. 734.º.1.a), 736.º.1.a)[158] e 740.º.1 do mesmo diploma].

Nos dois restantes casos, estaríamos face a um despacho saneador com o valor de sentença (cfr. o art. 510.º.4 do CPC de 1961), já que a decisão versava sobre o mérito da causa, sendo de apelação o recurso próprio (cfr. o art. 691.º do CPC de 1961), cujo efeito normal era o suspensivo (cfr. o art. 692.º do mesmo código).

---

[158] Com a revisão de 1967, operada pelo DL n.º 47 690, de 11.05.1967, passou a ser o art. 736.º.a).

Consideremos, agora, a hipótese de a prolação do despacho saneador não conduzir ao termo do processo. Era o que aconteceria quando o juiz entendesse não dever proceder qualquer excepção dilatória, nem qualquer excepção peremptória[159].

Nesses casos, porque o processo iria prosseguir, o art. 511.º.1 do CPC de 1961 impunha ao juiz que, de imediato, e no mesmo despacho, procedesse à organização da especificação e do questionário, nos termos que iremos estudar adiante. Concluída essa tarefa, o despacho *global* (contendo o despacho saneador, a especificação e o questionário) seria notificado às partes.

Na sequência dessa notificação, autor e réu eram admitidos a reagir contra aquele despacho de modos diferentes, em função do objecto dessa reacção, e também em momentos distintos.

Assim, primeiro, correria prazo para reclamarem da especificação e do questionário. Havendo reclamações, e findo o prazo para as respostas, seria proferido despacho destinado a decidir aquelas, despacho do qual era ainda possível recorrer de agravo (cfr. os n.os 2, 3 e 4 do art. 511.º do CPC de 1961)[160]. De qualquer modo, decididas as reclamações (em 1ª instância), abria-se a possibilidade de interposição de recurso do próprio despacho saneador, correndo o prazo respectivo (de oito dias – cfr. o art. 685.º.1 do CPC de 19961) desde a notificação do despacho proferido sobre as reclamações (cfr. o art. 511.º.5 do CPC de 1961).

Na falta de reclamações contra a especificação e o questionário, as partes seriam notificadas disso mesmo (cfr. o art. 511.º.3 do CPC de 1961), contando-se dessa notificação o prazo de oito dias (cfr. o art. 685.º.1 do CPC de 1961) para recorrer do despacho saneador (cfr. o art. 511.º.5 do CPC de 1961).

No que respeita à espécie deste recurso do despacho saneador, ele seria de apelação, quando se impugnasse a decisão que tivesse julgado improcedente uma excepção peremptória, e seria de agravo, nos restantes casos (cfr. os arts. 691.º.1 e 2 e 733.º do CPC de 1961). Quanto ao seu regime, tratando-se da apelação, o recurso só subiria a final[161]. No âmbito

---

[159] Ao mesmo tempo que julgava não haver ainda condições para o conhecimento directo do pedido [cfr. o art. 510.º.1.c) do CPC de 1961].

[160] Sobre este assunto, limitamo-nos, por ora, a estas breves referências. Adiante, tratá-lo-emos de modo directo (cfr. *infra II.C.5.4*).

[161] Hipótese análoga teríamos quando fosse interposto recurso de apelação do despacho saneador que tivesse julgado improcedente a acção quanto a um dos seus fun-

II. A fase do saneamento do processo antes da vigência... 93

do agravo, o respectivo regime estava condicionado pela circunstância de haver (ou não) também agravo do despacho proferido sobre as reclamações contra a especificação e o questionário (cfr., de novo, o art. 511.º.4 do CPC de 1961). Se houvesse essoutro recurso, o agravo interposto do despacho saneador subiria com aquele, submetido ao mesmo tratamento, ou seja, subida imediata, nos próprios autos e com efeito suspensivo [cfr. os arts. 734.º.1.b), 735.º.1, 736.º.1.a)[162] e 740.º.1 do CPC de 1961][163]. Quando não houvesse recurso do despacho proferido sobre as reclamações, o agravo do despacho saneador subiria logo que estivesse fixado o questionário, em separado e com efeito meramente devolutivo (cfr. os arts. 735.º.3, 737.º e 740.º do CPC de 1961).

---

damentos, devendo o processo avançar para apreciação de outro ou outros fundamentos. Estar-se-ia no campo dos já referidos julgamentos parciais (no despacho saneador).

[162] Depois da revisão de 1967, art. 736.º.b).

[163] Se, eventualmente, viesse a recorrer-se para o STJ do acórdão da Relação proferido sobre a matéria do despacho saneador, tal agravo subiria, então, em separado e com efeito meramente devolutivo, ao mesmo tempo que, em 1ª instância, os autos observariam a sua tramitação normal.

5. ORGANIZAÇÃO DA MATÉRIA DE FACTO

5.1. **Preliminares**

Sempre que a prolação do despacho saneador não pusesse termo ao processo, fosse por motivos formais, fosse por motivos substanciais, impunha-se o prosseguimento da acção para as fases processuais subsequentes, de modo a reunir os elementos necessários para a decisão final.

Quando assim fosse, a fase do saneamento destinar-se-ia a preparar os períodos processuais posteriores, o que implicaria a organização da matéria de facto dos autos. Com efeito, decorrida a fase dos articulados, ao longo da qual as partes tinham produzido as suas peças escritas, expondo as suas razões (de facto e de direito), impunha-se fazer o *ponto da situação* quanto ao aspecto fáctico da lide.

É que, atenta a questão colocada à consideração do tribunal, alguns dos factos invocados pelas partes não teriam, provavelmente, relevo para a decisão que viesse a ser proferida. Por outro lado, face às posições (fácticas) assumidas pelas partes, alguns dos pontos de facto da causa mostrar-se-iam já assentes (demonstrados), enquanto outros permaneceriam controvertidos. Daí a conveniência e a utilidade da organização da matéria de facto, antes de o processo entrar nas fases de instrução, discussão e julgamento da causa. Importaria, pois, definir a matéria de facto sobre que versariam aquelas fases, desonerando as partes e o tribunal de se ocuparem de pontos de facto irrelevantes, por um lado, ou já provados, por outro.

Nessa conformidade, o n.º 1 do art. 511.º do CPC de 1961 prescrevia que, no próprio despacho saneador, quando o processo houvesse de prosseguir, o juiz procederia à organização da matéria de facto, especificando os factos assentes e quesitando os factos controvertidos. Esta organização da matéria de facto era, pois, erigida sobre duas peças processuais – a especificação e o questionário –, cuja elaboração cabia ao juiz.

Relativamente ao código precedente, o CPC de 1961[164] apresentava a novidade de o despacho saneador, a especificação e o questionário, sendo embora peças distintas (substancialmente), fazerem parte do mesmo despacho, isto é, estarem reunidas (formalmente) no mesmo despacho. Tal circunstância radicava na preocupação legislativa de facultar "ao juiz, num momento crucial da acção, a possibilidade de fazer um balanço completo, minucioso, cuidado, de todo o material, provado ou por provar, que interessa à decisão da causa"[165].

Em consequência, no CPC de 1961, o despacho saneador, como peça nuclear do processo, apresentava três partes ou capítulos: – o despacho saneador *stricto sensu* (art. 510.º), a especificação (art. 511.º) e o questionário (art. 511.º), cada um deles com funções próprias.

*

Centrando a nossa atenção na especificação e no questionário, peças em que assentava a organização da matéria de facto, temos que as mesmas desempenhavam uma dupla função. Por um lado, fixavam o objecto do processo (*thema decidendi*), por outro, definiam o âmbito da actividade probatória (*thema probandi*)[166].

É que, segundo o art. 511.º.1 do CPC de 1961, na organização (selecção) da matéria de facto, o juiz deveria começar por realizar uma *filtragem* dos factos alegados pelas partes, de modo a reter apenas aqueles que fossem relevantes, isto é, "aqueles que interessem à decisão da causa". Isto, porque nem sempre os factos articulados pelas partes interessariam à decisão da causa. O que se explicava pela circunstância de, muitas vezes, as partes (através dos seus mandatários) verterem nos respectivos articulados factos que se mostravam "impertinentes ou desnecessários para a solução do pleito"[167], isto é, factos inúteis em si mesmos, qualquer que

---

[164] Como vimos, o CPC de 1939 também previa, no seu art. 514.º, o despacho saneador e, no art. 515.º, a especificação (instituída por esse diploma) e o questionário (proveniente do Decreto n.º 21:694).

[165] Cfr., de novo, o discurso do Ministro da Justiça (Prof. Antunes Varela), na apresentação do CPC de 1961 (*BMJ*, 110.º, p. 17). A este propósito, cfr., também, Varela/ /Bezerra/Nora (*op. cit.*, p. 402).

[166] Cfr. Anselmo de Castro (*op. cit.*, Vol. III, ps. 262-263).

[167] Cfr. J. Alberto dos Reis (*CPC Anotado*, Vol. III, p. 205), para quem isso resultava da "tendência natural do advogado para reputar importantes e úteis factos que se lhe afiguram favoráveis ao ponto de vista do seu mandante".

II. A fase do saneamento do processo antes da vigência... 97

viesse a ser a solução da causa. Por esse motivo, tal conjunto de factos deveria ser desatendido, não integrando a especificação, nem o questionário[168].

O conteúdo dessa *filtragem* era definido pelo próprio art. 511.º.1 do CPC de 1961. Assim, os factos a levar à especificação e ao questionário seriam todos aqueles (articulados) que pudessem interessar à decisão da causa, segundo as várias soluções plausíveis da questão de direito, ou seja, tendo em conta "qualquer das soluções aventadas na jurisprudência ou na doutrina, ou que, em todo o caso, o juiz tenha como dignas de ser consideradas"[169].

Como se vê, a selecção fáctica era balizada em termos amplos, susceptíveis, pois, de conduzir a que, afinal, certos factos seleccionados (especificados ou quesitados) acabassem por não ter utilidade (interesse) para a concreta solução jurídica adoptada no processo. Não obstante, essa eventualidade (esse risco) era preferível à hipótese de, tendo o juiz do processo idealizado ou pré-concebido uma determinada solução (só especificando e quesitando os factos relevantes segundo tal solução), ser necessário fazer o processo *retroceder*, para realizar a instrução, discussão e julgamento da matéria de facto pertinente à luz da diferente solução que, entretanto, viesse a vingar[170].

Em síntese, a primeira referência a utilizar pelo juiz, na organização da matéria de facto, era a de que deveria considerar todos os factos que pudessem interessar à resolução da causa, à luz de qualquer das possíveis soluções da questão de direito.

Por outro lado, na organização da matéria de facto, o juiz só deveria levar em conta os factos articulados pelas partes. Esta circunscrição dos factos a seleccionar ao teor das peças escritas oferecidas pelas partes decorria dos limites impostos (à actividade jurisdicional) pelo princípio do dispositivo, de que fazia eco o art. 664.º do CPC de 1961, a propósito da matéria a considerar pelo juiz na elaboração da sentença.

---

[168] Esta tarefa de destrinçar os factos que não interessavam, de todo, à solução da causa dos demais (relevantes) era designada por *condensação*, na terminologia de alguns autores. Cfr. Varela/Bezerra/Nora (*op. cit.*, p. 417).

[169] Cfr. Manuel de Andrade (*Noções elementares* ..., p. 188, nota de rodapé n.º 1).

[170] Sobre este ponto, cfr. Manuel de Andrade (*Noções elementares* ..., p. 188) e Varela/Bezerra/Nora (*op. cit.*, ps. 417-418).

98 Paulo Pimenta

Cumprida a primeira etapa desta tarefa selectiva, e tendo retido apenas os factos relevantes para a decisão da causa[171], o passo seguinte seria o de agrupá-los em duas categorias –a especificação e o questionário –, em função de, nesse momento processual, poderem considerar-se já provados ou não, respectivamente.

5.2. Especificação

Nos termos do art. 511.º.1 do CPC de 1961, seriam incluídos na especificação os factos julgados assentes, por uma de três circunstâncias. Seriam especificados os factos assentes em virtude de confissão (escrita), de acordo das partes (decorrente da falta de impugnação especificada) ou de prova documental (documentos autênticos, autenticados e particulares).

A inclusão de um facto na especificação implicaria que o mesmo não fosse objecto de actividade instrutória (cfr. o art. 513.º do CPC de 1961) e que escapasse ao julgamento realizado pelo tribunal colectivo (cfr. o art. 653.º.1 do mesmo código), voltando a ser considerado apenas aquando da prolação da sentença (cfr. o art. 659.º.2 do CPC de 1961).

Embora a lei fosse omissa acerca do modo de redigir esta peça, entendia-se que os factos deveriam ser expostos com subordinação a números ou a alíneas[172], sendo ainda conveniente que esses factos fossem especificados discriminadamente, isto é, elencando-se todos os confessados, todos os admitidos por acordo e todos os provados documentalmente.

5.3. Questionário

Definida a matéria de facto assente, deveria o juiz passar à elaboração do questionário. Nesta peça seriam vertidos, ainda de acordo com o art. 511.º.1 do CPC de 1961, os factos articulados que, sendo relevantes para a decisão da causa, se mostrassem controvertidos.

O questionário constituía o repositório dos pontos de facto que ainda não podiam considerar-se assentes, carecendo, pois, de prova.

---

[171] Os outros factos (irrelevantes) não mais seriam considerados, por norma, tudo se passando como se não tivessem sido articulados sequer.

[172] A este propósito, cfr. Castro Mendes (*Direito* ..., Vol. II, p. 647) e Varela/ /Bezerra/Nora (*op. cit.*, p. 401).

II. A fase do saneamento do processo antes da vigência... 99

Encontrar-se-iam nessa situação os factos impugnados especificadamente e os que, embora não impugnados, estivessem em manifesta oposição com a defesa considerada no seu conjunto, bem como os que não admitissem confissão e os que só pudessem provar-se por documento escrito (cfr. os arts. 490.º.1 e 505.º.1 do CPC de 1961)[173,174].

O conjunto dos factos quesitados definia os limites da instrução do processo (cfr. o art. 513.º do CPC de 1961), ao mesmo tempo que estabelecia o âmbito da intervenção do tribunal colectivo (cfr. o art. 653.º.2 do mesmo código).

Ao contrário do que sucedia com a especificação, o n.º 1 do art. 511.º do CPC de 1961 prescrevia, relativamente ao questionário, que os pontos de facto fossem quesitados com subordinação a números. Assim, esta peça apresentava-se sob a forma de quesitos, nos quais o juiz do processo formulava perguntas que haveriam de ser respondidas pelo tribunal colectivo (resposta aos quesitos), de acordo com a convicção que viesse a formar face à prova produzida nos autos, particularmente, na audiência final (cfr. os arts. 653.º e 655.º do CPC de 1961).

Daqui decorria que, em primeira linha, o questionário se dirigia às partes, tornando-as cientes de quais os pontos de facto carecidos de prova, em função do que iriam estas moldar a sua actuação nos autos (cfr., a propósito, o art. 515.º do CPC de 1961)[175]. Depois, e em segunda linha, o destinatário daquela peça processual era o tribunal colectivo, encarregado de responder aos quesitos (cfr. o art. 653.º.2 do CPC de 1961). Dessas respostas resultaria apurada a matéria de facto a utilizar na fundamentação da sentença final, conjugando-a com a matéria que, preteritamente, fôra levada à especificação (cfr. o art. 659.º.2 do CPC de 1961)[176].

---

[173] Atente-se que o referido art. 490.º.1, na sua redacção original, mencionava apenas os factos que só pudessem provar-se por documento autêntico ou autenticado. Com a revisão de 1967, o preceito tornou-se mais abrangente, reportando-se aos factos que só pudessem ser provados por documento escrito.

[174] Note-se que seriam submetidos ao mesmo regime, isto é, seriam levados ao questionário os factos constantes da petição, nos casos em que à falta de contestação correspondesse o regime da revelia inoperante previsto nas alíneas b), c) e d) do art. 485.º do CPC de 1961 [as alíneas c) e d) tiveram a sua redacção revista em 1967]. Esses factos não seriam, em rigor, controvertidos, mas tratados como tal, apenas.

[175] Era o *thema probandi*, de que falava Anselmo de Castro (*op. cit.*, Vol. III, p. 263).

[176] Note-se que, em rigor, este preceito não se limitava a remeter o juiz para a matéria inscrita na especificação. Com efeito, impunha, isso sim, a consideração (directa)

Paulo Pimenta

*

Quanto ao modo de elaboração dos quesitos, o juiz deveria observar alguns ditames, levando em conta, precisamente, a função e os fins do questionário.

Assim, uma vez que essa peça incluía os pontos de facto carecidos de prova, era conveniente que os quesitos fossem redigidos em termos simples, de forma a que as partes soubessem aquilo que, concretamente, devia ser provado e, simultaneamente, que as respostas do tribunal colectivo pudessem expressar-se em termos também simples e claros. Quer dizer, por princípio, sustentava-se que o ideal seria construir os quesitos de maneira a que a resposta respectiva pudesse limitar-se a declarar a matéria do mesmo provada ou não provada. Para tal, era conveniente que, por norma, cada quesito contivesse um só ponto de facto[177]. De qualquer modo, importava que o juiz observasse esta indicação com moderação, sem exageros, até porque, por vezes, certos factos poderiam ser de tal forma conexos entre si que houvesse conveniência em apreciá-los e julgá-los conjuntamente[178].

Acrescia que o juiz deveria evitar a dupla quesitação, isto é, nos casos em que o mesmo facto fosse afirmado por uma parte e contrariado pela outra, não faria sentido quesitá-lo sob a forma positiva, primeiro, e sob a forma negativa, depois. Deveria, isso sim, redigir-se o quesito em ordem a "escolher sempre a versão adequada à repartição do respectivo *ónus probandi*"[179].

Por outro lado, e antes de mais, o questionário só poderia versar sobre pontos de facto. Apenas seriam de incluir nesta peça questões de facto, e não já questões de direito. Primeiro, porque a actividade instrutória do processo se reportava, exclusivamente, à prova (demonstração) da matéria de facto (cfr. o art. 513.º do CPC de 1961)[180]. Segundo, porque ao

---

dos factos admitidos por acordo e dos factos provados por documento ou por confissão reduzida a escrito. Sobre este ponto, cfr. A. Montalvão Machado/Paulo Pimenta (*Processo* ..., Vol. III, ps. 276-277) e Castro Mendes (*Direito* ..., Vol. II, p. 757).

[177] Neste sentido, Manuel de Andrade (*Noções elementares* ..., p. 189). Atente-se que esta orientação imperava já face ao CPC de 1939; a propósito, cfr. J. Alberto dos Reis (*CPC Anotado*, Vol. III, p. 223) e Paulo Cunha (*op. cit.*, T. II, p. 34).

[178] Neste sentido J. Alberto dos Reis (*CPC Anotado*, Vol. III, p. 223).

[179] Cfr. Varela/Bezerra/Nora (*op. cit.*, p. 413, em nota de rodapé).

[180] Cfr., a propósito, o art. 341.º do Código Civil (CC); atente-se, porém, no regime fixado no pelo art. 348.º do mesmo diploma, para o direito consuetudinário, local ou

II. A fase do saneamento do processo antes da vigência...

tribunal colectivo só era lícito pronunciar-se sobre questões de facto, tendo-se como não escritas as respostas que versassem sobre questões de direito (cfr. o art. 646.º.3 do CPC de 1961).

Este ponto – delimitação da matéria de facto e de da matéria de direito – era, aliás, um dos mais delicados com que se defrontava o juiz em toda a actividade saneadora do processo. Tratava-se de um problema que se colocava, digamos, sob dois prismas. Em termos teóricos, primeiro, porque havia necessidade de formular um critério que permitisse destrinçar as matérias. Depois, em termos práticos, na concreta realidade forense, o juiz via-se na contingência de decidir mesmo, aplicando tais critérios, não em jeito de ensaio, mas em situações reais, com as dificuldades inerentes.

A este propósito, da doutrina foram emergindo algumas propostas, que passaremos a recordar[181]. Assim, Anselmo de Castro defendia que a averiguação de ocorrências concretas ou acontecimentos (internos ou externos, reais ou hipotéticos), que pudessem vir a enquadrar-se na previsão da norma, levantava uma questão de facto, demandando um juízo de facto, sendo já questão de direito determinar se os factos apurados integravam ou não a previsão legal, processo que implicaria um juízo de direito[182]. Por sua vez, Castro Mendes afirmava que era matéria de direito tudo o que se relacionasse com a existência, validade ou interpretação das normas jurídicas, demarcando-se, por oposição, a matéria de facto[183]. Para Manuel de Andrade, deveria ser afastado do questionário (por ser matéria de direito) tudo o que envolvesse noções jurídicas, apenas sendo de quesitar os factos materiais que interessassem àquelas noções[184]. Na opinião de Antunes Varela (e dos autores que consigo colaboraram), factos seriam as ocorrências concretas da vida real, devendo entender-se como tais não só os acontecimentos do mundo exterior (realidade empírico-sensível), os

---

estrangeiro. No âmbito da prova testemunhal, cfr. o art. 640.º do CPC de 1961, na redacção original (art. 638.º, após a revisão de 1967).

[181] Já no domínio do CPC de 1939, J. Alberto dos Reis (CPC Anotado, Vol. III, ps. 206 e ss.) tinha enunciado o seguinte critério: – "é matéria de facto tudo o tende a apurar quaisquer *ocorrências* da vida real, quaisquer *eventos* materiais e concretos, quaisquer mudanças operadas no mundo exterior".

[182] Anselmo de Castro (*op. cit.*, Vol. III, ps. 268 e ss.).

[183] Castro Mendes (*Direito ...*, Vol. II, ps. 645-646).

[184] Manuel de Andrade (*Noções elementares ...*, p. 187).

102   *Paulo Pimenta*

eventos do foro interno do sujeito (da sua vida psíquica, sensorial ou emocional) e ainda as ocorrências virtuais ou factos hipotéticos[185].

Também os esforços desenvolvidos pela jurisprudência foram fornecendo pistas importantes para aprimorar os contornos desses dois conceitos, questão de facto e questão de direito[186].

À semelhança do que aconteceu quando tratámos deste assunto, no âmbito do CPC de 1939, preferimos não desenvolver, por ora, certos aspectos relativos à organização da matéria de facto, reservando tais considerações para a ocasião em que tratarmos da selecção da matéria de facto, à luz do CPC de 1995.

5.4. Reacções contra a especificação e o questionário

Como vimos, e resultava do n.º 1 do art. 511.º do CPC de 1961, a especificação e o questionário eram duas peças integradas numa mais ampla, que continha também o despacho saneador, sendo, aliás, lavradas em seguida a este.

Nessa conformidade, concluído esse despacho amplo, seria o mesmo notificado às partes (art. 511.º.2 do CPC de 1961). Na sequência dessa notificação, as partes eram admitidas a reagir contra a especificação e o questionário, através de reclamação, a deduzir no prazo de cinco dias (cfr. os arts. 153.º e 511.º.2 do CPC de 1961). Findo esse prazo, se houvesse alguma reclamação, a parte contrária seria notificada para lhe responder, no mesmo prazo (art. 511.º.3 do CPC de 1961)[187].

Nos termos do art. 511.º.2 do CPC de 1961, as reclamações contra a especificação e o questionário podiam ter como fundamento a deficiência, o excesso, a complexidade ou a obscuridade de qualquer das peças[188].

---

[185] Varela/Bezerra/Nora (*op. cit.*, ps. 406 e ss.).

[186] A este propósito, cfr. os Assentos do STJ, bem como os acórdãos (do STJ e das Relações), citados por Luso Soares (*op. cit.*, ps. 410 e 414-416).

[187] No caso de não haver reclamações, cada uma das partes seria notificada disso mesmo (cfr., de novo, o art. 511.º.3).

[188] Neste âmbito, o CPC de 1961 mantinha o regime do código precedente, com a virtude de ter esclarecido, expressamente, que as reclamações tanto podiam respeitar ao questionário como à especificação.

II. *A fase do saneamento do processo antes da vigência...* 103

O fundamento da deficiência consistiria na arguição de que deveria ter sido especificado ou quesitado um facto que justificava a sua inclusão em alguma dessas peças. O fundamento do excesso resultaria da circunstância de terem sido especificados ou quesitados factos que não reuniam condições para tal, por constituírem matéria sem relevo para a decisão da causa, qualquer que fosse o seu sentido[189]. A reclamação assente na complexidade decorria do modo como estavam elaborados a especificação e o questionário, o que era mais grave no último pois poderia conduzir a que as respostas aos quesitos viessem a ser confusas ou contraditórias, em virtude de os quesitos englobarem mais do que um ponto de facto. Por fim, a reclamação contra a especificação e o questionário podia ter como fundamento a sua obscuridade, o que equivalia a afirmar que estavam redigidos em termos capazes de criar dúvidas sobre o seu exacto sentido[190].

Nos termos do art. 511.º.4 do CPC de 1961, decorrido o prazo das respostas, o juiz iria proferir despacho destinado a decidir as reclamações apresentadas. Naturalmente, se qualquer reclamação fosse julgada procedente, a especificação e o questionário seriam modificados em conformidade.

De acordo com o mesmo preceito, o despacho que decidisse as reclamações era passível de agravo até à Relação. Da conjugação dos arts. 734.º.1.b), 736.º.1.b)[191] e 740.º.1 do CPC de 1961 resultava que o recurso subia imediatamente, nos próprios autos e com efeito suspensivo, salvo se o juiz lhe atribuísse efeito meramente devolutivo[192].

Como se verifica, o CPC de 1961 mantinha, quanto a este ponto, o regime proveniente do diploma anterior, circunstância que poderia implicar um significativo retardamento do processo. Para fazer face a tal inconveniente, o legislador de 1961 introduziu a possibilidade de o juiz fixar ao agravo um efeito meramente devolutivo[193], faculdade que, no entanto, só

---

[189] Neste categoria (excesso) seria de incluir o caso da elaboração de quesitos sobre questões de direito. Neste sentido, Manuel de Andrade (*Noções elementares* ..., p. 189, nota de rodapé n.º 4).

[190] Acerca desta matéria, mantinham actualidade os ensinamentos de J. Alberto dos Reis (*CPC Anotado*, Vol. III, p. 224-228), proferidos no domínio do CPC de 1939.

[191] Com a revisão de 1967, passou a ser art. 736.º.b).

[192] A propósito da impossibilidade de o agravo aceder ao Supremo Tribunal de Justiça, cfr. Anselmo de Castro (*op. cit.*, Vol. III, ps. 279-280) e Varela/Bezerra/Nora (*op. cit.*, ps. 425-426).

[193] Cfr., de novo, o art. 736.º.1.b), na redacção original, e o art. 736.º.b), na redacção introduzida pela revisão de 1967.

104 Paulo Pimenta

seria de usar "nos casos-limite em que a reclamações sejam de todo infundadas"[194]. Nos casos em que os autos subissem em recurso, ter-se-ia que aguardar o desenlace do agravo, para que a acção pudesse prosseguir.

5.5. Valor da especificação e do questionário

Um aspecto importante era o de saber até que ponto a decisão referente à organização da matéria de facto – especificando uns factos e quesitando outros – era passível de ser alterada ou reformada.

Se bem que, inicialmente, tanto na doutrina, como na jurisprudência, fosse sustentada a inalterabilidade daquelas duas peças[195], a verdade que as coisas foram evoluindo em sentido inverso, vindo mesmo a obter-se relativo consenso à volta da questão.

Nessa medida, veio a prevalecer o entendimento segundo o qual a especificação e o questionário tinham carácter meramente provisório, sendo alteráveis em julgamento, desde que tal se mostrasse necessário[196].

Um dos casos de alteração era o que decorria da aplicação do art. 650.º.2.f) do CPC de 1961, ao abrigo do qual, na audiência final, o juiz presidente podia formular quesitos que entendesse indispensáveis para a boa decisão da causa, sem ultrapassar, todavia, os limites impostos pelo art. 664.º do mesmo código. Numa palavra, tais novos quesitos só poderiam incluir factos que tivessem sido articulados[197]. Importa realçar que o

---

[194] Cfr. Abílio Neto (*CPC Anotado, 3ª* ..., p. 399).

[195] Note-se que, ainda assim, as opiniões não eram uniformes. Nuns casos, referiam-se a ambas as peças, noutros, só a uma delas. Além disso, também se distinguia conforme tivesse havido ou não reclamações. Sobre a evolução do problema, cfr. Anselmo de Castro (*op. cit.*, Vol. III, ps. 287-292).

[196] Neste sentido, Anselmo de Castro (*op. cit.*, Vol. III, ps. 284-287) e Varela/ /Bezerra/Nora (*op. cit.*, ps. 427-429). No mesmo sentido, mais recentemente, se bem que versando apenas sobre a especificação, o STJ, pelo Assento n.º 14/94, de 26.05.1994, firmou a seguinte doutrina: – "No domínio de vigência dos Códigos de Processo Civil de 1939 e 1961 (considerando este último antes e depois da reforma nele introduzida pelo Decreto-Lei n.º 242/85, de 9 de Julho), a especificação, tenha ou não havido reclamações, tenha ou não havido impugnação do despacho que as decidiu, pode ser sempre alterada, mesmo na ausência de causas supervenientes, até ao trânsito em julgado da decisão final do litígio" [*Diário da República* (*DR*), 1ª Série-A, de 04.10.1994].

[197] Sendo que não impedia a quesitação de um facto a circunstância de ele ter sido recusado na decisão das reclamações deduzidas, nos termos do art. 511.º.2 do CPC de 1961. Neste sentido, Varela/Bezerra/Nora (*op. cit.*, p. 428).

II. A fase do saneamento do processo antes da vigência... 105

CPC de 1961 explicitou os limites (fácticos) dessa nova quesitação, por referência ao citado art. 664.º, contrariamente ao que acontecia no CPC de 1939 [cfr. o seu art. 653.º.f)], o que deu azo a que chegasse a defender-se que essa nova quesitação podia ir para além da matéria articulada[198].

Por outro lado, era possível que, em sede de recurso, a Relação anulasse a decisão do tribunal colectivo, por considerar indispensável a formulação de quesitos novos (cfr. o art. 712.º.2 do CPC de 1961). Além disso, o próprio Supremo Tribunal de Justiça, no âmbito do recurso de revista, podia ordenar que o processo descesse à segunda instância, para que fosse ampliada a decisão de facto, a fim de obter-se base suficiente para a decisão de direito (cfr. o art. 729.º.3 do CPC de 1961).

Acrescendo às referidas hipóteses de reforma (em sentido próprio) da especificação e do questionário, eram ainda de considerar as alterações determinadas pela dedução de articulados supervenientes (cfr. o art. 506.º.4 do CPC de 1961), bem como a eventual declaração de falsidade de documento ou revogação de confissão em que a especificação assentasse, com a inerente *transferência* desse facto para o questionário[199].

Nos termos do art. 512.º.1 do CPC de 1961, logo que fixado o questionário, as partes seriam notificadas para apresentarem o rol de testemunhas e requererem quaisquer outras provas.

Este preceito funcionava como elo de ligação entre a fase agora finda – fase do saneamento – e a fase que se lhe seguia – fase da instrução. Era a notificação aí prevista que dava novo impulso ao processo, encerrando-se uma fase e inaugurando-se outra.

---

[198] Sobre este ponto, cfr. Anselmo de Castro (*op. cit.*, Vol. III, ps. 159 e ss.), Manuel de Andrade (*Noções elementares* ..., p. 287) e Varela/Bezerra/Nora (*op. cit.*, ps. 643-645).

[199] Sobre este ponto, cfr. Anselmo de Castro (*op. cit.*, Vol. III, p. 281) e Varela/ /Bezerra/Nora (*op. cit.*, p. 427).

III

A FASE DO SANEAMENTO DO PROCESSO APÓS A VIGÊNCIA DO NOVO CÓDIGO DE PROCESSO CIVIL

1. PRELIMINARES

O CPC de 1961 esteve em vigor por mais de trinta anos. Aliás, em rigor, hoje mesmo encontrar-se-á em plena vigência em inúmeras acções cíveis pendentes nos nossos tribunais. É que, como já se salientou, o CPC de 1995 só entrou em vigor no dia 1 de Janeiro de 1997, nos termos definidos pelo art. 16.° do DL n.° 329-A/95, de 12.12, na redacção que lhe foi fixada pelo DL n.° 180/96, de 25.09. Mas tal preceito estabelece que o novo regime apenas seria aplicável aos processos iniciados após a referida data.

Em consequência, nas acções instauradas até então, continuar-se-á a observar o diploma anterior, situação que, previsivelmente, sempre se arrastará por alguns anos, tantos quantos essas acções estiverem pendentes[200].

Neste contexto, importa destacar que o aparecimento do novo código foi antecedido de um longo e, pode dizer-se, tortuoso processo de concepção, que remonta, pelo menos, ao ano de 1984[201], data em que foi empossada a Comissão Varela, como ficou conhecida, por referência à pessoa do seu ilustríssimo presidente, o Prof. Antunes Varela.

Essa Comissão apresentou, logo no ano seguinte, um diploma que procedeu à chamada Reforma Intercalar, procurando acudir às situações

---

[200] Atente-se, todavia, que o próprio art. 16.° do DL 329-A/95 ressalva alguns preceitos do mesmo diploma, os quais conduzem a que certos aspectos da nova regulamentação processual atinjam processos *antigos*. Como se imagina, esta situação de aplicação simultânea de dois regimes que se sucedem no tempo é fonte de dúvidas e dificuldades no quotidiano forense, que sempre se deveriam evitar.

[201] Como se compreende, para o âmbito deste trabalho não importa tratar as alterações – algumas delas bem importantes – que o CPC de 1961 foi sofrendo ao longo dos tempos. Apesar disso, merecem registo as realizadas pelo já citado DL n.° 47.690, de 11.05.1967, com vista adaptar a legislação processual ao novo código civil, em vigor desde 1 de Junho de 1967, e pelo DL n.° 368/77, de 03.09, determinado pela nova ordem constitucional subsequente ao 25 de Abril de 1974.

mais prementes do processo civil vigente. Entretanto, prosseguindo os seus trabalhos, a Comissão apresentou o Anteprojecto de 1988, o qual veio a ser reformulado e substituído pelo Projecto de 1990.

Mais tarde, numa clara mudança de rumo, foi nomeada uma nova Comissão, incumbida de definir as "Linhas orientadoras da nova legislação processual civil", de cujos trabalhos veio a resultar o lançamento das bases em que assentou o CPC de 1995.

Para o desenvolvimento do nosso estudo, afigura-se pertinente considerar, ainda que em traços gerais, as soluções consagradas ou projectadas para a fase do saneamento do processo. Por um lado, habilitar-nos-á a conhecer a evolução do pensamento doutrinal e legislativo nesta matéria. Por outro, conhecidos esses antecedentes, em melhores condições estaremos para apreender o esquema do saneamento do processo fixado no novo código e, oportunamente, emitir alguns juízos sobre o assunto.

Nessa conformidade, passaremos a tratar dos antecedentes do CPC de 1995.

2. ANTECEDENTES DO NOVO CÓDIGO DE PROCESSO CIVIL

2.1. **A Reforma Intercalar de 1985**

Na análise dos aspectos mais significativos que antecederam o CPC de 1985, impõe-se a referência à Reforma Intercalar de 1985, levada a cabo pela Comissão Varela, empossada em Maio de 1984[202].

Essa Comissão estava mandatada para proceder à revisão completa do processo civil português, dispondo de *carta branca* relativamente ao modo de prossecução desse objectivo[203]. No entanto, na primeira fase dos trabalhos, a Comissão foi confrontada com a necessidade de proceder a uma intervenção legislativa urgente que permitisse, enquanto decorressem os trabalhos de revisão, "combater a situação de ruptura iminente do apa-relho judiciário"[204,205].

Assim surgiu o DL n.º 242/85, de 9 de Julho, introduzindo medidas pontuais e localizadas para determinados sectores do processo civil.

Uma das matérias atingidas pela Reforma Intercalar foi, precisamente, a fase do saneamento do processo. E as alterações tocaram os três pilares em que assentava esta fase, ou seja, a audiência preparatória, o despacho saneador e a organização da matéria de facto.

---

[202] Nas palavras de Antunes Varela (*A reforma do processo civil português...*, *RLJ*, n.º 3870, p. 259), os nove membros que integravam a Comissão foram "escolhidos entre as classes profissionais mais ligadas à aplicação prática e ao ensino teórico do direito".

[203] Cfr. Antunes Varela (*A reforma do processo civil português...*, *RLJ*, n.º 3872, p. 322, e *Linhas fundamentais...*, *RLJ*, n.º 3763, p. 297).

[204] Cfr. Antunes Varela (*A reforma do processo civil português...*, *RLJ*, n.º 3872, p. 323)

[205] Para uma visão dos condicionalismos que rodearam a Reforma Intercalar de 1985, cfr. Antunes Varela (*A reforma do processo civil português...*, *RLJ*, n.º 3734, ps. 129 e ss., e *Linhas fundamentais...*, *RLJ*, n.º 3763, ps. 295-296).

Quanto à audiência preparatória, em virtude da nova redacção do n.º 1 do art. 508.º do CPC de 1961, esta passou a ser sempre facultativa, mesmo quando o juiz pretendesse conhecer do pedido no despacho saneador. Na base desta alteração terá estado, de um lado, a constatação de que, muitas vezes, a simplicidade das questões não justificaria tal audiência. Em face disso, confiou-se ao juiz a faculdade de realizar tal diligência, sempre que se lhe afigurasse útil o debate entre os advogados dos litigantes. Por outro lado, nessa solução terá pesado a verificação de que a prática forense tendia a desconsiderar as virtualidades da audiência preparatória[206].

No âmbito do despacho saneador, a inovação resultante da Reforma Intercalar consistiu no aditamento do n.º 5 ao art. 510.º do CPC de 1961, com vista proibir a interposição de recurso do despacho saneador que, com fundamento em falta de elementos, diferisse para a sentença a apreciação das matérias indicadas nas alíneas do respectivo n.º 1. É evidente que tal alteração não pretendia conferir discricionariedade ao juiz acerca das decisões a tomar (ou não) no despacho saneador. No entanto, razões de economia processual terão aconselhado a que se eliminasse mais um factor de demora no desenrolar do processo[207,208].

Por fim, no campo da organização da matéria de facto, a Reforma Intercalar procedeu também a alterações, umas mais relevantes do que outras.

---

[206] Neste sentido, dando conta de alguma "banalização" da audiência, A. Montalvão Machado (*op. cit.*, ps. 243-245). Sobre este ponto, cfr. ainda Cardona Ferreira (*op. cit.*, p. 47).

[207] Neste sentido, Antunes Varela (*A reforma do processo e o diploma intercalar, RLJ*, n.º 3736, ps. 193-194.

[208] Atente-se que a aplicação do novo n.º 5 do art. 510.º do CPC de 1961 suscitou a seguinte dúvida: – tendo o juiz conhecido do mérito no despacho saneador (pondo termo ao processo) e vindo essa decisão a ser revogada pela Relação, cujo acórdão mandou que os autos prosseguissem, com elaboração de especificação e questionário, seria tal acórdão passível de recurso para o STJ? A questão foi resolvida pelo Assento n.º 10/94 (*DR*, Iª Série-A, de 26.05.1994), estabelecendo que "Não é admissível recurso para o Supremo Tribunal de Justiça do acórdão da Relação que, revogando o saneador-sentença que conhecera do mérito da causa, ordena o prosseguimento do processo, com elaboração da especificação e questionário". Cfr. a anotação de M. Teixeira de Sousa (*A irrecorribilidade...*, ps. 629-646), na qual se define o alcance com que deve ser tomado aquele aresto.

III. A fase do saneamento do processo após a vigência...   113

A mais significativa foi, sem dúvida, a que ficou consignada no novo n.º 5 do art. 511.º do CPC de 1961, abolindo o recurso autónomo do despacho que decidisse as reclamações contra a especificação e o questionário. Deste modo, eliminou-se uma grave causa de retardamento da marcha processual[209], na certeza de que a existência de tal recurso não era imprescindível[210]. Tanto mais que as partes não ficavam impedidas de impugnar aquela decisão, já que o mesmo n.º 5 estabelecia que o poderiam fazer no recurso que viesse a ser interposto da decisão final da causa[211].

Quanto às demais alterações relativas à organização da matéria de facto, duas delas visaram simplificar a tarefa do juiz. Por um lado, deixou de ser necessário elaborar a especificação e o questionário nas acções não contestadas que, apesar disso, devessem prosseguir, o que sucedia no campo da chamada revelia inoperante, solução que resultava da nova redacção do n.º 1 do art. 511.º do CPC de 1961. Por outro lado, nos termos do n.º 2 do mesmo preceito, passou a ser permitido ao juiz elaborar aquelas duas peças por remissão para os artigos dos articulados oferecidos pelas partes[212].

Por fim, a Reforma Intercalar de 1985 procedeu a ajustamentos relativamente aos fundamentos de reclamação contra a especificação e o questionário. Em virtude disso, os fundamentos passaram a ser a omissão de factos relevantes em alguma das peças ou a sua obscuridade, o excesso

---

[209] Neste sentido, Cardona Ferreira (*op. cit.*, p. 51). Cfr., igualmente, o próprio Relatório do DL n.º 242/85, de 09.07.

[210] Sobre este ponto, cfr. Varela/Bezerra/Nora (*op. cit.*, p. 424).

[211] Também a aplicação deste novo preceito veio a suscitar dúvidas. Na verdade, questionou-se se a impugnação daquela decisão (sobre as reclamações) poderia subir ao Supremo Tribunal de Justiça ou se teria como limite a Relação (ainda que do acórdão desta houvesse recurso para o STJ). Chamado a pronunciar-se, com vista à uniformização de jurisprudência (cfr. os arts. 732.º-A e 732.º-B do CPC de 1995, de aplicação imediata aos processos pendentes, por força do art. 17.º do DL n.º 329-A/95, de 12.12), o STJ proferiu o acórdão n.º 4/99 (*DR*, Iª Série-A, de 17.07.1999), firmando a seguinte doutrina: – "Nas causas julgadas com aplicação do Código de Processo Civil de 1961, com as alterações introduzidas pelo Decreto-Lei n.º 242/85, de 9 de Julho, não é admissível recurso para o Supremo Tribunal de Justiça, pelo que respeita à organização da especificação e questionário". Salvo o devido respeito, esta orientação afigura-se discutível, parecendo mais consistentes as posições vertidas nas declarações de voto anexas. A este propósito, sustentando orientação contrária àquele acórdão, cfr. Varela/Bezerra/Nora (*op. cit.*, ps. 425-426). Cfr., ainda, se bem que em edição anterior a 1985, Anselmo de Castro (*op. cit.*, Vol. III, ps. 279-280).

[212] Solução que, diga-se em abono da verdade, se revelou pouco produtiva.

de especificação e a contradição entre a especificação e o questionário[213].

Deste modo, ficam registados, em traços gerais, os pontos tocados pela Reforma Intercalar de 1985, ao nível da fase do saneamento do processo.

2.2. O Anteprojecto de 1988

Ultrapassada a primeira fase dos seus trabalhos, que culminou no referido DL n.º 242/85, de 9 de Julho, apresentado como um diploma de emergência, mas cujas soluções se revelaram bem acertadas, a Comissão Varela pôde, então, dedicar-se à prossecução da tarefa para a qual estava mandatada: – a revisão (global) do processo civil português.

Nessa perspectiva, a primeira grande questão, digamos, estratégica que se colocava à Comissão Varela era a de saber em que moldes concretizar esse objectivo, isto é, deveria ser mantida a estrutura e sistematização tradicional (trabalhando-se, pois, sobre o articulado existente) ou seria preferível elaborar um código de *raiz*, com nova organização formal?

Como se sabe, acabou por prevalecer esta segunda alternativa, por se ter concluído que o respeito pela sistematização vigente poderia tolher o sentido da própria revisão[214]. Apesar da opção por um código novo, o sentido dos trabalhos de revisão que culminaram na apresentação do Anteprojecto de 1988 não foi o de ruptura com o regime precedente, pelo contrário. Tratou-se, isso sim, segundo o próprio presidente da Comissão, "de *retocar* e *aperfeiçoar*, nalguns pontos da sua aplicação prática, os *princípios fundamentais* que dominam o sistema processual vigente"[215], pois que "nenhumas razões sérias se encontraram para *abdicar*" do regime instituído[216].

E se essa foi uma nota geral do Anteprojecto de 1988, mais patente era essa opção no âmbito da fase do saneamento do processo. Nesta matéria, com efeito, a Comissão limitou-se, praticamente, a reiterar as so-

---

[213] Sobre este ponto, cfr. Varela/Bezerra/Nora (*op. cit.*, ps. 422-423).

[214] A propósito da posição assumida pela Comissão, cfr. Antunes Varela (*Do anteprojecto ao projecto* ..., *RLJ*, n.º 3782, ps. 130-131, e *Linhas fundamentais* ..., *RLJ*, n.º 3763, ps. 295-298).

[215] Cfr. Antunes Varela (*Anteprojecto do código* ..., *RLJ*, n.º 3775, p. 289).

[216] Cfr. Antunes Varela (*Anteprojecto do código* ..., *RLJ*, n.º 3774, p. 258).

III. A fase do saneamento do processo após a vigência... 115

luções consagradas no código desde a Reforma Intercalar de 1985[217]. Era isso mesmo o que resultava do disposto nos arts. 400.º a 406.º do Anteprojecto de 1988[218]. Tal opção radicou, essencialmente, no reconhecimento da primordial função do questionário, como "um *programa racional de acção* para a instrução discussão e julgamento da causa, que *há todo o interesse* em manter no sistema"[219].

A partir daí, de facto, poucas inovações seriam de esperar. Merecerá, ainda assim, referência o n.º 2 do art. 402.º do Anteprojecto de 1988, que consagrava a solução que já se tinha como a mais adequada acerca do alcance das decisões proferidas no despacho saneador. De acordo com esse preceito, o caso julgado formal só se constituiria em relação às questões objecto de apreciação concreta nesse despacho[220].

2.3. O Projecto de 1990

Apresentado o Anteprojecto de 1988, iniciou-se a sua discussão pública. A nota dominante das críticas que lhe foram dirigidas apontava o seu conservadorismo, isto é, a circunstância de trazer poucas inovações substanciais, apesar da nova ordenação das matérias[221].

Muito significativamente, um dos pontos que mais críticas suscitou foi o modo como o Anteprojecto regulava a fase do saneamento do

---

[217] Neste sentido, Antunes Varela (*Linhas fundamentais ...*, *RLJ*, n.º 3767, ps. 41--42). Também assim se pronunciaram A. Ribeiro Mendes/J. Lebre de Freitas (*op. cit.*, ps. 630-631), mas aqui em tom crítico quanto à opção da Comissão.

[218] Reportamo-nos ao texto distribuído pelo Ministério da Justiça, em 1988, intitulado "Código de Processo Civil (Anteprojecto)".

[219] Cfr. Antunes Varela (*Linhas fundamentais ...*, *RLJ*, n.º 3767, p. 40). Já antes assim se havia pronunciado o mesmo Antunes Varela (*A reforma do processo e o diploma intercalar*, *RLJ*, n.º 3736, p. 194). Sem embargo, note-se que A. Ribeiro Mendes/J. Lebre de Freitas (*op. cit.*, p. 630), expressaram o seu desacordo face à manutenção da especificação e do questionário, devido aos "ataques que estas (...) peças vêm periodicamente sofrendo na doutrina portuguesa".

[220] Registe-se também a circunstância de ter sido tratada conjuntamente a decisão sobre as excepções peremptórias e o conhecimento directo do pedido [cfr. o art. 402.º.2.b) do Anteprojecto de 1988]. Por outro lado, quanto à formulação de quesitos novos, atente-se na alínea e) do n.º 2 e no n.º 3 do art. 522.º do mesmo Anteprojecto.

[221] Sobre este ponto, embora refutando tal perspectiva, cfr. Antunes Varela (*Do anteprojecto ao projecto ...*, *RLJ*, n.º 3781, ps. 98-101, e n.º 3782, ps. 129-130).

processo. É que, como já vimos, as soluções previstas apontavam no sentido da manutenção do esquema tradicional desta fase, beneficiada embora pelos ajustamentos introduzidos em 1985[222]. E, dentro do saneamento, a principal crítica ia contra a manutenção do questionário (e da especificação).

Essas críticas terão sido de tal ordem que, conforme reconheceu o próprio presidente da Comissão Revisora, "começou a esmorecer o entusiasmo de alguns membros da Comissão na ideia da manutenção do sistema"[223].

Nessa conformidade, o prosseguimento dos trabalhos de revisão, assegurado por um grupo restrito de membros oriundos da Comissão, foi marcado pela preocupação de encontrar uma saída alternativa, se bem que respeitando a arrumação das matérias introduzida em 1988. Daí resultou o articulado do Projecto de código de processo civil, finalizado em 1990, o qual, apesar de ter sido entregue ao Ministério da Justiça nesse mesmo ano, só veio a ser tornado público no ano de 1993[224].

Quais as novidades previstas no Projecto de 1990, para a fase do saneamento do processo? Se o Anteprojecto de 1988 podia ser acusado de algum conservadorismo, o Projecto de 1990, em contrapartida, era bem inovador em alguns aspectos desta importante fase processual. Nesse Projecto de 1990, a fase do saneamento estava prevista nos seus arts. 405.º a 409.º.

A primeira novidade consistia na abolição da audiência preparatória, a qual, tradicionalmente, podia ocorrer entre o final dos articulados e a prolação do despacho saneador, destinando-se a mesma a *preparar* aquele despacho. Dessa projectada alteração resultaria que, findos os articulados, processo seria logo feito concluso ao juiz para a elaboração do despacho saneador, em catorze dias. Nesse despacho, o juiz deveria começar por conhecer das excepções dilatórias que conduzissem à absolvição da instância, bem como das nulidades do processo, desde que os elementos constantes dos autos permitissem aquele conhecimento (cfr. o art. 405.º.1

---

[222] A ponto de A. Ribeiro Mendes/J. Lebre de Freitas (*op. cit.*, p. 630) terem sustentado que "Só por si, a manutenção do esquema actual da fase de condensação parece pôr em causa a necessidade da publicação de um novo Código de Processo Civil".

[223] Cfr. Antunes Varela (*A reforma do processo...*, *RLJ*, n.º 3803, ps. 34-35).

[224] Para além da sua tardia divulgação, foi-o sob a designação de Anteprojecto, o que não era rigoroso.

III. A fase do saneamento do processo após a vigência...   117

do Projecto de 1990)[225]. Por outro lado, nos termos do art. 406.º.1 do mesmo Projecto, o despacho saneador serviria também para o conhecimento imediato do ou de algum dos pedidos (incluindo o reconvencional) e para decidir sobre a procedência de qualquer excepção peremptória, desde que o estado do processo o permitisse[226].

Mas a grande novidade, neste período processual, era a que decorria do fixado no art. 409.º do Projecto de 1990. Com efeito, lavrado o despacho saneador, com o alcance sobredito, as partes seriam dele notificadas. E, nos casos em que o despacho não pusesse termo à causa, essa notificação seria também de advertência para indicação dos meios de prova (testemunhal ou outros) de que pretendessem fazer uso nos autos, nos termos da alínea a) desse preceito[227].

Quer dizer, com o regime projectado em 1990, a fase do saneamento do processo ficaria, seguramente, *mais leve*, pois, o juiz deixaria de, nesse momento da instância, proceder à organização da matéria de facto, pela elaboração da especificação e do questionário. Portanto, proferido o despacho saneador, passar-se-ia logo ao período da instrução, iniciado pelo requerimento de prova.

Como se explica tal mudança de rumo por parte da Comissão Revisora? E quais as medidas tomadas para *contrabalançar* a falta de questionário?

Sem grandes desenvolvimentos, até porque estamos a falar de um Projecto que, literalmente, *ficou na gaveta* do Ministro da Justiça[228], valerá a pena atentar nas motivações que nortearam as soluções então propostas. Para tal, nada melhor do que o relato do próprio presidente da Comissão Revisora, dando-nos conta de que, no âmbito da Comissão, se

---

[225] Note-se que o n.º 2 daquele art. 405.º consagrava a solução de que o caso julgado formal apenas se constituiria quanto às questões apreciadas em concreto no despacho.

[226] De acordo com o n.º 2 desse art. 406.º, o despacho saneador valeria como sentença final sempre que conhecesse do pedido ou julgasse procedente uma excepção peremptória. Acrescia que o art. 408.º do Projecto de 1990 vedava o recurso do despacho saneador que, por carência de elementos, remetesse para a sentença final a apreciação das matérias indicadas nos arts. 405.º.1 e 406.º.1 do mesmo diploma.

[227] As partes seriam também notificadas para os fins das alíneas b) e c) daquele art. 409.º, aspectos que, todavia, não interessam para aqui.

[228] Aliás, não se compreende bem por que razão aquele Projecto, depois de três anos na gaveta, veio a ser tornado público. É que, como melhor se verá, nessa altura, estava já em funções uma nova equipa de trabalho, incumbida de preparar as "Linhas orientadoras da nova legislação processual civil".

sentiu que uma revisão do nosso processo civil só seria tomada como tal (isto é, como autêntica revisão) se atingisse (abolindo) o questionário, peça que era tida como a *imagem de marca* do regime processual vigente desde 1939[229]. Perante este quadro, a mesma Comissão que, poucos anos antes, assumira ser o questionário uma peça fulcral e indispensável em toda a economia do processo, acabou por ceder, decidindo-se pela abolição do questionário (e da especificação)[230].

Não obstante, alguns membros da Comissão Revisora, incluindo o seu presidente, mantinham-se convictos de que era indispensável a existência de uma peça escrita que contivesse os pontos de facto carecidos de prova, peça que serviria de guião à audiência final, evitando-se que esta pudesse vir a ser dominada pelo improviso, com os graves riscos inerentes[231]. Assim, e depois de ponderadas algumas alternativas, acabou por ser adoptada uma solução de compromisso, destinada a compatibilizar a abolição do questionário com a preocupação de garantir uma certa disciplina na actividade probatória. Tal solução de compromisso encontrava-se plasmada no art. 507.º do Projecto de 1990, com o qual se conjugava o art. 502.º do mesmo articulado. Nessa conformidade, porque o que estava, essencialmente, em causa era garantir um *fio condutor* para os actos a praticar na audiência final do processo, passaria a competir ao juiz-presidente, no início dessa audiência, indicar os factos essenciais da causa que importaria averiguar, indicação que não era exigível fosse feita sob a forma de quesitos[232]. Desse modo, ficavam as partes a saber quais os pontos fácticos que, no entender do juiz-presidente, eram relevantes e controvertidos. Por outro lado, a definição dos factos relevantes e assentes era obtida por via indirecta, em virtude do poder concedido ao juiz de dispensar a produção de prova quanto a certos factos, nos termos do art. 502.º.2.f) do Projecto de 1990[233,234].

---

[229] Cfr. Antunes Varela (*A reforma do processo* ..., *RLJ*, n.º 3803, p. 35).

[230] Para se apreender a convicção com que os membros da Comissão defendiam, inicialmente, a manutenção do questionário, cfr. a Acta n.º 21 da 20ª sessão da Comissão Revisora, publicada no *BMJ*, 361.º, ps. 106-116.

[231] Neste sentido, Antunes Varela (*A reforma do processo* ..., *RLJ*, n.º 3804, p. 74).

[232] Esta projectada solução era semelhante à que constava do art. 451.º do código de processo civil brasileiro, preceito hoje revogado, por força do regime introduzido pela Lei n.º 8.952, de 13.12.1994. Sobre este ponto, no regime brasileiro, cfr. C. Rangel Dinamarco (*op. cit.*, ps. 133-134).

[233] Para uma visão mais pormenorizada do regime projectado em 1990, cfr. Antunes Varela (*A reforma do processo* ..., *RLJ*, n.º 3804, ps. 75-77, n.º 3805, ps. 100-101, e

III. A fase do saneamento do processo após a vigência...   119

Para terminar este ponto, diga-se que, apesar do seu carácter inovador, esta proposta nem por isso escapou à crítica, que assinalava ter-se passado de um sistema rígido (de especificação e questionário) para um sistema de quase improviso, marcado pela discricionariedade do juiz-presidente, por via da técnica que logo foi apelidada, muito sugestivamente, de *questionário de bolso*[235].

2.4. As "Linhas orientadoras da nova legislação processual civil"

Como se disse já, tendo concluído os seus trabalhos, a Comissão Varela apresentou ao Ministro da Justiça, em 1990, o Projecto de Código de Processo Civil. Em vez de lhe dar o seguimento que seria natural e previsível, o Governo reteve o dito Projecto, só o tornando público cerca de três anos mais tarde.

Antes disso ainda, no início do ano de 1992, foi lançada uma nova e diferente iniciativa, cometida a um outro grupo de trabalho, de cujo desempenho deveria resultar um novo anteprojecto de Código de Processo Civil[236]. O primeiro passo desse grupo de trabalho foi a definição das "Linhas orientadoras da nova legislação processual civil"[237], concluídas em finais de 1992, das quais se partiria, então, para a elaboração do dito novo anteprojecto[238].

Quanto à matéria objecto do presente estudo, as "Linhas orientadoras" anunciavam que esta fase sofreria uma *total reestruturação*, em virtude da instituição da figura da audiência preliminar. Nos termos aí referidos, a audiência preliminar seria "destinada a propiciar o diálogo

---

n.º 3806, ps. 133-135). Mais recentemente, Antunes Varela voltou ao assunto (*A reforma do processo civil português ...*, *RLJ*, n.º 3892, p. 197).

[234] Atente-se que o art. 502.º.2.e) do Projecto de 1990 previa a formulação obrigatória de quesitos novos, por referência ao disposto no respectivo art. 9.º.

[235] Neste sentido, J. Lebre de Freitas (*Parecer ...*, p. 775); cfr., igualmente, Lopes do Rego (*op. cit.*, ps. 338-339).

[236] Cfr. o Despacho n.º 12/92, de 27.01, do Ministro da Justiça, Dr. Laborinho Lúcio.

[237] Doravante, designadas apenas por "Linhas orientadoras".

[238] O texto das "Linhas orientadoras" foi tornado público numa edição, sem data, do Ministério da Justiça. Encontra-se também publicado no *Boletim da Ordem dos Advogados*, 2/93, ps. 51 e ss., bem como na revista *Sub Judice – Justiça e Sociedade*, n.º 4, 1992, ps. 37 e ss..

entre o magistrado e os mandatários das partes e, em geral, as próprias partes, eliminando o mais cedo possível as irregularidades que inquinem a instância, definindo clara e definitivamente o objecto do processo e fixando a respectiva base instrutória".

Acrescia que, de acordo com o proclamado pelas "Linhas orientadoras", a audiência preliminar passaria mesmo a constituir uma fase processual, situada entre a fase dos articulados e a fase de audiência de julgamento.

Em sintonia com esse novo esquema da tramitação, preconizava-se que, em regra, a fase dos articulados decorreria sem intervenção liminar do juiz, remetendo-se para o final desse período a prolação de um despacho judicial, destinado a considerar diversos aspectos (formais e materiais), e não só os que, tradicionalmente, competiam ao despacho liminar, desde logo porque esse novo despacho versaria sobre todas as peças oferecidas até então, e não apenas a petição inicial.

Com esse novo figurino, a audiência preliminar passaria a ser, na verdade, como que a *placa giratória* de toda a acção declarativa, pois que tudo se desenvolveria em redor da mesma. De resto, o sobredito Despacho ministerial fazia já apelo às virtualidades dessa audiência, por referência, designadamente, ao Anteprojecto do Código-Tipo de Processo Civil para a América Latina, esclarecendo que a tramitação processual ganhava em celeridade. Assim, decorrida a fase dos articulados, teria lugar a audiência preliminar. E, de acordo com o mesmo Despacho ministerial, "Após a audiência preliminar, que admite toda a actividade probatória, se não for necessária a instrução, passa-se directamente à decisão. Se, pelo contrário, tiver de haver lugar a instrução, tudo deverá resolver-se numa só audiência".

A verdade é que, conforme veremos, a concretização em forma de lei daquelas ideias-força não teve o exacto alcance que se imaginava pudesse vir a ter. Por um lado, não é certo que tenha sido instituída uma verdadeira *fase de audiência preliminar*. Em rigor, a audiência preliminar é apenas uma diligência judicial, sem embargo de incluir importantes e ambiciosos objectivos (cfr. o art. 508.º-A do CPC de 1995). Por outro lado, há diversos aspectos a considerar e tratar após o final dos articulados, que não se confundem com a própria audiência preliminar, ocorrendo antes, fora e independentemente desta. É o que acontece, por exemplo, com o relevante despacho judicial regulado pelo art. 508.º do CPC de 1995.

Além disso, muitas vezes (quiçá, mais do que o legislador esperaria), acontece não se realizar essa audiência preliminar, por não ser convocada

III. A fase do saneamento do processo após a vigência... 121

pelo juiz (cfr. o art. 508.º-B do CPC de 1995), o que implica que a acção cumpra a sua tramitação sem aquela diligência.

Feitas estas considerações introdutórias, tomando como referência as "Linhas orientadoras", é altura de passarmos a ponderar, directamente, sobre o regime consagrado no CPC de 1995[239,240].

---

[239] Doravante e conforme já ficou dito no início deste trabalho, qualquer menção ao Código de Processo Civil, sem indicação da respectiva data, deve tomar-se como reportada ao CPC de 1995.

[240] Registe-se que o CPC de 1995, desde a sua entrada em vigor, conheceu já várias alterações, umas mais significativas do que outras. Cfr. as alterações introduzidas pelo DL n.º 269/98, de 1 de Setembro, pela Lei n.º 3/99, de 13 de Janeiro, pelo DL n.º 375-A/99, de 20 de Setembro e pelo DL n.º 183/2000, de 10 de Agosto, com a agravante de que alguns desses diplomas foram, eles próprios, rectificados ou revistos. Independentemente da bondade (muito discutível, às vezes) das novas soluções, entendemos que em nada contribui para a implantação e sedimentação do novo processo civil o facto de o código sofrer sucessivas alterações pontuais, para não falarmos das alterações em matérias conexas, como a da organização judiciária. Na verdade, neste domínio, a estabilidade legislativa desempenha um papel bem importante, aspecto que tem sido muito negligenciado. É bom de ver que este excesso legislativo tem graves repercussões no quotidiano forense, sendo fonte de dúvidas e incertezas procedimentais, que só complicam e atrasam os processos.

3. ENQUADRAMENTO DA FASE DO SANEAMENTO DO PROCESSO NA TRAMITAÇÃO DA ACÇÃO DECLARATIVA

3.1. **Preliminares**

Com vista à mais adequada análise da fase do saneamento do processo, importará procedermos ao seu exacto enquadramento no todo em que se integra, isto é, na tramitação da acção declarativa comum ordinária[241].

Como se sabe, o código de processo civil estabelece e define as fases por que passa uma acção em tribunal, traçando a sequência lógica e ordenada de todos os actos que, normalmente, são praticados no processo[242].

Neste contexto, podemos dizer que, apesar de tudo, a acção declarativa mantém, sensivelmente, em termos formais, o mesmo figurino que lhe encontramos desde o CPC de 1939.

Assim, o primeiro período processual – fase dos articulados – é destinado à apresentação do litígio em tribunal. Aqui, as partes irão oferecer as suas peças escritas, expondo as suas teses, com os respectivos fundamentos, e manifestando as suas pretensões, do que resultará uma primeira aproximação ao objecto do processo, aos contornos da causa[243]. À apre-

---

[241] Dado que o processo declarativo comum ordinário constitui o processo regra, cujas disposições se aplicam, subsidiariamente, às demais formas processuais (cfr. os arts. 463.º.1 e 464.º do CPC), todas as considerações que fizermos respeitarão àquele, sem embargo da referência às outras formas, sempre que necessário ou conveniente. Aliás, foi já esta a metodologia seguida até aqui.

[242] Importa, todavia, dizer que, apesar de se tratar de um esquema ordenado e completo, nem sempre, no decurso de uma acção, se observam todas as fases ou períodos, o que pode acontecer por variados motivos.

[243] Apesar de os articulados conservarem uma função muito importante em toda a economia do processo, deverá reconhecer-se que, face ao novo CPC, "tais peças viram a sua essencialidade ser substancialmente diminuída", o que ficou a dever-se à atenuação do princípio do dispositivo, na vertente do ónus de alegação. Neste sentido, A. Montalvão Machado (*op. cit.*, p. 163).

124   *Paulo Pimenta*

sentação do litígio segue-se o período do saneamento do processo, no qual se começará por verificar a regularidade da instância, se ponderará sobre a possibilidade de aí fazer terminar o processo e, ainda, devendo este prosseguir, se cuidará de preparar o posterior desenvolvimento da lide. Nos casos em que a acção haja de prosseguir (que serão a maioria), entraremos na fase da instrução, destinada à definição dos meios de prova a utilizar e à concreta produção de prova. Produzidas as provas, ocorrerá a discussão (oral) do aspecto fáctico da questão, após o que o tribunal procederá ao julgamento da matéria de facto, tendo, então, lugar a discussão (escrita ou oral, conforme opção dos advogados das partes) do aspecto jurídico da causa. A isso corresponde a fase de discussão e julgamento[244]. Finalmente, será chegado o momento da sentença, com cuja prolação o juiz decidirá a questão, pondo termo ao processo, ao nível da primeira instância.

Conforme é, genericamente, entendido, essas fases do processo declarativo "não correspondem, em termos temporais ou cronológicos, a momentos distintos e espartilhados da tramitação processual (...), todas elas estão interligadas e, mais do que isso, assiste-se quase sempre a uma interpenetração delas"[245]. Aliás, não correspondem e nunca corresponderam, verdadeiramente, desde 1939, bem entendido.

A referência sequencial ou escalonada que usa fazer-se às fases do processo declarativo assenta mais, julgamos nós, em necessidades ou conveniências de organização, seja a nível legislativo, seja no plano doutrinal, na certeza de que, muitas vezes, os critérios destas duas dimensões se confundem ou sobrepõem. Ao legislador é mais conveniente definir o rito processual através de preceitos agrupados sob certas rubricas, de acordo com um critério cronológico ou sequencial. Sendo que esse modo de proceder é passível de, eventualmente, criar uma visão espartilhada ou *sincopada* das fases enunciadas no texto legal. Também no estudo doutrinário deste assunto, haverá a tendência, em termos expositivos, de tratar uma

---

[244] Que M. Teixeira de Sousa (*Estudos sobre o novo ...*, ps. 262 e 334 e ss.) designa por "fase da audiência final", designação que, salvo o devido respeito, não será a mais adequada, pois que a "audiência final" é tão-só uma diligência integrada no rito processual (bem assim a "audiência preliminar"), e nada mais.

[245] Cfr. A. Montalvão Machado/Paulo Pimenta (*O novo processo ...*, p. 118). Era já considerando essa realidade que Paulo Cunha (*op. cit.*, T. I, ps. 62-66) afirmava que as fases processuais podiam ser tomadas num critério lógico ou num critério cronológico. Sobre este ponto, cfr., também, M. Teixeira de Sousa (*Estudos sobre o novo ...*, ps. 261-262).

III. A fase do saneamento do processo após a vigência... 125

fase após a outra, considerando (preferencialmente) a sua vertente crono-lógica, com o consequente risco de se não alcançar o sentido do todo que constitui a instância[246].

Sem embargo, parece-nos evidente que a compreensão exacta da acção declarativa, com todas as suas vicissitudes, só é alcançável através de uma visão dinâmica e de conjunto, tanto mais que é assim mesmo que o processo *acontece* no quotidiano forense.

Assim, nesta perspectiva, que temos como a mais realista, não andaremos longe da verdade se dissermos que, desde o CPC de 1939, as nossas acções declarativas cíveis sempre se desenvolveram em torno de três momentos capitais.

No primeiro deles, assistia-se à definição dos contornos da causa, através dos articulados oferecidos pelas partes.

No segundo, destacava-se a intervenção do juiz do processo, com a prolação do despacho saneador e a organização da matéria de facto, podendo haver uma audiência preparatória, como vimos.

O terceiro momento correspondia à própria audiência final, a qual incluía a produção de prova, a discussão da matéria de facto e a discussão do aspecto jurídico da causa[247,248].

---

[246] Dando nota desta circunstância, cfr. J. Lebre de Freitas (*A acção declarativa* ..., p. 28, nota de rodapé n.º 6). Atente-se que a apontada tendência para uma visão sequencial do processo ocorre também em termos didácticos, isto é, ao nível do ensino do processo civil nas faculdades.

[247] Cfr. o art. 653.º do CPC de 1939 e os arts. 652.º e 653.º do CPC de 1961. Note-se que, no CPC de 1939, a discussão dos aspectos fáctico e jurídico era feita a um tempo, em alegação oral [cfr. o seu art. 653.º.e)]. Ao invés, no CPC de 1961, tal discussão desdobrava-se em dois momentos: – primeiro, discutia-se (oralmente) o aspecto fáctico [cfr. o seu art. 652.º.3.e) e 4]; – mais tarde, após a resposta aos quesitos, abria-se a discussão do aspecto jurídico, que podia ser oral ou escrita, conforme opção dos advogados (cfr. os seus arts. 653.º.6 e 657.º).

[248] Foi em atenção a tal realidade, isto é, à circunstância de essa audiência não ser apenas de discussão e julgamento – como o texto legal indiciava- mas também de instrução, que Paulo Cunha (*op. cit.*, T. I, p. 75) a apelidava de *audiência geral*, ao mesmo tempo que assinalava, já nessa altura, face ao CPC de 1939, uma "fusão material" das fases do processo, numa clara evolução face "aos quadros rígidos das antigas fases processuais" do CPC de 1876. Aliás, também J. Alberto dos Reis (*Breve estudo* ..., p. 439) alertava para o facto de a audiência final não ser "só de *discussão* e *julgamento*, como diz a lei, mas de *instrução, discussão* e *julgamento*".

A partir daí, só faltaria a sentença final do processo.

Ora, é ainda assim que as coisas se passam na actual acção declarativa cível, à luz do novo regime processual civil.

Por isso, relativamente à estrutura formal do processo, não temos como assente que o CPC de 1995 tenha, realmente, inovado. Ou, ao menos, que a inovação tenha sido tão *espectacular* como se apregoa[249].

Ao fazermos esta afirmação, não ignoramos que, face aos diplomas anteriores, a ideia da estanquicidade das fases processuais estava em muito associada ao regime da preclusão, isto é, e genericamente, à impossibilidade da prática (posterior) de um acto processual que não foi praticado quando devia tê-lo sido, à impossibilidade da alegação (posterior) de factos que não o foram no momento previsto para tal, ou à impossibilidade de obter um efeito que dependia de certa conduta (não assumida). Por outro lado, estamos cientes de que o sentido tradicional de certas preclusões foi atenuado, em termos muito relevantes, e com isso alguma da apontada rigidez sequencial das fases processuais[250].

Ainda assim, e sem prejuízo de uma renovada e salutar forma de entender (e concretizar no foro) a tramitação processual – o que passa, necessariamente, pelo redimensionar do princípio do dispositivo e pelo reforço dos princípios da cooperação e do contraditório[251] –, parece-nos que há determinadas coordenadas que são intangíveis, sob pena de desvirtuarmos a própria ideia de processo. O sistema processual supõe, por definição, uma sequência de actos tendente a um fim. E essa sequência deve ser ordenada, até por razões de índole pragmática e de eficácia do sistema.

---

[249] Ainda assim, temos presente que, a propósito das fases do processo declarativo ordinário, nas "Linhas orientadoras" se escreveu o seguinte: – "As fases processuais assumirão mais relevo doutrinário que processual, o que implicará a adopção de perspectivas diferentes da actual sincopada e estanque diferenciação e separação de cada uma das fases perante as demais". Depois, adiantava-se que passaria a haver três fases, a dos articulados, a da audiência preliminar e a da audiência de julgamento. Como se pode constatar, isso também não ganhou, exactamente, forma de lei. Aliás, é curioso notar que há diferenças patentes (na audiência preliminar, por exemplo) entre o referido nas "Linhas orientadoras" e o que ficou consagrado na lei.

[250] Sobre o princípio da preclusão, cfr. J. Lebre de Freitas (*Introdução* ..., ps. 145--147). Quanto à sequência das fases e à preclusão, cfr. J. Lebre de Freitas (*A acção declarativa* ..., ps. 25-28).

[251] Este aspecto, que foi logo destacado no Preâmbulo do DL n.º 329-A/95, de 12.12, é comummente reconhecido, sempre que é referida a reforma do processo civil.

III. A fase do saneamento do processo após a vigência... 127

Ora, considerando tudo isso, não podemos deixar de entender que, no actual CPC, a acção declarativa, estruturada em volta dos três momentos capitais *supra* enunciados, mantém as feições que lhe descortinávamos anteriormente[252].

As alterações havidas no nosso processo civil – relevantes e profundas, diga-se – registaram-se num outro plano, sendo certo que tais alterações deverão repercutir-se em aspectos procedimentais, sob pena de a reforma redundar num fracasso.

Por outras palavras, as alterações decorrentes da reforma de 1995, no que respeita à tramitação da acção declarativa e às suas fases, não foram tanto ao nível dos actos ou diligências processuais em si, mas no *espírito* que norteia cada um desses actos ou diligências e que, igualmente, deve guiar as partes e o juiz que aí tenham intervenção. Por isto passa, também, a *reforma das mentalidades* a que apela (e bem) o diploma que aprovou o novo código de processo civil, aspecto de que trataremos no desenvolvimento deste trabalho.

Daí, se calhar, ainda hoje, no quotidiano forense, ouvirmos comentários, segundo os quais, apesar de termos um novo código, nada ou quase nada se alterou. Na verdade, é muito mais simples alterar (tornando-as perceptíveis) meras formalidades do que transformar mentalidades. É bem difícil (e não passa por simples acto legislativo) alterar modos de estar e de actuar em juízo que se foram consolidando e estabilizando ao longo do tempo, e que, aliás, se tornaram típicos (tiques, por vezes) da postura do juiz, do autor e seu mandatário, e do réu e seu mandatário.

Por isso é que algumas das inovações da reforma de 1995 ainda não se tornaram *visíveis*[253]. Quando tal acontecer, aí sim, terá entrado em vigor, efectivamente, o novo código de processo civil, o que temos esperança não tarde, embora não tenhamos ilusões demasiadas[254].

---

[252] A este propósito, cfr. A. Abrantes Geraldes (*op. cit.*, Vol. II, p. 95).

[253] A este propósito, cfr. M. Teixeira de Sousa (*Estudos sobre o novo* ..., ps. 30-31), dando conta de que é condição da eficácia do novo sistema processual civil a reforma das mentalidades dos profissionais do foro, além da dotação dos necessários meios materiais, ao nível, designadamente, da organização judiciária. Também A. Abrantes Geraldes (*op. cit.*, Vol. II, ps. 22-23) se manifesta neste sentido.

[254] A este propósito, cfr. Paula Costa e Silva (*op. cit.*, p. 269), mostrando-se confiante de que os profissionais do foro estarão à altura do desafio. Sinceramente, é também esse o nosso desejo, por razões óbvias.

128 Paulo Pimenta

Esta posição revela, de modo claro e inequívoco, a nossa adesão aos princípios e objectivos que presidiram à reforma do processo civil português[255].

3.2. Tramitação da acção declarativa, desde a apresentação da petição inicial até ao início do saneamento

De acordo com a tramitação processual definida pelo CPC de 1995, o juiz só toma contacto com os autos depois de findos os articulados.

Com efeito, o novo código aboliu, como regra, o despacho liminar que, tradicionalmente, recaía sobre a petição inicial.

Como se sabe, no regime processual anterior à reforma de 1995, a petição inicial, que inaugurava a instância (cfr. o art. 267.º.1 do CPC), era submetida a despacho liminar. Perante tal petição, o juiz do processo podia proferir um de três despachos liminares: – o de indeferimento, o de convite ao aperfeiçoamento e o de citação.

O despacho de indeferimento liminar tinha lugar nos casos indicados no art. 474.º do CPC de 1961. O despacho de convite ao aperfeiçoamento – que tanto incidia sobre as petições irregulares, como sobre as deficientes – estava previsto no art. 477.º do CPC de 1961. Finalmente, o despacho de citação era proferido quando não houvesse motivo para indeferimento liminar e a petição estivesse em condições de ser recebida, tal como estatuía o art. 478.º.1 do CPC de 1961[256].

De acordo com o novo regime da tramitação processual civil declarativa, normalmente, o juiz não tem qualquer contacto com o processo durante a etapa inicial da acção, isto é, durante a fase dos articulados.

Ao nível da tramitação da acção, esta foi uma das primeiras (e mais significativas) inovações.

As razões que usam ser apontadas para esta alteração assentam na intenção legislativa de uma menor judicialização do processo na sua fase

---

[255] Sem prejuízo, é claro, de termos algumas reservas sobre determinadas soluções, algumas delas no âmbito deste trabalho.

[256] Acerca do âmbito do despacho liminar, no CPC de 1961, cfr., entre outros, A. Montalvão Machado/Paulo Pimenta (*Processo* ..., Vol. III, ps. 49 e ss.), Antunes Varela (*A reforma do processo civil português* ..., *RLJ*, n.º 3877, ps. 98-99, e n.º 3878, ps. 130-132 e134-135) e Varela/Bezerra/Nora (*op. cit.*, ps. 257 e ss.).

III. A fase do saneamento do processo após a vigência... 129

inicial, com uma consequente responsabilização da secretaria judicial no sentido de providenciar pela efectivação da citação do réu[257].

Haverá, porém, outros motivos para a nova solução legal.

Primeiro, foi-se consolidando a ideia (real, até certo ponto) de que os juízes foram transformando o despacho liminar da acção num mero despacho de circunstância, quase sempre conducente à citação do réu, assim deixando prosseguir acções cujas petições iniciais deveriam ser indeferidas ou, pelo menos, mereceriam um despacho de convite ao aperfeiçoamento.

Segundo, ter-se-á entendido que a conclusão do processo para despacho liminar (de citação, normalmente, como se disse) acabaria por retardar o andamento da causa.

Terceiro, desde cedo, os juízes mostraram reservas quanto à prolação de despachos liminares de convite ao aperfeiçoamento perante petições deficientes, a pretexto de que assim haveria o risco de tratar diferentemente os litigantes, pois que, para os articulados oferecidos pelo réu, eventualmente carecidos de aperfeiçoamento, não previa a lei *remédio* idêntico[258,259].

Quarto, esta abolição do despacho liminar proferido sobre a petição inicial terá ficado também a dever-se ao facto de o CPC de 1995 ter instituído a possibilidade de o juiz vir a proferir, findos os articulados, um despacho (regulado no art. 508.º) incidindo já sobre todas as peças escritas constantes dos autos, tanto as produzidas pelo autor, como as produzidas pelo réu, ponto que retomaremos adiante.

Sem grande desenvolvimento, sempre se dirá que, por princípio, discordamos da abolição do despacho liminar na acção declarativa.

Desde logo, parece-nos que a notícia (pela citação) de que pende uma causa contra determinado cidadão só deveria acontecer se, após verificação judicial liminar, fosse entendido que tal acção estaria em condições mínimas de viabilidade, formais e substanciais[260]. Já nos casos

---

[257] Esta ideia ficou, de resto, expressa no Preâmbulo do DL n.º 329-A/95, de 12.12.

[258] Neste sentido, A. Abrantes Geraldes (*op. cit.*, Vol. II, p. 28, nota 20).

[259] Sobre o despacho de convite ao aperfeiçoamento, no CPC de 1961, cfr. Antunes Varela (*A reforma do processo civil português ...*, *RLJ*, n.º 3878, ps. 130-132) e Varela/Bezerra/Nora (*op. cit.*, ps. 262-264). Para uma aproximação ao conceito de petição deficiente, cfr. Castro Mendes (*Direito ...*, Vol. II, ps. 515-517).

[260] Recorde-se que, nos termos do art. 474.º do CPC de 1961, o indeferimento liminar da petição assentava sempre em motivos que fossem manifestos ou patentes.

em que não houvesse razões para indeferimento liminar, mas o juiz se deparasse com circunstâncias justificadoras de uma correcção inicial, melhor seria que isso se concretizasse logo, antes de citarmos o réu. Até porque, se a petição avançasse assim, a correcção sempre teria de vir a operar-se, sob pena de a acção não chegar a *bom porto*, fosse por razões formais, fosse por motivos substanciais.

Ainda neste enquadramento, deverá notar-se que, face ao disposto no n.º 4 do art. 234.º do CPC, casos há em que a secretaria fará anteceder a citação de despacho judicial. E aqui não é difícil imaginar as variadas situações de confusão e dúvidas da secretaria judicial sobre se esta e aquela concreta acção é subsumível naquele preceito, o qual não é totalmente esclarecedor, na medida em que remete, abstractamente, para outros segmentos normativos, que o funcionário judicial conhecerá ou não, melhor ou pior. E, como é bom de ver, lapsos a este nível só conduzirão a irregularidades (nulidades) no desenvolvimento da lide, as quais, em vez de contribuírem para um mais célere desenrolar da instância, a irão atrasar e enredar[261].

Acresce que, no período inicial da instância, o real motivo do seu atraso (ou estrangulamento, como se ouve dizer) não era tanto a conclusão do processo ao juiz e a prolação do despacho (de citação) correspondente. Na verdade, os atrasos (insustentáveis, muitos deles) surgiam na materialização do próprio acto da citação. Com efeito, no regime anterior ao CPC vigente, a regra era a de que a citação tinha lugar através de contacto pessoal do funcionário judicial com o citando (cfr. os arts. 228.º-A.2, 235 e 242.º do CPC de 1961), o que logo implicava a expedição de inúmeras deprecadas para citação. Ora, era aqui que os processos se atrasavam meses (ou anos), até que o citando fosse encontrado ou até que fosse decidido recorrer à citação edital (cfr. o art. 228-A.3 do CPC de 1961)[262].

---

[261] É claro que a secretaria judicial sempre pode *pedir ajuda* ao juiz, submetendo (provisoriamente) os autos a despacho. Se for caso de haver despacho liminar, muito bem, será proferido. Caso contrário, os autos *voltam* à secção, para que a citação se faça, "sem necessidade de despacho prévio" (cfr. o art. 234.º.1 do CPC). A este propósito, cfr. Pais de Sousa/Cardona Ferreira (*op. cit.*, p. 35).

[262] Neste ponto, não podemos deixar de registar o importante contributo da Reforma Intercalar de 1985, ao instituir o regime da citação por via postal para as pessoas colectivas, plasmado no art. 238.º-A do CPC de 1961.

III. A fase do saneamento do processo após a vigência... 131

Com o regime da citação instituído pelo CPC de 1995, que generalizou a figura da citação por via postal (através de carta registada com aviso de recepção), nos termos do seu art. 233.º.2.a), haveria fundadas razões para esperar que este importante acto de interpelação judicial não se arrastasse no tempo, desde que fossem asseguradas condições logísticas para que tal acontecesse. Saliente-se que o aspecto acabado de referir era o que resultava do CPC de 1995, quando começou a vigorar. É que, recentemente, o já citado DL n.º 183/2000, de 10 de Agosto[263], introduziu algumas alterações em matéria de citação, permitindo que, em determinadas circunstâncias, a citação do réu se faça por via postal simples [cfr. os arts. 233.º.2.b), 236.º-A, 238.º.2 e 238.º-A.3 do CPC, com a redacção introduzida por aquele diploma], solução que se nos afigura preocupante, em virtude de poder abalar as garantias da defesa e do contraditório. De facto, as condições logísticas a que nos referíamos não eram estas ...

Em síntese, ao lado do reforço das condições da realização (efectiva e segura) da citação, melhor seria que a petição fosse objecto de intervenção judicial liminar, o que contribuiria também para que o juiz da causa, pela análise dessa peça, se fosse inteirando da questão colocada à apreciação do tribunal[264].

A verdade é que, no regime vigente, de acordo com previsto nos arts. 479.º e 234.º.1 do CPC, incumbe à secretaria desencadear oficiosamente, sem dependência de despacho judicial prévio, as diligências destinadas a assegurar a citação do réu[265]. Recorde-se que o que vem de dizer-se constitui apenas o regime regra. Na realidade, casos há, indicados no n.º 4 do art. 234.º do CPC, em que o processo é submetido a despacho

---

[263] Este diploma, cujo início de vigência foi apontado para 1 de Janeiro de 2001, foi já rectificado por duas vezes: – cfr. as Declarações de Rectificação n.º 7-S/2000, de 31.08, e n.º 11-A/2000, 30.09.

[264] Sobre este ponto, criticando a solução legal, cfr. A. Montalvão Machado (*op. cit.*, ps. 167-176); também Antunes Varela (*A reforma do processo civil português ...*, *RLJ*, n.º 3877, ps. 103-104) se pronuncia contra a abolição do despacho liminar da acção declarativa. Já antes, M. Teixeira de Sousa (*Apreciação ...*, p. 389) pugnara pela manutenção do despacho liminar, invocando interesses de ordem pública e de ordem privada. Na mesma linha de raciocínio, cfr. A. Abrantes Geraldes (*op. cit.*, Vol. I, ps. 243-245).

[265] Não se esqueça o caso particular, que constitui uma inovação, da citação promovida por mandatário judicial, nos termos dos arts. 245.º e 246.º do CPC.

132   *Paulo Pimenta*

judicial logo no início da instância (ou mesmo durante a fase dos articulados)[266].

Citado o réu, e assim constituída a relação processual, as partes vão trocando entre si as peças escritas da acção, o que decorre "no remanso sigiloso da secretaria", nas expressivas palavras de Antunes Varela[267], sem que o juiz acompanhe o desenrolar dessa actuação dos litigantes.

Nessa conformidade, oferecida a contestação pelo réu[268], poder-se-á seguir a apresentação da réplica pelo autor (cfr. o art. 502.º do CPC) e ainda a tréplica pelo réu (cfr. o art. 503.º do CPC), na certeza de que estas duas última peças constituem articulados eventuais, sendo, portanto, condicionada a sua apresentação nos autos[269].

Terminado o período processual durante o qual podiam ser oferecidos os articulados, a secretaria fará os autos conclusos ao juiz. Este acto marcará o início da fase do saneamento do processo[270]. Este acto marcará

---

[266] Nestes casos, como se disse, a citação do demandado (ou de outros intervenientes) depende de despacho judicial prévio. Aí, em vez de ordenar a citação, o juiz poderá proferir despacho de indeferimento, ao abrigo do disposto no art. 234.º-A do CPC. Embora a lei seja omissa, deverá entender-se que o despacho poderá ser também de convite ao aperfeiçoamento, por referência, designadamente, ao art. 265.º.2 do CPC. Neste sentido, A. Abrantes Geraldes (*op. cit.*, Vol. I, ps. 278-279, e Vol. II, p. 74, nota de rodapé n.º 125), A. Montalvão Machado/Paulo Pimenta (*O novo processo* ..., p. 145), J. Lebre de Freitas (*A acção declarativa* ..., ps. 60-61, nota de rodapé n.º 18, e *CPC Anotado*, Vol. I, ps. 402-403) e M. Teixeira de Sousa (*Estudos sobre o novo* ..., p. 275). Note-se que, embora todos os citados autores se pronunciem pela admissibilidade deste despacho liminar de convite ao aperfeiçoamento, não coincidem já quanto ao seu concreto campo de aplicação.

[267] Antunes Varela (*A reforma do processo civil português* ..., *RLJ*, n.º 3880, p. 197).

[268] A propósito da revelia do réu, por falta de contestação, e suas consequências, designadamente, ao nível da tramitação processual, cfr. A. Montalvão Machado/Paulo Pimenta (*O novo processo* ...,ps. 177-183) e J. Lebre de Freitas (*A acção declarativa* ..., ps. 74-81).

[269] Acerca do conceito de articulado normal e eventual, cfr. A. Montalvão Machado/Paulo Pimenta (*O novo processo* ...,p. 120).

[270] Face ao CPC de 1995, continua a não haver uniformidade na designação a dar à segunda fase do processo declarativo. Assim, A. Montalvão Machado/Paulo Pimenta (*O novo processo* ..., p. 190) usam a designação "fase do saneamento". Quanto a J. Lebre de Freitas (*A acção declarativa* ..., ps. 129-130), denomina-a "fase da condensação", explicando o sentido em que usa a expressão, a qual também é utilizada por M. Teixeira de Sousa (*Estudos sobre o novo* ..., ps. 301-302). Usando a designação "fase de saneamento e condensação", encontramos Lopes do Rego (*op. cit.*, p. 338),o mesmo acontecendo,

III. A fase do saneamento do processo após a vigência...

133

também um dos momentos em que o juiz assume maior protagonismo no processo.

Se, na fase anterior, a actuação mais significativa esteve a cargo dos litigantes, agora, entrando o processo no período do saneamento, *as atenções* voltam-se para o juiz da causa. Será ele a assumir as rédeas dos autos, cabendo-lhe tomar uma série de iniciativas e determinar outras, cabendo-lhe ainda proferir relevantes decisões, que analisaremos adiante. Neste momento processual, a actuação do juiz pode vir a ser vastíssima e plena de conteúdo, com importantes repercussões para a lide, em todos os planos, formais e substanciais.

Como se compreende, uma coisa é aquilo que a lei prevê e regula a propósito desta fase, os instrumentos (ou ferramentas) de que dota o juiz, e fá-lo em abstracto, outra coisa é a realidade concreta de cada processo, cada um deles demandando do juiz da causa a actuação mais própria e adequada, que tanto pode ser muito simples e *ligeira*, como complexa e profunda.

Devemos acrescentar (em reforço do que dissemos *supra*), que, na regulamentação desta fase processual, o legislador não só visou "um redimensionar dos poderes de direcção do juiz, a quem incumbirá um papel eminentemente activo e dinamizador", mas também procurou "o acentuar da cooperação, do contraditório e da auto-responsabilidade", conforme se lê no Preâmbulo do diploma que aprovou o novo código de processo civil. Daqui decorre que o reforço dos poderes do juiz não *ofusca* a actuação das partes, bem pelo contrário. De resto, o exercício desses poderes só fará sentido quando tiver eco na esfera daquelas.

No desenvolvimento deste trabalho, tentaremos apontar as efectivas manifestações daquele redimensionar dos poderes do juiz, bem como as situações que concretizam os princípios da cooperação, do contraditório e da auto-responsabilidade.

Fá-lo-emos, no entanto, de modo integrado, isto é, considerando a dinâmica da própria acção declarativa e dos actos e diligências que aí ocorrem, centrando a nossa atenção, naturalmente, na fase do saneamento.

---

aliás, no Preâmbulo do DL n.º 329-A/95, de 12.12. Por sua vez, Paula Costa e Silva (*op. cit.*, ps. 214-215), tanto fala em "fase de saneamento e condensação" como em "fase da audiência preliminar". Mais radicalmente, Antunes Varela (*A reforma do processo civil português ...*, *RLJ* n.º 3870, p. 261, nota de rodapé n.º 8), sustenta que o novo regime processual se caracteriza pela autonomia "concedida à fase da *audiência preliminar* (...) e a consequente eliminação, quer da fase de *saneamento* do processo, quer do período autónomo da instrução".

*

A fase do saneamento conserva as atribuições que já lhe fomos assinalando, se bem que enriquecidas pelo tal redimensionar dos poderes do juiz e pelo reforço de alguns dos princípios fundamentais do processo civil, que já mencionámos e aos quais voltaremos.

Em termos genéricos, dir-se-á que esta fase tem em vista verificar a regularidade da instância, aqui se incluindo as diligências tendentes a alcançar essa regularidade, isto é, tendentes a suprir irregularidades detectadas (desde que sanáveis, obviamente). Se o vício for insanável ou (embora sanável) persistir, o processo, normalmente, deverá terminar já neste período[271].

Nos casos em que a instância esteja regularizada, não haverá, por princípio, obstáculos à apreciação do mérito da causa. Tal apreciação acontecerá de imediato, na própria fase do saneamento, sempre que o estado do processo o permita. Quando assim não seja, a acção deverá prosseguir. Nesta última hipótese, a fase do saneamento servirá para preparar os períodos processuais subsequentes, o que implicará a definição dos pontos fundamentais da questão *sub judice* e a selecção da matéria de facto relevante para o desfecho da lide[272].

Estas são, digamos, as coordenadas essenciais da fase do saneamento do processo. Outros aspectos, porém, haverá a destacar. Assim, na fase do saneamento, poderão ser tomadas medidas para melhorar a exposição da matéria de facto vertida nos articulados. Também aqui será proporcionado às partes o exercício efectivo do contraditório sobre questões que alguma delas (ou ambas) não haja podido tratar por escrito. Além disso, é função desta fase assegurar o contacto pessoal e directo entre as partes (e respectivos mandatários), em audiência convocada para o efeito, com vista, designadamente, à tentativa de conciliação, à delimitação dos termos do litígio e à produção de alegações.

Enfim, para além do importante (e reforçado) papel desempenhado pelo juiz, pretendeu-se aproximar as partes entre si, e estas do juiz, o que

---

[271] Pela prolação de uma decisão meramente formal, de abstenção do conhecimento do mérito da causa ou, nos casos do art. 111.º.3 do CPC, de remessa dos autos. Atente-se, porém, no regime fixado na segunda parte do n.º 3 do art. 288.º do CPC (ineficácia da falta de pressupostos processuais), que analisaremos adiante.

[272] A este propósito, cfr. A. Montalvão Machado/Paulo Pimenta (*O novo processo...*, p. 190), J. Lebre de Freitas (*A acção declarativa* ..., ps. 129-130) e Lopes do Rego (*op. cit.*, p. 338).

III. A fase do saneamento do processo após a vigência...   135

passa pela realização de uma audiência com inúmeras finalidades
–a audiência preliminar –, dominada pelos princípios da oralidade e da
cooperação, a qual constitui uma das *bandeiras* da reforma de 1995, que
analisaremos na altura devida.

Para encetarmos a análise mais pormenorizada desta relevante fase
processual, iremos dividir o trabalho em quatro segmentos principais:

– despacho pré-saneador;
– audiência preliminar;
– despacho saneador;
– selecção da matéria de facto.

4. DESPACHO PRÉ-SANEADOR

4.1. **Preliminares**

Na sequência da conclusão do processo que lhe é feita, quando findam os articulados, deverá o juiz proceder a uma análise minuciosa de todo o material constante dos autos. Atente-se que, como já referimos, este é, em regra, o primeiro contacto do juiz com o processo que lhe foi distribuído, sendo que tal processo há-de conter, normalmente, a petição inicial e a contestação, e, eventualmente, a réplica e a tréplica[273].

O âmbito da intervenção do juiz, nesse momento, é definido pelo art. 508.º do CPC, que regula os diversos casos de prolação do despacho pré-saneador[274].

Assim, antes de proferir esse despacho – por outras palavras, para verificar se é caso de proferir o despacho pré-saneador e em que termos –, o juiz deve *olhar* para o processo, considerando três aspectos essenciais. Primeiro, deve o juiz ponderar sobre a regularidade da instância, isto é, genericamente, sobre o respeito pelos pressupostos processuais. Segundo, o juiz deve atentar na observância dos requisitos técnicos dos articulados. Terceiro, deve o juiz atender ao modo como os fundamentos de facto das pretensões deduzidas pelas partes foram vertidos nos articulados.

Em função da fiscalização realizada – naquela tripla perspectiva –, o juiz concluirá pela prolação (ou não) do despacho pré-saneador.

---

[273] Esses articulados estarão, por princípio, acompanhados do suporte documental relativo às afirmações aí contidas, nos termos do disposto no art. 523.º.1 do CPC.

[274] Designação derivada da doutrina; cfr. A. Abrantes Geraldes (*op. cit.*, Vol. II, p. 58), A. Montalvão Machado/Paulo Pimenta (*O novo processo...*, p. 190), Pais de Sousa/Cardona Ferreira (*op. cit.*, p. 37), Abílio Neto (*CPC Anotado, 15ª...*, p. 679), Antunes Varela (*A reforma do processo civil português ...*, *RLJ* n.º 3880, p. 195), J. Lebre de Freitas (*A acção declarativa ...*, p. 133), M. Teixeira de Sousa (*Estudos sobre o novo...*, p. 302) e Paula Costa e Silva (*op. cit.*, p. 214).

Na verdade, este despacho só será de proferir "sendo caso disso", quer dizer, se o processo em apreço justificar ou implicar que seja proferido[275]. Acresce que o conteúdo concreto do despacho pré-saneador variará de acção para acção, em função, antes de mais, do ponto sobre que versar[276].

Importa salientar que o despacho pré-saneador desempenha uma função instrumental face ao despacho saneador, a proferir também nesta fase processual. Aliás, a sua designação doutrinária é bem elucidativa dessa realidade.

O despacho pré-saneador procura, portanto, preparar o processo para quando for objecto do despacho saneador, como melhor veremos.

4.2. O despacho pré-saneador e a falta de pressupostos processuais

A primeira hipótese de prolação do despacho pré-saneador está indicada no art. 508.º.1.a) do CPC.

Aqui, o juiz proferirá o despacho com vista à regularização da instância, nos termos do art. 265.º.2 do CPC. Assim, quando for detectada a violação de um pressuposto processual, o juiz deverá providenciar no sentido de que o vício venha a ser suprido.

Antes, porém, importará determinar se tal vício é sanável.

Sendo insanável, nada haverá a fazer, não se justificando, portanto, o despacho pré-saneador, devendo o juiz reservar o conhecimento dessa falta de pressuposto processual para a altura própria, isto é, para o despacho saneador, a proferir nos termos do art. 510.º.1.a) do CPC[277], conforme veremos.

Já se concluir que a concreta falta de pressuposto processual é susceptível de sanação, deve o juiz, em cumprimento do n.º 2 do art. 265.º do CPC, e de modo oficioso, diligenciar no sentido dessa sanação. Para tal, nuns casos, o juiz determinará, directamente, as medidas convenientes

---

[275] Daí que Paula Costa e Silva (*op. cit.*, p. 215) o considere um despacho *eventual.* Também assim se pronuncia A. Montalvão Machado (*op. cit.*, p. 246).

[276] Neste sentido, A. Abrantes Geraldes (*op. cit.*, Vol. II, p. 58).

[277] Neste sentido, Lopes do Rego (*op. cit.*, p. 340). Note-se que essa decisão a proferir no despacho saneador deverá ter em atenção o disposto no art. 288.º.3 do CPC, que referiremos adiante.

III. A fase do saneamento do processo após a vigência... 139

àquela regularização. Noutros, quando a regularização dependa de actuação das próprias partes, convidá-las-á a praticar o acto adequado. Quer dizer, conforme decorre do art. 265.º.2 do CPC, há determinados vícios processuais cuja sanação o juiz promove por si, havendo outros cuja sanação está dependente da acção das partes, competindo, então, ao juiz adverti-las para assumirem o comportamento processual conveniente.

Concretizando, temos que o juiz promoverá, directamente, a sanação da falta de personalidade judiciária das sucursais, ordenando a citação da respectiva administração principal (cfr. os arts. 7.º e 8.º do CPC), assim como promoverá o suprimento da incapacidade judiciária da parte, determinando a notificação ou citação do seu legal representante, conforme o incapaz seja o autor ou o réu (cfr. os arts. 23.º e 24.º do CPC).

Por outro lado, quando o suprimento implicar a "mediação" das partes[278], o juiz fixará prazo para o representante da parte obter a autorização ou a deliberação em falta (cfr. o art. 25.º do CPC), convidará o autor (ou o reconvinte) a provocar a intervenção principal dos litisconsortes necessários (cfr. os arts. 28.º, 28.º-A, 325.º e 274.º.4 do CPC), notificará o autor para escolher o pedido que pretenda ver apreciado, quando a coligação seja ilegal (cfr. o art. 31.º.1-A do CPC), convidará a parte a constituir advogado, quando o patrocínio seja obrigatório (cfr. o art. 33.º do CPC), bem como convidará a parte a juntar aos autos procuração forense, a corrigir insuficiências ou irregularidades do mandato e a ratificar o processado (cfr. o art. 40.º do CPC)[279].

*

Deve destacar-se a importância do regime consagrado no art. 265.º.2 do CPC, porquanto expressa a preocupação – a que o legislador foi sensível – de garantir a supremacia do fundo sobre a forma. O objectivo deste regime é, pois, restringir, o mais possível, os casos de absolvição da instância, com o consequente aumento de decisões de apreciação do mérito da causa[280].

---

[278] O que estará associado ao princípio do dispositivo.

[279] Sobre as várias hipóteses de tentativa de suprimento da falta de pressupostos processuais, cfr. A. Montalvão Machado/Paulo Pimenta (*O novo processo* ..., 191-192), J. Lebre de Freitas (*A acção declarativa* ..., ps. 136-136) e M. Teixeira de Sousa (*Estudos sobre o novo* .... p. 302). Para uma análise mais pormenorizada do tema, cfr. A. Abrantes Geraldes (*op. cit.*, Vol. II, ps. 63-73).

[280] Neste sentido, A. Montalvão Machado/Paulo Pimenta (*O novo processo...*, p. 59).

Tal preocupação implicou a atribuição ao juiz de poderes – que este deve exercer, com efectividade[281] – que permitam alcançar a regularização da instância, de modo a que no processo venha a ser proferida uma decisão que resolva, materialmente, o litígio submetido à jurisdição do tribunal.

Daqui decorre que, à luz do novo código, o juiz não pode bastar-se com a detecção de eventuais irregularidades ou vícios processuais, para daí retirar a imediata consequência de abstenção do conhecimento do mérito da causa, a pretexto, justamente, de tais irregularidades ou vícios. Antes disso, há-de providenciar pela respectiva sanação, desde que sanáveis, obviamente. Deste modo, o legislador vedou ao juiz a possibilidade de, *escudando-se* em determinado vício processual, se *furtar* ao efectivo e substancial exercício da sua função jurisdicional, limitando-se, pois, a uma *cómoda* decisão formal[282,283].

*

A análise mais atenta do art. 508.º.1.a) e do art. 265.º.2 do CPC leva-nos a concluir que, em rigor, o texto destes preceitos não revela, em toda a extensão, os respectivos objectivos.

Por um lado, através do art. 508.º.1.a) do CPC não se visará apenas o suprimento das excepções dilatórias.

Assim sucederá se estiver em causa a falta de constituição de advogado por parte do réu (sendo obrigatório o patrocínio judiciário), a falta de junção aos autos de procuração forense outorgada pelo réu, a insuficiência ou a irregularidade do mandato conferido pelo réu, bem como a falta de autorização ou de deliberação que o representante do réu devesse ter obtido, e de que dependa a sua actuação em juízo. Nesses casos, o juiz deverá providenciar pela sanação dos vícios, e fá-lo-á ao abrigo do disposto naquele art. 508.º.1.a), conjugado com o art. 265.º.2 do CPC. É que tais

---

e M. Teixeira de Sousa (*Estudos sobre o novo* ..., p. 83). De resto, o próprio Relatório do DL n.º 329-A/95, de 12.12, dá nota dessa preocupação legislativa.

[281] Antunes Varela (*A reforma do processo civil português* ..., *RLJ*, n.º 3880, p. 195, nota de rodapé n.º 83) refere mesmo que o exercício desses poderes constitui para o juiz um verdadeiro dever oficial de agir.

[282] De absolvição da instância, normalmente.

[283] A este propósito, A. Montalvão Machado (*op. cit.*, p. 246 e nota de rodapé n.º 460).

III. A fase do saneamento do processo após a vigência... 141

vícios, não constituindo embora excepções dilatórias, decorrem da violação de um pressuposto específico relativo ao réu e à sua defesa[284]. Atento o carácter circunscrito deste pressuposto, os efeitos da sua violação hão-de repercutir-se apenas no lado passivo da relação processual.

Por outro lado, não obstante o n.º 2 do art. 265.º do CPC indiciar que o convite (notificação) dirigido às partes apenas ocorre quando estiver em causa alguma modificação subjectiva da instância, as coisas podem ser diferentes.

Basta que pensemos no convite dirigido à parte (autor ou réu) para constituir advogado, sendo obrigatório o patrocínio judiciário, e no convite dirigido ao autor para suprir a coligação ilegal ou a cumulação indevida de pedidos[285]. Verificamos, pois, que, com vista à sanação do vício, é dirigido um convite à parte, sem que tal sanação implique qualquer modificação subjectiva da instância[286,287].

Em síntese, a respeito do efectivo alcance da aplicação combinada dos arts. 508.º.1.a) e 265.º.2 do CPC, poderemos, então, assentar no seguinte[288]:

– o juiz deve providenciar, oficiosamente, pelo suprimento dos vícios processuais que detecte (desde que sanáveis, naturalmente), deter-

---

[284] Trata-se, pois, da falta de um pressuposto de acto processual. A este propósito, cfr. J. Lebre de Freitas (*A acção declarativa* ..., p. 133, nota de rodapé n.º 3, e p. 135, nota de rodapé n.º 6), J. Lebre de Freitas/J. Redinha/R. Pinto (*op. cit.*, p. 73) e M. Teixeira de Sousa (*As partes* ..., p. 45).

[285] Embora não resulte, expressamente, da lei, deve entender-se que o regime do art. 31.º-A do CPC, previsto para a sanação da coligação ilegal, é aplicável, adaptadamente, à cumulação indevida de pedidos (cfr. o art. 470.º.1 do CPC). Neste sentido, A. Montalvão Machado/Paulo Pimenta (*O novo processo*..., p. 192, nota de rodapé n.º 437) e J. Lebre de Freitas (*A acção declarativa* ..., p. 135, nota de rodapé n.º 7).

[286] Sobre esta problemática, e no sentido do texto, A. Montalvão Machado (*op. cit.*, ps. 247-249). Este autor (*op. cit.*, p. 249) defende que o n.º 2 do art. 265.º devia ter a seguinte redacção: – "O juiz providenciará, mesmo oficiosamente, pelo suprimento da falta de pressupostos processuais susceptíveis de sanação, determinando a realização dos actos necessários à regularização da instância ou, quando a sanação dependa de qualquer acto que deva ser praticado pelas partes, convidando estas a praticá-lo". Cfr., igualmente, A. Montalvão Machado/Paulo Pimenta (*O novo processo*..., p. 193).

[287] Neste mesmo sentido se pronuncia Paula Costa e Silva (*op. cit.*, p. 217). Todavia, salvo o devido respeito, não nos parece adequado o exemplo invocado: – sanação da ineptidão da petição inicial, mediante convite ao autor para formular um pedido ou indicar uma causa de pedir de modo inteligível. É que tal vício é, em regra, insuprível. Sobre este ponto, A. Montalvão Machado (*op. cit.*, ps. 270-271).

[288] Seguindo, de perto, o texto de A. Montalvão Machado (*op. cit.*, ps. 248-249).

minando a realização dos actos concretamente adequados a esse fim;

– nos casos em que aquele suprimento implique a mediação das partes, isto é, a prática de um acto pelas próprias, às quais o juiz não pode substituir-se, hão-de elas ser convidadas ou advertidas para o efeito;

– sempre que o suprimento do vício envolva uma modificação subjectiva da instância, o juiz deverá limitar-se a advertir a parte (o autor ou o réu reconvinte) disso mesmo, convidando-a a promover a intervenção em juízo de terceiro(s), garantindo o respeito pelo litisconsórcio (até então) violado[289].

*

Proferido o despacho pré-saneador, em cumprimento do disposto no art. 508.º.1.a) do CPC, por o juiz ter considerado haver excepções dilatórias ou outros vícios susceptíveis de comprometerem a regularidade da instância, esgotou-se, a esse nível e por ora, a intervenção do juiz.

Na verdade, o processo deve *aguardar* as próprias consequências de tal despacho. Quer dizer, o despacho foi proferido tendo em vista a regularização da instância. Resta, pois, esperar que esse objectivo se realize. É que não basta a mera prolação do despacho. Como vimos, nem sempre a iniciativa do juiz garante a *imediata* regularização da instância, sendo ainda necessária uma concreta actuação das partes (ou de quem as represente) subsequente ao despacho. E se tal actuação não ocorrer, o vício persistirá[290].

De qualquer modo, a constatação judicial de que o vício foi ou não suprido, com as inerentes consequências, ficará, por regra, reservada para

---

[289] A respeito da impossibilidade de o juiz, oficiosamente, fazer intervir terceiros (como partes principais) em juízo, A. Abrantes Geraldes (*op. cit.*, Vol. II, p. 70), A. Montalvão Machado (*op. cit.*, ps. 248-249), J. Lebre de Freitas (*A acção declarativa ...*, p. 136), J. Pereira Batista (*op. cit.*, ps. 27-29, em nota de rodapé) e Paula Costa e Silva (*op. cit.*, ps. 216-217), esta em tom crítico. A solução legal decorre do sentido do princípio do dispositivo, na sua vertente da conformação subjectiva da instância, conforme assinala J. Lebre de Freitas (*Introdução* .... ps. 122, nota de rodapé n.º 9, 123 e 128-129). Atente-se no diferente regime previsto (e justificado pela especificidade da matéria) no art. 27.º.a) do novo código de processo do trabalho.

[290] A este propósito, cfr. J. Lebre de Freitas (*A acção declarativa ...*, ps. 135-136).

III. A fase do saneamento do processo após a vigência... 143

o momento em que for proferido o despacho saneador, nos termos do art. 510.º.1.a) do CPC[291].

Daí a afirmação de que o despacho pré-saneador *prepara* o despacho saneador.

*

Apesar de a lei não o referir, as diligências *supra* mencionadas deverão também realizar-se nos casos em que tenha aplicação o regime da revelia operante do réu[292].

Assim, quando o processo for concluso ao juiz, para os efeitos do art. 484.º.2 do CPC, este começará por verificar a regularidade da instância (cfr. o art. 660.º.1 do CPC). Detectada a violação de um pressuposto processual, e sendo sanável o vício, há-de cumprir-se o disposto nos arts. 265.º.2 e 508.º.1.a) do CPC.

Só então será proferida sentença, "julgando a causa conforme for de direito". Nessa situação, e sem embargo do previsto no art. 288.º.3 do CPC, a decisão versará sobre o mérito da causa, se o vício se mostrar sanado, ou será de absolvição do réu revel da instância[293].

---

[291] Sobre este ponto, cfr. A. Montalvão Machado/Paulo Pimenta (*O novo processo* ..., ps. 204-205).

[292] Neste sentido, J. Lebre de Freitas (*A acção declarativa* ..., p. 80). Cfr., também, Lopes do Rego (*op. cit.*, p. 323).

[293] Note-se que, em algumas circunstâncias, este procedimento pode implicar que a prolação da sentença fique mesmo prejudicada. Basta que pensemos na hipótese de, tratando-se de uma acção cujo objecto implique litisconsórcio necessário conjugal passivo (cfr. o art. 28.º-A.3 do CPC) ter sido proposta apenas contra um dos cônjuges, que a não contestou, entrando em regime de revelia operante. Perante isso, quando o processo for concluso ao juiz (cfr. o art. 484.º.2 do CPC), este deverá advertir o autor para o vício, e para este requerer a intervenção principal do outro cônjuge (cfr. os arts. 325.º e 265.º.2 do CPC). Citado esse cônjuge (e sanado o vício), ser-lhe-á permitido apresentar contestação. Se o fizer, a sua defesa aproveita ao primitivo réu, que, continuando revel, verá a sua revelia *transformar-se* em inoperante [cfr. o art. 485.a) do CPC]. Nesse caso, seguir-se-á a tramitação processual normal. Situação paralela ocorrerá se o segundo cônjuge tiver de ser citado editalmente e também não contestar, permanecendo em regime de revelia absoluta. Também aí passaremos a ter revelia inoperante [cfr. o art. 485.b) do CPC], e o processo seguirá o rito normal, com as especialidades fixadas nos arts. 508.º-A.1.e), 508.º-B.2 e 646.º.2.a) do CPC.

144   *Paulo Pimenta*

Para finalizar a análise do despacho pré-saneador proferido para o suprimento da falta de pressupostos processuais, importa determinar se tal despacho é passível de reacção.

Quando o juiz entenda que está violado determinado pressuposto processual susceptível de sanação, resulta da conjugação dos arts. 508.º.1.a) e 265.º.2 do CPC que é seu dever tomar as providências adequadas a tal sanação. Como vimos, uma vezes, essas diligências são assumidas, directamente, pelo próprio juiz, outras vezes, a parte é notificada para que diligencie nesse sentido. Em qualquer das situações, o despacho judicial que reconhece a existência de um determinado vício (e desencadeia os mecanismos tendentes ao seu suprimento) deve ser notificado às partes, em cumprimento do princípio do contraditório[294].

Perante esta situação, cabe perguntar se a parte (as mais das vezes o autor, por quase sempre lhe ser imputável o vício) em relação à qual o juiz apontou a inobservância de determinado pressuposto processual pode reagir contra o diagnóstico do juiz, em termos de afirmar que o vício não existe, o que tornará despiciendas as diligências encetadas ou ordenadas pelo juiz. Esta pergunta justifica-se, desde logo, porque o n.º 6 do art. 508.º do CPC estabelece que não cabe recurso do despacho pré-saneador que convide ao suprimento de irregularidades ou de insuficiências dos articulados. A redacção deste preceito parece apontar para os outros dois casos de prolação do despacho pré-saneador, indicados nos n.os 2 e 3 do art. 508.º do CPC, em desenvolvimento da alínea b) do respectivo n.º 1, matéria que trataremos adiante. Nessa medida, à primeira vista, dir-se-á que o referido art. 508.º.6 do CPC não exclui o recurso do despacho pré-saneador proferido nos termos da alínea a) do n.º 1 do art. 508.º e do n.º 2 do art. 265.º do CPC.

Por outras palavras, parecerá que o despacho proferido com vista ao suprimento da falta de pressupostos processuais é recorrível, nos termos gerais[295]. Será assim mesmo?

---

[294] Assim o impõe o art. 3.º do CPC, pois é indispensável que as partes sejam informadas do rumo do processo, aspecto que, lamentavelmente, nem sempre é cumprido na prática forense.

[295] Neste sentido parece pronunciar-se Paula Costa e Silva (*op. cit.*, p. 220). Registe-se, no entanto, que a afirmação desta autora é feita a propósito de uma situação concreta – a notificação ao autor para promover a intervenção de um litisconsorte. Supomos que manterá esse raciocínio para os demais casos.

III. A fase do saneamento do processo após a vigência... 145

Antes de mais, a resposta a esta questão implica que distingamos os casos em que as medidas tendentes à sanação dos pretensos vícios são praticadas, directamente, pelo juiz, e os casos em que tal sanação depende da parte, a quem cabe assumir certa conduta.

Começando por estes últimos – em que a sanação supõe a "mediação" da parte –, temos como certo que não faz sentido interpor recurso do despacho pré-saneador que interpelou a parte, alertando-a para a conveniência de assumir certa conduta (sob pena de permanecer violado um pressuposto processual). Quando a parte reconheça que o vício existe, é de seu interesse corresponder à advertência judicial, actuando em conformidade, o que afasta a perspectiva do recurso e supera a questão. Nos casos em que a parte entenda que o diagnóstico do juiz é errado, isto é, que não há qualquer violação dos pressupostos processuais, basta-lhe nada fazer, basta-lhe não providenciar nos termos fixados no despacho pré-saneador. E o que resultará dessa sua omissão? Conforme dissemos, proferido o despacho pré-saneador, em cumprimento do disposto no art. 508.º.1.a) do CPC, o processo deve *aguardar* os próprios efeitos desse despacho, ficando reservada para o despacho saneador a apreciação acerca da sanação (ou não) do vício processual apontado naquele despacho pré-saneador [cfr. o art. 510.º.1.a) do CPC].

No caso que vínhamos imaginando, entendendo não haver vício algum que carecesse de suprimento, a parte nada fez, não acatou a advertência que lhe foi dirigida. Em consequência, atingido o despacho saneador, podemos ter dois cenários: – ou o juiz acaba por entender que, afinal, o pressuposto não está violado, e o problema deixa de existir; – ou o juiz mantém o seu entendimento inicial, hipótese em que o despacho saneador reconhecerá a persistência do pretenso vício e fixará as respectivas consequências processuais, desfavoráveis à parte[296].

Notificada desta decisão do juiz, contida no despacho saneador, agora sim, fará sentido a parte interpor o competente recurso, nos termos gerais. Só neste momento se dirá que temos uma decisão sobre a falta do pressuposto processual, decisão que se tornará vinculativa, se não for impugnada. A anterior decisão do juiz, vertida no despacho pré-saneador, tinha natureza provisória, desempenhando uma função instrumental

---

[296] O efeito normal será a abstenção do conhecimento do mérito da causa e a absolvição do réu da instância, nos termos do art. 28.º.1 do CPC, sem prejuízo do n.º 3 do mesmo preceito.

em relação ao despacho previsto no art. 510.º do CPC, do qual caberá recurso.

Nos casos em que a sanação do pretenso vício processual é desencadeada, directamente, pelo juiz, embora a questão se apresente com contornos distintos[297], entendemos, ainda assim, que não se justifica antecipar a reacção da parte contra o entendimento do juiz acerca da violação dos pressupostos processuais. É que, mesmo nestas situações, a circunstância de o juiz, por si próprio, determinar certas diligências, não significa que o pretenso vício seja suprido. Aliás, se o vício não existir, o mais normal será o despacho pré-saneador não ter eco nos seus destinatários, o que implica a manutenção do quadro com que se defrontou o juiz. Nesses casos, atingido o despacho saneador, o juiz irá (se mantiver o raciocínio) decretar a persistência do vício, com as legais consequências. Desta decisão poderá a parte interpor o competente recurso, atenta, mais uma vez, a provisoriedade do respectivo despacho pré-saneador[298].

Em face do exposto, apesar da inexistência de uma restrição legal expressa, entendemos que o despacho pré-saneador proferido para os efeitos dos arts. 508.º.1.a) e 265.º.2 do CPC não admite recurso, por ter carácter provisório, sempre se lhe seguindo outro – o despacho saneador –, o qual será recorrível, nos termos gerais[299].

---

[297] Recorde-se que são situações em que, por exemplo, o juiz pode, *sponte sua*, chamar para juízo os pais de alguma das partes (por entender que há incapacidade judiciária) ou pode fazer intervir a administração principal (por considerar que, naquele processo, a sucursal não goza de personalidade judiciária).

[298] Admitimos que, em casos residuais, aconteçam situações insólitas. Imaginemos que o juiz considera que o réu (que havia contestado) é destituído de capacidade judiciária, ordenando, pois, a citação dos seus legais representantes (cfr. o art. 24.º do CPC), os quais, ao abrigo do art. 23.º.2 do CPC, não ratificam os actos do *incapaz* e apresentam nova contestação. Neste contexto, se o réu for mesmo capaz, tanto ele, como o autor, poderão reagir contra a decisão do juiz (a proferir no despacho saneador) que admitir a *nova* contestação oferecida pelos pretensos legais representantes do réu, servindo tal recurso para discutir também se o réu é ou não incapaz. Mesmo aqui, apesar de tudo, o primeiro despacho (pré-saneador) revela-se provisório, não se justificando recorrer dele.

[299] Acresce que o eventual recurso deste despacho pré-saneador – recurso de agravo (cfr. o art. 733.º do CPC) – seria de duvidosa eficácia, pois, ainda que subisse imediatamente (cfr. o art. 734.º.2), tal subida seria em separado (cfr. o art. 737.º do CPC) e sem efeito suspensivo (cfr. o art. 740.º do CPC *a contrario*).

4.3. O despacho pré-saneador e os articulados irregulares

De acordo com as disposições conjugadas da alínea b) do n.º 1 e do n.º 2 do art. 508.º do CPC, o segundo caso de prolação do despacho pré-saneador respeita aos articulados irregulares, isto é, àqueles que careçam de requisitos legais indispensáveis e àqueles que não tenham sido acompanhados de documentos essenciais ou de que a lei faça depender o prosseguimento da causa[300].

Assim, os articulados irregulares encerram duas categorias: os irregulares propriamente ditos e os documentalmente insuficientes[301].

Concretizando, os articulados irregulares propriamente ditos são os carecidos de requisitos legais. São requisitos legais dos articulados, desde logo, aqueles cuja falta, se notada, implica a recusa do recebimento da petição inicial pela secretaria[302], designadamente, a identificação das partes, a indicação do valor da causa e a assinatura da peça (cfr. o art. 474.º do CPC)[303]. São, igualmente, entre outros, requisitos legais dos articulados a articulação da matéria de facto (cfr. o art. 151.º do CPC), a discriminação das excepções deduzidas (cfr. o art. 488.º *in fine* do CPC), a dedução discriminada da reconvenção (cfr. o art. 501.º.1 do CPC), a indicação do valor da reconvenção (cfr. o art. 501.º.2 do CPC), bem como a

---

[300] A previsão de um despacho judicial com este alcance não é inteira novidade. Com efeito, o art. 477.º.1 do código anterior previa a prolação de despacho liminar perante a chamada petição irregular, convidando o autor a aperfeiçoar a petição, quando esta não pudesse ser recebida "por falta de requisitos legais ou por não vir acompanhada de determinados documentos". Sucede que, agora, o despacho é proferido no fim da fase dos articulados, incidindo sobre todas as peças oferecidas, e não apenas sobre a petição.

[301] Estamos a usar a terminologia de A. Montalvão Machado/Paulo Pimenta (*O novo processo...*, ps. 193-194).

[302] Ou a não admissão da peça à distribuição (cfr. o art. 213.º do CPC).

[303] Note-se que o art. 474.º do CPC foi um dos alterados pelo aludido DL n.º 183/2000, de 10.08. Com uma referência mais pormenorizada aos requisitos externos da petição inicial, cfr. A. Abrantes Geraldes (*op. cit.*, Vol. I, ps. 213 e ss.), sendo que alguns dos aí indicados não são motivo de recusa da peça pela secretaria judicial, como é o caso da falta dos duplicados legais (cfr. o art. 152.º do CPC). A propósito do recebimento das peças processuais pela secretaria, o disposto no art. 474.º do CPC será de aplicar, com as devidas adaptações, aos restantes articulados. Neste sentido, A. Montalvão Machado/ /Paulo Pimenta (*O novo processo...*, p. 137, nota de rodapé n.º 313) e M. Teixeira de Sousa (*Estudos sobre o novo ...*, ps. 286 e 296-297).

148   *Paulo Pimenta*

exposição das razões de direito que fundamentam a acção ou a defesa [cfr. os arts. 467.º.1.c) e 488.º do CPC][304].

No que tange aos articulados irregulares documentalmente insuficientes, diremos que estes o podem ser por duas razões:

- por não terem sido instruídos com documentos indispensáveis para a prova dos factos em que assentam as pretensões formuladas pelas partes; ou
- por não estarem acompanhados de documentos que garantam a pendência da instância[305, 306].

Na primeira categoria, relativa aos documentos que a lei apelida de essenciais, serão de incluir não só os documentos cuja junção é exigida, expressamente, pela lei[307], mas também os documentos que são imprescindíveis à prova de um facto de que dependa o êxito da pretensão, quer esse facto "constitua situação jurídica (necessariamente) *precedente* daquela que a parte quer fazer valer", quer seja um facto "constitutivo da *própria* situação jurídica para a qual se pede tutela jurisdicional"[308], ou

---

[304] No que respeita à exposição das razões de direito, parece-nos que, na verdade, a sua omissão constitui uma irregularidade do articulado. Assim se pronunciou já J. Lebre de Freitas (*Introdução* ..., p. 104), embora, mais recentemente, este autor pareça ter assumido posição diferente (cfr. *A acção declarativa* ..., p. 137, nota de rodapé n.º 10). Por sua vez, A. Abrantes Geraldes (*op. cit.*, Vol. II, p. 76) entende que só haverá efectiva irregularidade "em situações cuja configuração seja difícil", critério que, salvo o devido respeito, não nos parece adequado, pela sua imprecisão.

[305] De que é exemplo a certidão demonstrativa do registo das acções a que alude o art. 3.º do código do registo predial.

[306] Conforme resulta do que já ficou dito, acerca dos arts. 508.º.1.a) e 265.º.2 do CPC, a notificação à parte para juntar aos autos a procuração forense do mandatário (cfr. o art. 40.º.1 do CPC) é feita, justamente, ao abrigo daqueles preceitos. Em sentido diferente, Paula Costa e Silva (*op. cit.*, p. 225), que considera tal procuração um documento "de que a lei faz depender o prosseguimento da causa", subsumindo, então, tal hipótese no art. 508.º.2 do CPC.

[307] Cfr. os exemplos adiantados por J. Lebre de Freitas (*A acção declarativa* ..., p. 139), se bem que respeitando a acções que observam forma especial e muitas delas prevendo despacho liminar.

[308] Aproveitámos a terminologia usada por J. Lebre de Freitas (*A acção declarativa* ..., ps. 140-141).

III. A fase do saneamento do processo após a vigência... 149

seja, quando esse facto é (ou integra) a causa de pedir ou a excepção deduzida[309].

Tratando-se, como se trata, de documentos cuja junção é indispensável para a prova de factos em que, directa ou indirectamente, assentam (e de que dependem absolutamente) as pretensões deduzidas, é óbvio que não fará sentido deixar uma acção prosseguir a sua marcha sem nos assegurarmos de que tal documento existe e está junto aos autos. Daí o despacho convidando a parte a proceder à junção de tal documento. Se assim acontecer, a acção observará a tramitação normal e terá o desfecho que vier a impor-se. Caso contrário, a falta do documento equivalerá à impossibilidade de prova do facto em causa, com a eventual improcedência da pretensão respectiva, o que será decidido no despacho saneador, como veremos[310,311].

Atente-se que o regime do art. 508.º.2 do CPC, quanto aos documentos essenciais, não colide com o fixado no art. 523.º do CPC, que fixa o momento da apresentação de documentos. E não colide porque o art. 508.º.2 só respeita aos documentos *verdadeiramente essenciais* para a procedência das pretensões, enquanto o art. 523.º se refere a todos os demais documentos. Até porque estes últimos podem ser *substituídos* por outros meios de prova, ou, ainda que juntos ao processo, não são, por si, determinantes para o desfecho da lide, não são imprescindíveis para tal[312].

---

[309] Assim, são documentos essenciais a certidão de casamento (numa acção de alimentos entre cônjuges), a certidão de nascimento ou o testamento (numa acção de petição de herança), o contrato de arrendamento (numa acção de despejo), o contrato-promessa (numa acção de execução específica), a escritura pública (numa acção de preferência).

[310] Devemos ter presente o regime fixado na lei civil acerca da prova documental. Como se sabe, quando o documento exigido constitui uma formalidade *ad substantiam*, não poderá o mesmo ser substituído por outro meio de prova (cfr. os arts. 364.º.1 e 223.º do CC), com as consequências respectivas, ao nível da prova e, por inerência, da pretensão deduzida. Sem embargo, atente-se na especialidade do documento exigido apenas *ad probationem* (cfr. o art. 364.º.2 do CC). A propósito da prova documental, cfr. M. Teixeira de Sousa (*As partes* ..., ps. 243 e ss.). Cfr., ainda, J. Lebre de Freitas (*A acção declarativa* ..., ps. 161-162).

[311] Note-se que J. Lebre de Freitas (*A acção declarativa* ..., p. 141) exclui do campo de aplicação do art. 508.º.2 do CPC os casos em que "o documento prova facto constitutivo da *própria* situação jurídica para a qual se pede a tutela jurisdicional", admitindo que o documento possa ser apresentado mais tarde, até ao encerramento da discussão em primeira instância, nos termos do art. 523.º.2 do CPC. Salvo o devido respeito, entendemos que, embora sejam realidades distintas, não se justifica discriminar o facto em causa, sujeitando a falta do documento a diverso regime, conforme esse facto seja consti-

A segunda categoria, referente aos documentos de que a lei faz depender o prosseguimento da causa, diz respeito a casos em que a acção (ou reconvenção) está sujeita a registo[313]. Quando assim for, a acção não poderá prosseguir enquanto não se mostre efectuada essa inscrição na conservatória competente[314].

Em face disso, há-de a parte ser convidada a providenciar nesse sentido, juntando aos autos a certidão correspondente, sob pena de a acção não poder prosseguir[315].

*

Detectando o juiz alguma das sobreditas irregularidades dos articulados, o despacho pré-saneador será de convite à parte responsável pela falta para providenciar pela sua sanação, nos termos do disposto no art. 508.º.2 do CPC, fixando-se prazo para o efeito. Se o convite for satisfeito, a irregularidade será ultrapassada, e a instância poderá prosseguir com normalidade.

Nos casos em que a irregularidade persista, a consequência disso variará em função da parte a quem haja sido dirigido o convite, da concreta irregularidade e do próprio articulado a que respeite. Não há, pois, uma consequência única e pré-definida, tudo dependendo da situação em apreço[316]. Ainda assim, será possível elencarmos aqui algumas dessas

---

tutivo da própria situação jurídica *sub judice* ou apenas de situação (necessariamente) precedente dela. É que, segundo cremos, o desfecho da lide, num e noutro caso, será o mesmo. Aliás, supomos que a posição daquele ilustre autor é relativamente contrariada pelo teor da segunda parte da nota de rodapé n.º 21 da página *supra* indicada. No sentido da posição por nós assumida, cfr. A. Abrantes Geraldes (*op. cit.*, Vol. II, p. 76).

[312] De resto, a função do art. 523.º do CPC é, essencialmente, pragmática pois visa assegurar *ordem* no processo e garantir que, neste âmbito, o contraditório se cumpra logo nos articulados [cfr., a propósito, os arts. 517.º, 526.º e 651.º1.b) e 3 do CPC].

[313] A este propósito, cfr. o art. 2.º.1 do código do registo predial, o art. 11.º.1 do código do registo dos bens móveis e o art. 9.º do código do registo comercial.

[314] Cfr. o art. 3.º.2 do código do registo predial, o art. 12.º.2 do código do registo dos bens móveis e o art. 15.º.4.º do código do registo comercial.

[315] Note-se que, tratando-se de registo da reconvenção, a consequência para a omissão será a absolvição da instância do reconvindo, solução que se justifica pela especificidade da situação (cfr. o art. 501.º.3 do CPC).

[316] Neste sentido, A. Montalvão Machado/Paulo Pimenta (*O novo processo ...*, ps. 194-195) e Paula Costa e Silva (*op. cit.*, p. 225).

III. A fase do saneamento do processo após a vigência... 151

possíveis consequências, face a determinadas irregularidades dos articulados.

Começando pela petição inicial, a inobservância dos requisitos legais (sobremaneira os verificáveis pela secretaria judicial) implicará a nulidade da peça, que não poderá ser atendida, acabando por inquinar (tornando nulo) todo o processo, impondo-se seja julgada extinta a instância [cfr. o art. 287.º.a) do CPC][317]. Se a irregularidade da petição inicial derivar da falta de documento essencial para a prova de certo facto fundamental, a consequência será a impossibilidade de o tribunal dar esse facto como provado, o que conduzirá ao insucesso da pretensão[318]. Quando a irregularidade respeite à falta de documento que garanta o prosseguimento da causa, o que acontece é que a causa não prossegue mesmo, ficando suspensa, nos termos do art. 276.º.1.d) do CPC, com a possibilidade de a instância vir a interromper-se (cfr. o art. 285.º do CPC) e, mais tarde, a extinguir-se (cfr. o art. 291.º.1 do CPC).

Tratando-se de uma contestação irregular, os efeitos dessa irregularidade podem atingir toda a peça, o que acontecerá, em regra, com o desrespeito pelos requisitos legais relativos a esse articulado, bem como podem tais efeitos limitar-se à matéria defensional deixando incólume a matéria reconvencional, ou *vice-versa*.

Na primeira situação, a contestação (toda ela) não poderá ser atendida e, por via disso, o réu ter-se-á como revel, com os efeitos próprios[319].

Nos restantes casos, o vício produzirá efeitos mais restritos. Assim, poderão não ser consideradas eventuais excepções que não tenham sido deduzidas especificadamente (cfr. o art. 488.º do CPC), poderá não prosseguir a instância reconvencional, quando não se mostre registada a reconvenção, absolvendo-se o reconvindo daquela instância (cfr. o art. 501.º.3 do CPC), e poderá não ser dado como provado determinado facto, por falta de junção do respectivo documento (essencial), o que será

---

[317] Neste sentido, A. Abrantes Geraldes (*op. cit.*, Vol. II, p. 87) e J. Lebre de Freitas (*A acção declarativa* ..., p. 142).

[318] Cfr. a advertência de J. Lebre de Freitas (*A acção declarativa* ..., p. 143, nota de rodapé n.º 27), admitindo que, pontualmente, a solução possa vir a ser outra.

[319] O regime será o da revelia relativa, pois que, ainda assim, o réu actuou em juízo. Neste sentido, J. Lebre de Freitas (*A acção declarativa* ..., p. 142, nota de rodapé n.º 26)

de molde a *prejudicar* a defesa ou a conduzir à improcedência do pedido reconvencional[320,321].

No que tange aos articulados eventuais deduzidos no processo, o efeito do não suprimento das suas irregularidades, deverá determinar-se tendo em conta o seu próprio âmbito e o regime fixado no art. 505.º do CPC[322].

Atente-se que a verificação judicial acerca da suprimento das irregularidades detectadas é reservada, por regra, para o despacho saneador, ocasião em que, persistindo os vícios, serão fixadas as concretas consequências processuais[323,324].

Tal como se referiu a propósito da violação dos pressupostos processuais, importa registar que as medidas tomadas com vista à superação da irregularidade dos articulados serão de observar mesmo nos casos de revelia operante do réu[325].

---

[320] A este propósito, cfr. A. Montalvão Machado/Paulo Pimenta (*O novo processo...*, p. 195).

[321] Como já dissemos, a não exposição das razões de direito [cfr. os arts. 467.º.1.c), 488.º do CPC] constitui uma irregularidade do articulado respectivo, o que será motivo de prolação de despacho pré-saneador, nos termos do art. 508.º.2 do CPC. Se a omissão não for suprida, a consequência não há-de nenhuma das já indicadas mas a sugerida por J. Lebre de Freitas (*Introdução* ..., p. 104), isto é, a inaplicabilidade do princípio do contraditório no plano do direito. Por outras palavras, o juiz poderá vir a julgar a causa segundo o enquadramento jurídico que tiver por adequado, sem necessidade de *ouvir* a parte que cometeu a irregularidade acerca desse mesmo enquadramento. Para mais desenvolvimentos, cfr. J. Lebre de Freitas (*Introdução* ..., ps. 103-105).

[322] A propósito, Lopes do Rego (*op. cit.*, p. 340).

[323] Neste sentido, J. Lebre de Freitas (*A acção declarativa* ..., p. 142), que ressalva o caso particular da suspensão da instância, a ser decretada logo que constatada a persistência da irregularidade (falta de registo).

[324] Salvo o devido respeito, não se nos afigura tecnicamente viável que os efeitos da persistência das irregularidades dos articulados possam ainda ser declarados no despacho pré-saneador, como refere M. Teixeira de Sousa (*Estudos sobre o novo* ..., ps. 303--304). É que, nesse momento, o despacho pré-saneador já se encontra proferido: – foi de convite ao aperfeiçoamento do articulado irregular. Agora, do que se trata é de verificar se o vício foi suprido ou não e respectivas consequências. Assim, parece-nos que tal verificação não será de incluir naquele despacho, já ultrapassado, mas sim no despacho subsequente, ou seja, no saneador.

[325] Neste sentido, J. Lebre de Freitas (*A acção declarativa* ..., p. 80, nota de rodapé n.º 23). Cfr., também, Lopes do Rego (*op. cit.*, p. 323).

III. A fase do saneamento do processo após a vigência... 153

Nessa conformidade, quando o processo lhe é concluso para proferir sentença, nos termos do art. 484.º.2 do CPC, o juiz deve fazer anteceder essa decisão de um despacho, emitido para os efeitos do art. 508.º.2 do CPC.

Assim, se a irregularidade detectada for sanada, deverá ser proferida sentença, "julgando a causa conforme for de direito". Caso contrário, deverá o juiz tirar as respectivas ilações, de acordo com os critérios que enunciámos há pouco, a propósito dos casos em que a irregularidade respeita à petição inicial.

*

Para terminarmos a referência ao despacho pré-saneador proferido para o suprimento das irregularidades dos articulados, registe-se que não cabe recurso do mesmo, tal como dispõe o n.º 6 do art. 508.º do CPC.

A solução legal assenta na consideração de que este despacho tem carácter provisório. Uma vez notificada a parte, o processo fica a aguardar a sua actuação, reservando-se para mais tarde (para o despacho saneador, normalmente) a verificação da sanação do vício. Quando o vício tenha sido sanado, o juiz declarará isso mesmo, estando o processo em condições de prosseguir. Nos casos em que o vício persista, o juiz fixará as consequências respectivas, nos termos já referidos. Deste último despacho é que caberá recurso[326,327].

---

[326] Com posição semelhante, J. Lebre de Freitas (*A acção declarativa* ..., ps. 141-142).

[327] Note-se que a solução do art. 508.º.6 do CPC tem ainda a virtude de resolver (da melhor forma) uma dúvida que existia no regime precedente. Tratava-se de saber se cabia recurso do antigo despacho liminar de convite ao aperfeiçoamento de petição uma irregular (cfr. o art. 477.º.1 do CPC de 1961). Nesse sentido se pronunciavam, entre outros, Anselmo de Castro (*op. cit.*, Vol. II, ps. 204-205) e Varela/Bezerra/Nora (*op. cit.*, p. 264, nota de rodapé n.º 2). Em sentido contrário, entre outros, orientavam-se E. Lopes Cardoso (*Código ... 1967*, ps. 318-319) e Rodrigues Bastos (*op. cit.*, Vol. III – 1972, p. 35). Dando nota desta questão, A. Abrantes Geraldes (*op. cit.*, Vol. I, p. 272, nota de rodapé n.º 511, e Vol. II, p. 85, nota de rodapé n.º 141).

4.4. O despacho pré-saneador e os articulados facticamente imperfeitos

A terceira hipótese de prolação do despacho pré-saneador tem em vista o aperfeiçoamento de articulados facticamente imperfeitos. De acordo com o estatuído no art. 508.º.3 do CPC, na sequência da alínea b) do n.º 1 do mesmo preceito, o despacho pré-saneador serve também para convidar as partes a suprirem as insuficiências ou imprecisões na exposição ou concretização da matéria de facto vertida nos respectivos articulados, fixando-se prazo para tal.

Com a prolação do despacho pré-saneador, procura-se obter uma melhor definição dos contornos fácticos da questão submetida à apreciação do tribunal[328].

Nos seus articulados – espontaneamente oferecidos[329] –, as partes expuseram as razões de facto em que alicerçam as respectivas pretensões. Como se sabe, e de acordo com o disposto no art. 264.º.1 do CPC, incumbe às partes alegar os factos que integram a causa de pedir e aqueles em que se baseiam as excepções. Esta disposição consagra uma das mais elementares (e tradicionais) manifestações do princípio do dispositivo. Daí deriva "o domínio das partes sobre os factos a alegar"[330] ou "a liberdade de alegar os factos destinados a constituir fundamento da decisão"[331].

---

[328] Também não é novidade a previsão de um despacho de convite ao aperfeiçoamento fáctico. O já referido art. 477.º.1 do código anterior previa a prolação de despacho liminar perante a chamada petição deficiente, convidando o autor a aperfeiçoar a petição, quando esta apresentasse irregularidades ou insuficiências susceptíveis de comprometer o êxito da acção. No entanto, actualmente, o despacho é proferido no fim da fase dos articulados, incidindo sobre todas as peças oferecidas, e não apenas sobre a petição. Acresce que, como veremos, a motivação do convite fixado no art. 508.º.3 do CPC tem um sentido mais amplo. Quer dizer, o despacho será de proferir com vista a melhorar a exposição fáctica do litígio, mesmo que a alegação fáctica original possa não fazer perigar (necessariamente) a viabilidade da pretensão deduzida (pelo autor ou pelo réu).

[329] Tanto os articulados normais (petição e contestação) como os eventuais (réplica e tréplica).

[330] Cfr. M. Teixeira de Sousa (*Estudos sobre o novo* ..., p. 69).

[331] Cfr. J. Lebre de Freitas (*Introdução* ..., p. 123). Note-se que este autor apelida esta liberdade de alegação fáctica de princípio da controvérsia (conjugando-a com a liberdade de acordar em dar certos factos como assentes e com a própria iniciativa de prova quanto aos factos controvertidos), sustentando que se trata de uma das facetas do princípio do dispositivo (*Introdução* ..., ps. 123-123 e 130-131).

III. A fase do saneamento do processo após a vigência...   155

Em cumprimento desse ónus de alegação, era suposto – no interesse dos próprios litigantes, e com vista à justa composição do litígio, em termos materiais – que tal exposição fosse rigorosa, de modo a que a versão fáctica constante dos autos correspondesse o mais possível (se não completamente) à situação real vivida pelos litigantes[332].

Só assim poderemos aspirar a que a decisão a proferir no processo resolva, material e efectivamente, a questão que dividia as partes. Só assim evitaremos ter dois quadros fácticos, não coincidentes: – o verdadeiro (real); – o *desenhado* em juízo.

Caso contrário, isto é, não havendo paralelismo entre esses dois quadros fácticos, e uma vez que a sentença toma por referência os elementos fácticos vertidos no processo (cfr. o art. 664.º do CPC), a decisão final, embora correcta face aos autos, não o será perante a realidade – na qual se movimentavam e à qual regressam os litigantes.

Nessa conformidade, a postura do juiz da causa, à luz do actual processo civil, não há-de ser já passiva, meramente circunscrita às "pistas" fornecidas pelas partes, mas sim activa, advertindo-as para a conveniência de colmatar as insuficiências ou imprecisões fácticas detectadas nas respectivas peças, contribuindo, decisivamente, para a adequação da sentença final à verdade. Dar-se-á, assim, um importante contributo para realizar, nas palavras de M. Teixeira de Sousa, a legitimação externa da decisão, pela correspondência (ou adequação, diremos nós) da sentença à realidade extraprocessual[333].

A prolação do despacho pré-saneador, para os fins indicados no art. 508.º.3 do CPC, expressará o correcto cumprimento do dever de cooperação pelo tribunal (cfr. o art. 266.º do CPC)[334].

Face ao teor do n.º 3 do art. 508.º do CPC, o convite expresso neste despacho é, então, para completar insuficiências ou corrigir imprecisões fácticas[335].

---

[332] Sobre este ponto, cfr. A. Abrantes Geraldes (*op. cit.*, Vol. I, ps. 61 e 189-191).

[333] M. Teixeira de Sousa (*Estudos sobre o novo ...*, ps. 60-61).

[334] Mais adiante, quando ponderarmos sobre o carácter vinculado ou não do despacho pré-saneador (em todas as suas vertentes), dedicaremos maior atenção à articulação entre este despacho e o princípio da cooperação. Saliente-se, por ora, que este é um dos princípios em que mais esperanças devemos depositar, em prol de um novo processo civil. A propósito do relevo do princípio cfr. J. Lebre de Freitas (*Introdução ...*, ps. 149-153) e M. Teixeira de Sousa (*Estudos sobre o novo ...*, ps. 58-69).

[335] No entender de J. Lebre de Freitas (*A acção declarativa ...*, p. 137, nota de rodapé n.º 10), o despacho pré-saneador em apreço será de proferir também quando

Assim, os articulados imperfeitos sê-lo-ão a dois títulos, isto é, por facticamente insuficientes ou por facticamente imprecisos[336].

Articulados facticamente insuficientes (incompletos) são aqueles em que a exposição fáctica, permitindo embora determinar ou descortinar a causa de pedir ou a excepção invocada, não se revela suficiente ou bastante para o preenchimento da figura em causa, isto é, não contém todos os factos necessários para que possa operar-se a subsunção na previsão da norma jurídica (ou normas jurídicas) de que a parte quer prevalecer-se[337]. Nessa situação, o juiz profere o despacho de convite ao aperfeiçoamento, por entender que, na sua alegação, a parte omitiu factos que era suposto ter articulado, face à estratégia processual por si assumida.

Teremos articulados facticamente imprecisos (inexactos ou inconcretos) quando a narração dos pontos de facto aí vertidos suscita dúvidas, seja porque não é clara ou não é precisa, seja porque é vaga ou é obscura[338], seja porque é ambígua ou incoerente[339]. O mesmo se dirá das peças cujo teor é conclusivo, quer porque se omitiram os concretos factos que sustentam as conclusões, quer porque a parte reproduziu a fórmula legal invocada[340].

Neste âmbito, importa atentar que o convite ao aperfeiçoamento dos articulados supõe, digamos, um *limite fáctico mínimo*, aquém do qual não é possível diligenciar no sentido desse aperfeiçoamento.

Com efeito, e quanto ao autor, é imprescindível que os seus articulados revelem (individualizem) a causa de pedir em que se baseia a sua pretensão. Se faltar a causa de pedir, a petição será inepta, o mesmo sucedendo se tal causa de pedir for ininteligível [cfr. o art. 193.º.2.a) do CPC], gerando até uma excepção dilatória e a consequente absolvição do réu da

---

houver deficiências na formulação do pedido (desde que isso não gere ineptidão), orientação que subscrevemos. Opinião distinta tem A. Abrantes Geraldes (*op. cit.*, Vol. II, p. 76), referindo tratar-se de uma irregularidade do articulado, subsumível no n.º 2 do art. 508.º do CPC.

[336] Neste ponto, iremos aproveitar a terminologia usada por A. Montalvão Machado/Paulo Pimenta (*O novo processo...*, p. 197).

[337] Neste sentido, J. Lebre de Freitas (*A acção declarativa ...*, p. 123).

[338] Cfr. A. Montalvão Machado (*op. cit.*, ps. 256 e 268).

[339] Cfr. Lopes do Rego (*op. cit.*, p. 341).

[340] Cfr. A. Abrantes Geraldes (*op. cit.*, Vol. I, ps. 65-66, e Vol. II, p. 81) e J. Lebre de Freitas (*A acção declarativa ...*, p. 124).

III. A fase do saneamento do processo após a vigência... 157

instância [cfr. os arts. 193.º.1, 494.º.1.b) e 288.º.1.b) do CPC]. Num caso e noutro, não será possível colmatar o vício por via do convite[341].

É que este convite ao aperfeiçoamento procura completar o que é insuficiente ou corrigir o que é impreciso, na certeza de que a causa de pedir *está lá* (nos articulados) e é perceptível (inteligível). Apenas sucede que não foram alegados todos os elementos fácticos que a integram, ou foram-no em termos pouco precisos. Daí o convite ao aperfeiçoamento, destinado a completar ou a corrigir um quadro fáctico já traçado nos autos. Coisa diversa, e afastada do âmbito do art. 508.º.3 do CPC, seria permitir à parte, na sequência desse despacho, apresentar *ex novo* um quadro fáctico até então inexistente ou de todo imperceptível (o que, aqui, equivale ao mesmo)[342].

Quem propõe uma acção, deduzindo determinada pretensão, deve indicar a respectiva causa de pedir, ou seja, os factos constitutivos do direito que pretende fazer valer, os factos que individualizam a situação jurídica invocada[343]. Ora, a factualidade a alegar pode ser mais ou menos extensa, mais ou menos simples, conforme os elementos fácticos que compõem aquela causa de pedir.

Quando a causa de pedir é simples, integrada por um só facto[344], a omissão desse facto, nos articulados do autor, não poderá ser remediada através do despacho previsto no art. 508.º.3 do CPC. Do que se trata aí é de uma omissão total da causa de pedir, cujo suprimento implicaria uma verdadeira inovação fáctica, o que não é possível nesta fase do processo[345].

---

[341] Neste sentido, J. Lebre de Freitas (*A acção declarativa* ..., p. 124) e Lopes do Rego (*op. cit.*, p. 341).

[342] Esta perspectiva é, aliás, *confirmada* pelo n.º 5 do art. 508.º do CPC.

[343] Sobre este ponto, cfr. M. Teixeira de Sousa (*As partes* ..., ps. 122-125). Cfr., também, J. Lebre de Freitas (*A acção declarativa* ..., ps. 37-39, e *Introdução* ..., ps. 53-58), que, além do mais, recorda estar consagrada em Portugal a *teoria da substanciação*, a propósito da causa de pedir. Acerca da teoria da substanciação cfr. J. Alberto dos Reis (*CPC Anotado*, Vol. II, ps. 353-354), Manuel de Andrade (*Noções elementares* ..., ps. 319-320) e Varela/Bezerra/Nora (*op. cit.*, p. 711).

[344] Sem prejuízo, como alerta J. Lebre de Freitas (*Introdução* ..., p. 58, nota de rodapé n.º 51), de mesmo esse facto poder ser desdobrável em vários factos materiais concretos.

[345] Assim, A. Abrantes Geraldes (*op. cit.*, Vol. II, p. 79) e A. Montalvão Machado (*op. cit.*, ps. 266-267). Aliás, e como já se disse, tal omissão completa é geradora de ineptidão da petição inicial. Segundo a melhor doutrina, a ineptidão da petição (que ocorre nos casos indicados no art. 193.º.2 do CPC) constitui um vício insanável; neste sentido, desen-

Nos casos em que a causa de pedir é complexa, composta por diversos elementos, se nenhum deles foi alegado pelo autor, também não haverá causa de pedir, com as consequências que acabámos de apontar.

Se, em contrapartida, o autor alegou apenas alguns desses factos, omitindo os restantes, a questão está em saber se os elementos constantes dos autos permitem individualizar a causa de pedir. Em caso negativo, continuará a faltar a causa de pedir, não sendo de proferir o despacho pré-saneador. Em caso afirmativo, isto é, quando, apesar da insuficiência da alegação, for possível identificar a causa de pedir, justifica-se convidar o autor a aperfeiçoar os seus articulados, de modo a completar a sua alegação, fazendo chegar ao processo os factos omitidos e que era suposto ter alegado, face à previsão da norma jurídica de que pretende prevalecer-se.

São conhecidos os casos que podem justificar o despacho pré-saneador, neste contexto. Por exemplo, a acção de impugnação pauliana de um acto de alienação oneroso implica a verificação dos requisitos fixados nos arts. 610.º e 612.º do CC. Para tal, é suposto que o autor alegue factos susceptíveis de preencherem a previsão normativa correspondente. Ora, ainda que a alegação preencha os demais elementos, a omissão de alegação da má fé dos intervenientes no acto revela um articulado facticamente imperfeito. Na verdade, a causa de pedir está individualizada. No entanto, a alegação do autor é insuficiente, pois não cobre todo o quadro fáctico de cuja verificação depende a procedência da acção. Para evitar esse desfecho, era preciso que o autor invocasse factos materiais e concretos que permitissem a demonstração do requisito da má fé (cfr. o art. 612.º.2 do CC). Daí o convite ao aperfeiçoamento. Imaginemos, agora, uma acção de denúncia do contrato de arrendamento com fundamento na necessidade do prédio da habitação do senhorio-autor. O exercício deste direito supõe a verificação dos requisitos fixados no art. 71.º do Regime do Arrendamento Urbano (RAU). Assim, se o autor não alegar que é proprietário do locado há mais de cinco anos ou, então, que o adquiriu por sucessão, estamos perante um articulado facticamente imperfeito. Apesar de o autor invocar os restantes requisitos de que depende a denúncia do contrato (invocação que permitirá determinar a causa de pedir), o certo é que tal alegação é imperfeita, pois não preenche todo o quadro fáctico de

---

volvidamente, A. Montalvão Machado (*op. cit.*, ps. 261-274). Cfr., ainda, A. Abrantes Geraldes (*op. cit.*, Vol. I, p. 208, e Vol. II, ps. 64-65) e J. Lebre de Freitas (*A acção declarativa ...*, p. 43). Sobre os dois casos, excepcionais, de possível sanação da ineptidão, cfr. A. Montalvão Machado/Paulo Pimenta (*O novo processo...*, p. 111).

III. A fase do saneamento do processo após a vigência...   159

que depende a procedência da acção. Com efeito, essa procedência implica que, além dos restantes requisitos, a alegação respeite à circunstância indicada no art. 71.º.1.b) do RAU[346]. Daí o convite ao aperfeiçoamento.

Neste ponto, o problema estará em determinar se a detectada insuficiência de alegação fará a petição inicial *resvalar* para a ineptidão ou se o articulado deve ser tido apenas como facticamente imperfeito[347]. Sem prejuízo de poder antecipar-se, genericamente, um ou outro critério a utilizar em juízo, a resposta sempre dependerá dos contornos da acção em concreto[348].

Por outro lado, quando a alegação fáctica vertida nos articulados do autor permitir individualizar e preencher a causa de pedir, mas se apresentar em termos imprecisos ou inconcretos, será de proferir o despacho pré-saneador regulado no art. 508.º.3 do CPC, convidando o autor a vir corrigir os seus articulados, precisando ou concretizando as afirmações originárias.

Tendo em consideração os exemplos acabados de referir, no caso da acção de impugnação pauliana, para os efeitos da alínea a) do art. 610.º do CC, justifica-se convidar o autor a indicar a data da constituição do seu crédito, quando isso não resulte da sua alegação. No caso da acção de denúncia do contrato de arrendamento, embora invocada a "necessi-

---

[346] Consideremos outro exemplo: – na acção de divórcio litigioso proposta com fundamento na violação de certo dever conjugal (cfr. os arts. 1672.º e 1779.º do CC), a procedência da acção supõe mais do que a demonstração da efectiva violação do dever conjugal (com base nos factos alegados). Além disso, é preciso que "a violação, pela sua gravidade ou reiteração, comprometa a possibilidade da vida em comum" (cfr. o art. 1779.º.1 *in fine* do CC). Logo, ao autor compete alegar também matéria que corresponda a este aspecto da previsão normativa, sob pena de não obter o divórcio. Quando se limite a invocar a violação do dever conjugal, certo é que a causa de pedir está individualizada, porém, a alegação é insuficiente. Portanto, a manter-se esse quadro fáctico insuficiente, esta acção improcederá. Note-se que, embora a esta acção corresponda forma especial de processo, havendo contestação, a sua tramitação seguirá os termos do processo comum ordinário (cfr. os arts. 1407.º e 1408.º do CPC).

[347] A propósito, cfr. J. Lebre de Freitas (*A confissão* ..., p. 41, e *Introdução* ..., p. 57, nota de rodapé n.º 49).

[348] Dando conta dessa dificuldade, cfr. A. Abrantes Geraldes (*op. cit.*, Vol. I, p. 208, e Vol. II, p. 80). Este autor refere mesmo alguns casos que, em seu entender, serão de ineptidão (*op. cit.*, Vol. I, p. 210) e outros que serão de mera imperfeição fáctica (*op. cit.*, Vol. I, p. 66). A *proximidade* entre algumas das situações aí apresentadas mais não confirma do que a dificuldade a que aludimos, a este propósito.

160 Paulo Pimenta

dade" do locado para habitação do autor, a falta de concretização ou configuração desse requisito motiva o convite ao aperfeiçoamento respectivo[349].

Finalmente, quando os articulados do autor contêm afirmações que reproduzem a fórmula legal invocada ou têm mera significação técnico--jurídica, importa apurar se a alegação contida nas peças processuais se circunscreve a tais afirmações ou se as mesmas surgem acompanhas de outras, essas sim, de verdadeiro conteúdo fáctico.

No primeiro caso, teremos de concluir pela ineptidão da petição, por falta de causa de pedir, com as inerentes consequências[350].

No segundo caso, e desde que, apesar da pouco hábil alegação, seja possível descortinar a causa de pedir, por terem sido alegados factos que a individualizem, justifica-se convidar o autor a aperfeiçoar a sua peça, de modo a que alegue factos que concretizem as afirmações de conteúdo jurídico (e conclusivo) exaradas inicialmente. Como exemplo desta situação, podemos referir o da acção de despejo proposta ao abrigo do disposto no art. 64.º.1.e) do RAU, alegando o autor que o réu alberga quatro "hóspedes", sem concretizar o conceito de hospedagem. Situação semelhante ocorrerá, numa acção de indemnização por responsabilidade civil decorrente de acidente de viação, quando o autor se limitar a alegar que determinado sujeito tinha a "direcção efectiva do veículo" causador do acidente (cfr. o do art. 503.º.1 do CC), ou que o veículo circulava a "velocidade excessiva", sem alegar factos que substanciem esses conceitos. O mesmo acontecerá se, numa acção de divórcio litigioso, o autor alegar que a ré violou o dever conjugal de fidelidade, por ter cometido "adultério", sem acompanhar essa alegação de factos que a concretizem.

Neste domínio, importa reforçar a ideia de que o convite ao aperfeiçoamento só faz sentido se, apesar de tudo, tiver sido alegada ma-

---

[349] No caso da acção de divórcio litigioso, justifica o convite ao aperfeiçoamento a simples alegação de que, em virtude da violação do dever conjugal, a possibilidade de vida em comum está comprometida, sem acompanhar essa afirmação de factos que permitam concluir nesse sentido. Por outro lado, é motivo de convite ao aperfeiçoamento do articulado, numa acção decorrente de acidente de viação, a afirmação de que o veículo circulava a velocidade superior à permitida, sem referir qual esse limite legal e qual a concreta velocidade a que seguia o veículo.

[350] Neste sentido, A. Abrantes Geraldes (*op. cit.*, Vol. I, ps. 65 e 210) e J. Lebre de Freitas (*A acção declarativa ...*, p. 124, nota de rodapé n.º 9).

III. A fase do saneamento do processo após a vigência... 161

téria de facto que, desde logo, permita a individualização da causa de pedir[351].

O que temos vindo a dizer reporta-se ao lado activo da relação processual, isto é, à causa de pedir, cuja invocação compete ao autor, de acordo com o ónus que sobre si impende[352].

Mas, como já se registou, igual tratamento há-de ser dispensado ao lado passivo, tendo em conta as excepções opostas pelo réu à acção contra si instaurada. Nessa conformidade, *mutatis mutandis*, aplicar-se-ão às excepções as considerações desenvolvidas a propósito da causa de pedir.

Assim, sempre que, perante os articulados do réu, se possa concluir que foi alegada uma determinada excepção, a qual se encontra individualizada nos autos, por terem sido invocados, ao menos, alguns do factos que a compõem, justifica-se seja o réu convidado a completar a sua defesa, alegando os demais factos omitidos, com vista à subsunção na norma jurídica de que o réu pretende prevalecer-se. Será, também, de proferir despacho de convite ao aperfeiçoamento do articulado da defesa quando se entenda que, embora individualizada a excepção, certos ponto de factos aí alegados carecem de concretização ou pormenorização. Será, ainda, de proferir tal despacho quando as peças da defesa contenham afirmações de cariz meramente técnico-jurídico, acompanhadas de outras de real conteúdo fáctico, desde que estas últimas garantam a individualização da excepção.

Fora das situações referidas, isto é, sempre que a excepção não esteja identificada, por carência de suporte fáctico, teremos um caso de nulidade da excepção, impeditiva da sua valoração nos autos[353].

A propósito desta matéria, podemos também idealizar situações de imperfeição fáctica justificativas do convite ao aperfeiçoamento.

Por exemplo, tendo sido demando para o cumprimento de determinado contrato, admitamos que o réu se defende, invocando a anulabilidade do negócio, com fundamento em "erro sobre os motivos", nos termos do disposto no n.º 1 do art. 252.º do CC. No entanto, não invoca que ele e o

---

[351] Fora desses casos, a imperfeição fáctica não poderá ser remediada. Neste sentido, J. Lebre de Freitas (*A acção declarativa ...*, p. 124).

[352] Sendo certo que valerá raciocínio semelhante em relação à causa de pedir reconvencional.

[353] Neste sentido, J. Lebre de Freitas (*A acção declarativa ...*, p. 124).

162   *Paulo Pimenta*

autor tinham reconhecido, por acordo, a essencialidade do motivo determinante da sua vontade. Neste caso, estamos perante a omissão de um elemento que integra a excepção peremptória deduzida. Ainda assim, tal excepção mostra-se individualizada. No entanto, a alegação não é suficiente. Logo, a manter-se o quadro fáctico alegado, a excepção improcederá, pois o seu efeito supõe a verificação do elemento omitido. Daí o convite ao aperfeiçoamento.

Imaginemos ainda que, numa acção de preferência (cfr. o art. 1410.º do CC), um dos réus invoca a caducidade do direito do autor, alegando que este já tem conhecimento do negócio "há muitos meses"[354]. Neste caso, dir-se-á que a excepção está, minimamente, substanciada. Porém, impõe-se que aquela alegação do réu seja concretizada ou pormenorizada, já que o elemento temporal é relevante para a decisão da excepção. Daí o convite ao aperfeiçoamento.

*

Apesar de o n.º 3 do art. 508.º do CPC indiciar que o convite ao aperfeiçoamento tem por objecto a *matéria de facto alegada* nos articulados, deverá entender-se que o despacho pré-saneador poderá dirigir-se não só à alegação dos factos (que fundam o pedido original, o reconvencional ou as excepções), mas também à impugnação deles.

Como se sabe, em processo civil, vigora o ónus de impugnação dos factos articulados pela contraparte, sob pena de, em regra, se considerarem admitidos por acordo os factos não impugnados (cfr. os arts. 490.º e 505.º do CPC).

Ora, pode bem acontecer que um litigante, ao "tomar posição definida" sobre matéria articulada pela parte contrária, o faça em termos insuficientes ou a imprecisos. Assim, embora não restem dúvidas de que, efectivamente, a parte pretendeu impugnar factos alegados nos autos, o certo é que a narração vertida no seu articulado ficou aquém do que seria de esperar, face à própria postura da parte impugnante.

Uma vez que pela prolação do despacho pré-saneador, nos termos do art. 508.º.3 do CPC, se pretende alcançar o aperfeiçoamento dos articulados, beneficiando o quadro fáctico da lide, não faz sentido limitar o aper-

---

[354] Atente-se no carácter controverso da legitimidade passiva nas acções de preferência. Dando nota disso, e defendendo o litisconsórcio necessário do alienante e do adquirente, M. Teixeira de Sousa (*Estudos sobre o novo ...*, ps. 157-158).

feiçoamento à concreta alegação dos factos, desconsiderando eventuais insuficiências ou imprecisões no modo como aquela alegação foi contrariada pela outra parte, tanto mais que essas insuficiências ou imprecisões poderão condicionar o desfecho da lide, em sentido diverso do real.

Estamos cientes de que será, porventura, mais pertinente providenciar pelo aperfeiçoamento de alegações fácticas que respeitem à causa de pedir e a excepções. Neste domínio, autor e réu estão submetidos ao ónus de alegação dos factos que lhes são favoráveis, sob pena de operarem as cominações correspondentes, quais sejam as de não proceder a acção ou a excepção, respectivamente[355].

No entanto, sobre o réu impende também o ónus de impugnação, como se referiu. E aqui a cominação será a admissão dos factos não impugnados. Para obviar a esse efeito, o réu há-de deduzir impugnação. Mas, tal impugnação só lhe aproveitará se for eficiente, isto é, se os respectivos argumentos forem vertidos na contestação sem insuficiências ou imprecisões. Uma das áreas em que essas insuficiências ou imprecisões poderão surgir é a da impugnação motivada[356], ou seja, quando o réu não só não aceita a versão fáctica invocada pelo autor, como apresenta a sua própria versão. Ora, se a narrativa que contém a contraversão do réu se mostrar deficiente, suscitar dúvidas ou tiver "lacunas ou saltos na sua exposição"[357], não se vê razão para deixar de convidar o réu a precisar ou concretizar a sua argumentação defensional. Dessa iniciativa só poderão resultar vantagens para o desenrolar da lide, no que respeita ao seu substrato fáctico[358].

---

[355] Atente-se que, normalmente, a esse ónus de alegação fáctica corresponde o ónus de prova dos factos alegados, impendendo ambos, em regra, sobre a mesma parte, conforme decorre do disposto no art. 342.º do CC. Sobre este ponto, cfr. M. Teixeira de Sousa (*Introdução* ..., ps. 49-50). Para maiores desenvolvimentos, cfr. Pedro Múrias (*op. cit.*, ps. 35 e ss., e 143 e ss.).

[356] Cfr. Manuel de Andrade (*Noções elementares* ..., p. 127).

[357] Expressões colhidas em M. Teixeira de Sousa (*Estudos sobre o novo* ..., p. 304).

[358] Até porque, na prática forense, em determinadas acções (*v. g.*, acções de efectivação de responsabilidade civil automóvel) os contornos de uma versão fáctica tornam-se mais evidentes por contraste ou confronto com a versão da outra parte. Sem embargo, naturalmente, de a prova a produzir ter, essencialmente, em conta os factos impugnados, e não tanto os que sustentam essa impugnação (cfr., a propósito, o art. 638.º.1 do CPC).

Portanto, o convite previsto no art. 508.º.3 do CPC deverá reportar-se às insuficiências ou imprecisões detectadas na matéria de facto vertida nos articulados, seja em sede de alegação, seja em sede de impugnação daquela[359].

*

Quando o juiz entenda, finda a fase dos articulados, que as peças escritas oferecidas pelas partes apresentam insuficiências ou imprecisões na exposição ou concretização da matéria de facto, será de proferir o despacho pré-saneador previsto no n.º 3 do art. 508.º do CPC, com vista ao aperfeiçoamento correspondente. Nesse despacho, o juiz deverá indicar os concretos pontos de facto (insuficientemente ou imprecisamente expostos) que, *na sua perspectiva*, carecem de ser completados ou corrigidos, fixando prazo para se proceder ao aperfeiçoamento do articulado original[360].

Sem grande desenvolvimento, por ora[361], deve registar-se que os articulados com que o juiz se depara, na fase do saneamento, têm o teor e o conteúdo que as partes, através dos respectivos mandatários, lhes conferiram. Numa palavra, essas peças denunciam a estratégia processual de cada um dos litigantes. Estratégia que, por princípio, há-de ter sido delineada de modo cuidado, ponderado e consciente, tendo em conta o objectivo das pretensões formuladas em juízo. Tanto mais que as partes estão patrocinadas por advogado[362].

---

[359] Neste sentido, A. Montalvão Machado (*op. cit.*, ps. 257-258) e A. Montalvão Machado/Paulo Pimenta (*O novo processo...*, ps. 196-197). Cfr., também, Lopes do Rego (*op. cit.*, p. 341).

[360] Ou articulados originais. Com efeito, o despacho pré-saneador incide, simultaneamente, sobre todas as peças escritas oferecidas pela partes, ao longo da primeira fase processual. Portanto, detectadas que sejam imperfeições fácticas, será proferido o despacho de convite ao aperfeiçoamento, o qual *atingirá* a peça ou as peças que apresentem essa imperfeições.

[361] Mais adiante, quando fizermos a apreciação do regime do despacho pré-saneador, retomaremos este ponto, a propósito da relevante questão dos limites da actuação do juiz, face à imparcialidade que deve nortear o seu desempenho, de um lado, e disponibilidade (pelas partes) do objecto da causa, de outro.

[362] Continuamos a trabalhar por referência ao processo ordinário. Ainda assim atente-se que, mesmo no processo sumário, a constituição de advogado é obrigatória

III. A fase do saneamento do processo após a vigência... 165

Nessa conformidade, a intervenção do juiz, apontando defeitos (insuficiências ou imprecisões) na narração dos factos, deve pautar-se por grande rigor e sobriedade. É que, como bem alerta A. Abrantes Geraldes[363], esta intervenção judicial prevista na lei não visa substituir o normal funcionamento do princípio do dispositivo.

Assim, não cabe ao juiz imiscuir-se nas opções assumidas pelas partes, nem lhe é lícito sugerir outras alternativas, ainda que, eventualmente, mais vantajosas. Essas decisões cabem, exclusivamente, às partes. Quer dizer, neste âmbito, a estratégia da parte baliza a intervenção do juiz. É dentro desses limites, e só dentro deles, que o juiz deve cuidar de verificar se a alegação fáctica apresenta insuficiências ou imprecisões, proferindo o dito despacho pré-saneador quando conclua haver imperfeições, e não o proferindo no caso contrário.

Por outras palavras, a causa de pedir da acção é aquela (e só aquela) que o autor tiver invocado, e não outra que ao juiz parecesse mais adequada à procedência da acção. Paralelamente, a excepção é a que o réu (bem ou mal) tenha decidido opor ao autor, e não outra qualquer. Por outro lado, os factos impugnados são só os que o réu refutou, e não quaisquer outros, ainda que ao juiz se afigure vantajosa para a defesa a impugnação de mais este ou aquele facto alegado pelo autor[364].

Acresce que este despacho de convite ao aperfeiçoamento deverá ser redigido em termos muito precisos e objectivos, de modo a que possa surtir efeito, isto é, de modo a que a parte sua destinatária o entenda, fique ciente das imperfeições detectadas pelo juiz e dos ajustamentos a que há-de proceder na narração fáctica[365].

Os n.os 4 e 5 do art. 508.º do CPC definem os parâmetros em que o aperfeiçoamento pode desenrolar-se.

Assim, querendo corresponder ao convite que lhe foi dirigido, a parte é admitida a apresentar um articulado destinado a colmatar as imper-

---

nas acções cujo valor exceda a alçada dos tribunais de 1ª instância [cfr. os arts. 32.º.1.a) e 678.º do CPC].

[363] A. Abrantes Geraldes (*op. cit.*, Vol. II, p. 83).

[364] Cfr. A. Montalvão Machado (*op. cit.*, p. 258). A este propósito, cfr. J. Lebre de Freitas (*Introdução* ..., ps 106, nota de rodapé n.º 32, e 152, nota de rodapé n.º 5), reconhecendo serem controvertidos os limites desta intervenção judicial, mas afirmando não caber ao juiz um papel assistencial ou de consultor jurídico das partes.

[365] Neste sentido, A. Abrantes Geraldes (*op. cit.*, Vol. II, p. 83).

feições fácticas para as quais o juiz a alertou. Tal articulado servirá, pois, para completar ou para corrigir o que fôra produzido originariamente (cfr. a parte final do n.º 3 do art. 508.º do CPC).

Uma vez que esta peça de aperfeiçoamento surge na sequência de uma interpelação do juiz, podemos designá-la por articulado judicialmente estimulado[366].

Este novo articulado terá a extensão e o desenvolvimento que forem aconselhados pela situação em concreto, em função, designadamente, da maior ou menor insuficiência ou imprecisão da alegação inicial[367]. Em certos casos, é possível que o aperfeiçoamento demande a elaboração integral de uma nova peça (*v. g.*, uma nova petição ou uma nova contestação) na qual, *aproveitando* embora alguma da alegação fáctica anterior, se reformule a exposição ou a concretização da matéria de facto primitivamente alegada. Nessas hipóteses, o articulado judicialmente estimulado como que *consume* (ou substitui) o espontaneamente apresentado. Noutros casos, a nova peça poderá ter um carácter mais *cirúrgico*, visando, somente, acrescentar um determinado ponto de facto, corrigir certa imperfeição expositiva, concretizar ou esclarecer uma afirmação. Aí, o teor da nova peça *acresce* ao dos articulados espontaneamente apresentados.

Sempre se dirá, todavia, que a versão fáctica da parte constitui um todo, que se determina pela conjugação das duas peças apresentadas, a original e a judicialmente estimulada.

Seja qual for o exacto conteúdo do articulado judicialmente estimulado, há-de proporcionar-se à parte contrária o exercício do contraditório (cfr. art. 508.º.4 do CPC), a qual poderá apresentar uma peça de resposta aos ajustamentos fácticos ali operados.

---

[366] Designação adiantada por A. Montalvão Machado/Paulo Pimenta (*O novo processo...*, ps. 120 e 196). Recentemente, J. Lebre de Freitas (*A acção declarativa ...*, ps. 121 e 123-125) incluiu esta espécie de articulado na categoria dos "articulados supervenientes" (cfr. os arts. 506.º e 507.º do CPC), enquadramento que, salvo o devido respeito, não nos parece adequado. Primeiro, porque os articulados supervenientes são portadores de factos supervenientes (objectiva ou subjectivamente), enquanto que o articulado judicialmente estimulado contém matéria não superveniente, matéria que só por imperfeição narrativa não consta já dos autos. Segundo, porque o articulado superveniente é oferecido espontaneamente, enquanto o outro supõe prévia advertência judicial.

[367] Neste sentido, A. Montalvão Machado (*op. cit.*, p. 276) J. Lebre de Freitas (*Revisão ...*, p. 479).

III. A fase do saneamento do processo após a vigência...

*

Por outro lado, de acordo com art. 508.º.5 do CPC, as alterações à matéria de facto, levadas a cabo nos articulados judicialmente estimulados, hão-de observar os limites definidos pelos arts. 273.º, 489.º e 490.º do mesmo diploma.

Conforme já foi referido, a intervenção do juiz, proferindo despacho de convite ao aperfeiçoamento do articulados, está sempre balizada pela matriz fáctica definida pelas partes, nas suas alegações originais. O que está em jogo, apenas e só, é completar ou corrigir o quadro fáctico vertido nos autos, não já ampliar, alterar ou substituir tal quadro. Menos ainda, criar, inovadoramente, um qualquer quadro fáctico.

Tal circunstância decorre, naturalmente, do princípio do dispositivo e das suas implicações ao nível da definição do objecto do processo, pois que pertence às partes o domínio sobre os factos a alegar[368]. Como se sabe, em processo civil, este domínio implica ónus e preclusões, embora o novo código de processo civil tenha introduzido certas atenuações a tal regime. Assim, as partes têm o ónus de alegar os factos que integram a causa de pedir e aqueles em que assentam as excepções (cfr. o art. 264.º.1 do CPC), alegação que deve cumprir-se nos articulados. Finda a apresentação dos articulados (normais e eventuais), dir-se-á, em tese geral, que se encontram estabelecidos os contornos fácticos essenciais da causa. Está definida a causa de pedir e estão arguidas as excepções que o réu opôs à acção.

A partir desse momento, mostra-se precludida a possibilidade de o autor *sair* da causa de pedir por si invocada, substituindo-a por outra, assim como não pode o réu lançar mão de novas excepções. O que se permite, isso sim, é *arranjar, retocar* (completando ou corrigindo) os factos originariamente alegados, em cumprimento daquele ónus.

Por isso, o autor não pode aproveitar o convite que lhe foi dirigido para introduzir alterações à causa de pedir ou ao pedido que, originariamente, manifestou no processo. Nem, tão pouco, o réu é admitido, ao abrigo desse convite, a lançar mão de novos argumentos defensionais ou a impugnar pontos de facto que, inicialmente, não refutou. Menos ainda

---

[368] Sobre este ponto, cfr. M. Teixeira de Sousa (*Estudos sobre o novo* ..., ps.69 e ss.)

poderá pretender deduzir um pedido reconvencional que, pura e simplesmente, não formulara na sua primitiva contestação[369].

É que, por princípio, as alterações da causa de pedir e do pedido só podem ter lugar na réplica, como prescreve o art. 273.º do CPC[370]. Ora, é óbvio que este despacho pré-saneador, que abre caminho ao articulado judicialmente estimulado, é proferido já na fase do saneamento, depois de findo o período dos articulados (normais e eventuais).

No âmbito da defesa, o demandado está sujeito ao princípio da concentração da defesa na contestação, regulado no art. 489.º do CPC, o que obsta à dedução posterior de excepções não invocadas naquela peça[371]. Além disso, do ónus da impugnação, previsto no art. 490.º do CPC, resulta que, em regra, os factos não impugnados (isto é, sobre os quais não seja tomada posição definida[372]) se consideram admitidos por acordo. Logo, mal se compreenderia que o réu, em plena fase do saneamento, pudesse vir a refutar matéria que, anteriormente, admitira, por não a ter contrariado.

*

As diligências acabadas de referir, tendentes a obter o aperfeiçoamento de articulados facticamente imperfeitos, serão também de observar nos casos em que o réu seja revel, e a sua revelia seja operante[373,374].

Como se sabe, quando a revelia é operante, os factos articulados pelo autor consideram-se confessados (cfr. o art. 484.º.1 do CPC)[375]. Assim

---

[369] Cfr. M. Teixeira de Sousa (*Estudos sobre o novo* ..., p. 304).

[370] Sem prejuízo dos desvios que o próprio preceito admite, não aplicáveis à questão em análise.

[371] Igualmente, sem prejuízo dos desvios aí consignados.

[372] Atente-se, neste âmbito, na diferença face ao regime anterior, que estabelecia o ónus da impugnação especificada. Sobre este ponto, A. Montalvão Machado/Paulo Pimenta (*O novo processo*..., p. 157).

[373] Neste sentido J. Lebre de Freitas (*A acção declarativa* ..., p. 80), Lopes do Rego (*op. cit.*, p. 323) e Paula Costa e Silva (*op. cit.*, p. 268).

[374] Fazemos esta advertência a propósito da revelia operante, dado o encurtamento da tramitação fixado no art. 484.º.2 e 3 do CPC. Quanto à revelia inoperante, uma vez que a tramitação se observa nos termos normais, com pequenas especificidades (já referidas *supra*), haverá a fase do saneamento, com a possibilidade de prolação do despacho pré-saneador.

[375] Manuel de Andrade (*Noções elementares* ..., p. 254) e Varela/Bezerra/Nora (*op. cit.*, ps. 543-545) preferem usar a expressão "confissão presumida". Por seu turno, J. Lebre

III. A fase do saneamento do processo após a vigência...

fixados os factos alegados pelo autor, seguir-se-á o julgamento da causa "conforme for de direito", cabendo, pois, ao juiz aplicar o direito aos factos dados como provados. Se esses factos corresponderem à previsão normativa, a acção deverá ser julgada procedente. Já assim não acontecerá quando o tribunal entenda não estar preenchida aquela previsão.

Numa palavra, a revelia operante do réu, em si, não implica a procedência da acção, embora, naturalmente, esse seja o desfecho mais previsível. Basta que, dos factos articulados pelo autor, possa concluir-se que lhe assiste razão, face ao direito substantivo. Esta reserva quanto ao desfecho jurídico da causa, decorre da consagração, no nosso ordenamento jurídico-processual, do chamado efeito cominatório semi-pleno, para os casos de revelia do réu[376]. Quer dizer, confessam-se os factos alegados pelo autor, mas não o direito que este invoca. Até porque, segundo o art. 664.º do CPC, o juiz goza de liberdade no que respeita ao enquadramento jurídico da questão, ideia que costuma expressar-se pelo brocardo latino *jura novit curia*.

Tudo isto para dizer que, no regime da revelia operante, o desfecho da lide, em termos favoráveis ao autor, supõe que a matéria de facto por este articulada (e dada como provada, por confessada) seja adequada à obtenção da consequência jurídica por si visada. Quer dizer, é suposto que a alegação fáctica contida na petição inicial se mostre *perfeita*. É necessário que tal alegação não seja insuficiente ou não tenha imprecisões, susceptíveis de impedirem a procedência da causa.

Na realidade, apesar da revelia operante do réu, é possível que os defeitos da articulação (insuficiências ou imprecisões) levem a que matéria assente *não chegue* para que a acção proceda.

Em face disso, e até de modo a evitar um tratamento diferente para o mesmo assunto – a imperfeição fáctica da petição inicial –, em função de

---

de Freitas (*A confissão* ..., ps. 471-484, e *A acção declarativa* ..., p. 75) entende que do que se trata é de uma "admissão", e não de uma "confissão".

[376] Como se sabe, tradicionalmente, em processo declarativo ordinário, o efeito cominatório era apenas o semi-pleno, enquanto nos processos sumário e sumaríssimo, o efeito cominatório era o pleno, com a consequente condenação do réu revel no pedido. A revisão de 1995 uniformizou o regime dos efeitos da revelia operante no processo declarativo comum, abolindo o efeito cominatório pleno, e alargando o semi-pleno às três formas do processo comum. Sobre alguns aspectos dos efeitos cominatórios, cfr. J. Lebre de Freitas (*Introdução* ..., ps. 89-91).

170   Paulo Pimenta

haver ou não contestação do réu, impõe-se que o regime do art. 508.º.3 do CPC seja observado também nos casos de revelia operante[377].

Portanto, consumada a operância da revelia do réu, se ao juiz se afigurar que a alegação fáctica vertida na petição apresenta insuficiências ou contém imprecisões, será de convidar o autor a proceder aos ajustamentos fácticos convenientes, o que implicará a apresentação de um articulado judicialmente estimulado, seja para completar, seja para corrigir a alegação original[378].

Sempre que o autor apresente o referido articulado judicialmente estimulado, disso será notificado o réu, proporcionando-se-lhe o exercício do contraditório (cfr. os arts. 3.º e 508.º.4 do CPC)[379].

Daqui pode resultar que o réu persista no seu silêncio, continuando sem tomar posição sobre a matéria articulada pelo autor, o que equivale à manutenção da sua revelia (operante), com o subsequente encurtamento da tramitação e aplicação do regime previsto no art. 484.º.2 e 3 do CPC.

Mas pode também suceder que o réu pretenda tomar posição sobre os factos articulados pelo autor. Nesse caso, parece curial que o réu seja admitido a deduzir uma contestação-defesa *integral*, isto é, com a extensão que esta peça poderia ter tido se originariamente oferecida[380]. Em determinada perspectiva, poderá parecer que ao concedermos ao réu a oportunidade de deduzir, tardiamente, uma defesa que omitiu, estaríamos a tornear os ónus de contestar em tempo, de impugnar os factos articulados pelo autor e de concentrar nessa peça todos os argumentos defensionais. Mais estaríamos a ignorar as preclusões associadas àqueles ónus, e as cominações que lhes vão associadas[381]. Numa palavra, estaríamos a *ajudar* o réu.

---

[377] Rejeitando esta solução (em todas as modalidades do processo declarativo comum, bem assim na acção declarativa especial regulada no Capítulo I do Anexo ao DL n.º 269/98, de 01.09), cfr. Salvador da Costa (*op. cit.*, ps. 83-86). Salvo o devido respeito, os argumentos invocados por este autor são contrários àquilo que se visou acautelar pela previsão do n.º 3 do art. 508.º do CPC.

[378] Por mera economia, dá-se aqui como reproduzido o que já ficou ditou acerca do exacto enquadramento do convite ao aperfeiçoamento, designadamente, no que respeita ao *limite fáctico mínimo* que deve estar preenchido e ao âmbito dos próprios ajustamentos que o autor pode realizar.

[379] Neste sentido J. Lebre de Freitas/A. Montalvão Machado/R. Pinto (*op. cit.*, p. 270).

[380] Neste exacto sentido, J. Lebre de Freitas (*A acção declarativa* ..., p. 80)

[381] A propósito, cfr. J. Lebre de Freitas (*Introdução* ..., ps. 145-147), que conjuga os conceitos referidos com a ideia de auto-responsabilidade das partes.

III. A fase do saneamento do processo após a vigência... 171

Porém, bem pode suceder que o réu não tenha contestado, entrando em revelia, por ter entendido (bem ou mal, não importa) que, face ao teor da petição, cujo duplicado lhe foi entregue no acto da citação (cfr. o art. 235.º.1 do CPC), a acção estava votada ao insucesso. Logo, convencido de que o desfecho da acção (perante o mero teor da petição, insiste-se) era o da sua improcedência, o réu pode ter achado que *não valeria a pena* contestar.

Se não fosse proferido o despacho regulado pelo art. 508.3 do CPC, é óbvio que a revelia operante do réu se manteria, nos seus precisos termos, sendo de observar o disposto nos n.º.s 2 e 3 do art. 484.º do CPC. E aí, ou a acção seria procedente, para o que teria *contribuído* a falta de contestação, ou a acção seria julgada improcedente, apesar da revelia, o que significaria que o prognóstico do réu fôra acertado[382].

Diferentes serão as coisas quando o juiz tiver convidado o autor a aperfeiçoar a petição inicial. E se esse convite se fez, foi porque se considerou que a petição apresentava certas imperfeições fácticas, as quais, provavelmente (mas não necessariamente)[383], poderiam condicionar a solução jurídica da questão, em prejuízo do autor. Portanto, concedida ao autor a oportunidade para melhorar a narração fáctica da petição, deverá o réu ter oportunidade de se pronunciar sobre essa matéria. E como os eventuais ajustamentos operados pelo autor versam sobre os factos alegados na petição, passando a constituir um todo incindível, a resposta do réu há-de, igualmente, poder versar sobre esse todo[384].

Sempre que o réu venha a tomar posição sobre os factos articulados pelo autor, deduzindo, portanto, a sua defesa, a situação de revelia cessará, e o processo continuará a sua normal tramitação.

---

[382] O que vimos dizendo acerca da motivação do réu para não contestar fica pela mera suposição. Na verdade, várias outras poderão ser as razões para se não contestar, desde o reconhecimento da verdade dos factos alegados na petição, até ao simples (mas grave) descuido ou o esquecimento de contestar em tempo. Mas também é certo, sem embargo do regime específico do justo impedimento (cfr. o art. 146.º do CPC) que a lei passa à margem dessas razões, bastando-se com a circunstância de, em termos objectivos, não ter entrado em juízo a peça defensional. A propósito, cfr. J. Lebre de Freitas (*A acção declarativa* ..., p. 78, nota de rodapé n.º 19), com referência a Carnelutti.

[383] Como melhor veremos, o sentido do convite é o de melhorar o quadro fáctico da causa, para permitir que a decisão a proferir *trabalhe* sobre factos que tenham correspondência com a realidade, e não ajudar uma das partes. Aliás, esse convite tanto pode beneficiar como prejudicar a parte interpelada.

[384] À falta de um critério seguro, que a análise casuística não garante, dir-se-á que mais vale o risco de, eventualmente, aqui e ali, o réu poder sair beneficiado, do que o risco inverso, isto é, o risco de coarctarmos o fundamental direito de defesa.

*

Proferido o despacho pré-saneador de convite ao aperfeiçoamento dos articulados espontaneamente apresentados nos autos, e decorrido o prazo aí fixado, importa precisar as consequências que daí derivam para processo, em função de as partes acatarem ou não tal interpelação.

Relembre-se que o suscitou o despacho de convite foi o entendimento do juiz, segundo o qual este ou aquele articulado apresentava insuficiências ou imprecisões na exposição ou concretização da matéria de facto.

Já se disse que o objectivo desse convite é beneficiar o quadro fáctico do litígio, aproximando a matéria vertida nos autos da realidade, assim se propiciando que a decisão final possa adequar-se a essa realidade, isto é, que seja alcançada, materialmente, a justa composição do litígio. O que equivale a afirmar que as imperfeições detectadas são susceptíveis de comprometer as pretensões deduzidas em juízo. Mais se disse que o convite se faz independentemente da parte que possa vir a beneficiar dos aperfeiçoamentos pretendidos, ou seja, o completar das insuficiências e o corrigir das imprecisões tanto pode redundar em vantagem para a própria parte interpelada, como para a contraparte.

Sabemos, por outro lado, que as partes detêm o monopólio de introduzir em juízo os factos que sustentam as pretensões aí deduzidas, factos aos quais o tribunal tem, por regra, de limitar-se para decidir (cfr. os arts. 264.º e 664.º do CPC).

Comecemos por considerar a hipótese em que a parte decide não aceder ao convite que lhe foi dirigido pelo juiz.

Face a tudo o que já se disse, teremos de concluir que, em termos imediatos, nenhuma consequência desfavorável há-de resultar para a parte, menos ainda sendo de lhe aplicar quaisquer sanções[385]. Com efeito, atento o sobredito monopólio das partes na formação do substrato fáctico da lide, sempre lhes caberá a *última palavra*, apesar do alerta do juiz. Sempre lhes caberá decidir se hão-de ou não completar ou corrigir os articulados que

---

[385] Neste sentido, A. Montalvão Machado (*op. cit.*, p. 259) e A. Montalvão Machado/Paulo Pimenta (*O novo processo...*, ps. 197-198). Cfr., também, Paula Costa e Silva (*op. cit.*, p. 234).

III. A fase do saneamento do processo após a vigência...   173

apresentaram. Se as partes preferirem que as suas peças permaneçam facticamente imperfeitas, contendo insuficiências ou imprecisões susceptíveis de condicionarem e prejudicarem as suas pretensões, o problema é delas. É certo que estarão a correr riscos. Mas é também certo que, neste campo, o juiz não pode substituir-se às partes, restando-lhe trabalhar com os elementos fácticos vertidos já nos autos, proferindo a decisão por refe-rência a esse quadro.

Ditas assim as coisas, parecerá insólito que as partes, embora advertidas pelo juiz, optem por correr o risco de improcedência da acção ou da excepção. E seria, na verdade, insólita tal atitude[386]. Só que não podemos olvidar que o convite do juiz derivou da análise que este fez da questão e de um diagnóstico acerca da qualidade, da suficiência e da precisão da alegação fáctica. Provavelmente, esse diagnóstico é correcto. Mas também pode não o ser.

Por outras palavras, temos de admitir (e bem) que as partes, patrocinadas por profissionais forenses, possam fazer alegações fácticas insuficientes ou imprecisas[387], imperfeições essas para as quais o juiz as deve alertar. Mas, paralelamente, não podemos deixar de admitir que o diagnóstico realizado pelo juiz, para os efeitos do art. 508.º.3 do CPC, não seja o adequado ou, ao menos, que o advogado da parte o tome assim. Nessa situação, compreende-se que a parte não acate o convite e, portanto, limite a sua alegação à peça, originária e espontaneamente, apresentada.

Seja qual for a concreta razão pela qual a parte não acede ao convite de aperfeiçoamento, temos que daí não derivará qualquer consequência imediata. Tudo o que possa vir a suceder, mesmo a eventual decisão de improcedência da sua pretensão, ficará relegada para o despacho saneador, momento em que o juiz deverá determinar se as imperfeições fácticas em causa justificam (ou não) o julgamento antecipado do mérito da causa [cfr. o art. 510.º.1.b) do CPC][388].

---

[386] O que se poderia explicar pela teimosia ou relutância em aceder à advertência do juiz, já que isso levará implícito o reconhecimento de alguma inabilidade na narração fáctica. Mal das partes e dos seus mandatários, no entanto, se a sua actuação em processo for pautada por tais critérios ...

[387] Situação que, naturalmente, terá natureza excepcional. De resto, não é apanágio dos advogados portugueses redigirem peças mal ou indevidamente estruturadas, em termos fácticos. Cfr., a propósito, A. Montalvão Machado (*op. cit.*, p. 275).

[388] Neste sentido, A. Abrantes Geraldes (*op. cit.*, Vol. II, p. 89).

174   *Paulo Pimenta*

Nos casos em que a parte decide satisfazer o convite que lhe foi dirigido, apresentará, como vimos, um articulado judicialmente estimulado. A esse articulado aperfeiçoador, sujeito aos limites que já tivemos oportunidade de referir, seguir-se-á um outro, no qual a contraparte pode responder aos pontos que foram objecto do aperfeiçoamento, conforme vimos.

A matéria assim introduzida nos autos deverá ser levada em conta mais adiante, seja no despacho saneador, seja na selecção da matéria de facto. No despacho saneador, nos casos em que o juiz entenda que o estado do processo lhe permite o imediato conhecimento do mérito da causa, assumindo tal despacho o valor de sentença (cfr. o art. 510.º.3 do CPC)[389]. Na selecção da matéria de facto, quando o processo não termine na fase do saneamento, o que implicará a repartição dos factos relevantes em duas categorias, levando-se à "base instrutória" os que forem controvertidos e à "matéria assente" os que o não forem [cfr. os arts. 508.º-A.1.e) e 511.º do CPC].

*

Tal como fizemos relativamente às duas primeiras modalidades do despacho pré-saneador, terminaremos referindo que o despacho proferido nos termos do n.º 3 do art. 508.º do CPC não é passível de recurso, conforme estabelece o n.º 6 do mesmo preceito[390].

As razões da solução legal são as já apontadas, ou seja, o carácter provisório deste despacho. Nesta situação acresce uma outra circunstância.

Nos casos anteriores, o despacho contendia, essencialmente, com questões de ordem processual[391]. Daí resultava que a não sanação do vício apontado pelo juiz teria efeitos, digamos, imediatos e previsíveis.

---

[389] Como se sabe, e resulta do disposto no art. 659.º do CPC, os fundamentos da a sentença implicam a discriminação dos factos que o juiz considera provados. Portanto, se o juiz conhecer do mérito da causa no despacho saneador, deverá tomar em conta a matéria de facto articulada pelas partes, espontânea ou estimuladamente. A propósito da sentença, cfr. M. Teixeira de Sousa (*Estudos sobre o novo ...*, ps. 212-226 e 352-362).

[390] Em rigor, este n.º 6 do art. 508.º do CPC, além de referir as "irregularidades" e as "imperfeições" do articulados, deveria ter referido também as "imprecisões" daqueles. Só assim haveria exacta correspondência entre o n.º 6 e os n.ºs 2 e 3 daquele preceito. Neste sentido, A. Montalvão Machado/Paulo Pimenta (*O novo processo ...*, p. 198, nota de rodapé n.º 453).

[391] Não esquecendo, ainda assim, o caso de certos documentos cuja falta (não suprida) poderá vir a repercutir-se no mérito da causa, como vimos.

III. A fase do saneamento do processo após a vigência... 175

Em contrapartida, no caso do despacho pré-saneador proferido com vista ao aperfeiçoamento fáctico dos articulados, é diferente a situação da parte convidada a tal aperfeiçoamento. Primeiro, estamos perante questões cujos contornos não são definidos previamente, isto é, cada processo e cada peça processual implicarão considerações próprias e localizadas. Segundo, e como dissemos, as imperfeições fácticas justificativas do convite ao aperfeiçoamento podem ter diversas *graduações*. E o respectivo aperfeiçoamento pode ir desde meras precisões (cuja omissão pode não comprometer sequer a pretensão respectiva) até verdadeiros completamentos (cuja falta pode fazer naufragar a pretensão). Terceiro, face ao convite que lhe foi dirigido, cabe à parte decidir se há-de introduzir ou não aperfeiçoamentos. Quando entenda que as suas alegações não apresentam insuficiências ou imprecisões, não se justifica reagir contra o despacho de convite. Basta-lhe não corresponder ao mesmo. Assim procedendo, a parte assume o risco de, eventualmente, a decisão de mérito poder vir a ser condicionada por isso, em seu desfavor, de acordo com o relevo que tenha a imperfeição apontada pelo juiz. Seja como for, dessa decisão de mérito caberá recurso, nos termos gerais[392,393].

4.5. Regime do despacho pré-saneador

Analisado o campo de aplicação do despacho pré-saneador, em todas as suas vertentes, importa definir o respectivo regime, isto é, determinar se a sua prolação está sempre submetida a um regime vinculado ou não. É certo que, em princípio, o problema não seria de colocar, tanto mais que, normalmente, a actuação do juiz no processo não é pautada pela discricionariedade. No entanto, a propósito de certos aspectos do despacho pré-saneador levantam-se algumas dúvidas, decorrentes da sua articulação

---

[392] A decisão de mérito pode ser incluída no despacho saneador, se o estado da causa o permitir [cfr. o art. 510.º.1.a) do CPC]. Caso contrário, constará da sentença final (cfr. o art. 659.º do CPC).

[393] Recorde-se que, no domínio do art. 477.º.1 do CPC de 1961, era controvertida a possibilidade de recorrer do despacho liminar de convite ao aperfeiçoamento de uma petição deficiente. Defendiam essa possibilidade, Anselmo de Castro (*op. cit.*, Vol. II, ps. 204-205) e Varela/Bezerra/Nora (*op. cit.*, p. 264, nota de rodapé n.º 2). Rejeitavam-na, E. Lopes Cardoso (*Código ... 1967*, ps. 318-319) e Rodrigues Bastos (*op. cit.*, Vol. III – 1972, p. 35). Sobre esta questão, A. Abrantes Geraldes (*op. cit.*, Vol. I, p. 272, nota de rodapé n.º 511, e Vol. II, p. 85, nota de rodapé n.º 141).

com o princípio da cooperação, sendo que a compreensão deste implica ainda consideração dos princípios do dispositivo e da oficiosidade.

Como vimos, o despacho pré-saneador destina-se a cobrir três categorias de situações. A primeira, contende com os casos de violação de pressupostos processuais e tem em vista providenciar pela regularização da instância, sempre que isso seja possível, ao abrigo das disposições conjugadas dos arts. 508.º.1.a) e 265.º.2 do CPC. A segunda, respeita ao suprimento das irregularidades de que padeçam os articulados, nos termos do art. 508.º.2 do CPC. A terceira, prevista no art. 508.º.3 do CPC, visa o suprimento das insuficiências ou imprecisões na exposição ou concretização da matéria de facto vertida nos articulados.

O ponto que nos propomos agora tratar é, pois, o de saber se a prolação do despacho pré-saneador, em cada uma daquelas três categorias, está sujeita a um regime vinculado ou não. Podemos antecipar, no entanto, que as dúvidas, verdadeiramente, apenas se colocam na terceira categoria, ou seja, no caso previsto no art. 508.º.3 do CPC.

4.5.1. *Regime do despacho pré-saneador proferido para suprir a falta de pressupostos processuais susceptíveis de sanação*

Neste caso, o despacho pré-saneador é proferido a propósito de questões de ordem técnico-processual ligadas à regularidade da própria instância. A ideia que preside à prolação deste despacho é a de garantir condições para que possa vir a ser proferida nos autos uma decisão de mérito, uma decisão que aprecie a bondade dos argumentos materiais invocados pelas partes. Por outras palavras, dir-se-á que o objectivo deste despacho é o de impedir que o desfecho da lide seja condicionado (em maior ou menor escala) por motivos de carácter processual[394].

De tudo o que já foi dito, aquando da análise do campo de aplicação do despacho pré-saneador, é indiscutível que, face ao código vigente, o juiz está vinculado a proferir tal despacho, sempre que, em concreto, se depare com alguma das circunstâncias fixadas na lei a esse propósito. Aliás, neste ponto, conforme assinalámos, a grande virtude do CPC de 1995 não é tanto a da própria solução consagrada – pois que a ela já con-

---

[394] Cfr. M. Teixeira de Sousa (*Estudos sobre o novo* ..., p. 83).

III. A fase do saneamento do processo após a vigência...   177

duziriam certos preceitos avulsos da legislação precedente –, mas o facto de (sem prejuízo da manutenção de referências dispersas ao longo do código) ter instituído, de modo explícito, o princípio da sanabilidade da falta de pressupostos processuais, com o consequente dever de o juiz providenciar pela regularização da instância[395]. Igualmente relevante é o facto de ter sido assinalado um concreto momento processual (também sem prejuízo de outros momentos tidos por oportunos) em que o juiz deve ponderar, directamente, sobre a regularidade da instância.

O carácter vinculado dessa actuação do juiz resulta, aliás, da própria formulação do texto legal. Na verdade, no n.º 2 do art. 265.º do CPC [para o qual remete o art. 508.º.1.a)] ficou dito que "o juiz providenciará, mesmo oficiosamente, pelo suprimento da falta de pressupostos processuais". Quer dizer, a formulação verbal apresenta um carácter injuntivo, não deixando margem para dúvidas acerca do procedimento que a lei espera do juiz, procedimento a que este deve, efectivamente, dar concretização. Portanto, estamos face a um verdadeiro poder-dever que ao juiz incumbe exercer, actuando num certo sentido, o que torna obrigatória a prolação do despacho pré-saneador correspondente[396].

Para a concretização desse dever de providenciar pela sanação da falta de pressupostos processuais – desde que sanáveis, naturalmente – a lei definiu como momento adequado aquele que sucede ao findar dos articulados, altura em que se mostram definidos os contornos essenciais da causa. De resto, no regime processual vigente, em regra, esse momento corresponderá à primeira vez em que o processo é feito concluso ao juiz. E o juiz só pode passar adiante, não proferindo esse despacho pré-saneador para os efeitos do art. 508.º.1.a) do CPC, se não descortinar a violação de pressupostos processuais (com o alcance que definimos *supra*) ou se a violação detectada for insanável. Portanto, no regime actual, será ilegítima a actuação do juiz que, vislumbrando a falta de pressuposto sanável, não diligencie pela sua sanação e, logo a seguir, vem a proferir despacho

---

[395] O CPC de 1995 converteu em regra o que, anteriormente, acabava por ser excepção, em virtude de, então, a sanação de cada um dos vícios depender de disposição especial da lei. Neste sentido, J. Lebre de Freitas/J. Redinha/R. Pinto (*op. cit.*, p. 470).

[396] A este propósito, cfr. A. Montalvão Machado (*op. cit.*, ps. 245-249), A. Montalvão Machado/Paulo Pimenta (*O novo processo* ..., ps. 191-193) e Lopes do Rego (*op. cit.*, p. 206)

saneador, aí declarando a violação do tal pressuposto e fixando as respectivas consequências processuais[397].

Neste contexto, a não prolação do despacho pré-saneador prescrito pelas disposições conjugadas dos arts. 508.º1.a) e 265.º.2 do CPC, constitui uma irregularidade passível de influir no exame ou decisão da causa. Numa palavra, a omissão desse despacho implica uma nulidade processual, nos termos do art. 201.º do CPC, submetida ao regime dos arts. 203.º e 205.º do CPC.

A propósito dessa nulidade (secundária), importa determinar os precisos termos em que pode a mesma ser suscitada. A violação do pressuposto processual em causa é imputável a uma das partes (ao autor, normalmente; ao réu, em certos casos). Se a parte violou o pressuposto, fê-lo, em princípio, por descuido, por errónea ou inexacta interpretação da lei. Se assim aconteceu, é natural que persista nesse seu errado raciocínio, até ser alertada para tal. O natural será isso acontecer por via do despacho pré-saneador. Ora, se o juiz não proferir esse despacho (como lhe compete), estaremos face a uma nulidade processual, como já vimos. Paralelamente, a parte poderá continuará sem ter a noção da falta em que incorreu. E, se não tem essa noção, menos ainda terá a percepção de que, a esse propósito, foi cometida a nulidade assente na omissão do correspondente despacho pré-saneador. E assim continuará, provavelmente, até que o desenrolar do processo lhe permita perceber tudo isso.

Em que circunstâncias poderá a parte aperceber-se disso? Cremos que por duas vias, essencialmente.

Primeiro, essa percepção poderá ocorrer na audiência preliminar, se esta tiver sido convocada para os efeitos do art. 508.º-A.1.b) do CPC, por o juiz entender ouvir as partes antes de proferir decisão acerca desse concreto pressuposto. Aí, a parte compreenderá que o juiz admite estar perante a falta de um pressuposto processual, vício do qual se propõe conhecer, com as inerentes consequências. Se essa falta for sanável, torna-se patente – incluindo para a parte – que o juiz deveria ter começado por

---

[397] Pode, no entanto, suceder que tenha escapado à análise do juiz, no momento do art. 508.º.1.a) do CPC, um determinado vício sanável, que só vem a ser detectado na audiência preliminar ou mesmo aquando da elaboração do despacho saneador. Nessa hipótese, deverá o juiz *suspender o que está a fazer* e dar imediato cumprimento ao n.º 2 do art. 265.º do CPC, sem prejuízo, ainda, da possibilidade de o vício se mostrar, entretanto, sanado por acção voluntária das partes, quando possível. Neste sentido, J. Lebre de Freitas (*A acção declarativa ...*, p. 136).

III. A fase do saneamento do processo após a vigência...   179

providenciar pelo seu suprimento. Como assim não fez, cometeu uma nulidade, nos termos do art. 201.º do CPC. A partir desse momento, estará a parte em condições de arguir tal nulidade. Quanto à sua arguição, pensamos que deve ocorrer até terminar a audiência preliminar, aplicando-se, adaptadamente, o n.º 1 do art. 205.º CPC. Embora a nulidade já tenha sido cometida antes, o certo é que só agora a parte se apercebeu disso. Portanto, é como se a nulidade também só agora fosse cometida.

Segundo, não havendo lugar à audiência preliminar[398], a percepção da falta do pressuposto e da nulidade por omissão do respectivo despacho pré-saneador poderá ocorrer quando a parte for notificada do despacho saneador, no qual o juiz tenha reconhecido a falta daquele pressuposto processual (sanável, recorde-se) e decidido em conformidade, isto é, definido as inerentes consequências. Só então estará a parte em condições de arguir tal nulidade, no prazo de dez dias (cfr. o art. 153.º do CPC), a contar da notificação (cfr. o art. 205.º.1 do CPC).

Em ambos os casos referidos, arguida nulidade e ouvida a parte contrária (cfr. o art. 207.º do CPC), a procedência da arguição terá como consequência a prolação do despacho pré-saneador omitido, retomando o processo a sua marcha desde aí, nos termos já estudados[399,400].

---

[398] Os casos de convocação e de dispensa da audiência preliminar estão previstos nos arts. 508.º-A.1 e 508.º-B.1 do CPC, matéria que trataremos a seguir.

[399] A propósito do regime da nulidade decorrente da omissão deste despacho pré--saneador, cfr. a opinião de Lopes do Rego (*op. cit.*, p. 206). Salvo o devido respeito, não nos parece adequada a perspectiva deste autor, por uma simples razão: – se a parte está equivocada acerca da observância de um pressuposto processual, dificilmente terá o zelo de verificar a actuação do juiz. Para o referido autor, isso poderá fazer precludir a arguição da nulidade, solução que nos parece contrária à intenção legislativa de garantir a prevalência do fundo sobre a forma.

[400] Temos para nós que o problema acabado de tratar deve ser sempre equacionado no âmbito das nulidades reguladas no art. 201.º do CPC (pela omissão da prática de um acto que a lei prescreve). A alternativa (que não se nos afigura correcta) seria considerar que a decisão judicial (o despacho saneador, normalmente) que declarasse a violação do pressuposto processual (por cuja sanação nada o juiz fizera) padeceria do vício (nulidade) de excesso de pronúncia [cfr. o art. 668.º.1.d) do CPC].

4.5.2. Regime do despacho pré-saneador proferido para suprir as irregularidades dos articulados

O despacho proferido nos termos do disposto no art. 508.º.2 do CPC traduz-se no convite dirigido às partes para suprirem determinadas irregularidades dos articulados.

Considerando o objectivo assumido pelo legislador, qual seja, o de impedir que motivos de natureza processual possam condicionar a prolação e o próprio sentido da decisão de mérito, não pode deixar de entender-se que o despacho em apreço é um despacho vinculado. O próprio texto da lei ("o juiz convidará as partes") aponta nesse sentido. Trata-se, pois, de um despacho de prolação obrigatória, cuja falta constituirá uma nulidade processual, nos termos do art. 201.º do CPC[401].

Quanto ao regime de arguição dessa nulidade, entendemos que são de observar, adaptadamente, as considerações feitas acerca da nulidade assente na omissão do despacho pré-saneador para suprimento da falta de pressupostos processuais. Assim, a parte que apresentou um articulado irregular, e a quem o juiz não convidou (por despacho pré-saneador) para o respectivo aperfeiçoamento, poderá invocar essa nulidade, no prazo de dez dias (cfr. o art. 153.º do CPC), a contar do momento em que seja notificada do despacho (o despacho saneador, normalmente) que declare o vício e fixe o efeito (prejudicial para essa parte) decorrente da irregularidade de que padecia o articulado (cfr. os arts. 203.º e 205.º do CPC)[402].

Como se adiantou já, o despacho proferido para os fins indicados no n.º 2 do art. 508.º do CPC (bem como para os indicados no n.º 3, aliás) não constitui inteira novidade no nosso ordenamento jurídico-processual. De facto, o art. 477.º.1 do CPC de 1961 já previa a prolação de um despacho

---

[401] Neste sentido, A. Abrantes Geraldes (*op. cit.*, Vol. II, p. 75), A. Montalvão Machado (*op. cit.*, p. 249), A. Montalvão Machado/Paulo Pimenta (*O novo processo ...*, p. 193), J. Lebre de Freitas (*A acção declarativa ...*, p. 141) e Pais de Sousa/Cardona Ferreira (*op. cit.*, p. 39).

[402] Sobre este ponto, cfr. J. Lebre de Freitas (*A acção declarativa ...*, p. 141, nota de rodapé n.º 24), sugerindo que a arguição se faça em prazo contado da notificação do despacho pré-saneador proferido com outro conteúdo. Pelas razões expostas no âmbito da nulidade decorrente da omissão do despacho pré-saneador para suprimento da falta de pressupostos processuais, não nos parece muito viável essa solução, pois não será normal ou previsível que a parte que apresenta um articulado irregular venha a aperceber-se disso, por si própria.

III. A fase do saneamento do processo após a vigência... 181

de convite ao aperfeiçoamento, se bem que circunscrito à petição inicial. Consoante o tipo de aperfeiçoamento em causa, era usual distinguir-se entre o convite ao aperfeiçoamento de petições irregulares e o convite ao aperfeiçoamento de petições deficientes[403]. Para além de algumas dúvidas acerca do regime desse despacho liminar [404], era controversa a previsão de um despacho incidente sobre o articulado oferecido pelo autor, sem que ao articulado do réu fosse dispensado idêntico tratamento. Se é certo que a intenção legislativa jamais terá sido a de que fosse quebrada a equidistância jurisdicional, a verdade é a prolação do despacho de convite ao aperfeiçoamento corria o risco de não ser o melhor exemplo de imparcialidade[405].

Atendo-nos, por ora, ao despacho pré-saneador proferido em cumprimento do disposto no art. 508.°.2 do CPC, temos que este despacho corresponde, genérica e funcionalmente, ao antigo despacho liminar de convite ao aperfeiçoamento de petições irregulares, previsto no art. 477.°.1 do CPC de 1961, sendo que a prolação deste último também ocorria no exercício de um poder vinculado[406]. Há, no entanto, duas importantes diferenças. A primeira decorre, obviamente, do momento processual em que o despacho de convite é proferido. Enquanto, no regime anterior, isso acontecia liminarmente, numa altura em que o processo continha apenas a petição inicial, no novo regime, esse despacho foi *deslocado* para o final do período dos articulados[407]. A segunda diferença consiste no facto de,

---

[403] As primeiras, eram as petições a que faltassem "requisitos legais" ou que não viessem acompanhadas de "determinados documentos"; as segundas, eram que as apresentassem irregularidades ou deficiências "susceptíveis de comprometer o êxito da acção" (cfr. o art. 477.°.1 do CPC de 1961).

[404] Sobre esta matéria, no domínio do código anterior, cfr. Castro Mendes (*Direito* ..., Vol. II, ps. 507 e ss.), Anselmo de Castro (*op. cit.*, Vol. III, ps. 202 e ss.) e Varela/ /Bezerra/Nora (*op. cit.*, ps. 262 e ss.). Cfr., ainda, Antunes Varela (*A reforma do processo civil português* ..., *RLJ*, n.° 3878, ps. 130-136).

[405] Dando nota desta preocupação, Castro Mendes (*Direito* ..., Vol. II, p. 515).

[406] Neste sentido, entre outros, Anselmo de Castro (*op. cit.*, Vol. III, p. 203) e Castro Mendes (*Direito* ..., Vol. II, ps. 514).

[407] Conforme já ficou dito, nos casos em que, excepcionalmente, o processo comporte despacho liminar, o juiz, em vez de *optar* entre a citação do réu e o indeferimento liminar da petição, poderá (e deverá) proferir despacho de convite ao suprimento de irregularidades da petição, bem como providenciar pelo suprimento da falta de pressupostos processuais sanáveis. Neste sentido, A. Abrantes Geraldes (*op. cit.*, Vol. I, ps. 277-279), A. Montalvão Machado/Paulo Pimenta (*O novo processo* ..., p. 145) e M. Teixeira de Sousa (*Estudos sobre o novo* ..., p. 275).

actualmente, o despacho poder versar sobre todos os articulados oferecidos pelas partes até então.

A nova solução legal permite superar, em definitivo, a crítica dirigida à diferença de tratamento dos articulados das partes. Quanto ao mais, a previsão do despacho pré-saneador para os fins do art. 508.º.2 do CPC é de aplaudir, nos mesmos termos em que se enalteceu a sua previsão com vista ao suprimento da falta de pressupostos processuais, à luz do disposto nos arts. 508.º.1.a) e 265.º.2 do CPC.

4.5.3. *Regime do despacho pré-saneador proferido para o aperfeiçoamento fáctico dos articulados*

Mais controvertida é a questão de saber qual o regime do despacho pré-saneador proferido nos termos do art. 508.º.3 do CPC.

Recordemos que, neste domínio, o despacho pré-saneador constitui um convite às partes para aperfeiçoarem os seus articulados, pelo suprimento das insuficiências ou imprecisões na exposição ou concretização da matéria de facto aí vertida. O objectivo desse convite é, pois, alcançar uma melhor definição dos contornos fácticos da questão litigiosa.

A realização da justiça implica que a decisão a proferir nos autos seja capaz de resolver, efectivamente, a questão trazida a juízo pelos litigantes. Ora, isso só será possível se o quadro fáctico extrajudicial em que aqueles se movimentam no seu quotidiano (e no qual *eclodiu* o litígio) for transposto, em termos suficientes e adequados, para os autos. Veículo primordial dessa transposição são as peças escritas oferecidas pelas partes, ou seja, os seus articulados. Nessa medida, eventuais insuficiências, imprecisões, enfim, imperfeições nas alegações fácticas formuladas pelas partes poderão comprometer (quiçá, definitivamente) a desejada correspondência da sentença à realidade extraprocessual, isto é, poderão comprometer a legitimação externa da decisão[408]. É nessa ordem de ideias que se justifica a previsão do art. 508.º.3 do CPC. Este preceito expressa a preocupação de garantir, até onde for possível, que o quadro fáctico da realidade tenha eco nos autos. Daí a prolação de um despacho judicial de convite ao aperfeiçoamento (fáctico) dos articulados apresentados.

---

[408] A propósito, M. Teixeira de Sousa (*Estudos sobre o novo ...*, ps. 60-61).

III. A fase do saneamento do processo após a vigência...   183

Questão da maior relevância e delicadeza é a de determinar o campo de aplicação desse despacho. Como já dissemos, a previsão do despacho pré-saneador, para os fins do art. 508.º.3 do CPC, dá corpo ao princípio da cooperação, consagrado no art. 266.º do CPC, princípio que, não sendo novo, saiu muito reforçado da revisão de 1995[409]. Embora o princípio da cooperação tenha diversas outras implicações, apenas vamos focá-lo naquilo em que contenda com o tema em análise[410].

O princípio da cooperação assume particular importância na concepção moderna do processo civil, que passa a ser visto como uma "comunidade de trabalho", assim se apelando ao contributo de todos os intervenientes processuais na realização dos fins do processo e responsabilizando-os pelos resultados obtidos[411,412]. No que concerne ao nosso tema, dir-se-á que a cooperação dos intervenientes do processo deve orientar-se "no sentido de nele se apurar a verdade sobre a matéria de facto e, com base nela, se obter a adequada decisão de direito"[413].

A efectiva concretização deste princípio implica determinados

---

[409] Neste sentido, J. Pereira Batista (*op. cit.*, p. 71).

[410] Para maiores desenvolvimentos, cfr. J. Lebre de Freitas (*Introdução* ..., ps. 149 e ss.), J. Pereira Batista (*op. cit.*, ps. 70 e ss.), Lopes do Rego (*op. cit.*, p. 71) e M. Teixeira de Sousa (*Apreciação* ..., ps. 361 e ss., e *Estudos sobre o novo* ..., p. 62 e ss.).

[411] Sobre este ponto, cfr. J. Lebre de Freitas (*Introdução* ..., p. 153) e M. Teixeira de Sousa (*Estudos sobre o novo* ..., p. 62).

[412] Refira-se que, no direito alemão, o princípio da cooperação tem grande ênfase, à luz do estatuído no § 139-1 da ZPO: "Ao juiz cabe assegurar que as partes se pronunciem completamente e apresentem os respectivos articulados sobre todos os factos relevantes da causa e, em especial, que completem as deficiências dos factos feitos valer e indiquem os meios de prova. Para este fim, deve, na medida do necessário, ouvir as partes, de facto e de direito, sobre a relação controvertida e fazer perguntas". Note-se que a inobservância desse "dever de esclarecimento", por parte do juiz, é mesmo motivo de anulação do procedimento. Sobre o tema, cfr. Jauernig (*op. cit.*, ps. 140-144). Cfr., ainda, Rosenberg (*op. cit.*, Vol. I, ps. 388-391). Em contrapartida, no direito francês, as coisas não se passam tanto assim. O art. 6 do Code de procédure civile (que data de 1975), consagra o princípio de que cabe às partes introduzir em juízo os factos que sustentam as suas pretensões, com isso delimitando a matéria a considerar pelo juiz na decisão (cfr. o art. 7), na linha tradicional do princípio do dispositivo. Por sua vez, o art. 8 do CPC francês prevê o pedido de esclarecimentos às partes sobre pontos de facto que o juiz entenda relevantes para a decisão. Sucede que tal actuação do juiz é uma simples faculdade do juiz, não um dever. A este propósito, cfr. Croze/Morel (*op. cit.*, ps. 170-172) e Vincent//Guinchard (*op. cit.*, ps. 415-416).

[413] Cfr. J. Lebre de Freitas (*Introdução* ..., p. 150).

deveres processuais (de cooperação), tanto para as partes e seus mandatários, como para o juiz.

No que respeita ao juiz da causa – é a posição deste que importa agora considerar, se estamos a tratar o regime do despacho pré-saneador –, é patente que a actual concepção do processo civil, decorrente não apenas do princípio da cooperação, mas também do alargamento dos poderes inquisitórios e de direcção do processo pelo juiz, exige uma nova postura e uma nova atitude do magistrado. Agora, o juiz não pode mais (nem deve) remeter-se a uma posição passiva face ao litígio, que era típica da concepção liberal do processo. O juiz não pode (nem deve) ficar indiferente ao desfecho da causa. O juiz do processo não pode continuar a ser o *convidado de pedra*, na conhecida expressão de Lascano[414].

Actualmente, para que o juiz possa sentir-se, verdadeiramente, de *consciência tranquila* no seu desempenho, já não basta que a decisão proferida seja o epílogo de uma acção cuja tramitação foi rigorosa, em termos formais, e também já não é suficiente que tal decisão seja conforme, em termos materiais, aos factos introduzidos (originariamente) em juízo pelas partes. A realização do fim do processo passa pela referida legitimação da sentença, e esta só se alcança se o quadro fáctico dos autos corresponder (na medida do possível) à realidade.

A este propósito, recordemos Franz Klein, autor do código de processo civil austríaco de 1895, diploma considerado, ainda hoje, como paradigmático, ao assinalar a "função social do processo", com a sua consequente *publicização* e a *revisão* dos poderes e deveres das partes e do juiz ao longo do processo: – "É claro: as partes devem comunicar e pro-

---

[414] A concepção liberal do processo – iniciada pelo código de processo civil francês de 1806 e difundida pela generalidade dos ordenamentos jurídicos – era dominada pelo princípio do dispositivo. Este princípio assentava numa visão privatística do processo, segundo a qual as partes dispunham do processo como de coisa sua. O processo era visto como um duelo que decorria perante o juiz. Nessa concepção, eram coordenadas fundamentais a imparcialidade do tribunal e a igualdade dos litigantes, o que era assegurado pela passividade do juiz, limitando-se este a apreciar o material fáctico e probatório que as partes, com igualdade de armas, carreassem para os autos. Esta visão do processo tinha diversas consequências, que usavam expressar-se pelos seguintes brocardos: – *ne iudex procedat ex officio*; *nemo iudex sine actore*; – *iudex judicare debet secundum allegata et probata partium*; – *quod non est in actis (partium) non est in mundo*; – *da mihi factum, dabo tibi ius*. Sobre este tema, cfr. Manuel de Andrade (*Noções elementares ...*, ps. 373 e ss.). Cfr., também, Chiovenda (*op. cit.*, Vol 2, ps. 404 e ss.), Dominguez/Sendra/Catena (*op. cit.*, ps. 23-25), Goldschmidt (*op. cit.*, ps. 82 e ss.) e V. Gimeno Sendra (*op. cit.*, p. 96).

III. A fase do saneamento do processo após a vigência...   185

porcionar ao juiz a factualidade do litígio, porque ele não sabe absolutamente nada da questão até à acção. Mas se isto é entendido de modo que o juiz não tem qualquer ou nenhuma participação essencial no que lhe é oferecido quanto a alegações e provas, se deixa que as partes cuidem exclusivamente disso e só julga precisamente como o material existente o permite, com indiferença sobre se a sua decisão corresponderá à verdadeira situação jurídica, assim compreendido isso é, como é de supor, altamente indesejável não só para os particulares, mas para a vida jurídica e o próprio ordenamento jurídico"[415].

Portanto, respeitando os limites impostos pelo princípio do dispositivo e pelo princípio da auto-responsabilidade das partes, o juiz tudo deve fazer para que, em cada concreta acção, se realize aquele fim processual[416].

Nessa conformidade, decorrido o período inicial do processo, sempre que o juiz verifique que os articulados das partes apresentam insuficiências ou imprecisões na exposição ou concretização da matéria de facto alegada, justifica-se a prolação do despacho pré-saneador previsto no n.º 3 do art. 508.º do CPC.

Repare-se que estamos perante situações susceptíveis de condicionarem a decisão material da causa. No entanto, cumpre realçar que a prolação deste despacho é norteada, apenas e só, pela preocupação de alcançar uma adequada decisão material, e nunca para *auxiliar* uma das partes.

Assim sendo, e na sequência do convite ao aperfeiçoamento fáctico, a decisão da causa tanto pode vir a ser favorável como desfavorável à parte cujo articulado se mostrava facticamente imperfeito. Dito de outro modo, do convite dirigido a uma parte (e do aperfeiçoamento fáctico que esta concretize) não tem de resultar sempre vantagem para ela. Bem pode suceder que tal esclarecimento fáctico leve à conclusão de que, afinal, a respectiva pretensão é infundada.

Suponhamos que, como fundamento da sua pretensão, o autor invoca uma causa de pedir complexa, isto é, integrada por diversos elementos,

---

[415] Franz Klein, citação colhida em M. Teixeira de Sousa (*Apreciação* ..., ps. 358-359). A propósito da importância do pensamento de Klein na "viragem ideológica" da concepção liberal para a concepção social do processo, cfr. Pessoa Vaz (*op. cit.*, ps. 300 e ss.) e V. Gimeno Sendra (*op. cit.*, ps. 93-99). Sobre esta tema, cfr., também, Habscheid (*op. cit.*, ps. 123-127).

[416] A este propósito, cfr. Lopes do Rego (*op. cit.*, p. 213).

sendo a petição inicial omissa quanto a factos relativos a um desses elementos integradores da *causa petendi*. Recordemos um dos exemplos já apresentados: – uma acção de denúncia do contrato de arrendamento, com fundamento na necessidade do prédio para habitação do senhorio-autor, omitindo o autor a alegação de que é proprietário do locado há mais de cinco anos ou, então, que o adquiriu por sucessão, isto é, omitindo a alegação de matéria referente a um dos requisitos de cuja verificação de-pende a denúncia do contrato e, assim, a procedência da acção [cfr. o art. 71.º.1.b) do RAU].

Nesta situação, ainda que viessem a ser demonstrados todos os factos inerentes aos demais elementos constitutivos da invocada causa de pedir, a não verificação do elemento omitido (por falta de suporte fáctico) sempre implicaria a improcedência da acção. Assim, na concepção tradicional do processo, a decisão de improcedência da acção poderia ser tomada ainda na fase do saneamento, no despacho saneador [cfr. o art. 510.º.1.b)]. Com efeito, nessa perspectiva, se a parte não alegara os factos adequados ao preenchimento da previsão normativa, como lhe competia, essa falha correria, definitivamente, contra si, já que era seu o ónus de alegação. Em face disso, não seria necessário o posterior desenrolar da instância. Afinal, o destino da acção estava traçado...

É certo que a decisão até conhecia do mérito da causa, julgando a acção improcedente. Mas, significaria isso que a decisão proferida era, realmente, justa? Significaria isso que o processo tinha cumprido a sua verdadeira função? De acordo com os elementos fácticos constantes dos autos, sempre se poderia responder afirmativamente, isto é, se os factos alegados pelo autor não logravam o preenchimento da previsão normativa, também não poderiam desencadear o efeito desejado pelo demandante. Todavia, essa perspectiva pode não ser bastante para afirmar a bondade e a adequação da sentença ao caso concreto. É que ficaria por explicar um ponto muito importante: – os factos alegados na petição eram todos os que o autor *tinha* para alegar ou, ao invés, a sua alegação era imperfeita, omitindo certos argumentos que *existiam*, na verdade?

No primeiro caso, a decisão de improcedência não mereceria reparos, pois era certo que, de todo, não assistia razão ao autor, em face do direito material.

No segundo caso, sem termos esgotado as possibilidades de introdução em juízo dos factos passíveis de fundarem a pretensão deduzida, não podemos afirmar, com segurança, que o autor não tem razão à luz do direito material. Pode ser que não tenha mesmo. No entanto, devemos per-

III. A fase do saneamento do processo após a vigência... 187

mitir que o processo revele tal realidade. Até porque, no caso inverso, isto é, tendo o autor razão, seria o próprio processo a coarctar a hipótese de ser alcançada a desejada legitimação externa da decisão. Ora, não parece curial que a parte seja *castigada* tão gravemente, quando a sua falta se reconduz, afinal, a uma imperfeita narração fáctica[417].

*

A explanação do nosso ponto de vista, a este propósito, implica uma breve incursão no tema do âmbito do ónus de alegação fáctica que impende sobre as partes e no tema dos poderes cognitivos do tribunal.

Conforme resulta do disposto no n.º 1 do art. 264.º do CPC, incumbe às partes "alegar os factos que integram a causa de pedir e aqueles em que se baseiam as excepções", sendo que, em princípio, e nos termos do n.º 2 do mesmo preceito, o tribunal "só pode fundar a decisão nos factos alegados pelas partes".

Este regime corresponde à concepção tradicional do princípio do dispositivo, segundo o qual a definição do âmbito fáctico da lide pertence às partes, com a importante consequência de a intervenção do tribunal estar limitada a esse quadro fáctico. No entanto, um dos aspectos em que o CPC de 1995 mais inovou foi o do alargamento dos poderes cognitivos do tribunal, permitindo ao tribunal tomar em consideração outros factos além dos alegados pelas partes, ao abrigo dos n.os 2 e 3 do citado art. 264.º do CPC[418]. Por outro lado, o CPC de 1995 atenuou o regime da preclusão que andava associado ao referido ónus de alegação fáctica[419,420].

---

[417] Este raciocínio aplica-se, *mutatis mutandis*, ao caso das excepções deduzidas pelo réu, quando a figura seja integrada por diversos elementos fácticos, omitindo-se a alegação de algum deles.

[418] No domínio dos códigos anteriores ao vigente, os poderes cognitivos do tribunal eram mais restritos. Nos termos do art. 664.º do CPC de 1939 e do CPC de 1961, o juiz só podia "servir-se dos factos articulados pelas partes", regra que conhecia alguns desvios aí previstos. Sobre os poderes de cognição do tribunal e a sua articulação com o dispositivo, no período anterior ao CPC de 1995, cfr. A. Montalvão Machado (*op. cit.*, ps. 132 e ss.).

[419] A este propósito, M. Teixeira de Sousa (*Estudos sobre o novo* ..., p. 70) fala em "flexibilização" da alegação. Cfr., ainda, Lopes do Rego (*op. cit.*, p. 200).

[420] São conhecidas as graves consequências (tantas vezes impeditivas da realização da justiça) que decorriam do rígido sistema de preclusões previsto nos diplomas anteriores. Dando nota dos riscos inerentes ao sistema precedente, A. Abrantes Geraldes (*op. cit.*, Vol. I, ps. 57-58, e Vol. II, ps. 26-28), Lopes do Rego (*op. cit.*, p. 202). Cfr., também, José Osório (*op. cit.*, p. 205). Cfr., ainda, Anselmo de Castro (*op. cit.*, Vol. III, ps. 167-168),

Partindo do disposto no art. 264.º do CPC, pode dizer-se que há duas grandes categorias de factos[421]. De um lado, temos os factos principais ou essenciais da causa, isto é, os factos necessários à procedência da acção ou da excepção. De outro, os factos instrumentais, ou seja, os factos cuja função é apenas a de indiciarem os factos principais, o que significa que não são indispensáveis para a decisão da causa.

Comecemos por considerar os factos principais ou essenciais da causa. Quanto a estes, o ónus de alegação recai sobre as partes, ou seja, cada uma delas tem o ónus de introduzir em juízo os factos essenciais para a procedência da acção ou da excepção, conforme o caso, sob pena de não merecer acolhimento a respectiva pretensão. Na categoria de factos essenciais ou principais é ainda possível descortinar dois planos. Há certos factos – que podemos designar por nucleares – que integram o núcleo primordial da causa de pedir ou da excepção, desempenhando uma função individualizadora dessa causa de pedir ou dessa excepção, a ponto de a sua falta implicar a ineptidão da petição inicial ou a nulidade da excepção[422]. Ao lado desses, há outros factos principais que, sendo embora essenciais para a procedência da acção ou da excepção, não integram o respectivo núcleo primordial, tendo uma função de complemento ou concretização daqueles factos nucleares. Note-se que tais factos não deixam de ser principais, isto é, a sua falta conduz, inevitavelmente, à improcedência da acção ou da excepção. Apenas acontece que não são identificadores da causa de pedir ou da excepção, embora a integrem. São, portanto, factos complementares ou concretizadores dos factos nucleares. É da articulação ou conjugação de uns e outros que depende a procedência da acção ou da

---

dando conta da diferença, neste aspecto, entre a rigidez do regime português e a maior flexibilidade dos regimes alemão e italiano, e concluindo que o nosso sistema permitia que subsistisse "uma larga margem de distância entre o resultado da causa e a verdadeira e real situação das coisas".

[421] Sobre este ponto, cfr. os contributos de A. Abrantes Geraldes (*op. cit.*, Vol. I, ps. 59 e ss.), A. Montalvão Machado (*op. cit.*, ps. 338 e ss.), A. Montalvão Machado/Paulo Pimenta (*O novo processo...*, ps. 231 e ss.), J. Lebre de Freitas (*Introdução* ..., ps. 130 e ss.) e M. Teixeira de Sousa (*Estudos sobre o novo* ..., ps. 69 e ss.). Atente-se, ainda assim, que entre os autores referidos não há exacta coincidência de perspectiva no tratamento do assunto, o que é patente em certos conceitos ou definições usados.

[422] Conforme já dissemos, nesses casos, a falta de um núcleo ou substrato fáctico mínimo é insusceptível de ser suprida pela via do aperfeiçoamento dos articulados correspondentes, nos termos do art. 508.º.3 do CPC.

III. A fase do saneamento do processo após a vigência... 189

excepção. Assim, pode dizer-se que os factos complementares são os completadores de uma causa de pedir (ou de uma excepção) complexa, ou seja, uma causa de pedir (ou uma excepção) aglutinadora de diversos elementos, uns constitutivos do seu núcleo primordial, outros complementando aquele. Por sua vez, os factos concretizadores têm por função pormenorizar a questão fáctica exposta sendo, exactamente, essa pormenorização dos factos anteriormente alegados que se torna fundamental para a procedência da acção (ou da excepção)[423].

Em face do exposto, temos que a decisão de procedência de uma acção ou de uma excepção supõe que constem dos autos os respectivos factos principais ou essenciais, tanto os nucleares, como os complementares ou concretizadores. E, como já se disse, a alegação desses factos incumbe às partes. Quer dizer, a definição dos contornos fácticos da causa é monopólio das partes, ou não estivéssemos no campo do dispositivo.

Em que termos deve processar-se a alegação fáctica?

Como se sabe, o momento próprio para tal alegação é o dos articulados, seja nos articulados normais (petição inicial e contestação), seja nos eventuais (réplica e tréplica) que possam ser oferecidos, e dentro dos respectivos limites[424].

Sucede que o CPC de 1995 admite que a alegação se faça ainda nos articulados judicialmente estimulados (na sequência do convite previsto no art. 508.º.3 do CPC). É também possível que a alegação venha a ocorrer na própria audiência preliminar [cfr. o art. 508.º-A.1.c) do CPC][425]. Esta possibilidade de a alegação de factos acontecer depois de findo o período normal dos articulados expressa uma clara e relevante atenuação do sistema de preclusão que caracterizava o regime processual anterior.

Acrescente-se que, em termos de atenuação do regime da preclusão, o CPC de 1995 não se ficou por aqui. Na verdade, de acordo com o n.º 3 do art. 264.º do CPC, a decisão pode ainda tomar em consideração os factos complementares ou concretizadores (dos factos nucleares alegados, oportunamente) que resultem da instrução da causa, desde que se verifiquem as circunstâncias aí indicadas, ou seja, desde que a parte a quem

---

[423] Definições colhidas em A. Montalvão Machado (*op. cit.*, ps. 348-349 e 351). Cfr., também A. Montalvão Machado/Paulo Pimenta (*O novo processo* ..., p. 232-233). Cfr., a propósito, os exemplos aí apresentados.

[424] Não esquecendo o caso particular dos articulados supervenientes, cuja apresentação pode ocorrer até ao encerramento da discussão (cfr. os arts. 506.º e 507.º do CPC).

[425] Matéria a tratar adiante. Cfr. o ponto *III.5.2.4.*

aproveitem esses factos expresse vontade de se prevalecer deles[426] – o que é uma manifestação clara do dispositivo – e que seja proporcionado o exercício do contraditório.

Assim, podemos dizer que, actualmente, apesar de todos os factos principais ou essenciais da causa deverem ser alegados nos articulados espontaneamente oferecidos pelas partes, como resulta do art. 264.º.1 do CPC, a falta ou a imperfeição dessa alegação não impede, sem mais, que tal alegação ocorra mais tarde, mediante convite nesse sentido (cfr. o art. 508.º.3 do CPC) ou mesmo em audiência preliminar [cfr. o art. 508.º--A.1.c) do CPC]. Para tal, porém, é preciso que os factos originariamente invocados sejam bastantes para permitirem a individualização da causa de pedir ou da excepção. Quer dizer, nuns casos a omissão de alegação relativa aos factos principais nucleares redundará em ineptidão da petição inicial ou em nulidade da excepção, constituindo falha insanável. Noutros casos, essa alegação relativa aos factos principais nucleares será apenas insuficiente ou imprecisa, podendo ser sanada pelo aperfeiçoamento (completamento ou correcção) respectivo.

Quanto aos factos principais complementares ou concretizadores, a sua omissão nos articulados não tem efeitos preclusivos, podendo a falta ser suprida na fase do saneamento, nos termos já referidos, ou mesmo depois, quando resultem da instrução, conforme prescreve o art. 264.º.3 do CPC[427].

Conforme dissemos, ao lado dos factos principais ou essenciais da causa temos uma outra categoria, constituída pelos factos instrumentais.

Factos instrumentais são os que permitem inferir a existência dos factos principais, sendo que por si só não têm a virtualidade de conduzir à procedência da acção ou da excepção, pela simples razão de a sua função ser apenas probatória e não já de "preenchimento e substanciação jurídico--material das pretensões e da defesa"[428]. Por outras palavras, os factos instrumentais "são factos que não pertencem à norma fundamentadora do direito e em si lhe são indiferentes, e que apenas servem para, da sua

---

[426] Acerca dessa expressão de vontade, cfr. A. Montalvão Machado (*op cit.*, ps. 356 e ss.), J. Lebre de Freitas (*A acção declarativa* ..., p. 276) e Pais de Sousa/Cardona Ferreira (*op. cit.*, p. 32).

[427] Neste sentido, M. Teixeira de Sousa (*Estudos sobre o novo* ..., ps. 77-79).

[428] Cfr. Lopes do Rego (*op. cit.*, p. 200).

III. A fase do saneamento do processo após a vigência... 191

existência, se concluir pela dos próprios factos fundamentadores do direito ou da excepção"[429]. São, portanto, factos indiciários, ou seja, constituem uma prova meramente indiciária dos factos principais, sendo possível, através deles, chegar à demonstração dos factos principais correspondentes, com base num processo dedutivo (por inferência lógica ou psicológica), baseado em regras de experiência humana[430,431].

Importa saber se o ónus de alegação fáctica nos articulados que impende sobre as partes abrange também os factos instrumentais. A resposta deve ser negativa. Na verdade, e como já se disse, às partes incumbe introduzir em juízo (alegando-os, pois) os factos de que depende a procedência das respectivas pretensões. Esses factos são apenas os principais, até porque os instrumentais, não fazendo parte do tipo legal, não condicionam o desfecho da lide. A sua função é, meramente, indiciária ou probatória. Portanto, circunscrevendo-se o ónus de alegação aos factos principais, estão as partes dispensadas de invocar os factos instrumentais nos respectivos articulados[432].

Por outro lado, do disposto no n.º 2 do art. 264.º do CPC resulta a possibilidade de consideração oficiosa dos factos instrumentais que resultem da instrução e discussão da causa[433]. Quanto a esta consideração oficiosa, deve entender-se que o juiz tanto pode considerar os factos instrumentais que brotem, *naturalmente*, da instrução, como pode tomar a

---

[429] Cfr. Anselmo de Castro (*op. cit.*, Vol. III, ps. 275-276).

[430] Cfr. José Osório (*op. cit.*, p. 210). Cfr., também, Castro Mendes (*Do conceito ...*, p. 182) e M. Teixeira de Sousa (*As partes ...*, p. 209, e *Estudos sobre o novo ...*, p. 72). Cfr., ainda, J. Lebre de Freitas (*Introdução ...*, ps. 135-137), notando-se que este autor – na esteira de Castro Mendes (*Do conceito ...*, ps. 182-183) – distingue, dentro dos factos instrumentais, os *factos probatórios* dos *factos acessórios*.

[431] Do exposto resulta que os factos instrumentais constituem a base de uma presunção judicial (cfr. os arts. 349.º e 351.º do CC). Ponderando sobre a questão de saber se tais factos também podem servir de base a uma presunção legal, M. Teixeira de Sousa (*Estudos sobre o novo ...*, p. 73).

[432] Neste sentido, M. Teixeira de Sousa (*Estudos sobre o novo ...*, p. 76).

[433] Em rigor, os factos hão-de resultar da instrução, e não da discussão da causa, pois que a discussão corresponde ao debate entre os advogados das partes, após a produção de prova em audiência final [cfr. o art. 652.º.3.e) e 5 do CPC], não sendo previsível que aí surjam ainda factos instrumentais. Este mesmo raciocínio vale para o caso da consideração dos factos principais complementares ou concretizadores, ao abrigo do art. 264.º.3 do CPC. Neste sentido, A. Montalvão Machado (*op. cit.*, p. 340 e p. 356, nota de rodapé n.º 637).

iniciativa de investigar esses factos na fase da instrução, dispondo, pois, de verdadeiros poderes inquisitórios[434].

*

Qual a razão para, estando a ponderar sobre o regime do despacho pré-saneador previsto no art. 508.°.3 do CPC, trazermos à liça a matéria dos poderes cognitivos do tribunal, regulada no art. 264.° do CPC, particularmente no seu n.° 3?

A razão é a seguinte: – a possibilidade de consideração, num momento bem adiantado da tramitação processual, de determinados pontos de facto (revelados pela instrução) cuja falta conduziria, inevitavelmente, à improcedência da acção ou da excepção, revela que a alegação fáctica contida, originariamente, nos articulados foi imperfeita.

Ora, a imperfeição fáctica dos articulados constitui motivo de prolação de despacho pré-saneador, nos termos do art. 508.°.3 do CPC. Além disso, tal imperfeição é susceptível de ser superada na audiência preliminar, segundo o art. 508.°-A.1.c) do CPC. Ultrapassada a fase do saneamento, sem que se diligencie no sentido de ser aperfeiçoada a alegação fáctica, resta a possibilidade do art. 264.°.3 do CPC, sob pena de a acção ou a excepção virem a improceder.

Assim vistas as coisas, parecerá que a hipótese de operância do regime consagrado no n.° 3 do art. 264.° do CPC acautela todos os interesses em jogo, designadamente, a preocupação de conformidade entre a decisão final e a verdade dos factos. Daí que, nessa perspectiva, possa não ser determinante ou indispensável, na fase do saneamento, o convite ao aperfeiçoamento das alegações fácticas. Afinal, tais imperfeições acabarão por ser superadas. Dito de outro modo, a hipótese de fazer funcionar o regime do art. 264.°.3 do CPC é capaz de tornar despiciendo providenciar pelo aperfeiçoamento fáctico dos articulados, já que o efeito pretendido sempre fica garantido.

Contudo, entendemos que tal perspectiva não será a mais adequada, pelas seguintes razões.

Primeiro, apesar da sua aparente afinidade, o art. 508.°.3 e o art. 264.°.3 do CPC não têm o mesmo alcance, desempenhando, aliás,

---

[434] Neste sentido, M. Teixeira de Sousa (*Estudos sobre o novo* ..., ps. 74-75). Cfr, também, A. Montalvão Machado (*op. cit.*, ps. 343-345).

III. A fase do saneamento do processo após a vigência... 193

funções distintas. Desde logo, o despacho regulado pelo art. 508.º.3 do CPC é proferido num momento intermédio do processo, enquanto o regime do art. 264.º.3 do CPC se aplica numa fase muito adiantada da instância, normalmente, na audiência final.

Segundo, ao proferir o despacho pré-saneador do art. 508.º.3 do CPC, o juiz deverá orientar-se pela preocupação de contribuir para que os contornos fácticos da lide sejam aprimorados. Aqui, conforme dissemos, tanto cabem as situações de verdadeira insuficiência fáctica, como os casos de mera imprecisão fáctica. Acresce que, nesse momento processual, não é definitivo (nem tem de ser) que certas insuficiências ou imprecisões possam comprometer a pretensão correspondente. Muito depende, como se sabe, da solução jurídica que vier a prevalecer. Portanto, nessa altura, o que importa é que, perante as versões fácticas apresentadas pelas partes, se diligencie no sentido do seu aperfeiçoamento, ora completando, ora concretizando, ora clarificando, ora corrigindo as alegações originais. Em contrapartida, a aplicação do regime do art. 264.º.3 do CPC só se justifica em relação aos factos que sejam, efectivamente, determinantes para a procedência da acção ou da excepção. Neste momento, a instância está amadurecida, será descortinável o desfecho da lide, e é possível apreender o relevo (ou não) de certo facto emergente da instrução do processo. Quer dizer, para este efeito, o campo de aplicação deste art. 264.º.3 é mais restrito do que o do art. 508.º.3 do CPC[435].

Terceiro, o aperfeiçoamento fáctico realizado ao abrigo do art. 508.º.3 do CPC é *provocado* pelo juiz, por se ter apercebido de qualquer insuficiência ou imprecisão nos articulados[436]. Por seu turno, a aplicação do art. 264.º.3 é condicionada pela dinâmica da própria actividade instrutória, já que às partes não é permitida a introdução espontânea, nesse momento

---

[435] A propósito, cfr. A. Montalvão Machado (*op. cit.*, ps. 256-257 e 353-354).

[436] Em nosso entender, o autor não pode, por sua iniciativa, aproveitar a réplica, quando admissível, para completar, rectificar ou concretizar a alegação fáctica contida na petição inicial, assim como o réu não pode aproveitar a tréplica para aperfeiçoar a alegação vertida na contestação. Não só porque o âmbito dessas peças é limitado aos fins indicados, respectivamente, nos arts. 502.º e 503.º do CPC, mas ainda porque isso perturbaria a regular *troca* de peças processuais entre as partes. Apesar de tudo, o processo requer determinada ordem. Em contrapartida, já nos parece admissível que, em audiência preliminar, as partes possam, por sua iniciativa, proceder aos aperfeiçoamentos tidos por convenientes, ao abrigo do art. 508.º-A.1.c) do CPC. Com opinião semelhante, A. Abrantes Geraldes (*op. cit.*, Vol. II, p. 77, nota de rodapé n.º 131). Em sentido contrário, J. Lebre de Freitas (*A acção declarativa* ..., ps. 116-117).

processual, de factos (complementares ou concretizadores) não alegados antes[437]. Portanto, se a instrução do processo proporcionar a *descoberta* de certa matéria de facto, muito bem, poder-se-á aproveitá-la, verificados os demais requisitos legais. Mas, se assim não acontecer, nunca teremos a certeza de que a não revelação de factos pela instrução corresponda a uma efectiva inexistência de tais factos. Quer dizer, se esses factos existirem mesmo na realidade, sem que tenham chegado (espontaneamente) aos autos, através da instrução, bem pode suceder que o processo *passe ao lado* de parte da realidade fáctica que devia ter por objecto. Dito de outro modo, se o juiz não convidar ao aperfeiçoamento dos articulados, na fase do saneamento, poderá estar a lançar o processo à sua sorte, pois que a desejada adequação material da decisão acabará por ficar sujeita à álea da espontaneidade da instrução. Ao que acresce a circunstância de, muitas vezes, a imperfeição fáctica (a manter-se) motivar uma decisão antecipada no despacho saneador, de improcedência da acção ou da excepção, assim ficando *prejudicada* a hipótese de o regime do n.º 3 do art. 264.º do CPC poder vir a remediar a situação.

Pelo exposto, entendemos que é função vinculada do juiz proferir o despacho pré-saneador para os fins do art. 508.º.3 do CPC, isto é, convidando as partes a aperfeiçoarem as alegações fácticas dos seus articulados.

É certo que a expressão "pode" do texto legal, ainda mais se confrontada com o teor injuntivo dos arts. 508.º.2 e 265.º.2 [para o qual remete o art. 508.º.1.a)] do CPC, parece indiciar que estamos perante uma faculdade conferida ao juiz, que este pode exercer ou não. Ora, sendo uma faculdade, o regime da prolação deste art. 508.º.3 não seria vinculado, caindo no âmbito dos poderes discricionários do juiz[438].

No entanto, cremos que o novo sistema processual civil perderia a sua coerência se o convite ao aperfeiçoamento fáctico dos articulados, na fase do saneamento, ficasse na disponibilidade do juiz. Seria o próprio sistema a inviabilizar a concretização do novo modelo processual, modelo esse dominado pela princípio da cooperação e pela ideia de diálogo entre

---

[437] Neste sentido, Lopes do Rego (*op. cit.*, ps. 203-204).

[438] Assim se pronunciam J. Lebre de Freitas (*A acção declarativa* ..., p. 134, e *Revisão* ..., p. 426, nota de rodapé n.º 6) e J. Lebre de Freitas/A. Montalvão Machado/R. Pinto (*op. cit.*, p. 355). O carácter facultativo do despacho do art. 508.º.3 é defendido por A. Montalvão Machado (*op. cit.*, ps. 255 e ss., e ps. 349-351), J. Aveiro Pereira (*op. cit.*, p. 104) e Pais de Sousa/Cardona Ferreira (*op. cit.*, p. 39).

III. A fase do saneamento do processo após a vigência... 195

todos os intervenientes processuais, com vista à justa composição do litígio. Aliás, se admitíssemos que o juiz pudesse optar entre convidar ou não ao aperfeiçoamento dos articulados, estaríamos a introduzir uma entorse no processo. Estaríamos, inadvertidamente, a criar condições para alguma manipulação do processo, perspectiva que se nos afigura preocupante[439]. Mais preocupante mesmo do que os (maus) resultados a que conduzia o antigo e rígido regime da alegação fáctica, segundo o qual todos os factos em que assentavam as pretensões deviam ser vertidos nos articulados, sob pena de preclusão[440]. É que, nesse regime, pelo menos, sempre se poderia dizer que a improcedência da acção ou da excepção era de imputar à parte (e ao seu mandatário), por não ter sido capaz de articular conveniente e suficientemente. Numa palavra, apesar de tudo, a parte só tinha de *queixar-se* de si própria (ou do seu mandatário). Diferentes seriam as coisas se, no campo do aperfeiçoamento dos articulados, o convite à parte pudesse ficar entregue à pura opção do juiz, em termos de este, não proferindo o despacho de convite, poder determinar o desfecho da acção.

Nessa conformidade, o poder conferido ao juiz pelo n.º 3 do art. 508.º do CPC constitui um poder-dever[441]. Significa isto que não é legítimo ao juiz deixar de proferir o despacho pré-saneador sempre que depare com articulados cuja alegação fáctica se apresente insuficiente ou imprecisa. O princípio da cooperação conduz, inevitavelmente, a tal conclusão, ou não estivesse em causa o eventual risco de o quadro fáctico dos autos acabar por não corresponder à realidade das coisas[442].

Uma vez que estamos no campo da matéria de facto susceptível de contender, em maior em menor escala, com o sentido da decisão final da causa, é óbvio que o juiz só estará vinculado a proferir tal despacho quando, efectivamente, se aperceba dessas insuficiências ou imprecisões e

---

[439] Também J. Lebre de Freitas (*Introdução* ..., p. 139, nota de rodapé n.º 59), fala em perigo de manipulação de processo, associado ao eventual não exercício de certos poderes (ora reforçados) instrutórios pelo juiz, estabelecendo ainda um paralelo com o regime do art. 264.º.3 do CPC.

[440] Sobre este ponto, cfr. Lopes do Rego (*op. cit.*, ps. 201-202).

[441] Neste sentido, Salazar Casanova (*op. cit.*, p. 69 e nota de rodapé n.º 13). Tratar-se-á de um verdadeiro dever oficial de agir, segundo Antunes Varela (*A reforma do processo civil português* ..., *RLJ*, n.º 3880, p. 195, nota de rodapé n.º 83).

[442] Para uma aproximação ao dever de cooperação, quanto ao tribunal, cfr. M. Teixeira de Sousa (*Estudos sobre o novo* ..., ps. 65 e ss.). Cfr., a propósito, Rosenberg (*op. cit.*, Vol. I, ps. 388-391).

Paulo Pimenta

for capaz de antecipar que a manutenção da alegação fáctica original pode comprometer a desejada justa composição do litígio[443].

Daqui resulta, no confronto com os outros dois casos de prolação do despacho pré-saneador, que o juiz da causa está também vinculado a proferir o despacho de aperfeiçoamento previsto no n.º 3 do art. 508.º do CPC. A diferença entre aqueles dois e este último deriva do próprio conteúdo do despacho. Naqueles, estão em jogo questões de índole formal, determináveis, normalmente, em termos objectivos e, por isso, sem grande margem de dúvida acerca do procedimento adequado por parte do juiz. Diferentemente, no campo das alegações fácticas, a afirmação da sua insuficiência ou imprecisão supõe determinada valoração, ponderação ou prognose do juiz acerca do possível desfecho material da lide. Assim, é de admitir que haja alguma margem para dúvida acerca do exacto procedimento do juiz, isto é, sobre proferir ou não o despacho do art. 508.º.3 do CPC e, fazendo-o, sobre o seu conteúdo e alcance[444].

Seja como for, temos como certo que a ponderação a realizar pelo juiz, para os efeitos do art. 508.º.3 do CPC, não pode significar qualquer discricionariedade[445,446]. Isto é, tal despacho pré-saneador não deve tomar-se como proferido no uso legal de um poder discricionário (cfr. o art. 156.º.4 do CPC). Pelo contrário, o juiz deve ter sempre presente que a previsão desse convite ao aperfeiçoamento *joga* com a finalidade de realizar a justa composição do litígio, assente na adequação da sentença à verdade dos factos[447], finalidade em que o juiz tem de empenhar-se. De resto, se a situação fosse integrada no âmbito dos poderes discricionários do juiz, ficaria afastada a hipótese de ser arguido qualquer vício

---

[443] A este propósito, A. Abrantes Geraldes (*op. cit.*, Vol. II, p. 77) apela a um "juízo de **prognose** quanto aos riscos que comportará a manutenção dos articulados tal como se encontram nesta fase".

[444] Segundo cremos, é neste exacto enquadramento que M. Teixeira de Sousa (*Estudos sobre o novo ...*, p. 68) discrimina os deveres de cooperação do tribunal, conforme estão regulados numa "previsão fechada" ou numa "previsão aberta". Registe-se que, por vezes, nos parece que alguma doutrina e alguma jurisprudência apelam a esta posição do Prof. M. Teixeira de Sousa, reportando-se àquelas expressões, mas com uma significação distinta da visada pelo próprio autor.

[445] Neste sentido, Lopes do Rego (*op. cit.*, p. 135).

[446] Mesmo tendo presente que discricionariedade não é sinónimo de arbitrariedade. Sobre este ponto, cfr. Rodrigues Bastos (*op. cit.*, Vol. III – 2001, p. 218).

[447] Em sentido semelhante, Lopes do Rego (*op. cit.*, p. 135).

III. A fase do saneamento do processo após a vigência... 197

decorrente da omissão deste despacho, solução que não nos parece adequada[448].

Concretizando, entendemos que, neste ponto, o juiz deve pautar a sua actuação pelos seguintes critérios. Primeiro, se entender que a narração fáctica contida nos articulados não padece de insuficiências ou imprecisões, é evidente que não se justifica proferir o despacho pré-saneador. Segundo, se detectar certas imperfeições fácticas mas, com ponderação e razoabilidade, entender que aquelas não são de molde a justificar o convite ao aperfeiçoamento, por não depender disso a boa decisão do pleito, qualquer que venha a ser o seu sentido, aceita-se que não profira despacho pré-saneador. Terceiro, se considerar que os articulados contêm imprecisões ou insuficiências susceptíveis de condicionarem (em maior ou menor grau) a adequação da sentença à realidade extrajudicial, é seu dever proferir despacho de convite ao aperfeiçoamento, sob pena de a omissão desse despacho poder vir a condicionar o desfecho da lide, em sentido divergente da realidade. É evidente que o juiz só pode sentir-se vinculado a proferir o despacho se for capaz (ele próprio) de antecipar ou de visualizar o relevo e a importância de determinados enquadramentos fácticos, de modo a providenciar pelo aperfeiçoamento factual correspondente. Portanto, a partir do momento em que se consciencialize de certa imperfeição fáctica e dos efeitos (negativos) a que isso pode conduzir, é seu dever proferir o despacho previsto no n.º 3 do art. 508.º do CPC, não lhe sendo lícito optar entre fazê-lo ou não[449]. Neste domínio, particularmente grave seria o juiz aperceber-se de uma insuficiência fáctica que, a manter-se, determinaria a improcedência da acção ou da excepção, e, mesmo assim, não proferir aquele despacho pré-saneador de convite ao aperfeiçoamento, para, logo depois, proferir despacho saneador, decretando a improcedência da acção ou da excepção, com fundamento na tal insuficiência, que ele (juiz) vira e *deixara passar*, sem advertir a parte[450,451].

---

[448] Coerentemente com o carácter discricionário que aponta a tal despacho, J. Lebre de Freitas (*A acção declarativa* ..., p. 134) refere que a sua não prolação não constituirá qualquer nulidade processual.

[449] Neste sentido, M. Teixeira de Sousa (*Estudos sobre o novo* ..., p. 68).

[450] Uma situação deste género foi apreciada pelo tribunal da Relação do Porto, por acórdão de 25 de Junho de 1998 (*CJ*, 1998, T. III, p. 223). Tratava-se de uma acção denúncia do contrato de arrendamento, com fundamento na necessidade do prédio para habitação do senhorio (cfr. os arts. 69.º e 71.º do RAU). Findos os articulados, o juiz da causa proferiu despacho saneador julgando a acção improcedente, a pretexto de que o a

Aqui chegados, estamos em condições de melhor articular o sentido da intervenção judicial prevista no art. 508.º.3 do CPC com o regime da consideração, na decisão final, de factos (principais) complementares ou concretizadores de outros já alegados, ao abrigo do artigo 264.º.3 do CPC. Para além do que já adiantámos, quando estabelecemos o paralelo entre os dois preceitos e respectivos campos de aplicação, podemos afirmar, com segurança, que a aplicação deste último preceito tem um carácter residual ou subsidiário, face ao primeiro. Na verdade, ultrapassada a fase do saneamento do processo, o normal será os contornos fácticos do litígio estarem definidos e estabilizados, apenas restando a controvérsia acerca da verificação de determinados factos, aspecto sobre que versará a instrução. Quaisquer insuficiências ou imprecisões na narração dos articulados já terão sido sanadas, seja na sequência do convite ao aperfeiçoamento formulado no despacho pré-saneador (cfr. o art. 508.º.3 do CPC), seja na audiência preliminar [cfr. o art. 508.º-A.1.c) do CPC], o que significa que poucas hipóteses restarão para que venha a suscitar-se, mais adiante, a aplicação do art. 264.º.3 do CPC[452,453]. A isto acresce o próprio carácter limitado

autora não configurara, suficientemente, o requisito da necessidade. Tal decisão não foi antecedida de qualquer advertência à parte, convidando-a a aperfeiçoar a sua alegação, isto é, o juiz não deu cumprimento ao n.º 3 do art. 508.º do CPC. Foi interposto recurso de apelação, além do mais, com fundamento na omissão do convite previsto naquele preceito, recurso que obteve provimento. O tribunal da Relação, depois de apreciar o sentido da previsão legal e de a associar ao reforços dos poderes do juiz, no novo código de processo civil, entendeu que estamos perante um poder-dever, e não um poder arbitrário, razão pela qual o juiz da causa não podia ter decidido sem antes proferir despacho de aperfeiçoamento. Assim, ordenou-se que a decisão recorrida fosse substituída por um despacho que desse cumprimento ao art. 508.º.3 do CPC.

[451] Neste sentido, A. Abrantes Geraldes (*op. cit.*, Vol. II, ps. 77 e ss.). Registe-se que este autor, embora aduza argumentos que parecem apontar para o sentido vinculado deste despacho, referindo tratar-se de um poder-dever ou dever funcional, fundado no princípio da cooperação, apelando ainda ao verdadeiro papel dos tribunais e aos deveres deontológicos inerentes à administração da justiça, acaba por concluir que o despacho é não vinculado, num quadro de poderes discricionários do juiz, concluindo também que a sua omissão não constitui nulidade. Salvo o devido respeito, parece-nos que, nesta matéria, a concepção deste autor acaba por ser contraditória.

[452] Neste sentido, M. Teixeira de Sousa (*Estudos sobre o novo ...*, p. 79). Cfr., também, Salazar Casanova (*op. cit.*, ps. 69-70, nota de rodapé n.º 13).

[453] Com um enquadramento diferente, decorrente da ideia de que a prolação do despacho pré-saneador é facultativa, cfr. A. Montalvão Machado (*op. cit.*, ps. 350-351).

III. A fase do saneamento do processo após a vigência...   199

deste regime, já que é suposto que a matéria a considerar brote, espontaneamente, da instrução.

Ainda assim, foi muito importante a consagração, no novo código de processo civil, do regime do art. 264.º.3. Tal preceito assinala um passo em frente, com vista à modernização do nosso direito adjectivo, pela atenuação do sistema de preclusões que caracterizava o regime precedente e pelo reforço dos poderes cognitivos do tribunal, sem prejuízo do respeito pelas linhas essenciais do dispositivo[454].

*

A previsão de um convite judicial ao aperfeiçoamento dos articulados oferecidos pelas partes é susceptível de reeditar alguma da controvérsia que havia em redor do despacho liminar regulado no art. 477.º do código de processo civil precedente. Como se sabe, no CPC de 1961, era regra a prolação de um despacho liminar incidente sobre a petição inicial, prevendo o seu art. 478.º a citação do réu, quando não houvesse motivos para indeferimento liminar e a petição estivesse em condições de ser recebida, sendo que o respectivo art. 474.º.1 indicava os motivos de indeferimento da petição e o referido art. 477.º.1 indicava os casos em que esta não podia ser recebida[455].

A aplicação deste art. 477.º.1 do CPC de 1961 implicava a prolação de um despacho liminar de convite ao aperfeiçoamento da petição inicial. Conforme as circunstâncias justificativas desse convite, a lei aludia a petições irregulares e a petições deficientes. A petição seria irregular quando lhe faltassem requisitos legais ou quando não viesse acompanhada de determinados documentos. Seria deficiente quando o seu conteúdo fáctico carecesse de melhor exposição, clarificação ou desenvolvimento[456].

Como já ficou dito, no CPC de 1995, a abolição, em regra, do despacho liminar foi acompanhada da previsão de um despacho (o pré-

---

[454] A este propósito, cfr. as apreciações de A. Montalvão Machado (*op. cit.*, ps. 360 e ss.).

[455] Registe-se que o regime do despacho liminar no CPC de 1961 era semelhante ao do CPC de 1939, regulado nos respectivos arts. 481.º a 483.º.

[456] Acerca desta matéria, no CPC de 1961, cfr. A. Montalvão Machado/ /Paulo Pimenta (*Processo* ..., Vol. III, ps. 60-65), Anselmo de Castro (*op. cit.*, Vol. III, ps. 202-205), Castro Mendes (*Direito* ..., Vol. II, ps. 507-519) e Varela/Bezerra/Nora (*op. cit.*, ps. 262-265).

200   *Paulo Pimenta*

-saneador) a proferir no final dos articulados, com o âmbito já estudado, nos termos do art. 508.º do novo diploma. Em traços gerais, dir-se-á que o n.º 2 deste art. 508.º desempenha uma função análoga ao do antigo despacho liminar de convite ao aperfeiçoamento de petições irregulares, ao abrigo do referido art. 477.º.1 do CPC de 1961. E que o art. 508.º.3 do CPC *corresponde* ao antigo despacho liminar de convite ao aperfeiçoamento de petições deficientes, nos termos da segunda parte do n.º 1 daquele art. 477.º do CPC de 1961.

Há, no entanto, duas grandes diferenças, já assinaladas. A primeira decorre do diverso momento processual em que é proferido o despacho de convite. A segunda resulta da circunstância de, actualmente, o despacho de convite tomar como referência todos os articulados apresentados até então, tanto os do autor, como os do réu. Esta última diferença permite superar algumas das anteriores reservas sobre a prolação de um despacho de convite ao aperfeiçoamento do articulado inicial do autor, a pretexto de que o réu não beneficiava de idêntico tratamento. De facto, o regime anterior não previa a conclusão do processo ao juiz após a apresentação da contestação, nem mesmo quando esta contivesse um pedido reconvencional[457].

As questões relativas às irregularidades dos articulados já foram tratadas, razão pela qual vamos centrar a nossa atenção na matéria do convite ao aperfeiçoamento fáctico dos articulados.

Neste domínio, apesar de entendermos que a previsão do art. 508.º.3 do CPC deve ser tomada com carácter injuntivo, em termos de não caber na mera disponibilidade do juiz a opção de proferir ou não o despacho pré-saneador, sob pena de incoerência do novo sistema processual civil, importa reconhecer que o quotidiano forense revela que este novo regime

---

[457] Registe-se, ainda assim, que a Relação de Coimbra, por acórdão de 6 de Outubro de 1981 (*CJ*, 1981, T. IV, p. 27), decidiu que, havendo reconvenção, os autos devem ser feitos conclusos, podendo o juiz mandar corrigir o pedido reconvencional ou indeferi-lo liminarmente. Sobre este ponto, cfr. Paulo Pimenta (*op. cit.*, ps. 487-489).

[458] Recorde-se que já no domínio dos códigos anteriores havia controvérsia acerca do exacto regime do despacho liminar de convite ao aperfeiçoamento das chamadas petições deficientes, o que levava inúmeros juízes a evitar a sua prolação [dando nota desse incumprimento da lei, A. Abrantes Geraldes (*op. cit.*, Vol. II, p. 28, nota de rodapé n.º 20)]. No sentido de que tal despacho era obrigatório, Anselmo de Castro (*op. cit.*, Vol. III, p. 203) e Paulo Cunha (*op. cit.*, T. I, ps. 283-284). Defendendo o seu carácter facultativo, Castro Mendes (*Direito* ..., Vol. II, p. 518) e J. Alberto dos Reis (*Comentário* ...,

III. A fase do saneamento do processo após a vigência...   201

tem encontrado algumas dificuldades de implantação[458]. Até certo ponto, compreende-se que assim suceda, ou muito não dependesse, essencial-mente, da tão propalada *reforma de mentalidades*. Aliás, foi curioso notar que, iniciada a vigência do CPC de 1995, tanto os advogados, como os juízes se mostraram renitentes em *aderir* à nova concepção do processo civil, embora as maiores críticas proviessem da magistratura judicial[459].

Quanto aos advogados, alguns mostraram certo desconforto perante a perspectiva de os juízes poderem adverti-los para eventuais insuficiên-cias ou imprecisões dos respectivos articulados, a pretexto de que a função de articular é própria dos advogados e de que tal situação poderia dar a ideia de algum *paternalismo* dos juízes em relação aos advogados consti-tuídos nos autos[460].

Por sua vez, os juízes mostraram-se pouco disponíveis para darem concretização a uma das vertentes nucleares do novo processo civil, ou seja, a ideia de cooperação. Como já vimos, o princípio da cooperação aponta para o claro reforço dos poderes do juiz na condução do processo, em múltiplas vertentes. Mas, simultaneamente, tal princípio atribui ao magistrado judicial maiores responsabilidades em vista da justa com-posição do litígio, o que pode passar, designadamente, pelo convite ao aperfeiçoamento dos articulados, significando isso que, hoje, o juiz não tem de ficar confinado ao material fáctico vertido, originariamente, nos articulados. Para muitos juízes, seria mais cómoda a situação anterior à reforma, em que, praticamente, se limitavam a *trabalhar* com os elemen-

---

Vol. III, ps. 56 e ss.). Dando nota dessa polémica, Antunes Varela (*A reforma do processo civil português ...*, *RLJ*, n.º 3878, ps. 130 e ss.).

[459] Exemplo disso são as entrevistas que dois destacados magistrados judiciais, Orlando Afonso e Noronha do Nascimento, ambos já presidentes da Associação Sindical dos Juízes Portugueses, concederam à revista *Vida Judiciária* (cfr., respectivamente, o n.º 9-Dezembro de 1997 e o n.º 10-Janeiro de 1998), bem como as Conclusões do V Con-gresso dos Juízes Portugueses, realizado em Outubro de 1997. O tom das críticas foi tal que, num artigo de opinião, J. Lebre de Freitas chegou a qualificar de "provinciana" a reacção daquela Associação Sindical.

[460] "Desmontando" esse argumento, A. Montalvão Machado (*op. cit.*, ps. 277-278). Registe-se, em contrapartida, a opinião de Antunes Varela (*A reforma do processo civil português ...*, *RLJ*, n.º 3880, p. 199, e n.º 3885, p. 364), segundo o qual o regime do aper-feiçoamento fáctico dos articulados é de molde a esbater a diferença essencial entre a função do julgador e do patrono judicial das partes, ao mesmo tempo convertendo o juiz numa espécie de *mestre-escola*. Esta opinião, algo exagerada, salvo o devido respeito, foi reproduzida num outro texto do mesmo autor (*A frustrada reforma ...*, *RLJ*, n.º 3890, p. 133).

tos que as partes fossem capazes de carrear para os autos. No entanto, tornou-se claro que tal sistema era passível de conduzir a resultados desajustados, em termos materiais. Daí que fosse imprescindível dar um passo em frente, criando novas oportunidades para a pretendida justa composição dos litígios.

Um dos argumentos invocados para justificar as reservas dos juízes à ideia de cooperação foi o risco de perda da imparcialidade por que sempre deve pautar-se a actuação do magistrado[461]. Ora, ninguém duvidará de que não pode ter sido intenção do legislador atentar contra um valor tão primordial, num Estado de Direito, como a imparcialidade do juiz. De resto, conforme realça Lopes do Rego, a independência e a imparcialidade do tribunal não dependem tanto dos preceitos que regulam a tramitação processual, mas das garantias inerentes ao estatuto dos magistrados[462].

Registe-se, por outro lado, que a solução ora consagrada no nosso processo civil já existia no processo do trabalho. Na verdade, o art. 27.º.b) do actual código de processo de trabalho [na esteira do anterior art. 29.º.b)] prevê o convite judicial ao completamento dos articulados das partes, quando no decurso do processo se reconheça que deixaram de ser articulados factos que possam interessar à decisão da causa, sendo certo que tal previsão não usa ser entendida como pondo em perigo a imparcialidade do juiz[463].

---

[461] Recorde-se que esta mesma questão se colocava perante o antigo despacho liminar de convite ao aperfeiçoamento das petições deficientes, nos termos da segunda parte do art. 477.º.1 do CPC de 1961. Deve dizer-se que, nesse contexto, o problema estaria mais na inexistência de idêntico *tratamento* para a contestação do réu. A este propósito, se nos é permitido o reparo, registe-se que Antunes Varela (*A reforma do processo civil português ...*, *RLJ*, n.º 3880, ps. 197-198) levanta o problema da "suspeição de parcialidade" que pode resultar do novo regime, quando defendia, em relação ao regime anterior, que não era essa a intenção da lei, ou seja, aquilo que estava em jogo era só "permitir o *acabamento* da narração da real situação" submetida a julgamento, "acabamento" esse que tanto podia conduzir à procedência como à improcedência da acção (*A reforma do processo civil português ...*, *RLJ*, n.º 3878, ps. 131-132). Cfr., igualmente, Varela/ /Bezerra/Nora (*op. cit.*, ps. 263-264).

[462] Lopes do Rego (*op. cit.*, ps. 212-213).

[463] O novo código de processo do trabalho foi aprovado pelo DL n.º 480/99, de 9 de Novembro. No sentido da posição assumida no texto, Lopes do Rego (*op. cit.*, p. 213) lembra ainda que, em processo civil, nunca se considerou, verdadeiramente, atingida a imparcialidade do juiz, em virtude de este convidar as partes ao aperfeiçoamento fáctico dos articulados, seja nos termos do art. 477.º.1 do CPC de 1961, seja nos termos do art. 29.º.c) do antigo código de processo de trabalho.

III. A fase do saneamento do processo após a vigência...   203

O que está em jogo, seja em processo civil, seja em processo laboral, é, pois, criar condições para a realização da justiça, em termos materiais[464].

Depois, não devem os juízes atemorizar-se perante o reforço dos seus poderes na condução do processo (em inúmeros aspectos, já se disse). Devem, isso sim, usar todos os meios que a lei coloca ao seu dispor para que seja realizado o fim do próprio processo[465]. Neste ponto, devemos realçar que uma coisa é a previsão do convite judicial ao aperfeiçoamento fáctico dos articulados, o que corresponde ao exercício de um poder vinculado, outra coisa é a frequência com que o "estado" dos articulados justificará tal despacho. Com efeito, o normal e o habitual será as peças escritas apresentarem-se bem organizadas, em termos fácticos, contendo alegações suficientes e precisas, tanto mais que "os advogados portugueses não primam por, invariavelmente, alegarem insuficiente ou imprecisamente os factos"[466].

Aquilo que o novo código de processo civil introduziu foi a oportunidade de todos os intervenientes processuais, nos respectivos campos de actuação, poderem contribuir, com efectividade, para a justa composição do litígio, ao mesmo tempo os responsabilizando pelos resultados alcançados. Daqui resulta que os advogados das partes devem continuar a rodear a elaboração das suas peças escritas da máxima cautela e precisão, não

---

[464] Sem prejuízo de melhor opinião, não nos parece que a especificidade das questões jurídico-laborais, só por si, justifique diversa postura do juiz, quando se trata de obter a justa composição do litígio. Cfr., no entanto, em anotação ao acórdão do STJ (secção social), de 6 de Junho de 1986, a opinião de Antunes Varela, publicada na *RLJ*, n.º 3826, ps. 31-23, e n.º 3827, ps. 46-52. Nesta anotação, Antunes Varela, para além de questionar a bondade de tal "disposição singular" [o referido art. 29.º.c) do código de processo do trabalho], por, em seu entender, quebrar uma "das regras de ouro de todo o processo civil", estabelece um paralelo com o art. 477.º.1 do CPC de 1961, fazendo deste preceito uma interpretação bastante restritiva.

[465] Neste contexto, importa enaltecer a posição assumida por A. Abrantes Geraldes (*op. cit.*, Vol. I, p. 59, nota de rodapé n.º 75), ele próprio magistrado judicial, para quem não é compreensível que alguns sectores da magistratura judicial fiquem presos a um "sistema falido". Este magistrado, apesar de entender que a reforma processual é insuficiente, não tem dúvidas em depositar expectativas no princípio da cooperação, sendo peremptório ao afirmar que a sua concretização não colide com a independência e a imparcialidade do juiz, já que a cooperação dos intervenientes processuais pode acontecer, mantendo cada um o "seu posto" (cfr. a entrevista concedida à revista *Vida Judiciária*, n.º 2-Maio de 1997).

[466] Cfr. A. Montalvão Machado (*op. cit.*, p. 275).

lhes sendo lícito, a pretexto da hipótese de convite ao aperfeiçoamento, qualquer laxismo ou facilitismo no desempenho da sua tarefa, como que *confiando* ao juiz funções que, em essência, são próprias do mandatário judicial[467]. Se, eventualmente, forem advertidos para aperfeiçoarem os articulados, os advogados não têm de sentir-se melindrados. Devem, isso sim, começar por fazer uma análise rigorosa da situação. Quando, em consciência, entenderem que a peça em apreço não justifica aperfeiçoamento algum, não têm de o fazer. Mas, se concluírem o contrário, é conveniente que procedam aos ajustamentos adequados e possíveis, sob pena de, provavelmente, estarem a determinar o desfecho da lide, em sentido desfavorável ao respectivo constituinte, o que não é, deontologicamente, legítimo.

Por seu turno, quando se depare com articulados carecidos de aperfeiçoamento, o juiz não tem de recear dar cumprimento à lei. Deve, aliás, fazê-lo com todo o empenho, próprio de quem está investido da nobre função de administrar a justiça. A grande questão que aqui se coloca é a do modo de expressar este convite ao aperfeiçoamento. Com efeito, se a intervenção judicial prevista no art. 508.º.3 do CPC deve ser assumida com vigor e sem reservas, atento o objectivo perseguido, também é certo que o juiz deve ter particular cautela na prolação desse despacho. Estamos cientes de que este será, porventura, um dos pontos mais sensíveis da actuação do juiz na acção declarativa, o que não significa que o problema se resolva torneando-o, isto é, deixando de proferir o despacho pré--saneador[468]. Dito de outro modo, a cautela não passa por não proferir esse despacho. Passa, isso sim, por um critério de bom senso e razoabilidade. Em cada caso, deve o juiz verificar qual o melhor meio de alertar as partes

---

[467] Até porque a omissão fáctica pode, em certas circunstâncias – se for dolosa ou resultar de negligência grave –, ter carácter preclusivo, a título de litigância de má fé. Neste sentido, M. Teixeira de Sousa (*Estudos sobre o novo ...*, ps. 78-79). Esta perspectiva evitará, segundo cremos, os receios de Pais de Sousa/Cardona Ferreira (*op. cit.*, p. 39), quando afirmam que o regime do art. 508.º.3 do CPC pode redundar num "*convite legal* ao facilitismo".

[468] Salvo o devido respeito, parece-nos que a ideia, subscrita por Pais de Sousa/ /Cardona Ferreira (*op. cit.*, p. 40), de que o juiz deve "intrometer-se o menos possível" no aperfeiçoamento dos articulados, marca uma posição de princípio, que não se coaduna com o espírito do novo código. Com efeito, tal intervenção não há-de ser a maior possível, nem a menor possível. Há-de ser a que for aconselhada e justificada pelo caso concreto, não esquecendo nunca os limites da razoabilidade e da prudência que devem caracterizar a função judicial.

III. A fase do saneamento do processo após a vigência... 205

perante esta ou aquela insuficiência ou imprecisão dos articulados. Se defendemos que esta intervenção não tem que bulir com a sua imparcialidade, é indispensável, ainda assim, que não seja a concreta actuação do juiz a criar, ela própria, a aparência de menor equidistância[469].

O convite ao aperfeiçoamento fáctico dos articulados supõe um juiz actuante, atento e empenhado, mas também dotado de muito bom senso e sobriedade, intervindo sempre com conta, peso e medida, não invadindo a esfera da disponibilidade das partes, não esquecendo que a estas (e seus mandatários) cabe definir as respectivas estratégias processuais, mas também ciente de que o princípio da cooperação não lhe permite ficar indiferente ao resultado da acção. Assim, convidando ao aperfeiçoamento, o juiz não tem de – nem pode, aliás – sugerir que o aperfeiçoamento das alegações se faça neste ou naquele sentido, menos ainda pode apontar para a formulação de novas pretensões[470]. Situando-se no exacto campo definido pelas partes, o juiz deve limitar-se a verificar se as alegações fácticas deduzidas por aquelas são suficientes para integrar a previsão normativa correspondente e, quando o forem, se estão concretizadas em termos adequados. Detectada alguma insuficiência ou imprecisão, o despacho pré--saneador apenas a há-de apontar, remetendo para a parte a opção quanto ao modo de aperfeiçoar o seu articulado[471]. Neste ponto, a função do juiz termina aí, na advertência dirigida à parte.

No âmbito do nosso estudo, parece ser este o limite do princípio da cooperação, tal como ficou consagrado no novo código de processo civil. É que, conforme vem sendo entendido, o CPC de 1995 consagrou o princípio da cooperação numa versão mitigada, isto é, não levando até ao fim todas as decorrências deste princípio, ao contrário do que sucede no direito processual civil alemão[472,473].

---

[469] Em sentido semelhante, J. Aveiro Pereira (*op. cit.*, ps. 104-105).

[470] Neste sentido, A. Abrantes Geraldes (*op. cit.*, Vol. II, p. 84).

[471] Usando o exemplo apresentado por Pais de Sousa/Cardona Ferreira (*op. cit.*, p. 40), dir-se-á que o juiz deve limitar-se a perguntar à parte o que quis dizer quando alegou que houve *hospedagem*, não sendo já correcto tomar, ele próprio, a iniciativa de concretizar o conceito, pondo a resposta "na boca do interessado".

[472] Sobre este ponto, cfr. Lopes do Rego (*op. cit.*, p. 212) J. Pereira Batista (*op. cit.*, p. 72, nota 121). Será talvez nesta linha de pensamento que J. Lebre de Freitas (*Introdução* ..., p. 151) afirma que o desenvolvimento do princípio da cooperação, entre nós, implica poderes do juiz e deveres das partes. Admite-se que o dito carácter mitigado do princípio possa dar essa ideia. No entanto, sob pena de tudo ficar na mesma, parece ser de concluir que, em certas situações, o juiz estará vinculado a assumir determinada postura (por exem-

206 *Paulo Pimenta*

*

Para concluir estas considerações acerca do regime da prolação do despacho previsto no art. 508.º.3 do CPC, nas quais concluímos pelo seu carácter vinculado, importa definir em que termos pode reagir-se contra o facto de juiz não ter proferido o despacho pré-saneador de convite ao aperfeiçoamento fáctico dos articulados.

Tratando-se, como se trata, de um despacho vinculado, a sua omissão constituirá uma irregularidade, submetida ao regime das nulidades previstas no art. 201.º.1 do CPC, pois que é susceptível de influir no exame ou decisão da causa.

No entanto, importa ter presente, conforme assinalámos, que o dever de proferir este despacho supõe que o juiz se aperceba de alguma insuficiência ou imprecisão na exposição ou concretização da matéria de facto alegada nos articulados. Ora, em termos práticos, as partes só têm condições para verificarem que o juiz detectou (ou podia ter detectado) alguma imperfeição fáctica e, apesar disso, não proferiu o correspondente despacho de convite, quando aquele vier a proferir uma decisão em que aponte essa imperfeição como razão para decidir num certo sentido, desfavorável à parte cuja alegação se mostrava imperfeita. Em função do caso concreto, tal decisão tanto pode acontecer no despacho saneador, como na sentença final. Seja como for, notificada dessa decisão, a parte pode invocar, nos termos gerais (cfr. o art. 205.º.1 do CPC), a nulidade processual resultante de o juiz ter omitido a prolação de um despacho que, a ser proferido, poderia ter contribuído para que a matéria de facto considerada na sentença apresentasse outros contornos[474]. Arguida tal nulidade, a sua pro-

---

plo, no plano dos factos da causa, não os introduzindo, mas *perguntando por eles*), coisa que era menos nítida no regime anterior. Sobre o regime alemão, cfr., de novo, Jauernig (*op. cit.*, ps. 140-144).

[473] Quanto às diversas facetas do princípio da cooperação, cfr. M. Teixeira de Sousa (*Apreciação* ..., ps. 361-364, e *Estudos sobre o novo* ..., ps. 62-69). Cfr., também, Rosenberg (*op. cit.*. Vol. I, ps. 388-391). Cfr., ainda, J. Lebre de Freitas (*Introdução* ..., ps. 148-152).

[474] É claro que este raciocínio assenta no pressuposto de que a parte não providenciou, espontaneamente, pelo aperfeiçoamento fáctico, na audiência preliminar [cfr. o art. 508.º-A.1.c) do CPC], sendo que tal só poderia acontecer se, entretanto, ela própria se apercebesse da insuficiência ou imprecisão do seu articulado. Assim como assenta no pressuposto de que da instrução da causa (se o processo não terminou no despacho

III. A fase do saneamento do processo após a vigência...   207

cedência implica a prolação do despacho pré-saneador, para os fins do art. 508.°.3 do CPC, retomando a acção a sua marcha a partir desse momento processual (cfr. o art. 201.°.2 do CPC)[475].

Por outro lado, uma vez que a omissão deste despacho pré-saneador constitui uma irregularidade submetida ao regime das nulidades secundárias, nos termos do art. 201.° do CPC, a falta da sua oportuna arguição pela parte terá efeito preclusivo. Nessa conformidade, subindo o processo em recurso, por outro motivo, o tribunal superior estará impedido de, *sponte sua*, vir a suscitar a questão da falta do despacho pré-saneador.

---

saneador) não resultaram "pistas" que accionassem o regime do art. 264.°.3 do CPC. Em qualquer desses casos, seria a dinâmica do processo a *reparar* a omissão do juiz, assim se suprindo, por via indirecta, a nulidade.

[475] Aproveitemos para registar que, no caso tratado pelo referido acórdão do tribunal da Relação do Porto, de 25 de Junho de 1998 (*CJ*, 1998, T. III, p. 223), o que a autora deveria ter feito, na sequência da notificação do despacho saneador que julgou a acção improcedente, com fundamento na insuficiência da alegação, era arguir, perante o juiz da causa, a nulidade da falta de prolação do despacho previsto no art. 508.°.3 do CPC, apenas recorrendo da decisão que indeferisse tal arguição. Sobre este ponto não se pronunciou, no entanto, a Relação do Porto.

5. AUDIÊNCIA PRELIMINAR

5.1. **Preliminares**

No traçado da acção declarativa ordinária, emergente da reforma de 1995, o legislador consagrou a realização de uma audiência preliminar, a ter lugar na fase do saneamento do processo.

Esta audiência constitui um dos pontos mais destacados (e também mais controversos) da reforma processual, passando por ela – e por aquilo que poderá proporcionar – grande parte das expectativas acerca da evolução do panorama processual civil português.

Expressando isso mesmo, o Relatório do primeiro dos diplomas em que assenta o CPC de 1995 (o DL n.º 329-A/95, de 12.12) regista que "onde, verdadeiramente, se inova de base, é com a instituição da «audiência preliminar»", esclarecendo que tal audiência "é erigida em pólo aglutinador de todas as medidas organizativas do mesmo processo e traduz a instituição de um amplo espaço de debate aberto e corresponsabilizante entre as partes, seus mandatários e o tribunal, de forma que os contornos da causa, nas suas diversas vertentes de facto e de direito, fiquem concertada e exaustivamente delineados".

A instituição da audiência preliminar no nosso ordenamento jurídico-processual resulta de uma clara opção legislativa, cujo sentido foi apontado, conforme dissemos, no Despacho ministerial n.º 12/92, de 27 de Janeiro, despacho que marcou o início dos trabalhos que culminaram na apresentação das referidas "Linhas orientadoras" e, mais tarde, no próprio CPC de 1995.

A audiência preliminar (e, por via dela, toda a fase do saneamento) assume-se como um dos momentos mais marcantes da acção declarativa.

A introdução desta diligência judicial pretende dar outro fôlego ao processo civil português. É através dela que terão concretização algumas das ideias estruturantes do novo processo civil. Procura-se assegurar, com efectividade, a aproximação entre as partes, e estas e o tribunal, através do diálogo. Visa-se que a actuação dos sujeitos processuais seja dominada pela ideia da oralidade e da cooperação entre todos.

Certo é que tal modo de estar e actuar em juízo não colide, nem podia colidir, com a posição relativa que cada um desses intervenientes tem no processo. Portanto, o autor procurará obter ganho de causa e o seu advogado patrociná-lo-á para aquele fim, o réu pretenderá a sua absolvição (total ou parcial) e será patrocinado nesse sentido, e ao juiz sempre caberá decidir a questão. Do que se trata é superar um modelo em que todos actuavam de *costas voltadas*[476] (cada um olhando o processo do seu estrito ponto de vista), substituindo-o por um outro em que, sem prejuízo das perspectivas e motivações próprias da demanda, da defesa e do julgador, todos se compenetrem num objectivo comum, que os suplanta mesmo. E tal objectivo – que constitui a função do processo civil – será a justa composição do litígio, o que supõe que a decisão seja proferida com oportunidade e adequação. Assim se construirá o sucesso do processo civil, pelo qual serão responsáveis as partes e o tribunal[477].

Ora, a audiência preliminar contém virtualidades que a tornam um *palco* privilegiado onde, simultaneamente, *actuam* todos os intervenientes processuais, numa verdadeira "comunidade de trabalho", sendo tal audiência um dos expoentes máximos da oralidade e da cooperação que caracterizam o novo processo civil[478,479].

Antes de prosseguirmos, convém fazer uma breve referência à origem da audiência preliminar, figura que é conhecida em diversos orde-

---

[476] E, quase sempre, com intervenções processuais não concomitantes. Quer dizer, autor, réu e juiz iam actuando (apresentando articulados, requerimentos e alegações ou proferindo decisões) em momentos sucessivos, e por escrito.

[477] Cfr. M. Teixeira de Sousa (*Apreciação* ..., p. 361, e *Estudos sobre o novo* ..., p. 26).

[478] Esta audiência será uma das formas mais importantes de materializar aquilo que M. Teixeira de Sousa (*Estudos sobre o novo* ..., ps. 87-89) designa por "regresso ao *iudicium*", isto é, a retoma de uma tradição de oralidade, que caracterizou o processo noutros períodos históricos. Dando nota dessa tradição e discorrendo sobre o conceito de oralidade, Rosenberg (*op. cit.*, Vol. I, ps. 394 e ss.). Sobre o assunto, cfr., ainda, Chiovenda (*op. cit.*, Vol. 1, ps. 160 e ss.).

[479] Para uma aproximação à figura da audiência preliminar, cfr. M. Teixeira de Sousa (*A audiência preliminar* ..., ps. 13-30) e Rui Rangel (*op. cit.*, ps. 198-220).

III. A fase do saneamento do processo após a vigência...

namentos jurídicos, se bem que em enquadramentos nem sempre coincidentes[480].

A origem desta audiência encontra-se no direito austríaco. De acordo com o regime instituído nos §§ 230, 231 e 239 da lei processual austríaca (ÖZPO)[481], tal audiência tem em vista a discussão oral da causa, sendo convocada logo após a apresentação da petição inicial, tendo o réu a oportunidade de aí apresentar a sua contestação por escrito (cfr. os §§ 239.2 e 243.1 da ÖZPO)[482].

Mais tarde, o direito alemão adoptou regime semelhante ao austríaco[483,484]. Nos termos do § 272 da lei processual alemã (ZPO), antes de atingida a audiência final, na sequência da qual se porá termo à questão (cfr. o § 278 da ZPO), a preparação do processo pode ser feita por duas vias, conforme determinação do juiz: – uma audiência oral (cfr. o § 275.º da ZPO) ou um procedimento escrito (cfr. o § 276 da ZPO). A referida audiência oral corresponde à audiência preliminar e, tal como no direito austríaco, tem lugar depois apresentada a petição inicial, para ela sendo convocados o autor e o réu, podendo este deduzir aí a sua contestação escrita, invocando os seus argumentos defensionais e reconvencionais. Tal audiência, para além de servir para tentar conciliar as partes (cfr. o § 279 da ZPO), desempenha uma função preparatória da audiência final, aí sendo tomadas providências relativas às questões de índole processual[485].

---

[480] Neste sentido, J. Pereira Batista (*op. cit.*, p. 14, nota de rodapé n.º 25), referindo-se ao caso do processo civil belga.

[481] O código de processo civil austríaco, da autoria de Franz Klein, data de 1895, sendo reconhecido como um marco determinante na evolução do processo civil, no sentido da designada "concepção social do processo". Tal nova concepção, assente numa visão publicista do processo, implica, nomeadamente, o reforço dos poderes do juiz, a consagração da oralidade e da imediação, a consagração de um dever de cooperação entre todos os intervenientes processuais. Acerca das virtudes do código austríaco e da sua repercussão noutros ordenamentos jurídicos (influência que se prolongou por todo o século que agora finda), cfr. Pessoa Vaz (*op. cit.*, ps. 300 e ss.).

[482] Para uma descrição breve do procedimento austríaco e dos princípios fundamentais do seu processo civil, cfr. Goldschmidt (*op. cit.*, ps. 40-42).

[483] Dando nota disso, Chiovenda (*op. cit.*, Vol. 3, ps. 77-79).

[484] O código de processo civil alemão data de 1877, embora tenha sofrido várias alterações de vulto. Com algumas referências a esse propósito, cfr. Teresa Anselmo Vaz (*op. cit.*, ps. 879-881).

[485] Com referências a propósito dos regime austríaco e alemão, M. Teixeira de Sousa (*Apreciação* ..., ps. 395-397).

A circunstância de não haver correspondência entre o momento processual em que a audiência preliminar ocorre nestes dois países e o momento em que tal acontece em Portugal, leva a que se entenda que o antecedente mais próximo da nossa audiência preliminar é o regime instituído no já referido Anteprojecto de Código-Tipo de Processo Civil para a América Latina (doravante, Código-Tipo)[486,487]. Com efeito, nos termos fixados nesse documento[488], findo o período da apresentação das peças escritas, será convocada a audiência preliminar (cfr. o seu art. 298.º.3), cujo conteúdo está definido no respectivo art. 301.º. Nos termos deste preceito, a audiência preliminar pode destinar-se aos seguintes fins:

- rectificação ou aclaração dos articulados oferecidos, com a possibilidade de alegação de novos factos, desde que não alterem a pretensão (original ou reconvencional) ou a defesa;
- resposta do autor às excepções deduzidas pelo réu e resposta deste às excepções que aquele tenha oposto à reconvenção;
- tentativa de conciliação;
- eventual produção de prova sobre as excepções deduzidas;

---

[486] Neste sentido, M. Teixeira de Sousa (*Apreciação* ..., ps. 395-397). Cfr., também, C. Ferreira da Silva (*op. cit.*, p. 289), J. Lebre de Freitas (*A acção declarativa* ..., p. 131, nota de rodapé n.º 10), J. Pereira Batista (*op. cit.*, p. 14, nota de rodapé n.º 25). Registe-se que Antunes Varela (*A reforma do processo civil português* ..., *RLJ*, n.º 3885, p. 360), com a perspectiva muito crítica que tem sobre o CPC de 1995, embora também aponte aquele Anteprojecto de Código-Tipo como a fonte da nossa audiência preliminar, afirma que esta não passa de um "tosco decalque" sobre aquele, mais referindo que, entre nós, não faria falta tal diligência, dadas as nossas "sólidas raízes na área do saneamento do processo".

[487] O Código-Tipo, datado de 1988, é fruto de uma importante iniciativa do "Instituto Iberoamericano de Derecho Procesal" e, nas palavras de Roberto Omar Berizonce (*op. cit.*, p. 11), "pretende erigirse en un modelo paradigmático en el cual pueden espejarse las sentidas (...) transformaciones de los ordenamientos procesales de las naciones iberoamericanas". Registe-se que, segundo alguns autores, este Código-Tipo (ao lado do código de processo civil uruguaio, de 1989) representa um estádio muito evoluído do processo civil, no sentido da oralidade e da cooperação, estabelecendo um adequado equilíbrio entre os direitos das partes e os poderes do juiz. Tais diplomas espelham aspectos fundamentais da concepção de Franz Klein, podendo dizer-se esses dois diplomas "formam em conjunto o segundo pilar da *grande ponte*, cujo primeiro pilar é constituído (...) pelo Código Austríaco de 1895" [cfr. Pessoa Vaz (*op. cit.*, p. 366), citando Storm e Waltjen].

[488] Nas palavras de C. Rangel Dinamarco (*op. cit.*, p. 117), este documento constitui um "monumento da cultura latina".

III. A fase do saneamento do processo após a vigência... 213

– prolação de decisão interlocutória para saneamento do processo;
– fixação definitiva do objecto do processo e da prova, decisão sobre os meios de prova indicados pelas partes, e produção da prova que possa realizar-se na própria audiência;
– quando não possa produzir-se toda a prova nessa audiência, designação de audiência complementar para concluir a actividade probatória[489].

O modo como está delineado o funcionamento da audiência no Código-Tipo aponta no sentido de a mesma vir a ser, simultaneamente, uma audiência final[490]. Com efeito, sendo possível produzir toda a prova nessa audiência, logo se passará às alegações das partes, restando proferir sentença (cfr. os arts. 302.º.6 e 303.º.6 e 7 do referido documento).

Apesar da aparente simplicidade e brevidade do procedimento previsto no Código-Tipo, cremos que, as mais das vezes, o normal desenvolvimento dos processos não será muito compatível com a concentração de toda a actividade instrutória na audiência preliminar. Quer dizer, o processo acabará por comportar, habitualmente, duas audiências[491]. A preliminar destinar-se-á às actividades (ou algumas delas) acima indicadas, com excepção da produção de prova, a qual ficará remetida para uma outra audiência, que o documento em apreço designa por complementar, mas que, no fundo, corresponde à nossa tradicional audiência final[492].

Registe-se que, sem embargo das evidentes afinidades entre a audiência preliminar delineada no Código-Tipo e a que veio a ser con-

---

[489] A propósito da regulamentação e da importância da audiência preliminar no Código-Tipo, com referência à previsão da figura noutros ordenamentos jurídicos, cfr. Víctor Faíren Guillén (*op. cit.*, ps. 825-899).

[490] Neste sentido, C. Ferreira da Silva (*op. cit.*, p. 289) e J. Aveiro Pereira (*op. cit.*, p. 109).

[491] Defendendo, face ao Código-Tipo, a conveniência de marcar a diferença entre uma audiência preliminar (de saneamento do processo e preparação das fases seguintes) e uma audiência final (de produção e apreciação da prova e decisão), cfr. C. Ferreira da Silva (*op. cit.*, p. 293).

[492] Nesta linha de pensamento, Antunes Varela (*A reforma do processo civil português...*, *RLJ*, n.º 3885, p. 360, nota de rodapé n.º 93) duvida de que, mesmo nos próprios países latino-americanos que venham a adoptar o sistema do Código-Tipo, as acções cíveis decorram com a simplicidade e a brevidade (audiência única) para que tal documento aponta.

sagrada em Portugal (cujo conteúdo melhor analisaremos adiante), é patente que o nosso legislador não seguiu, inteiramente, aquele modelo, já que previu uma audiência final (de instrução, discussão e julgamento), a realizar em momento ulterior do processo. Na realidade, desde a primeira hora (cfr. as "Linhas orientadoras"), as alusões feitas à nova audiência preliminar deixaram claro que, não terminando o processo na fase do saneamento (o que suporia a desnecessidade de mais provas), a tal audiência se seguiria uma outra, funcional e substancialmente distinta daquela, solução que, de resto, obteve consagração no CPC de 1995[493].

Segundo cremos, a solução portuguesa, neste domínio, é adequada e equilibrada. Na verdade, pensamos que é importante, até em termos psicológicos, marcar a diferença entre a audiência preliminar e a audiência final. De resto, a primeira deve ser pautada pelos princípios da oralidade e da cooperação, na qual todos os intervenientes processuais se devem empenhar para que, em conjunto, se obtenha a melhor definição dos contornos da causa, resolvendo e superando os aspectos susceptíveis de condicionarem a justa composição do litígio. Em contrapartida, na audiência final, a actuação das partes é orientada pela preocupação de conseguirem um bom desempenho na actividade instrutória e na discussão da causa, sendo conveniente que disponham de oportunidade para a sua preparação. Por outras palavras, se a audiência preliminar proporciona uma *aproximação* das partes e do juiz, tendo em vista os fins da própria diligência, é natural e compreensível que a audiência final traga algum *afastamento*, ou não fosse esse o *momento da verdade*, de cujo desenvolvimento pode resultar o desfecho da lide. Trata-se, pois, de um comedimento (um resguardo) adequado à própria audiência, mas que não é incompatível com a postura, cooperante e dialogante, que todos os intervenientes devem ter no novo processo civil[494].

Por outro lado, e apesar do que dissemos, será de todo conveniente que haja alguma conexão, alguma continuidade, entre ambas as audiências. A audiência preliminar serve, além do mais, para preparar a audiência final. Portanto, o ideal seria que entre uma e outra não decorresse

---

[493] Sem prejuízo de certa actividade probatória poder, eventualmente, ocorrer na audiência preliminar (cfr. o art. 556.º.3 do CPC).

[494] De resto, a colocação do juiz e dos advogados das partes na sala de audiências marca algum distanciamento entre cada um dos intervenientes nessa audiência final, o que é compreensível e salutar.

III. A fase do saneamento do processo após a vigência...   215

muito tempo, aproveitando-se esse período para as diligências instrutórias a realizar antes e fora da audiência final[495,496].

O que parece um dado seguro é que a previsão de uma audiência preliminar na tramitação da acções cíveis vai de encontro à orientação mais moderna do processo civil, sendo tal audiência um relevante meio de materializar e alargar o âmbito da oralidade. Actualmente, a audiência preliminar tem consagração nos mais diversos ordenamentos[497].

Em Itália, o art. 183.º do *Codice di procedura civile*[498] prevê a realização da *prima udienza di trattazione*, que é convocada depois de corrida a fase da apresentação do litígio (cfr. os seus arts. 163.º e 167.º), e corresponde à nossa audiência preliminar, sob a direcção de um juiz instrutor. Nessa audiência, o juiz instrutor, além de tentar a conciliação das partes (quando a matéria o permitir), pode interrogá-las livremente,

---

[495] Neste sentido, M. Teixeira de Sousa (*Apreciação* ..., p. 396).

[496] Criticando a opção do legislador português, que assenta, como dissemos, na dicotomia audiência preliminar/audiência final, cfr. J. Aveiro Pereira (*op. cit.*, ps. 109--110), preferindo que tudo se resolvesse na audiência preliminar.

[497] Curiosamente, o código de processo civil de Macau, que entrou em vigor no dia 1 de Novembro de 1999, não consagrou a realização de uma audiência preliminar. Isto, apesar do seu evidente paralelismo com o CPC de 1995 e da nítida influência que sofreu deste, influência decorrente, além do mais, do facto de o coordenador da respectiva comissão de revisão ter sido o Desembargador Borges Soeiro, que já exercera funções semelhantes (na qualidade de secretário de Estado adjunto), na comissão responsável pelas "Linhas orientadoras" e pelo primeiro dos diplomas em que assenta o CPC de 1995 (o citado DL n.º 329-A/95, de 12.12). Ora, no CPC de Macau, a fase do saneamento está regulada nos arts. 427.º a 431.º, sob a epígrafe "Saneamento e preparação do processo", e prevê a prolação de um despacho semelhante ao nosso pré-saneador (embora continue a haver despacho liminar sobre a petição – cfr. os arts. 394.º, 397.º e 398.º), prevê uma tentativa de conciliação (cfr. o art. 428.º), prevê o despacho saneador (cfr. o art. 429.º) e prevê a selecção (por escrito) da matéria de facto, desde que a acção deva prosseguir e tenha sido contestada (cfr. o art. 430.º), após o que são as partes notificadas para indicarem as provas (cfr. o art. 431.º). Como se vê, neste diploma, a fase do saneamento é dominada pela forma escrita, nos moldes tradicionais do nosso processo civil, aí não vingando a oralidade. Admitimos que tal solução tenha sido a possível, à luz da chamada política de "localização" dos diplomas legais elaborados pelo Governo de Macau, isto é, a sua adequação à realidade local. É que a oralidade supõe uma determinada concepção do processo, da função judicial e da posição das partes, concepção que talvez ainda não encontre naquelas paragens o terreno mais propício.

[498] O CPC italiano data de 1942, embora tenha sofrido importantes reformas. Para o nosso trabalho, importa atentar na reforma de 1990, pela Lei n.º 353, de 26.11.1990, e a de 1995, pela Lei n.º 534, de 20.12.1995. Sobre a evolução legislativa, no âmbito deste tema, cfr. Consolo/Luiso/Sassani (*op. cit.*, ps. 116-163).

216 Paulo Pimenta

solicitando esclarecimentos sobre as respectivas alegações de facto. É também nesta audiência que o juiz instrutor indica as questões que considera relevantes. Por outro lado, o autor é admitido a tomar posição sobre as excepções ou a reconvenção que o réu tenha deduzido. Além disso, podem as partes precisar ou modificar as pretensões por si deduzidas, bem como as conclusões já formuladas, com a possibilidade de lhes ser concedido prazo para o fazerem por escrito, com o consequente direito de resposta por escrito[499]. Importa registar que, antes da reforma de 1995, essa audiência preliminar tinha um âmbito mais abrangente, pois se iniciava por uma fase dita preparatória, destinada a considerar questões de índole processual. No entanto, com a reforma de 1995, a *udienza di trattazione* passou a ser antecedida de uma outra diligência – a *udienza di prima comparazione* –, regulada no art. 180.º do CPC italiano[500]. Esta audiência, dominada pela oralidade, tem em vista verificar a regularidade do contraditório (e providenciar pela sanação dos vícios detectados), bem como o respeito pelos demais pressupostos processuais. É nessa audiência que se designa data para a audiência preliminar. Tal audiência serve ainda para, a requerimento do réu, lhe ser marcado um prazo (não inferior a vinte dias, relativamente à data audiência preliminar) destinado à dedução em juízo das excepções processuais e de mérito que não sejam de conhecimento oficioso[501].

---

[499] Note-se que, segundo o art. 183.º do CPC italiano, na redacção emergente da reforma de 1990, apenas era livre o acto de precisar as pretensões ou as conclusões, pois as modificações dependiam já de autorização do juiz. O regime actual foi introduzido na citada reforma de 1995, assim atenuando alguma da rigidez do sistema anterior. Sobre o âmbito desta audiência, cfr. Consolo/Luiso/Sassani (*op. cit.*, ps. 135 e ss.) e Satta/Punzi (*op. cit.*, ps. 303 e ss.).

[500] Sobre esta audiência de primeira comparência, cfr. Consolo/Luiso/Sassani (*op. cit.*, ps. 116 e ss.) e Satta/Punzi (*op. cit.*, ps. 301-303).

[501] Este último ponto resultou de uma importante alteração introduzida pela reforma de 1995 no art. 167.º do CPC italiano. Este preceito, na redacção emergente da reforma de 1990, impunha ao réu, sob pena de preclusão, a concentração de todos os seus argumentos (de impugnação, de excepção ou reconvencionais) na contestação. Actualmente, após as alterações de 1995, o regime é menos rígido. Assim, aquele art. 167.º só prescreve a dedução, na contestação, dos argumentos de impugnação e da reconvenção, sem prejuízo da introdução de ajustamentos posteriores, nos termos do referido art. 183.º do mesmo diploma. Quanto às excepções de conhecimento não oficioso, podem ser invocadas em momento intermédio entre a *udienza di prima comparazione* (cfr. o art. 180.º) e a *prima udienza di trattazione* (cfr. o art. 183.º). Sobre este ponto, cfr. Consolo/Luiso/Sassani (*op. cit.*, ps. 99 e ss.).

III. A fase do saneamento do processo após a vigência...	217

Em Espanha, a nova *Ley de enjuiciamiento civil* (doravante, LEC)[502] introduziu na tramitação do processo ordinário, findos os articulados, a *audiencia previa al juicio* (cfr. os arts. 414.º a 430.º da LEC), marcada pela oralidade e destinada a diversas finalidades, designadamente, tentativa de conciliação, exame e resolução de questões processuais, aclaração das alegações formuladas, sua rectificação ou dedução de alegações complementares (sem alterar, substancialmente, as pretensões deduzidas), definição dos factos controvertidos e proposição das provas[503].

No Brasil, por influência dos processualistas latino-americanos, foi também introduzida uma audiência preliminar, prevista no art. 331.º do respectivo código de processo civil[504]. Considerando o âmbito que lhe foi assinalado, pode dizer-se que esta audiência "preordena-se ao trinômio *conciliação-saneamento-organização*", valendo como um "instrumento moderno destinado a promover o diálogo entre juiz e partes"[505]. Assim, a audiência preliminar começará pelas diligências tendentes a obter a conciliação das partes, desde que a causa verse sobre direitos disponíveis. Se a acção não terminar por conciliação, passará o juiz a ponderar sobre questões processuais pendentes. Quando a apreciação dessas questões não conduza à extinção do processo, seguir-se-á a organização da instrução, fixando-se os factos controvertidos, determinando-se as provas a produzir e marcando-se audiência de instrução e julgamento[506, 507].

---

[502] Trata-se da Lei n.º 1/2000, de 7 de Janeiro, publicada no dia imediato, cujo início de vigência foi marcado para Janeiro de 2001, decorrido um ano sobre a data da sua publicação.

[503] Para uma visão mais pormenorizada das inovações da LEC, neste e noutros temas, cfr. Faustino Cordón Moreno (*op. cit.*, ps. 13-47).

[504] O CPC brasileiro data de 1973. A redacção actual deste preceito resultou da Lei n.º 8.952, de 13 de Dezembro de 1994.

[505] Cfr. C. Rangel Dinamarco (*op. cit.*, p. 118).

[506] Note-se que a introdução da audiência preliminar no processo civil brasileiro trouxe uma importante alteração quanto ao momento processual da definição dos factos carecidos de prova. É que, tradicionalmente (segundo o revogado art. 451.º do CPC), tal definição era feita na própria audiência de instrução e julgamento. Conforme já assinalámos (cfr. *supra III.2.3*), o art. 507.º do Projecto de CPC de 1990 previa solução semelhante à que existia no Brasil.

[507] Para maiores desenvolvimentos, cfr. C. Rangel Dinamarco (*op. cit.*, ps. 115 e ss.).

A audiência preliminar é, por via de regra, de realização obrigatória no processo ordinário, devendo ser convocada quando estiverem concluídas as diligências decorrentes da prolação do despacho pré-saneador ou logo após o final dos articulados, se não tiver sido proferido aquele despacho (cfr. o proémio do art. 508.º-A.1 do CPC).

A marcação da audiência é feita por meio de despacho, o qual deve indicar, concretamente, o seu objecto e finalidade (cfr. o art. 508.º-A.3 do CPC). O teor deste despacho é muito importante. Na realidade, a instituição da audiência preliminar no nosso processo civil resulta do reconhecimento das vantagens do diálogo proporcionado pelo contacto directo dos intervenientes no processo. Tal diálogo só será proveitoso se todos forem preparados para o mesmo. Ora, essa preparação supõe que as partes e seus mandatários saibam o que vai acontecer, o que vai discutir-se, o que vai tratar-se na audiência preliminar. Disso devem ser informados pelo despacho que marca a audiência. O mesmo é dizer que o juiz deve ter o cuidado e o rigor de indicar, expressamente, o objecto da audiência preliminar.

Nessa conformidade, se pretender procurar a conciliação das partes, deve referir isso no despacho. Se pretender ouvir as partes acerca de uma excepção dilatória, deve identificar a excepção. Se a audiência tiver por fim esclarecer este ou aquele ponto de facto alegado nos articulados, deve dar-se nota disso. Se o juiz projectar conhecer do mérito da causa, e houver vários pedidos formulados (originais ou reconvencionais) ou houver excepções peremptórias, é indispensável indicar de qual aspecto do mérito da causa pretende conhecer-se, para que as partes preparem a sua intervenção sobre esse tema. Não é adequado, nem cumpre a lei, o despacho que contenha singelas referências genéricas ou que se limite a remeter para as alíneas do n.º 1 do art. 508.º-A do CPC ou a reproduzi-las, embora isso seja muito frequente nos nossos tribunais[508].

---

[508] Se defendemos que o despacho deve indicar com precisão o objecto da audiência preliminar, para que as partes possam preparar-se adequadamente, temos de entender que não é correcto que na audiência venham a tratar-se assuntos não indicados no despacho convocatório. Essa possibilidade não nos parece compatível com o princípio do contraditório, pois as partes seriam colhidas de surpresa. Com posição semelhante à nossa, cfr. A. Montalvão Machado (*op. cit.*, p. 300 e p. 316, nota de rodapé n.º 588). Em sentido contrário, A. Abrantes Geraldes (*op. cit.*, Vol. II, p. 107).

III. A fase do saneamento do processo após a vigência... 219

De acordo com a previsão do art. 508.º-A do CPC, podemos agrupar os objectivos visados pela audiência preliminar em duas categorias:

– objectivos principais;
– objectivos complementares[509].

5.2. Objectivos principais da audiência preliminar

Os objectivos principais da audiência preliminar estão discriminados nas diversas alíneas do n.º 1 do art. 508.º-A do CPC.

5.2.1. *Tentativa de conciliação das partes*

De acordo com o art. 508.º-A.1.a), a primeira finalidade da audiência preliminar é a de tentar a conciliação das partes, nos termos definidos pelo art. 509.º do CPC.

Cumprida a fase dos articulados, e antes de o processo avançar para as fases seguintes, é conveniente que o juiz pondere sobre a hipótese de se obter a conciliação das partes. Quando se lhe afigure viável tal possibilidade, convocará a audiência preliminar para esse efeito.

A perspectiva de uma conciliação entre as partes assume particular importância neste momento processual, isto é, na fase do saneamento. Se, por um lado, estão lançados os dados da questão e definidos os seus contornos essenciais, mercê da exposição que as partes fizeram das respectivas pretensões (permitindo a cada uma delas fazer uma ideia do que poderá *esperar* do processo), por outro lado, é ainda uma altura de bastante incerteza quanto ao desfecho da lide, pois muito depende do modo como vierem a desenrolar-se as fases subsequentes, particularmente, na produção de prova e no julgamento da matéria de facto, ao que acresce a circunstância de serem essas as fases mais desgastantes, trabalhosas e dispendiosas.

---

[509] Neste sentido, A. Montalvão Machado (*op. cit.*, ps. 281 e ss.) e A. Montalvão Machado/Paulo Pimenta (*O novo processo...*, ps. 198 e ss.). Usando a mesma terminologia, J. Lebre de Freitas (*A acção declarativa ...*, ps. 146 e 151). M. Teixeira de Sousa (*Estudos sobre o novo ...*, ps. 308 e 314) distingue essas finalidades em "essenciais" e "acessórias", no que é acompanhado por Lopes do Rego (*op. cit.*, p. 343).

Na verdade, é conveniente que, nesta altura de transição processual, as partes façam um balanço da actividade já desenvolvida e uma previsão da que falta realizar, ponderando os riscos, dificuldades e encargos que o prosseguimento dos autos envolve, contrapondo-os às possíveis conveniências e vantagens de uma solução concertada do litígio. Daí que o juiz as confronte com a tentativa de conciliação.

Questão sempre pertinente é a relativa à atitude com que todos – juiz, partes e seus advogados – devem entrar para essa diligência. Dir-se-á mesmo que esta questão tem, hoje, particular acuidade, pois que o novo processo civil português "orienta-se agora em torno de uma racionalidade comunicativa e privilegia o diálogo entre os sujeitos processuais", conforme sustenta M. Teixeira de Sousa[510]. Esta concepção, superando uma determinada visão *bélica* ou *guerreira* do processo, favorece a procura de uma resolução dos conflitos através do contacto e conciliação dos litigantes. Estamos, portanto, no domínio do "princípio do diálogo". Daqui decorre que a tentativa de conciliação não pode ser vista pelo juiz como um mero expediente para pôr termo a mais um processo, nem sequer um meio de as partes evitarem perder tudo...

O processo existe para resolver conflitos, impondo-se que tal resolução seja obtida através da justa composição do litígio. Essa composição do litígio tanto pode obter-se pelo proferimento da sentença, como por auto-composição, isto é, pela conciliação das partes[511].

Dando expressão a essa ideia, o n.º 3 do art. 509.º do CPC, prescreve que a tentativa de conciliação, presidida pelo juiz, terá em vista a solução de equidade mais adequada aos termos do litígio.

Pode dizer-se que, neste aspecto, em nada inovou o CPC de 1995, já que os diplomas anteriores também apelavam à equidade[512]. Não será, no entanto, rigorosa tal asserção. Primeiro, devemos notar que o texto legal sofreu evolução. Enquanto, anteriormente, a lei remetia para "*uma* solução

---

[510] M. Teixeira de Sousa (*Estudos sobre o novo* ..., p. 89).

[511] Deixámos de lado, por não se enquadrarem aqui, certas outras formas de *composição* da acção, tais como as associadas à revelia do réu, à confissão do pedido e à desistência do pedido e da instância. Sobre essas figuras, cfr. M. Teixeira de Sousa (*Estudos sobre o novo* ..., ps. 193 e ss.).

[512] Recordem-se os arts. 513.º do CPC de 1939 e 509.º.1 do CPC de 1961. Note-se que o primeiro dos diplomas previa também, no seu art. 476.º, a hipótese (facultativa) de uma tentativa prévia de conciliação. Sobre esse assunto, cfr. J. Alberto dos Reis (*CPC Anotado*, Vol. II, ps. 317-321).

III. A fase do saneamento do processo após a vigência...   221

de equidade", actualmente, remete para "*a* solução de equidade". Além disso, tal solução há-de ser a "mais adequada aos termos do litígio". A substituição do artigo indefinido feminino "uma", pelo artigo definido feminino "a" só pode querer significar uma aproximação ao resultado mais preciso, mais determinado, mais exacto. Quer dizer, a solução conciliatória que se procurará no processo não será apenas uma solução, há-de ser, isso sim, *a solução* certa e justa para aquele caso concreto. Daí o reforço do texto legal, ao estatuir que tal desfecho deve ser o mais adequado aos termos do litígio[513].

Nessa conformidade, a procura da solução conciliatória supõe que todos os intervenientes assumam uma posição construtiva, cooperante e dialogante. Supõe que todos revejam o seu modo de actuar neste tipo de diligências.

Assim, estamos certos de que não andará bem o juiz da causa quando, como tantas vezes assistimos, se limitar a perguntar às partes e seus mandatários se *chegaram a acordo* ou se *há alguma hipótese de acordo*. Também não procederão bem os advogados das partes (ou estas mesmas) quando, como igualmente vimos inúmeras vezes, se limitam a afirmar que a sua posição é a que está plasmada nos autos, ou quando logo sugerem soluções desajustadas, que mais não fazem do que inviabilizar qualquer perspectiva de consenso.

Na tentativa de conciliação, o juiz deve ter um papel activo, deve assumir a iniciativa de encontrar pontos de equilíbrio entre as posições das partes, sugerindo propostas de possíveis soluções consensuais, propostas que irá reformulando ao sabor da receptividade dos litigantes. É óbvio que, nessa actuação, o juiz estará no pleno exercício da sua função jurisdicional. Significa isso que o empenho e o zelo a colocar na diligência devem manter-se sempre nos limites da sua equidistância e imparcialidade em relação às partes[514].

Fundamentalmente, o juiz deverá nortear-se por quatro vectores.

---

[513] Para Paula Costa e Silva (*op. cit.*, p. 237), este "acrescento final" do art. 509.º.3 do CPC é inútil.

[514] O juiz deve, portanto, ter muito tacto no modo como se expressa e coloca as questões, de modo a evitar a *fuga* de pistas ou elementos susceptíveis de colocar uma das partes em posição favorável ou vantajosa face à outra. Por maioria de razão, deverá abster-se de "abrir o jogo" quanto à sua posição (se a tiver já) sobre alguma questão jurídica em discussão ou sobre a verosimilhança de determinados pontos de facto controvertidos. A propósito, cfr. A. Abrantes Geraldes (*op. cit.*, Vol. II, p. 108).

Primeiro, nessa diligência, o juiz está investido numa função de verdadeiro conciliador judicial, e não de simples mediador. O mediador limita-se a aproximar as partes, procurando que estas se conciliem, mantendo-se, porém, descomprometido quanto ao resultado, ou seja, são-lhe indiferentes os termos da eventual conciliação. Por sua vez, o conciliador não deseja apenas que as partes se conciliem. Deseja que a conciliação a encontrar seja justa e razoável, seja equitativa. Por isso, diligencia no sentido de ser obtida a solução mais adequada para o caso, responsabilizando-se pelo desfecho alcançado. É seu encargo e compromisso contribuir para a realização da justiça pela via da conciliação[515].

Segundo, e como decorrência do que acaba de dizer-se, o juiz deve procurar criar condições favoráveis à conciliação. Portanto, convém que conduza a diligência num ambiente de diálogo, de abertura, de confiança e de cooperação[516], procurando motivar as partes para a importância e o significado de uma solução equitativa, no sentido mais profundo que esta encerra[517].

Este aspecto tem muito relevo. É que, quando se encontram na presença do juiz, as partes estão também, muitas e muitas vezes, a encontrar-se pela primeira vez. Tal encontro acontece depois de, por isto ou por aquilo, ter surgido um litígio entre ambas, motivador do recurso a juízo. E acontece depois de, na fase anterior do processo, terem trocado as peças escritas da acção, sem qualquer contacto directo. Ora, é compreensível que, aquando do primeiro encontro, perante o juiz, haja algum retraimento das partes. Cada uma delas vê a outra como sua adversária, portadora de interesses antagónicos aos seus. Por outro lado, o juiz não deixa de ser um estranho, a quem caberá decidir a questão. Numa palavra, a primeira reacção das partes será, habitualmente, a de alguma reserva e contenção. Perante isso, caberá ao juiz *quebrar o gelo* desse primeiro impacto. Se for capaz disso, as partes ultrapassarão a tensão inicial e, com naturalidade, acabarão por estar disponíveis para dialogar, o que significará estarem criadas as condições para se poder procurar a desejada solução de equidade.

---

[515] Cfr. Pessoa Vaz (*op. cit.*, p. 257).

[516] Cfr. Pessoa Vaz (*op. cit.*, p. 256), citando Calamandrei.

[517] Quer dizer, não deve o juiz limitar-se a fazer, perante as partes, "o elogio da paz e da concórdia". Cfr. J. Alberto dos Reis (*CPC Anotado*, Vol. II, p. 326).

III. A fase do saneamento do processo após a vigência...   223

Deve registar-se que, nessa diligência, um bom desempenho do juiz supõe, antes de mais, um conhecimento muito preciso e rigoroso do processo, ou seja, das questões em controvérsia e das posições que as partes assumiram nos autos. Sempre que o juiz revelar esse conhecimento profundo da questão controvertida, é ponto assente que as partes logo se sentirão cativadas, ganhando vontade de emitir opiniões (e de ouvir as da parte contrária) sobre o assunto – ou não fosse esse *o seu assunto*, que as trouxe a juízo e que lhes causa preocupação. É à sua questão, ao seu problema, que o juiz está a dirigir a sua atenção e o seu empenho. As partes sentem que o juiz está preocupado em contribuir para se obter uma solução justa. Tanto que revela conhecer aquilo que as divide, e até traça alguns cenários de possível consenso. Nesse momento, seguramente, estará estabelecido o diálogo entre todos, do qual muito haverá a esperar.

Em face do exposto, torna-se evidente que o cabal desempenho da função conciliadora do juiz não se pode circunscrever (embora possa e deva mesmo incluí-la) a uma simples advertência às partes sobre os riscos ou inconvenientes da persistência do litígio, tanto pela incerteza quanto ao desfecho da lide, como pelos incómodos, perdas de tempo e despesas que isso implica[518].

Terceiro, importa ter sempre presente que, nessa diligência, a solução a encontrar deve assentar num juízo de equidade. Ora, a equidade não é senão a justiça do caso concreto. Devem, pois, as partes e o juiz afastar do seu horizonte critérios de legalidade. O que deve procurar-se é "aquela solução que, sem se prender com a observância estrita das regras de direito, estabeleça o equilíbrio mais *justo* e mais *humano* entre os interesses em conflito. (...) pondo de parte a preocupação da *legalidade*, o juiz esforçar-se-á, na conciliação, por dar *razão* a cada litigante, na medida em que cada um deles a tiver"[519]. Por outras palavras, "a *solução de equidade* que o conciliador deve como tal esforçar-se por obter entre os litigantes consiste, fundamentalmente, na *correcção ou suavização do estrito rigor* (porventura excessivo) das normas legais (...) pelos preceitos mais *humanos* e *equitativos* correspondentes aos *grandes ideais morais*"[520].

---

[518] A propósito, cfr. A. Abrantes Geraldes (*op. cit.*, Vol. II, p. 108) e J. Alberto dos Reis (*CPC Anotado*, Vol. III, p. 178).

[519] J. Alberto dos Reis (*CPC Anotado*, Vol. III, p. 179).

[520] Pessoa Vaz (*op. cit.*, p. 253)

Quarto, na condução da diligência conciliatória, o juiz não deve perder de vista que as partes, melhor do que ninguém, hão-de saber até que ponto estão dispostas a ir em busca de uma solução consensual, e essa vontade deve ser respeitada. Significa isto que ao juiz não é lícito tentar impor uma solução que as partes (ou uma delas) não desejem, não devendo forçá-las ou pressioná-las nesse sentido.

Neste domínio, o papel do juiz será o de apresentar ou sugerir às partes uma solução que lhe pareça justa, face aos contornos da questão. Se as partes a aceitarem, muito bem. Significará que a tomam como adequada, que lhes agrada e satisfaz, que a sua consciência as impele a aderirem a tal solução. Se a proposta adiantada pelo juiz não obtiver a adesão das partes, o juiz procurará reformulá-la e ajustá-la, à medida da reacção das partes, o que repetirá enquanto lhe parecer que há condições favoráveis à obtenção do desejado consenso. Quando se convencer de que essa hipótese se gorou, o juiz deve dar por encerrada a iniciativa, pois que, daí em diante, qualquer solução (se viesse a obter-se) não resultaria já da "*íntima* e *convicta* adesão da consciência dos litigantes"[521].

*

A atitude empenhada e zelosa do juiz só terá eficácia se as partes lhe corresponderem. Na verdade, é indispensável que as partes estejam (ou passem a estar) abertas ao diálogo e dispostas a contribuírem para se encontrar a solução consensual mais justa e equilibrada. É suposto que as partes não tenham uma posição irredutível ou conflituosa. Tais atitudes não são, aliás, próprias de quem dialoga. E a conciliação supõe diálogo. Quando dialogamos, estamos a admitir a exposição dos argumentos da outra parte e estamos a admitir que lhe assista razão, no todo ou em parte.

Nesta vertente, será bem importante a postura dos advogados que patrocinam as partes. Sem perderem de vista que estão mandatados para tutelarem a posição do respectivo constituinte, os advogados devem ter um

---

[521] Cfr. Pessoa Vaz (*op. cit.*, p. 260). Nesses casos, ultrapassado o limite até ao qual, em consciência, as partes poderiam ir, o resultado que viesse a obter-se teria sido determinado por razões estranhas, tais como a eventual pressão empregue pelo juiz, procedimento que é intolerável. Aliás, o risco da "pressão do juízes sobre as partes" no sentido da conciliação – atitude que constituirá abuso do poder e mesmo denegação da justiça – é algo que sempre causou preocupação. A propósito, cfr. J. Alberto dos Reis (*CPC Anotado*, Vol. III, ps. 172-179) e Pessoa Vaz (*op. cit.*, p. 260).

III. A fase do saneamento do processo após a vigência... 225

papel profiláctico, contribuindo no sentido da *limar as arestas* que possam dificultar o consenso. A sua serenidade apaziguadora poderá ser determinante, cabendo-lhes aconselhar as partes, persuadi-las mesmo, no sentido de aderirem a uma solução que se revele justa e adequada. Quer dizer, o vínculo do mandato e o patrocínio do constituinte não desoneram o advogado de colaborar na realização da justiça[522].

O advogado não deve pretender, sem mais, que o seu cliente obtenha ganho de causa. Deve ainda preocupá-lo que esse desfecho seja justo e adequado. A primeira via para tal desfecho é, precisamente, a conciliatória, por cuja eficácia são também responsáveis os advogados. Como se compreende, esta intervenção dos advogados tem de ser muito cuidadosa, pois que não deve quebrar-se a imprescindível relação de confiança estabelecida com as partes suas constituintes. Para isso, a parte deve ser preparada, instruída, motivada para a perspectiva de uma conciliação. Esse trabalho compete aos advogados. E deve começar no início do processo, bem antes, pois, da convocação para a tentativa de conciliação. Se os advogados se reservarem para esse momento, terão deixado que fosse *florescendo* a litigiosidade existente entre as partes, dificultando a sua posterior aproximação.

Ora, se o bom desempenho do patrocínio exige a defesa firme e vigorosa da posição do constituinte, é certo que tal defesa pode passar por uma solução conciliatória, em prol da qual o advogado deve trabalhar. Daí que não devam ser os advogados a contribuir para que uma das partes veja a outra como o *inimigo a abater*, com quem não haverá contemplações, nem conciliações.

Apesar de tudo, é evidente que não temos ilusões. Estamos certos de que há inúmeras circunstâncias – que nem o juiz, nem os advogados podem controlar, pois respeitam à esfera dos litigantes – impeditivas de uma resolução pela via conciliatória. Nesses casos, pouco mais se poderá esperar. Em contrapartida, muitos outros há em que será possível alcançar uma conciliação entre as partes, desde que as coisas sejam bem conduzidas. É aí que vale a pena investir ...

---

[522] Aliás, os advogados são profissionais liberais que "participam na administração da justiça" (cfr. o art. 6.º.1 da Lei n.º 3/99, de 13 de Janeiro – Lei de Organização e Funcionamento dos Tribunais Judiciais).

*

Nos termos do art. 509.º.2 do CPC, sendo determinada a realização da tentativa de conciliação, as partes são convocadas para comparecerem pessoalmente na audiência preliminar, ou se fazerem representar por mandatário judicial com poderes especiais[523], sempre que tenham residência na área do círculo judicial, ou na respectiva ilha (correndo a acção nas regiões autónomas)[524].

Esta conciliação das partes, se lograda, corresponderá a uma "composição da acção por negócio processual"[525], assumindo a forma de transacção (judicial)[526], e servindo de motivo de extinção da instância [cfr. o art. 287.º.d) do CPC].

Dado que a transacção constitui um modo de dispor de uma relação ou situação jurídica, conformando o respectivo conteúdo, a sua celebração está excluída sempre que estejam em jogo direitos indisponíveis, bem como questões relativas a negócios jurídicos ilícitos (cfr. o art. 1249.º do CC e 299.º.1 do CPC), sendo que a definição da disponibilidade das situações jurídico-privadas deve procurar-se no campo do direito substantivo[527]. Portanto, só fará sentido convocar a audiência preliminar, para o fim indicado no art. 508.º-A.1.a) do CPC, "quando a causa couber no âmbito dos poderes de disposição das partes" (cfr. o art. 509.º.1 do CPC).

---

[523] No âmbito dos poderes forenses gerais do mandatário não se incluem os de transigir, de confessar a acção e desistir (do pedido ou da instância). Daí a necessidade de, querendo fazer-se representar por mandatário, a parte lhe conferir poderes especiais para o efeito de transigir. Cfr. os arts. 36.º e 37.º do CPC.

[524] Note-se que a parte final do preceito citado admite que o juiz, mesmo quando as partes residam fora dos referidos limites geográficos, ordene a sua comparência, se esta não representar sacrifício considerável, face à natureza e ao valor da causa e à distância da deslocação.

[525] Cfr. M. Teixeira de Sousa (*Estudos sobre o novo* ..., ps. 193 e ss.).

[526] Nos termos do art. 1248.º.1 do CC "Transacção é o contrato pelo qual as partes previnem ou terminam um litígio mediante concessões recíprocas". Atente-se que a transacção tanto pode incidir apenas sobre o objecto da causa, como implicar a constituição, modificação ou extinção de direitos diversos do direito discutido em juízo (cfr. os n.ºs 1 e 2 do preceito citado). De acordo com M. Teixeira de Sousa (*Estudos sobre o novo* ..., p. 207), no primeiro caso, a transacção diz-se quantitativa, sendo novatória, no segundo.

[527] Para uma aproximação a esta matéria, cfr. J. Lebre de Freitas (Introdução ..., p.125, notas de rodapé n.ºs 22 e 23), M. Teixeira de Sousa (*Estudos sobre o novo* ..., ps. 201-202) e Rodrigues Bastos (*op. cit.*, Vol. II, ps. 75-77).

III. A fase do saneamento do processo após a vigência...   227

Sempre que a conciliação se obtenha, nos termos sobreditos, a transacção ficará a constar da acta da audiência preliminar (cfr. o art. 300.°.4 do CPC)[528]. A eficácia da transacção depende da homologação do juiz. Como, neste caso, a transacção resulta de conciliação promovida pelo próprio juiz, este limitar-se-á a homologá-la por sentença também ditada para a acta (cfr. a segunda parte do n.° 4 do art. 300.° do CPC)[529,530].

A sentença homologatória, que tem o valor de uma decisão de mérito, condena ou absolve as partes nos precisos termos da transacção celebrada, gerando título executivo sempre que seja condenatória [cfr. o art. 46.°.a) do CPC][531]. O trânsito em julgado a sentença (cfr. os arts. 671.°.1 do CPC) gera a extinção da instância [cfr. o art. 287.°.d) do CPC], ficando a transacção protegida pela eficácia de caso julgado correspondente.

Dada a natureza negocial da conciliação, a lei ressalva a hipótese de poder vir a suscitar-se, mesmo após aquele trânsito em julgado, a questão da nulidade ou anulabilidade da transacção, tal como o podem ser "os outros actos da mesma natureza" (cfr. o art. 301.°.1 e 2 do CPC)[532]. Tal arguição deverá ser feita em dois momentos, e por dois meios, o que deriva do facto de, por um lado, estar em causa um acto das partes e, por outro, uma decisão judicial. Assim, primeiro, a arguição do vício deverá ser feita em acção própria[533]. Depois, supondo que esta acção é julgada proce-

---

[528] No sentido de que a transação poderá envolver outros direitos ou outras pessoas estranhos ao âmbito original da acção, cfr. A. Abrantes Geraldes (*op. cit.*, Vol. II, ps. 109-110) e M. Teixeira de Sousa (*Estudos sobre o novo ...*, p. 197).

[529] Tenha-se em atenção o regime fixado no n.° 3 do art. 301.° do CPC, para os casos em que a transacção resultar de intervenção de advogado não munido de poderes especiais ou com mandato irregular. A propósito desta solução – que é de aplaudir, por mais adequada do que a anterior (que constava do revogado n.° 5 do art. 300.°) –, cfr. A. Abrantes Geraldes (*op. cit.*, Vol. II, ps. 109-110).

[530] Cfr. o art. os n.°.s 1 a 3 do art. 300.° do CPC, acerca de outras formas de realizar a transacção (e a desistência e a confissão).

[531] Tal sentença deve também pronunciar-se acerca da responsabilidade por custas (cfr. o art. 451.°.2 do CPC). A questão das custas é, por vezes, um aspecto *perturbador* da conciliação. A propósito, cfr. A. Abrantes Geraldes (*op. cit.*, Vol. II, p. 109, notas de rodapé n.°ˢ 174 e 175).

[532] Sobre "os actos da mesma natureza", cfr. J. Lebre de Freitas/J. Redinha/R. Pinto (*op. cit.*, p. 535).

[533] É também possível que, em execução baseada na sentença homologatória da transacção, o executado deduza embargos com fundamento nas causas que determinam a nulidade ou a anulabilidade do acto (cfr. o art. 815.°.2 do CPC).

228   Paulo Pimenta

dente, a sentença respectiva servirá de base ao recurso extraordinário de revisão [cfr. o art. 771.d) do CPC][534].

Note-se que, conforme decorre do art. 509.°.1 do CPC, a conciliação das partes pode ser tentada em qualquer estado do processo, quer mediante requerimento conjunto das partes, quer por iniciativa do juiz. Todavia, as partes só podem ser convocadas exclusivamente para esse fim uma vez.

Assim sendo, quando a audiência preliminar for convocada somente para o objectivo indicado no art. 508-A.1.a) do CPC, tal audiência funciona como uma verdadeira "tentativa de conciliação", impedindo, portanto, posterior convocatória com vista a, unicamente, obter a conciliação das partes. Em contrapartida, se a audiência preliminar cumprir algum dos outros objectivos referidos no art. 508.°-A.1, fica em aberto a hipótese de, mais tarde, as partes serem convocadas para se tentar a sua conciliação[535].

O que vem de dizer-se torna patente que, em rigor, a tentativa de conciliação das partes não é própria, nem típica da fase do saneamento em que, naturalmente, tem lugar a audiência preliminar. Desde logo, porque a conciliação pode ser tentada em qualquer estado do processo, isto é, antes, durante ou depois da fase do saneamento[536].

Importa ainda referir o n.° 4 do art. 509.° do CPC, segundo o qual "frustando-se, total ou parcialmente, a conciliação, ficam consignados em acta os fundamentos que, no entendimento das partes, justificam a persistência do litígio".

Esta solução normativa, resultante da reforma de 1995, marca a preocupação de garantir que o diálogo entre as partes seja, efectivamente, encetado, de modo a que o juiz possa descortinar até que ponto é possível chegar, com vista à desejada conciliação. Além disso, este será um meio

---

[534] Acerca do prazo para a interposição do recurso de revisão, cfr. os n.ᵒˢ 2 e 3 do art. 772.° do CPC. Quanto aos efeitos que decorrem da procedência desse recurso, cfr. o art. 776.°.c) do CPC.

[535] Neste sentido, A. Montalvão Machado/Paulo Pimenta (*O novo processo...*, p. 199).

[536] Designadamente, no início da audiência final (cfr. o art. 652.°.2 do CPC). Foi, aliás, por isso que M. Teixeira de Sousa (*Apreciação* ..., p. 398) sugeriu que a regulamentação da tentativa de conciliação fosse *transferida* para as disposições gerais e comuns do código.

III. A fase do saneamento do processo após a vigência... 229

de obstar a que a não conciliação assente em "motivos fúteis ou insignificantes"[537].

Sem embargo, deve registar-se que esta inovação legislativa não é isenta de críticas, havendo mesmo o risco de poder vir a ter um efeito contraproducente. Na realidade, o facto de as partes saberem que as razões da sua não conciliação ficarão registadas em acta poderá inibi-las ou prejudicar o seu à-vontade nas negociações[538], com o receio de que a bondade desses fundamentos venha a ser valorada e *sancionada* pelo juiz, mais adiante (em sede de decisão). Daí que, cautelarmente, as partes se vejam tentadas a reduzir a sua intervenção na audiência a meras declarações de circunstância[539], não *comprometedoras*, portanto.

Trata-se de um aspecto a merecer alguma reflexão, que ultrapassa, no entanto, âmbito deste trabalho. É que, vindo a prevalecer a *técnica* das "declarações de circunstância", isso corresponderá à instituição de um procedimento contrário ao espírito de diálogo que deveria presidir à tentativa de conciliação.

5.2.2. *Discussão sobre as excepções dilatórias que o juiz deva apreciar*

O segundo objectivo principal da audiência preliminar é o de proporcionar às partes uma discussão, de facto e de direito, sobre as excepções dilatórias de que o juiz deva conhecer [cfr. o art. 508.º-A.1.b) do CPC].

Assim, quando o juiz deva apreciar uma excepção dilatória – apreciação que terá lugar no despacho saneador, a proferir, em princípio, na própria audiência [cfr. os arts. 510.º.1.a), 510.º.2 e 508.º-A.1.d)] –, tal decisão deverá ser antecedida de uma discussão entre as partes, na audiên-

---

[537] Cfr. M. Teixeira de Sousa (*Estudos sobre o novo* ..., p. 309). Conforme já dissemos, casos há em que, apesar dos bons ofícios do juiz nesse sentido, não é possível alcançar a conciliação, por uma das partes (ou ambas) não se mostrar disponível. Se, por um lado, tal atitude deve ser respeitada, por outro, é bom que assente em razões plausíveis (ainda que apenas subjectivamente plausíveis).

[538] Cfr. J. Lebre de Freitas (*A acção declarativa* ..., p. 146, nota de rodapé n.º 5), que também alerta para a *desarmonia* entre o art. 509.º.4 do CPC e o dever de sigilo sobre negociações frustradas que impende sobre os advogados, nos termos do art. 86.º.1.a) do Estatuto da Ordem dos Advogados (DL n.º 84/84, de 16 de Março).

cia preliminar. As excepções dilatórias a que se reporta o preceito em análise são tanto as que foram suscitadas pelas partes nos articulados como as que o juiz haja de conhecer oficiosamente (cfr. o art. 495.º do CPC).

Concretizando, podemos enunciar três situações em que deve ser convocada a audiência preliminar, para os fins referidos no art. 508.º--A.1.b).

Em primeiro lugar, quando o juiz pretenda apreciar uma excepção dilatória de conhecimento oficioso, a qual não foi suscitada e discutida pelas partes nos articulados. Pretende-se, deste modo, evitar que as partes sejam confrontadas com uma decisão que não esperariam, cumprindo-se, de resto, o estatuído no n.º 3 do art. 3.º do CPC[540].

Depois, quando se trate de uma excepção dilatória que uma parte tenha invocado naquele que era o último articulado admitido no processo. Aqui, o que está em jogo é o respeito pelo contraditório, proporcionando à outra parte a resposta à excepção, tal como, aliás, prescreve o n.º 4 do art. 3.º do CPC[541].

Finalmente, quando o juiz entenda que, embora a excepção tenha sido discutida (invocada e respondida) nos articulados, se justifica um aprofundamento dessa discussão, para melhor o habilitar a decidir a questão.

---

[539] A propósito, cfr. C. Ferreira da Silva (*op. cit.*, ps. 292-293), para quem "dificilmente o juiz resistiria a levar em consideração os fundamentos da não conciliação", a ponto de poder "punir adicionalmente a parte a quem não reconhecesse razão". Em face disso, este autor prevê que a prática acabará por tornar o preceito "letra morta".

[540] Numa palavra, pretende-se evitar as chamadas *decisões-surpresa*. Neste sentido, M. Teixeira de Sousa (*Estudos sobre o novo ...*, p. 309).

[541] Julgamos que o exercício do direito de resposta imporá, só por si, a convocação da audiência preliminar. Quando o n.º 4 do art. 3.º do CPC coloca a hipótese de "não havendo lugar a ela" (a audiência preliminar), está a referir-se, não à falta da sua convocação, mas à inexistência da figura na tramitação de uma concreta forma processual (*v. g.*, o processo sumaríssimo – cfr. os arts. 793.º a 800.º do CPC). Esta ideia é válida também para o processo sumário, justificando aí a convocação da audiência. Neste sentido, J. Lebre de Freitas (*Introdução ...*, p. 98, nota de rodapé n.º 8) e J. Lebre de Freitas/ /J. Redinha/R. Pinto (*op. cit.*, p. 8). Registe-se, no entanto, que J. Lebre de Freitas (*A acção declarativa ...*, p. 310, nota de rodapé n.º 7), no âmbito do processo sumário, admite solução diversa.

III. A fase do saneamento do processo após a vigência...

5.2.3. Discussão sobre o eventual conhecimento imediato do mérito da causa

Quando o juiz, findos os articulados, considerando o estado do processo, entender que dispõe de condições para decidir já o mérito da causa – decisão que, a verificar-se, será incluída no despacho saneador, a proferir, em princípio, nessa audiência [cfr. os arts. 510.º.1.b), 510.º.2 e 508.º-A.1.d) do CPC] – deverá marcar a audiência preliminar, de modo a que tal decisão seja antecedida de uma discussão entre as partes (através dos respectivos mandatários, claro), na presença do juiz [cfr. o art. 508.º--A.1.b) do CPC].

Atente-se que, face ao código vigente, é indiscutível que o conhecimento do mérito da causa ocorre não só quando o juiz se pronuncia sobre os pedidos formulados, mas também quando decide excepções peremptórias, quer as julgue procedentes, quer as julgue improcedentes (cfr. os arts. 510.º.3 e 691.º.2 do CPC).

É de toda a conveniência que o juiz não decida o litígio sem um debate prévio, no qual os advogados das partes tenham a oportunidade de produzir alegações orais, de facto e de direito, acerca do mérito da causa, sendo que o âmbito dessas alegações depende do caso concreto[542]. Assim, nessas alegações, as partes poderão fazer os considerandos que tenham por convenientes, no sentido de justificar e fundamentar a procedência das respectivas pretensões. Além disso, as alegações poderão servir também para as partes tomarem posição sobre eventuais excepções peremptórias não discutidas nos articulados, mas que o juiz entenda poder conhecer oficiosamente[543]. Por outro lado, deve ser proporcionada às partes a possibilidade de produzirem alegações quando o juiz se proponha decidir o mérito da causa num enquadramento jurídico diverso do assumido e discutido pelas partes nos articulados[544].

---

[542] A propósito, cfr. A. Abrantes Geraldes (*op. cit.*, Vol. II, p. 112).

[543] Atente-se que o conhecimento oficioso de uma excepção não afasta o princípio de que os factos que sustentam aquela excepção devem ser introduzidos no processo pelas partes, sem prejuízo do disposto no art. 514.º do CPC. A propósito, cfr. J. Lebre de Freitas (*A acção declarativa* ..., p. 85, e *Introdução* ..., p. 116).

[544] Neste caso concreto, como é evidente, as alegações serão circunscritas à vertente jurídica da causa. A faculdade de as partes produzirem estas alegações é uma manifestação do princípio do contraditório, no plano do direito. Cfr., a propósito, J. Lebre de Freitas (*Introdução* ..., ps. 102-105).

A convocação das partes para a audiência, no contexto do art. 508.º--A.1.b) do CPC, é pertinente a vários títulos.

Antes de mais, impede que as partes venham a ser confrontadas com uma decisão que, provavelmente, não esperariam fosse já proferida, isto é, evita-se uma *decisão-surpresa* (cfr., de novo, o art. 3.º.3 do CPC).

Depois, o legislador terá pretendido acautelar os casos em que a anunciada intenção de conhecimento imediato do mérito da causa derive de alguma precipitação do juiz, tanto mais que não é frequente a possibilidade de, sem a instrução do processo, ser proferida já uma decisão final. Desse modo, a discussão entre as partes tanto poderá confirmar como infirmar a existência de condições para o tal conhecimento imediato do mérito[545]. Expressão disso mesmo é a segunda parte do n.º 3 do art. 508.º-A do CPC, referindo que o despacho determinativo da audiência preliminar para este efeito não constitui caso julgado sobre a possibilidade de apreciação imediata do mérito da causa, de modo a não *vincular* o juiz à intenção por si manifestada[546].

Por outro lado, sabendo as partes que, no caso de o juiz pretender decidir o mérito da causa logo no despacho saneador, serão, oportunamente, convocadas para uma discussão adequada, não terão de preocupar--se em, cautelarmente, utilizar os articulados para exporem os seus pontos de vista acerca do modo como a questão deverá ser decidida. Se tal acontecesse, essas peças seriam desvirtuadas, transformando-se em autênticas alegações, com claro prejuízo para o processo[547].

A solução consagrada permite, portanto, que os articulados mantenham a sua vocação essencial – a de exposição dos fundamentos da acção e da defesa –, ao mesmo tempo que garante a discussão subsequente, se necessária, em diligência própria.

---

[545] Neste sentido, A. Montalvão Machado/Paulo Pimenta (*O novo processo...*, p. 201).

[546] Nem outra solução seria razoável. Se o juiz concluísse, após o debate, que não havia, afinal, condições para a decisão imediata do mérito, impor tal decisão seria forçá--lo a decidir por decidir. Para obviar a isto, naturalmente, os juízes deixariam de afirmar a intenção de conhecimento imediato, o que sempre implicaria a subsequente tramitação processual, se calhar, inutilmente.

[547] Recorde-se que foi, justamente, para evitar esse problema que Barbosa de Magalhães (*op. cit.*, Vol. I, ps. 51-53) sugeriu a instituição da audiência preparatória no CPC de 1939. Cfr., a propósito, J. Alberto dos Reis (*CPC Anotado*, Vol. III, p. 167).

III. A fase do saneamento do processo após a vigência... 233

5.2.4. *Discussão destinada à delimitação do litígio e ao suprimento das insuficiências ou imprecisões fácticas que ainda subsistam ou que aí se revelem*

O art. 508.º-A.1.c) do CPC prevê a realização da audiência preliminar, destinada à delimitação dos termos do litígio e ao suprimento das insuficiências ou imprecisões que ainda subsistam ou que, entretanto, se evidenciem.

Conforme se verifica, a audiência preliminar convocada ao abrigo da referida alínea pode ter em vista (cumulativamente ou não) duas finalidades. De um lado, pode destinar-se à discussão das posições das partes, com vista à delimitação dos termos do litígio. Por outro lado, a audiência pode destinar-se a proporcionar o suprimento de insuficiências ou imprecisões na exposição da matéria de facto.

Importa notar que, nessa audiência, o juiz deve adoptar uma postura activa e dialogante. Quer dizer, o juiz deve participar na discussão destinada a delimitar os termos do litígio, não se limitando a assistir, assim como deve apontar as insuficiências ou imprecisões de que (no seu entender) os articulados padeçam[548]. De resto, é compreensível que assim seja. Se o juiz entendeu que era pertinente delimitar os termos do litígio, discutindo as posições das partes, há-de ser ele a *lançar o mote* dessa discussão e a mantê-la, enquanto for útil. Igualmente, se o juiz detecta insuficiências ou imprecisões fácticas, deve indicá-las com precisão, para que seja possível às partes diligenciarem pelo aperfeiçoamento respectivo.

Quanto à delimitação dos termos do litígio, o que está em causa é a possibilidade de o juiz entender por bem promover uma discussão (em que participará, como vimos), de modo a que, do confronto de posições, se clarifique, se determine com rigor aquilo que cada um dos litigantes pre-

---

[548] Reveladora dessa circunstância é a própria letra da lei, conforme se retira do confronto das alíneas b) e c) do n.º 1 do art. 508.º-A do CPC. Na primeira (já analisada), diz-se que a audiência tem por fim "facultar às partes" um debate sobre determinados pontos (debate a que o juiz assiste e do qual tirará as devidas ilações). Na última alínea (ora em análise), diz-se que a audiência se destina a "discutir as posições das partes... e suprir as...", discussão e suprimento (ou tentativa de) em que participarão todos os intervenientes processuais. Neste sentido, A. Montalvão Machado/Paulo Pimenta (*O novo processo...*, p. 202).

tende, realmente[549]. Esta delimitação do litígio tanto pode respeitar à sua vertente fáctica, como à jurídica (ou a ambas, obviamente)[550]. Uma vez melhor definidos os contornos do litígio, mais proficuamente decorrerão as fases posteriores do processo, com vista à desejada justa composição de tal litígio.

Relativamente à convocação da audiência preliminar para o aperfeiçoamento da exposição da matéria de facto, devemos conjugar os arts. 508.º-A.1.c) e 508.º.3 do CPC. Quer dizer, se o juiz, quando o processo lhe foi feito concluso, para os efeitos do disposto no art. 508.º do CPC, tiver constatado que os articulados oferecidos (espontaneamente) pelas partes se mostravam facticamente imperfeitos, há-de, naturalmente, ter proferido despacho pré-saneador, convidando as partes a suprirem as insuficiências ou imprecisões detectadas [cfr. o art. 508.º.1.b) e 3 do CPC][551].

Se as partes, assim notificadas, acederam ao convite e supriram, de modo satisfatório, as imperfeições – e fizeram-no através de articulados judicialmente estimulados, como vimos –, o problema ficou encerrado, sem que seja preciso convocar a audiência preliminar (para esse fim, claro).

Já se as partes, embora acedendo à interpelação (apresentando, pois, articulado para o efeito), não foram capazes (no entendimento do juiz,

---

[549] Neste sentido, Paula Costa e Silva (*op. cit.*, p. 239).

[550] Assim, A. Abrantes Geraldes (*op. cit.*, Vol. II, ps. 114-116) e J. Lebre de Freitas (*Introdução* ..., p. 151). Sobre este ponto, cfr., ainda, M. Teixeira de Sousa (*Estudos sobre o novo* ..., ps. 309-310).

[551] Discutível será a possibilidade de o juiz, em vez de proferir o despacho pré--saneador, nos termos do art. 508.º.3 do CPC, "remeter" para a audiência preliminar a tentativa de sanação de imperfeições fácticas que tenha detectado nos articulados. A favor, cfr. A. Abrantes Geraldes (*op. cit.*, Vol. II, ps. 78, nota de rodapé n.º 133, e 104, nota de rodapé n.º 169) e J. Lebre de Freitas (*A acção declarativa* ..., ps. 148-149). Não excluindo, liminarmente, essa hipótese, cremos que o juiz deve usar esse expediente com muita cautela, e apenas quando a insuficiência ou imprecisão é pequena e susceptível de ser suprida por uma breve intervenção oral do advogado da parte na audiência preliminar. Como se sabe, uma exposição oral não tem o rigor de uma exposição escrita. Portanto, se o eventual suprimento exigir explanações orais alongadas, daí poderão até advir novas insuficiências ou imprecisões, a evitar. Acresce que à intervenção oral da parte há-de seguir-se a da contraparte, para se cumprir o n.º 4 do art. 508.º do CPC. Ora, o exercício do contraditório, que já é dificultado pela circunstância de a parte não dispor de tempo significativo para preparar a sua resposta, sairá prejudicado pela dificuldade de "captar" uma exposição longa.

III. A fase do saneamento do processo após a vigência... 235

note-se) de sanar, integralmente, aquelas imperfeições, hão-de, agora, ser convocadas para a audiência preliminar, de modo a que, finalmente, venham a colmatar as insuficiências que ainda subsistam[552].

Se, por outro lado, as partes não corresponderam, de todo, ao convite – faculdade que lhes assiste, como vimos também –, não fará sentido convocá-las para uma audiência preliminar que se adivinha improfícua[553,554].

O art. 508.º-A.1.c) estabelece ainda que a audiência preliminar se destina ao suprimento das insuficiências ou imprecisões que se tornem patentes na sequência do debate. Agora, como se compreende, estas concretas insuficiências ou imprecisões não poderão ter constituído motivo para a convocação da audiência preliminar, já que só se revelaram, só se tornaram patentes, depois do debate cuja realização implicou aquela audiência. O legislador entendeu, e bem, que, estando as partes presentes, dever-se-ia aproveitar para, logo aí, resolver todas as questões inerentes à exposição da matéria de facto.

*

Sempre que, no decurso da audiência preliminar, e no âmbito da finalidade em análise, venham a ser supridas insuficiências ou imprecisões fácticas, deverão ficar registadas na acta da audiência as concretas alegações produzidas com vista a tais aperfeiçoamentos, bem como as alegações proferidas em sede de resposta. Esta documentação revela-se imprescindível, já que as alegações então produzidas fazem parte de um

---

[552] Neste sentido, A. Montalvão Machado/Paulo Pimenta (*O novo processo...*, p. 203).

[553] Neste sentido, A. Montalvão Machado/Paulo Pimenta (*O novo processo...*, p. 203). Em sentido contrário, J. João Baptista (*op. cit.*, p. 362), admitindo que as partes sejam convocadas para a audiência preliminar, mesmo que tenham ignorado o convite ao aperfeiçoamento.

[554] M. Teixeira de Sousa (*Estudos sobre o novo ...*, p. 304) refere que, não tendo a parte sanado a deficiência, não lhe deve ser concedida uma segunda oportunidade; fica, porém, uma dúvida: – este entendimento aplica-se apenas à não sanação (pura e simples) ou também à sanação incompleta? É que, neste último caso, a parte mostrou vontade (não já capacidade) de sanar as imperfeições fácticas apontadas, aspecto que deve ser valorado. Aqui, até porque em jogo está (além do interesse das partes) a criação de condições para a justa composição do litígio – aproximando a realidade processual da realidade extrajudicial –, parece-nos ser de conceder uma nova oportunidade.

todo – a versão fáctica das partes –, acrescendo, pois, ao que ficou narrado nos articulados apresentados por estas[555].

5.2.5. *Prolação do despacho saneador*

O quinto objectivo principal da audiência preliminar é a prolação do despacho saneador, nos termos do art. 510.º [cfr. o art. 508.º-A.1.d) do CPC].

De acordo com o art. 510.º.1 do CPC, o despacho saneador desempenha uma dupla finalidade decisória. Por um lado, e a título principal, o despacho destina-se a proferir decisão sobre questões técnico-processuais [cfr. a al. a)]. Por outro lado, e a título secundário, dirige-se ao proferimento de decisão relativa ao mérito da causa [cfr. a al. b)].

Deve dizer-se que o despacho saneador constitui uma figura autónoma face à audiência preliminar. Primeiro, é um despacho com larga tradição no direito processual civil português, que remonta ao Decreto n.º 12:353, de 22 de Setembro de 1926, conforme vimos, bem anterior à audiência preliminar, que só agora *chegou* ao nosso processo civil. Segundo, a prolação deste despacho (apreciando determinadas matérias) realiza uma função processual distinta da levada a cabo pela audiência preliminar, ainda que na mesma fase do processo. Terceiro, trata-se de um despacho cuja prolação sempre ocorre no processo, independentemente de haver ou não aquela audiência[556]. Se houver audiência preliminar, deve ser aí proferido, oralmente, sem prejuízo de se mostrar conveniente a sua prolação por escrito [cfr. os arts. 508.º-A.1.d) e 510.º.2 do CPC]. Se não houver audiência preliminar[557], o despacho saneador será proferido por escrito e depois notificado às partes (cfr. o proémio do art. 510.º.1 e os arts. 508.º-B.2 e 512.º.1 do CPC).

---

[555] Questionando-se sobre o registo dessas alegações, Antunes Varela (*A reforma do processo civil português* ..., *RLJ*, n.º 3885, p. 364).

[556] Quer dizer, o despacho saneador é próprio da fase do saneamento e não tanto da audiência preliminar, embora esta também seja própria daquela fase. Tenha-se presente que, nos processos em regime de revelia operante, a tramitação não comporta a fase do saneamento, logo, não haverá também despacho saneador (cfr. o art. 484.º do CPC).

[557] Assunto de que trataremos adiante. Cfr., por ora, o art. 508.º-B do CPC.

Aliás, se o juiz, ao abrigo do art. 508.º-B.1 do CPC, entender que não se justifica a convocação da audiência preliminar para os fins indicados nas alíneas a), b), c) e e) do n.º 1 do art. 508.º-A do CPC, não se justifica que a convoque apenas para o fim referido na sua alínea d) – proferir despacho saneador[558]. É que, nessa hipótese, isto é, a ser marcada a audiência, a presença das partes não se destinaria a tentar a sua conciliação, não se destinaria a facultar-lhes uma discussão de facto e de direito sobre excepções dilatórias ou sobre o mérito da causa, não se destinaria também a discutir as suas posições para a delimitação do litígio, nem a suprir insuficiências ou imprecisões na exposição da matéria de facto. Na verdade, a audiência serviria apenas para que as partes assistissem à prolação oral do despacho saneador (ditado para a acta). Assim sendo, será inútil tal diligência, por nada adiantar para o processo. Portanto, se o juiz entender proferir apenas o despacho saneador (e pode fazê-lo, em termos que melhor veremos), é melhor que o faça por escrito, notificando-o às partes[559].

Dada a referida autonomia, digamos, substancial e funcional do despacho saneador, decidimos tratar a respectiva matéria em sede própria, destacando-a das considerações que temos vindo a fazer a respeito da audiência preliminar.

5.2.6. *Selecção da matéria de facto*

O sexto objectivo principal da audiência preliminar é a selecção da matéria de facto, observando-se o disposto no art. 511.º do CPC [cfr. o art. 508.º-A.1.e) do CPC].

De acordo com a previsão do art. 510.º.1 do CPC, a prolação do despacho saneador é susceptível de conduzir ao termo do processo, seja com fundamento na violação de pressupostos processuais, seja em virtude

---

[558] Neste sentido, A. Montalvão Machado (*op. cit.*, p. 299), J. Lebre de Freitas (*A acção declarativa* ..., ps. 149-150) e Paula Costa e Silva (*op. cit.*, p. 240). Em sentido diferente, Antunes Varela (*A reforma do processo civil português* ..., *RLJ*, n.º 3885, p. 359, nota de rodapé n.º 92).

[559] Nessa ordem de ideias, J. Lebre de Freitas (*A acção declarativa* ..., p. 150, nota de rodapé n.º 16) sustenta que o proferimento do despacho saneador deveria constar como finalidade complementar (e não principal) da audiência preliminar, a inscrever, pois, no n.º 2 do art. 508.º-A do CPC.

do conhecimento imediato do mérito da causa, em termos a analisar adiante. Nessas situações, como é evidente, terminando o processo, nenhuma outra diligência haverá a realizar. Logo, não terá qualquer utilidade a selecção da matéria de facto.

No entanto, pode acontecer que, proferido o despacho saneador, a acção deva prosseguir. Ora, se a acção vai prosseguir, é sinal de que o juiz considerou não haver circunstâncias impeditivas do conhecimento do mérito da causa. Além disso, significa que o juiz entendeu que o processo não reunia ainda – o que é o mais normal – todos os elementos necessários para ser já decidido o mérito da causa. Ou, pelo menos, que uma eventual decisão sobre o mérito da causa contida no despacho saneador tem carácter parcial[560], impondo-se o prosseguimento da instância para instrução, discussão e julgamento das questões ainda em controvérsia. Por outras palavras, mostra-se pertinente a produção de prova, destinada a habilitar o tribunal a formar a sua convicção acerca dos factos em que assentam as pretensões (original ou reconvencional) deduzidas ou que servem de base às excepções peremptórias invocadas, de maneira a que, oportunamente, seja proferida a decisão respectiva.

Antes, porém, dessa actividade probatória, há que aproveitar a fase saneadora do processo para ordenar os pontos de facto articulados pelos litigantes, assim tornando mais profícuas as fases processuais subsequentes. Com efeito, se é certo que as partes devem redigir os seus articulados de modo a que estes resultem em peças escorreitas e concisas[561], que exponham as respectivas razões de facto com clareza e precisão, que não contenham considerações irrelevantes ou impertinentes, a verdade é que, tantas e tantas vezes, há algum *excesso de zelo* das partes, algum excesso de articulação, o que as leva (através dos seus mandatários) a incluírem nos articulados factos sem interesse para a solução do litígio[562].

---

[560] Por exemplo, conheceu-se apenas de um dos pedidos formulados pelo autor, devendo a acção prosseguir para apreciação do outro; decidiu-se o pedido reconvencional, tendo a acção de prosseguir quanto ao pedido original ou *vice-versa*, desde que, nesta última situação, a reconvenção mantenha utilidade; julgou-se improcedente uma excepção peremptória, mantendo-se em aberto a questão suscitada pelo autor.

[561] Como se sabe, a narração deverá apresentar-se sob a forma de artigos, em termos de, tendencialmente, a cada artigo corresponder um facto (cfr. o art. 151.º.2 do CPC). A propósito, cfr. J. Alberto dos Reis (*CPC Anotado*, Vol. II, ps. 360-361) e Paulo Cunha (*op. cit.*, T. I, p. 136). Cfr., ainda, J. Lebre de Freitas (*A acção declarativa ...*, p. 29).

[562] Como já se deu conta, J. Alberto dos Reis (*CPC Anotado*, Vol. III, p. 205) expli-

III. A fase do saneamento do processo após a vigência... 239

Trata-se, pois, de matéria inútil em si mesma, qualquer que venha a ser o sentido da decisão final.

Por outro lado, perante as posições assumidas pelas partes nos articulados, será possível concluir que determinados pontos de facto podem ser tidos já como certos, não havendo controvérsia ou discussão quanto a eles, o que pode decorrer da sua não impugnação ou de as versões fácticas das partes serem coincidentes sobre esses pontos.

Nessa conformidade, antes de o processo avançar para as fases seguintes, é importante fazer uma depuração, uma triagem dos pontos de facto articulados, o que deve concretizar-se numa dupla perspectiva. Por um lado, de entre toda a matéria articulada, há que distinguir aqueles factos que têm relevo para a decisão da causa dos restantes, os quais deixarão de ser considerados, doravante. Por outro lado, os factos relevantes serão agrupados em duas categorias: – factos já assentes, não necessitados de prova; – factos controvertidos, carecidos de prova. Vemos, portanto, que o saneamento, no âmbito da questão fáctica, constitui um *momento de viragem* no processo.

A selecção da matéria de facto que vimos tratando desempenha, tendencialmente, uma dupla função. De um lado, fixa o acervo fáctico do processo (o qual é constituído pelo conjunto dos factos pertinentes acolhidos, provados ou probandos). De outro lado, define o âmbito da actividade probatória (que versará sobre os factos pertinentes e controvertidos) e, com isso, delimita a intervenção do tribunal no julgamento da matéria de facto[563], sem prejuízo do disposto no n.º 4 do art. 646.º do CPC.

Adiante-se que esta selecção fáctica, feita nos moldes de que trataremos adiante, tem natureza meramente instrumental, provisória, sujeita, portanto, aos *ajustamentos* que vierem a impor-se[564]. Numa palavra, a selecção da matéria de facto apenas proporciona um repositório, uma "base de trabalho", por referência à qual se desenrolarão as fases processuais subsequentes.

---

cava este procedimento pela "tendência natural do advogado para reputar importantes e úteis factos que se lhe afiguram favoráveis ao ponto de vista do seu mandante".

[563] Neste sentido, J. Alberto dos Reis (*CPC Anotado*, Vol. III, p. 205) e Anselmo de Castro (*op. cit.*, Vol. III, ps. 262-263).

[564] Neste sentido, A. Abrantes Geraldes (*op. cit.*, Vol. II, ps. 156-157), J. Lebre de Freitas (*A acção declarativa ...*, ps. 171-173) e M. Teixeira de Sousa (*Estudos sobre o novo ...*, ps. 313-314).

240   *Paulo Pimenta*

Tal como aconteceu com o despacho saneador, resolvemos analisar o tema da selecção da matéria de facto em local próprio, separando-o das referências directas à audiência preliminar. Primeiro, porque a selecção da matéria de facto não depende da audiência preliminar, ou seja, tal selecção não é condicionada pela realização da audiência preliminar. Apenas sucede que, por princípio, e nos termos do art. 508.º-A.1.e) do CPC, havendo audiência preliminar, aí se procederá à selecção fáctica. No entanto, se a audiência não for convocada, nem por isso deixará de realizar-se a selecção da matéria de facto, conforme resulta do art. 508.º--B.2 do CPC. Basta essa circunstância para concluir pela autonomia funcional da selecção da matéria de facto. Segundo, a selecção da matéria de facto desempenha uma função muito específica, que não se *dilui* nas finalidades da audiência preliminar. De resto, é sabido que a selecção fáctica é uma diligência com larga tradição no nosso direito processual civil, que remonta ao já referido Decreto n.º 21:694, de 29 de Setembro de 1932.

5.3. Objectivos complementares da audiência preliminar

O n.º 2 do art. 508.º-A do CPC indica os objectivos complementares da audiência preliminar. Estamos face a objectivos que, em si mesmos, não justificam a convocação da audiência, constituindo apenas fins secundários daquela. Portanto, se a audiência preliminar for realizada, devem ser concretizados também esses objectivos[565].

Nessa conformidade, é na própria audiência preliminar, depois de cumpridas as tarefas (algumas delas, pelo menos) referidas no art. 508.º--A.1 do CPC, designadamente, a selecção da matéria de facto relevante, que as partes devem indicar os meios de prova que pretendam usar em juízo [cfr. o art. 508.º-A.2.a) do CPC].

A indicação dos meios de prova far-se-á tendo em consideração os factos relevantes carecidos de prova. Esses factos estão, normalmente, vertidos na base instrutória. Mas, apenas normalmente. Na verdade, conforme já vimos, nas acções não contestadas, que hajam de prosseguir, subordinadas ao regime da revelia inoperante, temos factos carecidos de

---

[565] Neste sentido, A. Montalvão Machado/Paulo Pimenta (*O novo processo...*, p. 211).

III. A fase do saneamento do processo após a vigência... 241

prova sem que, todavia, estejam incluídos na base instrutória, já que a lei dispensa, nesses casos, a selecção da matéria de facto[566]. É, aliás, em harmonia com esta realidade que o art. 513.º do CPC não faz coincidir o objecto da prova com a base instrutória, solução esta mais rigorosa do que a constante do mesmo preceito, na redacção anterior à revisão de 1995[567].

Embora a lei admita que a indicação dos meios de prova seja feita nos próprios articulados (cfr., para a petição inicial, o art. 467.º.2 do CPC, aplicável à contestação, por força do disposto no art. 3.º-A), o momento, processualmente, mais adequado para tal é o da audiência preliminar (quando haja lugar a ela). Na verdade, atingida a fase do saneamento, e devendo o processo prosseguir, é aí que se realiza a selecção da matéria de facto. A partir dessa selecção, as partes ficam cientes de qual a matéria carecida de prova, isto é, do objecto da prova. Por via disso, estão em condições de definir a sua estratégia processual subsequente, escolhendo os meios de prova de que pretendem lançar mão. Este conhecimento do objecto da prova é relevante, até porque a definição do âmbito de certos meios probatórios deve fazer-se por referência àquele objecto (cfr., por exemplo, os arts. 552.º.2 e 577.º.1 do CPC).

Indicados os meios de prova, decidir-se-á sobre a sua admissibilidade, bem como sobre a preparação das diligências probatórias[568].

A lei regula a hipótese de ser concedida às partes a faculdade de indicação ulterior dos respectivos meios de prova, desde que estas, fundadamente, o requeiram[569].

De acordo com o art. 508.º-A.2.b) do CPC, outro objectivo complementar da audiência preliminar é a designação, sempre que possível, da data para a realização da audiência final. Pretende-se, desse modo, obviar aos casos de adiamento da audiência final, designadamente, por falta dos mandatários das partes. Na verdade, há a expectativa de que, sendo a data fixada mediante "acordo de agendas" de todos os intervenientes proces-

---

[566] Recordemos, a propósito, os arts. 485.º.b), c) e d) e 508.º-A.1.e) do CPC.

[567] Sobre este ponto, cfr. A. Montalvão Machado (*op. cit.*, p. 302) e Paula Costa e Silva (*op. cit.*, p. 247).

[568] Note-se que o preceito em análise prevê a possibilidade de os meios probatórios serem ordenados oficiosamente, o que é uma concretização, ao nível da instrução, do princípio do inquisitório, consagrado no art. 265.º do CPC.

[569] Sobre este ponto, cfr. Paula Costa e Silva (*op. cit.*, ps. 254-255).

242 Paulo Pimenta

suais, se reduzam, drasticamente, as situações de falta com fundamento na "sobreposição" de diligências[570,571]. Tenha-se presente que, por vezes, a fixação de data para a audiência final pode ser condicionada pelo facto de o juiz da causa (perante quem decorre a audiência preliminar) não ter intervenção na audiência final ou, intervindo, não presidir ao colectivo. Nessas situações, é óbvio que tal juiz não pode dispor de agenda alheia, tornando-se necessário abrir conclusão ao juiz a quem caiba dirigir a audiência final, para que este designe data[572,573].

Por fim, nos termos do o art. 508.º-A.2.c) do CPC, é na audiência preliminar que as partes podem requerer a gravação da audiência final ou a intervenção do tribunal colectivo.

Quanto à gravação da audiência – gravação que se processará nos termos definidos nos arts. 522.º-B e 522.º-C do CPC, bem como no DL n.º 39/95, de 15 de Fevereiro –, o seu requerimento tem por efeito afastar

---

[570] De acordo com o art. 1.º do DL n.º 184/2000, de 10.08, a marcação das audiências de discussão e julgamento não pode ser feita com uma antecedência superior a três meses. Esta recente inovação legislativa *enquadra-se* num certo modo de enfrentar os problemas do processo, cuja razoabilidade é mais do que discutível. É conveniente, já o dissemos, que entre a audiência preliminar e a final não decorra muito tempo. Ora, os juízes não marcarão para mais tarde o que podem marcar para mais cedo. O problema é que nem sempre há *agenda*. Portanto, marca-se a audiência final para quando for possível realizá-la. O diploma em apreço apenas veio criar uma ficção. A prática forense encarregou-se de lhe dar cumprimento, adequando-o à realidade. Como? Não tendo *agenda*, o juiz não marca data alguma, limitando-se a ordenar que os autos aguardem na secretaria até que faltem menos de três meses em relação à disponibilidade futura de agenda. Então, o processo será feito concluso, e o juiz marcará a audiência final para uma data que não excede em três meses a do despacho respectivo. Assim se cumpre a lei, e fica tudo na mesma. Por tudo isso, as mais das vezes, a data da audiência final já não será fixada na audiência preliminar, assim se frustrando o sentido do art. 508.º-A.2.a) do CPC.

[571] Note-se que a actual redacção das alíneas c) e d) do n.º 1, bem como do n.º 3 do art. 651.º do CPC, introduzida pelo DL n.º 183/2000, de 10.08, veio restringir – em termos um tanto confusos – as situações de adiamento da audiência final. Acresce que este preceito faz apelo ao regime consagrado no art. 155.º do CPC, o qual, mau-grado a intenção, tem sido fonte de algumas "desinteligências" e díspares entendimentos, na prática forense.

[572] Dando também nota desta situação, A. Abrantes Geraldes (*op. cit.*, Vol. II, p. 122). Cfr., também, Lopes do Rego (*op. cit.*, p. 346).

[573] A este propósito, conjugar o prescrito no art. 646.º.5 do CPC com o disposto nos arts. 105.º.2 e 3 e 107.º.1 da Lei n.º 3/99, de 13.01 (Lei de Organização e Funcionamento dos Tribunais Judiciais – LOFTJ)

III. A fase do saneamento do processo após a vigência...   243

a hipótese de intervenção do colectivo, tal como prescreve o art. 646.º.2.c) do CPC[574].

Relativamente à intervenção do tribunal colectivo, atente-se que a redacção actual do n.º 1 do art. 646.º do CPC faz depender tal intervenção de requerimento de ambas as partes, quer dizer, será preciso que ambas manifestem vontade de que intervenha o colectivo[575], sem prejuízo dos casos, indicados no n.º 2 do mesmo preceito, em que a intervenção do colectivo é sempre excluída.

*

Registe-se que, nos termos do n.º 4 do art. 508.º-A do CPC, a falta das partes ou dos seus mandatários não é motivo de adiamento da audiência. Daqui resulta que a falta de ambas as partes e seus mandatários implicará que fique sem efeito a diligência, tudo se passando como se a mesma não tivesse sido sequer convocada. Se faltar apenas uma das partes e respectivo mandatário, a audiência realizar-se-á nos termos previstos no despacho convocatório, circunscrita à intervenção de quem estiver presente.

Nos casos em que se realize a audiência preliminar, o mandatário faltoso não fica inibido de apresentar o seu requerimento probatório, nem de requerer a gravação da audiência final ou a intervenção do tribunal colectivo, o que deverá fazer – a título espontâneo – nos cinco dias posteriores ao da audiência preliminar, tal como prescreve a segunda parte do referido

---

[574] Diferentemente quando a gravação tenha sido determinada oficiosamente (cfr. o art. 522.º-B *in fine* do CPC). Nesse caso, a intervenção do tribunal colectivo não fica excluída, desde que seja requerida. Neste sentido, A. Abrantes Geraldes (*op. cit.*, Vol. II, ps. 205-206), A. Montalvão Machado/Paulo Pimenta (*O novo processo...*, p. 211, nota de rodapé n.º 482) e J. Lebre de Freitas (*A acção declarativa* ..., p. 273, nota de rodapé n.º 9).

[575] A redacção actual provém do citado DL n.º 183/2000, de 10.08. Como já se disse, temos vindo a assistir a sucessivas intervenções legislativas que estabelecem cada vez maiores *dificuldades* para a intervenção do tribunal colectivo. De um regime tradicional, em que a regra era essa intervenção, passámos para um regime mais exigente (introduzido pelo DL n.º 375.º-A/99, de 20.09), em que se tornou necessário requerimento (bastava que fosse de uma das partes) nesse sentido. O regime mais recente exige requerimento (manifestação de vontade) de ambas as partes. Somos levados a supor (com lamento) que o próximo passo venha a ser excluir, de todo, a figura do tribunal colectivo...

n.º 4[576]. Note-se que a negação de efeitos preclusivos decorrentes da falta à audiência preliminar se limita ao estrito âmbito fixado no art. 508.º-A.4 do CPC. Fora desses casos, é óbvio que a falta à audiência preliminar (que se tenha realizado mesmo) impede a prática posterior de actos que era suposto serem praticados, a título principal, em tal diligência, designadamente, o exercício do contraditório e a reclamação contra a selecção da matéria de facto[577].

*

A propósito da audiência preliminar e dos actos a praticar aí, importa fazer duas referências mais. Primeiro, a audiência preliminar é o momento para a apresentação de *novo articulado*, destinado à dedução de factos supervenientes [cfr. o art. 506.º.3.a) do CPC]. Nesse novo articulado serão alegados, tanto os factos que tenham ocorrido ou chegado ao conhecimento da parte após a apresentação dos articulados normais da causa, quando esta não admita articulados eventuais (que, para este efeito, a lei designa por posteriores), como os que tenham ocorrido ou chegado ao conhecimento da parte depois da apresentação dos próprios articulados eventuais (cfr. o art. 506.º.1 e 2 do CPC)[578]. Segundo, a audiência preliminar pode ser aproveitada para ser colhido o depoimento de parte, no âmbito da prova por confissão (cfr. os arts. 552.º e 556.º.3 do CPC).

---

[576] Esta segunda parte foi introduzida pelo DL n.º 375-A/99, de 20.09, resolvendo no melhor sentido – apesar do prazo exíguo fixado- uma dúvida levantada pela versão original do preceito, dúvida que consistia em saber se a falta à audiência preliminar tinha efeitos preclusivos quanto ao requerimento probatório e ao requerimento de gravação da audiência ou de intervenção do colectivo. Note-se, porém, que, muitas vezes, a selecção da matéria de facto na audiência preliminar é feita por apontamento, ficando para depois a elaboração da acta correspondente. Daqui resulta, quase sempre, que o advogado faltoso (que pretenda usar da faculdade conferida pelo n.º 4 do art. 508.º-A do CPC) se veja impedido de, dentro desses cinco dias, ter acesso à versão definitiva da acta. Portanto, fica sem saber, em concreto, qual o objecto da prova, o que implica que o seu requerimento probatório seja feito *no escuro...*

[577] Neste sentido, A. Abrantes Geraldes (*op. cit.*, Vol. II, ps. 97-98) e J. Lebre de Freitas (*A acção declarativa ...*, p. 153).

[578] Sobre este ponto, cfr. A. Montalvão Machado/Paulo Pimenta (*O novo processo ...*, ps. 187-189).

6. DESPACHO SANEADOR

6.1. **Preliminares**

Conforme se disse, e resulta do disposto no art. 510.º.1 do CPC, o despacho saneador tem uma função decisória com duas vertentes. De acordo com a alínea a) daquele n.º 1, este despacho destina-se ao conhecimento de excepções dilatórias e nulidades processuais. Nos termos da alínea b), o despacho destina-se ao conhecimento imediato do mérito da causa.

No que respeita à primeira vertente decisória, esta corresponde à função mais tradicional e própria do despacho saneador, em vista da qual, aliás, foi instituído. Pretende-se evitar que a acção declarativa percorra toda sua tramitação, sem que esteja assegurada a possibilidade de, na fase da sentença, vir a ser proferida uma decisão que aprecie o mérito da causa. Nessa conformidade, impõe-se que, cumprida a etapa inicial do processo (a fase dos articulados), seja feita uma triagem, com vista a detectar eventuais irregularidades da instância. Se o processo não tiver de terminar aí, por razões de ordem formal, dir-se-á estarem reunidas, em princípio[579], as condições para que, oportunamente, o processo seja decidido de mérito.

Quanto ao segundo aspecto da função decisória do despacho saneador, diremos que tem carácter excepcional ou eventual[580]. Nos casos em que, para além de não haver impedimentos de ordem formal, o estado do processo permite ao juiz pronunciar-se já sobre o mérito da causa (julgando a acção procedente ou improcedente), tal pronúncia deve ser vertida

---

[579] Diz-se em princípio, pois é possível que algo tenha escapado a essa triagem. Daí o disposto no art. 660.º.1 do CPC, a impor uma última verificação, em sede de sentença.

[580] Expressão também usada por J. Lebre de Freitas (*A acção declarativa ...*, p. 155).

no despacho saneador. Desse modo, não se relega para a fase da sentença uma decisão que pode ser proferida, sem necessidade de mais provas, na própria fase do saneamento – é o "julgamento antecipado da lide"[581].

De seguida, iremos analisar as questões a apreciar no despacho saneador, em cada uma das mencionadas vertentes decisórias.

6.2. Conhecimento de questões processuais

Em primeira linha, correspondendo à sua função primordial, o despacho saneador destina-se ao conhecimento de questões processuais. Decorrido o período inicial do processo, é altura de verificar a regularidade da instância, nas suas diversas facetas. Importa verificar se estão respeitados todos os pressupostos processuais e os demais requisitos técnicos da instância. A preocupação fundamental, neste domínio, é evitar um processamento inútil. É evitar que o processo avance, sem que todos os seus aspectos formais se mostrem regulares[582].

Como se sabe, certas irregularidades são de molde a atingir todo o processo, impedindo o juiz de proferir uma decisão de mérito. É o que acontece com a maioria das excepções dilatórias (cfr. os arts. 288.º.1 e 494.º do CPC). Nesses casos, é evidente que toda e qualquer actividade processual subsequente ao saneamento seria em vão, pois o desfecho seria sempre o mesmo, isto é, o juiz teria de abster-se de conhecer do mérito da causa. Portanto, impõe-se seja levada a cabo esta verificação da regularidade da instância, a fim de garantir que só avancem os processos que reunam condições formais para tal. Nos casos em que assim não aconteça, o processo deve ficar por aí.

Ao lado das irregularidades mais graves (até pelos seus efeitos), outras há que apenas tocam certos aspectos ou *fracções* do processado. Assim sucede, nomeadamente, quando a contestação apresenta determinados vícios decorrentes da não especificação de excepções aí deduzidas (cfr. o art. 488.º *in fine* do CPC), vícios que afectam tais excepções, mas

---

[581] Cfr. Varela/Bezerra/Nora (*op. cit.*, p. 381).

[582] Recorde-se que foi, precisamente, esta preocupação que esteve na base da criação legislativa do "despacho regulador da instância", em 1907 (Decreto n.º 3, de 29.05), preocupação que se aprofundou com a instituição do próprio "despacho saneador", em 1926 (Decreto n.º 12:353, de 22.09), e se manteve nos diplomas posteriores, como já assinalámos.

III. A fase do saneamento do processo após a vigência... 247

não inquinam a defesa por impugnação. Analogamente, as irregularidades relativas ao pedido reconvencional (cfr. o art. 501.º do CPC) ficam circunscritas a este, sem afectarem a contestação defesa. Também a violação, pelo réu, do pressuposto do patrocínio judiciário obrigatório (cfr. os arts. 32.º e 33.º) implica que fique sem efeito a sua defesa. Nestas situações, apesar dos vícios apontados, é evidente que os mesmos (pelo âmbito limitado dos seus efeitos) não contendem com o prosseguimento da instância. No entanto, é certo que as tais *fracções* do processado que forem atingidas não deverão mais ser tidas em conta, ao longo da acção, até porque seria inútil fazê-lo. Portanto (e retomando os exemplos apontados), a instância deverá prosseguir como se não tivessem sido deduzidas as excepções, como se não houvesse pedido reconvencional[583] e como se o réu não tivesse contestado. Para esse efeito, é necessário proferir nos autos uma decisão expressa e formal, decretando isso mesmo, decisão que será proferida no despacho saneador.

Por outro lado, as irregularidades podem resultar de desvios na própria tramitação processual, seja pela prática de actos não permitidos, seja pela omissão da prática de outros que a lei prescreve, seja ainda pela prática de certos actos com desrespeito pelas formalidades fixadas por lei. Quanto a tais irregularidades, é conveniente a tomada de medidas tendentes a determinar a sua extensão e respectivos efeitos, anulando-se o processado que deva sê-lo e aproveitando-se o não inquinado, a fim de que o processo possa retomar a sua tramitação regularmente.

Relativamente a esta primeira função do despacho saneador, o art. 510.º.1.a) do CPC prescreve que o juiz deverá conhecer das excepções dilatórias e nulidades processuais que lhe cumpra apreciar, seja porque

---

[583] Quanto à matéria da reconvenção, atente-se que a formulação de um pedido reconvencional gera um "cruzamento de acções", nas palavras de J. Alberto dos Reis (*Comentário* ..., Vol. III, p. 96), passando o processo a ter duas instâncias, a original e a reconvencional. A admissibilidade desta última supõe o respeito por uma série de requisitos, objectivos e processuais [sobre este ponto, cfr. Paulo Pimenta (*op. cit.*, ps. 464 e ss.)], para além de outros, relativos ao modo de deduzir a pretensão reconvencional na própria contestação, sob pena de irregularidade deste articulado. A violação desses requisitos, se não sanada, poderá determinar a extinção da instância reconvencional, dela se absolvendo o autor reconvindo, prosseguindo os autos para apreciação do pedido original. De qualquer modo, a extinção da instância reconvencional não inutiliza os efeitos processuais já produzidos pela dedução da reconvenção, designadamente, quanto ao valor da causa, nos termos do art. 308.º.2 do CPC. Neste sentido, A. Abrantes Geraldes (*op. cit.*, Vol. II, p. 130, nota de rodapé n.º 206).

248 *Paulo Pimenta*

foram arguidas pelas partes, seja porque os elementos constantes dos autos permitem o seu conhecimento oficioso.

Quanto ao conhecimento das excepções dilatórias no despacho saneador, importa começar por referir que, ao contrário do código precedente, a alínea a) do n.º 1 do art. 510.º do CPC não estabelece a ordem a observar na apreciação de tais excepções[584]. Perante isso, o adequado será o juiz tomar como referência a solução inscrita no art. 660.º.1 do CPC, isto é, o juiz deverá conhecer das excepções dilatórias segundo a ordem imposta pela sua precedência lógica[585].

Por outro lado, importa ter presente que a circunstância de haver determinados vícios de ordem processual pode não impedir, afinal, a prolação de uma decisão de mérito. Basta que tais vícios sejam sanáveis e a sua sanação se efective[586]. O que passa, designadamente, pelo proferimento do despacho pré-saneador, nos termos já tratados. Daí que, neste âmbito, a decisão a proferir no despacho saneador, ao abrigo do disposto no art. 510.º.1.a) do CPC, deva harmonizar-se com o despacho pré--saneador e com o que tiver sucedido na sequência da prolação deste[587]. De resto, e conforme dissemos, uma vez proferido o despacho pré-saneador, fica, normalmente, reservada para o despacho saneador a apreciação daquilo que decorrer ou resultar da prolação de tal despacho.

Nessa conformidade, chegado o momento de proferir o despacho saneador, deve o juiz proceder à verificação da regularidade da instância, o que aqui significa verificar se procedem ou não excepções dilatórias[588].

Quando não tiver sido invocada qualquer excepção dilatória, e se não detectar alguma das que pode conhecer oficiosamente, o juiz declarará isso

---

[584] O art. 510.º.1.a) do CPC de 1961 prescrevia o respeito pelo ordem designada no seu art. 288.º, em paralelismo, aliás, com o fixado no respectivo art. 660.º.1, para a sentença. Este regime já constava, de resto, do CPC de 1939 (cfr. os seus arts. 514.º e 660, remetendo ambos para o art. 293.º). Note-se ainda que, no CPC de 1995, o art. 660.º.1 também deixou de remeter para a ordem indicada no art. 288.º.

[585] Neste sentido, Lopes do Rego (*op. cit.*, p. 350). Sobre este ponto, cfr. a opinião de A. Abrantes Geraldes (*op. cit.*, Vol. II, p. 128).

[586] Sem prejuízo ainda do regime particular do n.º 3 do art. 288.º do CPC, a que nos referimos adiante.

[587] Neste sentido, A. Montalvão Machado/Paulo Pimenta (*O novo processo...*, ps. 204-205).

[588] Em bom rigor, e em harmonia com o que sustentámos anteriormente, dir-se-á melhor que o juiz deve verificar se estão ou não respeitados os pressupostos processuais.

III. A fase do saneamento do processo após a vigência... 249

mesmo no despacho. Nesse caso, a primeira parte do despacho saneador será bastante singela, limitando-se a referir a inexistência de excepções dilatórias. Ou melhor, quando conclua pela inexistência de excepções dilatórias, o que o juiz deverá assinalar no despacho saneador é, justamente, a verificação dos pressupostos processuais. É certo que a lei não impõe a declaração, pela positiva, de que se mostram respeitados os pressupostos processuais. O art. 510.º.1.a) do CPC apenas manda conhecer das excepções dilatórias invocadas ou que o juiz possa suscitar oficiosamente[589]. Daí poderá, eventualmente, retirar-se a conclusão de que, não tendo sido invocada qualquer excepção, nem sendo caso do seu conhecimento oficioso, ao juiz bastará nada dizer a esse propósito, o que equivalerá à afirmação implícita de que os pressupostos estão respeitados[590].

Não obstante, somos de opinião de que será conveniente exarar no despacho saneador a declaração expressa de que os pressupostos processuais se mostram verificados[591]. Primeiro, a circunstância de tal declaração ser genérica e *tabelar*[592] não lhe retira qualidade ou substância. Segundo, essa declaração há-de resultar da ponderação rigorosa do juiz sobre as questões – os pressupostos – aí referidas, no âmbito daquilo que pode apreciar. Terceiro, a necessidade de proferir uma declaração expressa exige do juiz uma determinada disciplina de raciocínio, cujas vantagens são óbvias, tanto para o próprio magistrado, como para o processo. Quarto, se o juiz declara (positivamente) que este, aquele e aqueloutro pressupostos estão verificados, as garantias de que, efectivamente, não há obstáculos

---

[589] Na vigência do CPC de 1961, o mesmo preceito, embora a sua redacção fosse diferente – mandava conhecer das excepções dilatórias, pela ordem do art. 288.º – também não fazia qualquer exigência no sentido da declaração da existência dos pressupostos processuais.

[590] Assim se pronuncia Lopes do Rego (*op. cit.*, p. 350), sustentando que, por ser inútil, "deverá deixar de ter lugar a genérica e tabelar declaração de ''existência'' de todos os pressupostos processuais". Com posição semelhante, J. Lebre de Freitas (*A acção declarativa* ..., p. 156). Atente-se que, já face ao código anterior, assim se pronunciava Anselmo de Castro (*op. cit.*, Vol. II, p. 266), embora a orientação e a prática dominantes fossem em sentido contrário.

[591] Neste sentido, A. Abrantes Geraldes (*op. cit.*, Vol. II, p. 127, nota de rodapé n.º 202).

[592] Do género: – "O tribunal é competente, as partes gozam de personalidade e capacidade judiciárias, têm legitimidade e estão patrocinadas". Esta declaração poderá ser acrescida de outras referências que sejam pertinentes no caso concreto, tais como as relativas à coligação de partes, ao pedido formulado (genérico, cumulativo ou subsidiário) e ao pedido reconvencional.

250   *Paulo Pimenta*

processuais à oportuna decisão do mérito da causa são bem maiores do que no caso de o juiz nada dizer sobre o assunto[593].

Em síntese, defendemos a declaração positiva da verificação dos pressupostos processuais, não só pelas vantagens que pode proporcionar, mas também porque a lei não a afasta, ao que acresce o facto de não apresentar quaisquer inconvenientes[594].

Nos casos em que tenha sido arguida uma concreta excepção dilatória, que o juiz entenda não dever proceder, o despacho saneador incluirá a decisão respectiva, devidamente fundamentada, julgando improcedente tal excepção. Quanto às demais excepções dilatórias, susceptíveis de conhecimento oficioso, a sua não ocorrência determina a declaração (genérica) da verificação dos pressupostos processuais, nos termos sobreditos.

Já na hipótese de ter sido invocada, ou detectada oficiosamente, uma excepção dilatória susceptível de proceder, mas sendo tal vício sanável, o juiz deveria ter começado por lavrar o despacho pré-saneador, nos termos das disposições conjugadas dos arts. 508.º.1.a) e 265.º.2 do CPC. Consequentemente, sobre essa excepção, o teor do despacho saneador dependeria do desenlace das diligências tendentes à respectiva sanação. Se o vício tivesse sido sanado, o despacho saneador deveria, sucintamente, dar conta das medidas tomadas para o efeito, e concluir pela decisão de impro-

---

[593] Como se compreende, a existência de uma declaração expressa no despacho saneador supõe que a mesma seja proferida pensadamente. Estamos, pois, como não podia deixar de ser, a afastar a hipótese de tal declaração ser feita de modo displicente. Para isso, é melhor nenhuma declaração haver. Este aspecto era já objecto de preocupação no domínio dos diplomas anteriores. Atente-se na crítica feita a alguns juízes por E. Lopes Cardoso, por ocasião dos trabalhos de preparação do CPC de 1961, recordada por Varela/Bezerra/Nora (*op. cit.*, p. 393, nota de rodapé n.º 3).

[594] O possível inconveniente, susceptível de dúvidas no regime processual anterior, deixou de existir. Tratava-se de saber se esta declaração genérica, no despacho saneador, gerava caso julgado formal sobre a existência de pressupostos processuais ou a inexistência de excepções dilatórias, problema de que já demos conta, quando tratámos deste assunto, na primeira parte deste trabalho [para uma síntese da questão, cfr. Lebre de Freitas (*A acção declarativa ...*, p. 156, nota de rodapé n.º 4)]. O novo código pôs termo às dúvidas, consagrando na primeira parte do n.º 3 do seu art. 510.º que o caso julgado só respeitará às "questões concretamente apreciadas", aderindo à que julgamos ser a melhor doutrina.

III. A fase do saneamento do processo após a vigência... 251

cedência (determinada pelo suprimento) da excepção. Se o vício permanecesse insanado, o despacho saneador deveria julgar procedente a excepção dilatória, com as consequências inerentes ao vício em causa.

Finalmente, invocada pelas partes ou suscitada oficiosamente uma excepção dilatória insuprível, não faria sentido, nesse âmbito, proferir despacho pré-saneador. Portanto, o juiz reservaria para o próprio despacho saneador a apreciação da excepção e a decisão sobre a sua procedência, com indicação das respectivas consequências[595]. Como se sabe, a persistência de uma excepção dilatória tem por efeito a abstenção do conhecimento do mérito da causa e absolvição do réu da instância (cfr. o art. 288.º.1 do CPC)[596].

Assim não acontecerá, todavia, quando o processo deva ser remetido para outro tribunal, o que pode suceder em dois casos: – primeiro, no âmbito da incompetência absoluta, quando esta for decretada após os articulados e as partes acordarem em aproveitar o processado, ao abrigo do art. 105.º.2 do CPC; – segundo, no campo da incompetência relativa do tribunal, a que se refere a primeira parte do n.º 3 do art. 111.º do CPC, em que tem lugar a *translatio judicii*[597].

*

Se a apreciação das excepções dilatórias não conduzir à extinção da instância, deverá o juiz passar ao conhecimento das nulidades processuais.

---

[595] Tenha-se presente que a arguição de uma excepção implica o exercício do contraditório. Se este ocorreu nos articulados, não seria preciso marcar a audiência preliminar para o garantir (cfr. o art. 3.º.4 do CPC). Ainda assim, porque o juiz iria decidir uma excepção dilatória no despacho saneador, seria caso de convocar a audiência preliminar, para facultar às partes a respectiva discussão de facto e de direito [cfr. o art. 508.º-A.1.b) do CPC], salvo se a sua apreciação revestisse manifesta simplicidade [cfr. o art. 508.º--B.1.b) do CPC]. Por outro lado, se a excepção dilatória for suscitada oficiosamente, o princípio do contraditório impõe a prévia audição das partes, em audiência preliminar [cfr. o art. 508.º-A.1.b) do CPC], salvo em caso de manifesta desnecessidade (cfr. o art. 3.º.3 do CPC).

[596] Isto, repete-se, sem prejuízo do regime fixado no n.º 3 do art. 288.º do CPC, a tratar adiante.

[597] Em rigor, nesta última hipótese, o problema não chega a colocar-se no momento do despacho saneador, pois que esta concreta decisão de incompetência deverá ser proferida até ao despacho saneador, mas não incluída nele (cfr. o art. 110.º. 3 do CPC).

252 *Paulo Pimenta*

Genericamente, as nulidades processuais decorrem da inobservância de formalidades prescritas na lei, a que esta faz corresponder uma inutilização, maior ou menor, dos actos assim praticados[598]. Segundo o art. 201.º.1 do CPC, tais nulidades podem derivar da prática de um acto que a lei não permite, da omissão de um acto que a lei prescreve, ou da prática de um acto (permitido ou obrigatório) sem o cumprimento das formalidades devidas.

No despacho saneador, o juiz deverá preocupar-se em verificar se na tramitação processual terão sido cometidas irregularidades. Em caso afirmativo, impõe-se determinar a extensão (ou gravidade) das mesmas, isto é, até que ponto se terão repercutido na eficácia e idoneidade do processo[599], e, sendo caso disso, decretar a invalidade do acto viciado e de outros que o devam acompanhar na invalidação (cfr. o art. 201.º.1 e 2 do CPC).

Em alguns casos, a lei destaca determinadas irregularidades e indica os efeitos da sua ocorrência, o que significa a antecipação de que elas sempre se repercutem, negativamente, na relação processual e causam prejuízos ao processo. É o que acontece com a ineptidão da petição (cfr. o art. 193.º do CPC)[600], com a falta de citação (cfr. o art. 195.º do CPC), com a sua nulidade (cfr. o art. 198.º do CPC), com o erro na forma do processo (art. cfr. o art. 199.º do CPC) e com a falta de vista ou exame ao Ministério Público como parte acessória (cfr. o art. 200.º do CPC). São, portanto, nulidades tipificadas na lei de processo, atenta a sua relevância, embora o regime e os efeitos de cada uma sejam variáveis[601].

Concretizando – e deixando de fora a ineptidão da petição inicial, que é uma excepção dilatória –, temos que a falta de citação, que ocorre nos casos indicados no art. 195.º do CPC, implica a nulidade de todo o processado após a petição inicial, apenas se salvando esta (cfr. o art. 194.º

---

[598] Cfr. Manuel de Andrade (*Noções elementares* ..., p. 176).

[599] Cfr. Rodrigues Bastos (*op. cit.*, Vol. I, p. 263).

[600] Importa ter presente que a nulidade de ineptidão da petição inicial, pela sua gravidade, gera a nulidade de todo o processo (cfr. o art. 193.º do CPC), constituindo-se em excepção dilatória [cfr. os arts. 494.º.b) e 288.º.1.b) do CPC].

[601] Tradicionalmente, aproveitando a epígrafe do art. 204.º do CPC, estas nulidades (com exclusão da nulidade da citação) são designadas por "principais", sendo "secundárias" as restantes. Cfr. Manuel de Andrade (*Noções elementares* ..., ps. 178 e ss.) e Varela/Bezerra/Nora (*op. cit.*, ps. 388 e ss.). À face do regime actual, J. Lebre de Freitas (*Introdução* ..., p. 21, nota de rodapé n.º 27) prefere chamar nulidades "típicas" às primeiras e "atípicas" às demais.

III. A fase do saneamento do processo após a vigência...   253

do CPC)[602]. Ainda assim, é possível a sanação deste vício, se quem devia sido citado intervier no processo, sem logo arguir a irregularidade (cfr. o art. 196.º do CPC). Por outro lado, a nulidade de falta de citação é de conhecimento oficioso (cfr. o art. 202.º do CPC), pode ser arguida em qualquer estado do processo, enquanto não estiver sanada (cfr. o art. 204.º.2 do CPC), deve ser apreciada pelo juiz, logo que dela se aperceba, podendo este suscitá-la em qualquer estado do processo, enquanto estiver por sanar (cfr. o art. 206.º.1 do CPC).

Relativamente à nulidade da citação, esta verifica-se quando o acto, embora realizado (isto é, o vício não se subsume à falta de citação do art. 195.º), o foi sem observância das formalidades prescritas na lei (cfr. o art. 198.º.1 do CPC)[603·604]. Em regra, o conhecimento deste vício depende da sua arguição, cujo prazo é o que tiver sido indicado para a contestação (cfr. a primeira parte do n.º 2 do art. 198.º do CPC). No entanto, prevê-se o conhecimento oficioso do vício nos casos indicados na segunda parte do n.º 2 do referido art. 198.º (cfr. o art. 202.º do CPC), o qual acontecerá logo que o juiz dele se aperceba, podendo suscitá-lo em qualquer estado do processo, enquanto não deva considerar-se sanado (cfr. o art. 206.º.1 do CPC). Seja como for, apenas se tomará em atenção a irregularidade quando daí puder resultar prejuízo para a defesa do citado (cfr. o art. 198.º.4)[605].

Outra nulidade tipificada é o erro na forma do processo, prevista no art. 199.º do CPC, que decorre da circunstância de o autor ter usado uma via processual inadequada para fazer valer a sua pretensão[606]. Nos termos do seu n.º 1, esta irregularidade importa apenas a inatendibilidade dos actos que não possam ser aproveitados, praticando-se os actos necessários para que o processo se aproxime, na medida do possível, da forma prevista na lei, devendo sempre evitar-se que o aproveitamento de actos colida com

---

[602] Atente-se no disposto no art. 197.º, para a falta de citação no caso de pluralidade de réus.

[603] Para uma análise mais pormenorizada das formalidades do acto de citação, cfr. J. Lebre de Freitas/J. Redinha/R. Pinto (*op. cit.*, ps. 337 e ss.).

[604] A propósito do acto de citação e de algumas das suas formalidades, importa ter em conta as alterações introduzidas, recentemente, no código de processo civil pelo DL n.º 183/2000, de 10.08, alterações muito discutíveis e até preocupantes, por beliscarem o contraditório efectivo.

[605] Atente-se no regime particular fixado no art. 483.º do CPC, no âmbito do regime da revelia absoluta do réu. Aí, detectada qualquer irregularidade no acto de citação, pode o juiz dela conhecer sempre, e mandar repetir o acto.

254 Paulo Pimenta

as garantias da defesa (cfr. o respectivo n.º 2)[607]. Quanto ao seu regime, temos que é de conhecimento oficioso (cfr. o art. 202.º do CPC), só pode arguida até à contestação ou nesta peça (cfr. o art. 204.º.1 do CPC), e, caso não tenha sido apreciada antes[608], deverá sê-lo no despacho saneador, ou até à sentença final, se não houver aquele despacho (cfr. o art. 206.º.2 do CPC).

Ainda a propósito da nulidade por erro na forma do processo importa dar conta de que a actual redacção do art. 206.º do CPC, proveniente da reforma de 1995, suscita a questão de saber se o proferimento do despacho saneador tem efeitos preclusivos quanto ao conhecimento desta concreta nulidade. É que, no domínio do CPC de 1961, a aplicação conjugada dos seus arts. 204.º.1 e 206.º.1 levava a concluir no sentido daquela preclusão. Dizia-se aí que, sem prejuízo do seu conhecimento anterior, a nulidade devia ser conhecida no despacho saneador, se o processo o comportasse. Proferido o despacho saneador, a nulidade só podia ser conhecida mediante invocação dos interessados. Ora, no caso de erro na forma do processo, esta nulidade só podia ser arguida até à contestação ou neste articulado. Daí a dita preclusão[609]. Por sua vez, o CPC de 1995, no n.º 2 do seu art. 206.º limita-se a prescrever que, sem prejuízo do seu conhecimento prévio, a nulidade indicada no art. 199.º deve ser apreciada no

---

[606] Cfr. Rodrigues Bastos (*op. cit.*, Vol. I, p. 261).

[607] Pode dizer-se que o regime de superação do erro na forma do processo (previsto já nos códigos anteriores) é uma manifestação do "princípio da adequação formal", princípio introduzido pela reforma de 1995 e previsto no art. 265.º-A do CPC. Acerca deste princípio, cfr. P. Madeira de Brito (*op. cit.*, ps. 31 e ss.).

[608] Embora o momento normal para conhecimento desta e doutras nulidades seja o despacho saneador, é prevista a sua apreciação em momento anterior (cfr. os n.ºˢ 1 e 2 do art. 206.º do CPC). Em alguns casos, tal como o do erro na forma do processo, é conveniente que, quanto antes, sejam tomadas medidas para adequar a tramitação, colocando-a no *trilho* certo. Como se sabe, no curso normal de uma acção ordinária, e fora dos casos excepcionais de despacho prévio à citação (cfr. o art. 234.º.4 do CPC), o primeiro contacto do juiz com os autos ocorre no final dos articulados, quando o processo lhe é feito concluso para a prolação de despacho pré-saneador, sendo caso disso (cfr. o art. 508.º do CPC). Se o juiz detectar o erro na forma do processo, será conveniente dar logo cumprimento ao art. 199.º, tanto mais que isso pode condicionar a posterior tramitação. Neste sentido, cfr. J. Lebre de Freitas/J. Redinha/R. Pinto (*op. cit.*, p. 343).

[609] Idêntico regime tinha a ineptidão da petição inicial, enquanto que as nulidades por falta de citação e por falta de vista ou exame ao Ministério Público podiam ser conhecidas depois do despacho saneador, até à sentença final (cfr. os arts. 193.º, 194.º, 200.º, 204.º e 206.º.1, todos do CPC de 1961).

III. A fase do saneamento do processo após a vigência...   255

despacho saneador. Se o processo não tiver despacho saneador, pode ser conhecida até à sentença final.

Esta evolução legislativa significará que, não tendo sido declarada a nulidade por erro na forma do processo no despacho saneador, poderá o juiz vir a fazê-lo mais tarde?

O assunto em apreço prende-se com uma outra alteração legislativa, que ficou consignada no n.º 3 do art. 510.º do CPC, segundo a qual apenas se forma caso julgado (formal) sobre as questões concretamente apreciadas no despacho saneador. Tal solução, se aplicada à questão da nulidade por erro na forma do processo, talvez devesse levar à conclusão de que o CPC de 1995 permite o reconhecimento desta nulidade, mesmo depois de o despacho saneador ter sido proferido. Não obstante, parece-nos que, quanto a este aspecto, o regime a observar é o que já tínhamos no código anterior, ou seja, a prolação do despacho saneador tem efeitos preclusivos quanto ao conhecimento da nulidade por erro na forma do processo[610]. Por um lado, esta é solução que melhor se articula com o sistema de arguição das nulidades previsto no art. 204.º do CPC, em termos de o respectivo n.º 1 se conjugar com o n.º 2 do art. 206.º do CPC, e o seu n.º 2 se conjugar com o n.º 1 do art. 206.º[611]. Por outro lado, diremos que é contrário à *lógica* processual o conhecimento da nulidade por erro na forma do processo numa fase mais adiantada do processo, designadamente, na sentença, pois que, as mais das vezes (e atento o carácter sequencial dos actos), isso acabaria por implicar a repetição de todo o processado, solução pouco compatível com a dinâmica do próprio processo[612].

A última das nulidades tipificadas é a prevista no art. 200.º do CPC, e respeita aos casos em que não seja cumprida a formalidade de dar vista

---

[610] Neste sentido, A. Abrantes Geraldes (*op. cit.*, Vol. II, p. 62), J. Lebre de Freitas (*A acção declarativa* ..., p. 158), Lopes do Rego (*op. cit.*, p. 160) e Rodrigues Bastos (*op. cit.*, Vol. I, ps. 269-270). Por outro lado, não temos como seguro (apesar do que afirmam o primeiro e o quarto dos autores citados) que M. Teixeira de Sousa (*Estudos sobre o novo* ..., p. 318) assuma orientação contrária, já que a afirmação deste autor, na obra citada, se reporta ao n.º 1 do art. 206.º do CPC, não parecendo estender-se ao n.º 2.

[611] Cfr., neste sentido, J. Lebre de Freitas/J. Redinha/R. Pinto (*op. cit.*, p. 357).

[612] As considerações feitas sobre o erro na forma do processo são aplicáveis também à figura da ineptidão da petição inicial. Assim, pese embora a sua qualidade de excepção dilatória, o respectivo regime deve ter em conta, designadamente, os arts. 202.º, 204.º.1e 206.º.2 do CPC, com realce para o carácter preclusivo do despacho saneador quanto ao seu conhecimento. A propósito, cfr. J. Lebre de Freitas/J. Redinha/R. Pinto (*op. cit.*, p. 357) e Rodrigues Bastos (*op. cit.*, Vol. I, ps. 269-270).

ou facultar o exame ao Ministério Público, quando este deva intervir como parte acessória[613]. No que respeita ao respectivo regime, importa dizer que este vício se considera sanado desde que o assistido tenha feito valer os seus direitos no processo através do seu representante (cfr. o art. 200.º.1 do CPC). Trata-se de uma nulidade de conhecimento oficioso (cfr. o art. 202.º do CPC), que pode ser arguida em qualquer estado do processo, enquanto não deva considerar-se sanada (cfr. o art. 204.º.2 do CPC), que o tribunal deve conhecer logo que dela se aperceba, podendo suscitá-la em qualquer estado do processo, enquanto não deva considerar-se sanada (cfr. o art. 206.º.1 do CPC).

*

Por outro lado, devem ser consideradas no despacho saneador as nulidades resultantes do não aperfeiçoamento de irregularidades dos articulados que tenham sido objecto de despacho pré-saneador.

Conforme vimos, a existência de irregularidades nos articulados leva o juiz a proferir despacho convidando as partes ao aperfeiçoamento respectivo. Ressalvado o caso particular em que a cominação prevista para a falta de sanação é a suspensão da instância (que deve ser logo decretada), as demais consequências serão fixadas no despacho saneador, após a apreciação que o juiz deve fazer sobre a regularidade da instância ou de alguns aspectos desta[614]. Assim, em função da concreta irregularidade, da parte que a haja cometido e do articulado em que tal sucedeu, deverá o juiz definir os respectivos efeitos. Tais efeitos, prejudicando este ou aquele aspecto da instância serão, em regra, parciais, não contendendo com a pendência da causa[615].

O despacho saneador é ainda o momento adequado para o juiz conhecer do vício decorrente da falta de algum pressuposto específico relativo

---

[613] A intervenção acessória do Ministério Público está prevista e regulada nos arts. 5.º.4 e 6.º da Lei n.º 60/98, de 27 de Agosto, e no art. 334.º do CPC de 1995. A propósito desta intervenção acessória, cfr. as anotações de J. Lebre de Freitas/ /J. Redinha/R. Pinto (*op. cit.*, ps. 344-345 e 592-593) e de Lopes do Rego (*op. cit.*, p. 256).

[614] Neste sentido, como já vimos, J. Lebre de Freitas (*A acção declarativa ...*, p. 143).

[615] Recorde-se o que já ficou dito acerca do caso em que a nulidade do articulado é total e respeita à petição inicial. Aí, o vício acabará por redundar em nulidade de todo o processo, constituindo uma excepção dilatória, submetida ao regime desta.

III. A fase do saneamento do processo após a vigência... 257

ao réu, vício susceptível de gerar a nulidade da contestação, bem como de outros actos processuais subsequentes praticados pelo demandado[616].

Fora dos casos tipificados na lei, as irregularidades detectadas na tramitação processual só constituirão nulidade se a lei, pontualmente, o fixar ou quando o vício possa influir no exame ou decisão da causa (cfr. o art. 201.º.1 do CPC)[617]. Este sistema remete o juiz para uma análise casuística, susceptível de só invalidar o acto que não possa, de todo, ser aproveitado, sendo certo que a nulidade de um acto acarreta a invalidação dos actos da sequência processual que daquele dependam absolutamente (cfr. o art. 201.º.2 do CPC)[618]. Quanto ao regime destas nulidades (secundárias ou atípicas), a regra é a de que o juiz só conhecerá delas mediante arguição (cfr. os arts. 202.º *in fine* e 203.º do CPC), salvo se for notada durante a prática de acto a que o juiz presida, devendo este providenciar pelo cumprimento da lei (cfr. o art. 205.º.2 do CPC)[619]. Relativamente à arguição do vício, e nos termos do art. 205.º.1 do CPC, se a parte estiver presente (por si ou por mandatário) no momento em que a falta é cometida, a arguição há-de ser feita enquanto o acto (audiência ou diligência) não terminar. Quando a parte não estiver presente, o prazo (que é o geral, de dez dias – cfr. o art. 153.º do CPC) para arguir esta nulidade conta-se do momento em que, depois de cometida a irregularidade, a parte intervier no processo ou em que for notificada para qualquer efeito posterior, desde que, no último caso, possa presumir-se que tomou conhecimento do vício ou podia ter tomado, se agisse com diligência[620]. Arguida a nulidade, o juiz deve logo apreciá-la (cfr. o art. 206.º.3 do CPC)[621].

---

[616] Neste sentido, J. Lebre de Freitas (*A acção declarativa* ..., p. 158).

[617] Deve ter-se também como irregularidade susceptível de constituir nulidade processual a prática de um acto ou a sua omissão em violação da sequência processual fixada pelo juiz ao abrigo do art. 265.º-A do CPC. Neste sentido, J. Lebre de Freitas/ /J. Redinha/R. Pinto (*op. cit.*, p. 347), preconizando a interpretação extensiva do n.º 1 do art. 201.º do CPC.

[618] Sobre este aspecto, cfr. J. Lebre de Freitas (*Introdução* ..., ps. 15 e ss.).

[619] Acerca do n.º 2 do art. 205.º do CPC, cfr. J. Lebre de Freitas/J. Redinha/R. Pinto (*op. cit.*, p. 356).

[620] A propósito do n.º 1 do art. 205.º do CPC, cfr. cfr. J. Lebre de Freitas/ /J. Redinha/R. Pinto (*op. cit.*, ps. 355-356). Criticando a solução legal, e manifestando preferência pelo sistema (mais rígido) que existia no CPC de 1939, cfr. Rodrigues Bastos (*op. cit.*, Vol. I, ps. 267-268).

[621] Cfr. em J. Lebre de Freitas/J. Redinha/R. Pinto (*op. cit.*, ps. 348-349) alguns exemplos de nulidades secundárias, acompanhados de indicações jurisprudenciais.

258 Paulo Pimenta

*

Antes de terminarmos a análise das nulidades processuais, importa fazer mais algumas referências.

A primeira, para tratar o caso da nulidade decorrente da prática de um acto depois de esgotado o prazo peremptório fixado para o efeito. Se a parte dispõe de um prazo para praticar um acto nos autos e não o faz, ficará precludida a hipótese de o praticar depois (cfr. o art. 145.º.3 do CPC). E se o fizer, o acto não deverá ser tido em conta, isto é, tudo se passará como se o acto nunca tivesse sido praticado. A prática posterior do acto constituirá uma nulidade processual, a sancionar em conformidade.

A questão está, todavia, em saber que tipo de nulidade será esta. Por um lado, não pertencerá às nulidades principais, pois que estas são as tipificadas na lei. Restaria qualificá-la de secundária, até porque corresponde à prática um acto que a lei não admite (após o decurso do respectivo prazo). Só que, nesta última hipótese, o regime das nulidades secundárias implicaria que o conhecimento do vício da prática intempestiva do acto processual ficasse dependente da arguição da parte contrária.

Ora, atento o sentido das regras sobre os prazos processuais (e dos efeitos associados ao respectivo decurso), parece que o conhecimento judicial desta questão não pode ficar na dependência das partes. A necessidade de permitir, como se impõe, que o juiz controle, de modo oficioso, a oportuna e tempestiva prática dos actos processuais não fará o vício decorrente do desrespeito do prazo perder o seu carácter. A preclusão da possibilidade de praticar um acto corresponde à não admissão legal da sua prática (cfr. o art. 201.º.1 do CPC). Se, ainda assim, o acto for praticado, teremos uma nulidade, de conhecimento oficioso, apesar de secundária[622]. Imaginemos que o prazo em causa respeita à apresentação de uma peça processual. O decurso do prazo impedirá a sua válida apresentação posterior[623]. Mas se, ainda assim, tal peça der entrada em juízo, não deverá ser atendida, sendo até de ordenar o respectivo desentranhamento dos autos,

---

[622] Esta circunstância levou J. Lebre de Freitas/J. Redinha/R. Pinto (*op. cit.*, p. 348) a falarem em nulidade *sui generis*. Atente-se que, já no domínio do CPC de 1961, Anselmo de Castro (*op. cit.*, Vol. III, ps. 115-119) chamava a atenção para o problema, destacando o carácter publicista do processo e interesse público subjacente aos prazos, para incluir esta nulidade no grupo das principais.

[623] Sem embargo dos regimes do justo impedimento e da prática do acto fora de prazo, com pagamento de multa (cfr. os n.ᵒˢ 4 e 5 do art. 145.º e o art. 146.º do CPC).

III. A fase do saneamento do processo após a vigência... 259

sendo que o controlo sobre o respeito pelos prazos processuais, com a hipótese de suscitar a nulidade decorrente da sua violação, é atribuição oficiosa do juiz, independentemente de eventual arguição pela parte contrária[624].

A segunda referência, para dizer que a decisão a proferir sobre a matéria das nulidades processuais supõe a observância do contraditório, em obediência ao princípio geral consignado no art. 3.º do CPC, concretizado, aliás, pelo art. 207.º do CPC. Nessa conformidade, tendo sido arguida determinada nulidade, impõe-se verificar se ambas as partes a debateram nos articulados. Se assim aconteceu, o juiz poderá decidir a questão no despacho saneador, sem prejuízo de a poder decidir antes, como vimos. No caso de o contraditório não ter funcionado nos articulados, o juiz deverá ainda ouvir a parte contrária antes de decidir, salvo em caso de manifesta desnecessidade ou, independentemente disso, se a decisão for no sentido do indeferimento da arguição (cfr. o art. 207.º do CPC). Por outro lado, se a nulidade for suscitada oficiosamente pelo juiz, a decisão deve ser antecedida de audiência prévia das partes, salvo em caso de manifesta desnecessidade (cfr. o art. 3.º.3 do CPC).

Por fim, deve dizer-se que as nulidades processuais que referimos não se confundem com os regimes particulares de nulidade da sentença e de despachos judiciais, previstos no arts. 668.º.1 e 666.º.3 do CPC, nem com os casos de incorrecção da decisão, seja por erro material (cfr. o art. 667.º do CPC), seja por ambiguidade ou obscuridade [cfr. o art. 669.º.1.a) do CPC], nem com os casos de erro de julgamento, de facto ou de direito (cfr. o art. 669.º.2 do CPC)[625].

Acrescente-se ainda que, nos casos em que o acto nulo se encontra coberto por uma decisão judicial, o meio próprio de reacção não é já a arguição dessa nulidade perante o juiz da causa, mas o recurso de tal

---

[624] Segundo cremos, o problema acabado de referir colocar-se-á, *mutatis mutandis*, noutras situações. Será o caso, por exemplo, de o autor apresentar a réplica fora dos casos previstos no art. 502.º do CPC. Também aqui teremos a prática de um acto que a lei não admite, mas que não cataloga como nulidade principal, vício do qual o tribunal há-de poder conhecer oficiosamente, sem carecer de arguição da contraparte, decretando a inatendibilidade da peça e o seu desentranhamento dos autos.

[625] Para uma visão mais pormenorizada dos diversos vícios da decisão, cfr. M. Teixeira de Sousa (*Estudos sobre o novo* ..., ps. 215 e ss.).

decisão, nos termos gerais. Por outras palavras, "dos despachos recorre-se, contra as nulidades reclama-se"[626].

*

Em regra, as matérias indicadas na alínea a) do n.º 1 do art. 510.º do CPC devem ser, efectivamente, apreciadas e decididas no despacho saneador, nos termos sobreditos, não sendo correcto relegar o seu conhecimento para a sentença. Mas é claro que essa apreciação no despacho saneador supõe que estejam reunidas condições para tal. Compreende-se que assim seja. Se estão em causa vícios ou irregularidades susceptíveis de perturbarem ou comprometerem mesmo a decisão sobre o mérito da causa, é de toda a conveniência que o processo só avance para as fases posteriores ao saneamento se a instância estiver regularizada. Se o juiz, perante uma determinada excepção dilatória, pudesse deixar de a conhecer no despacho saneador (julgando-a já procedente e absolvendo o réu da instância), reservando a decisão para a sentença final, é óbvio que estaria a onerar as partes e o próprio tribunal com uma tramitação inútil e inglória, já que, apesar de todo o trabalho a desenvolver na instrução e discussão da causa, o desfecho sempre seria a abstenção do conhecimento do mérito. Recorde-se que, sobre este assunto, o n.º 2 do art. 510.º do CPC, na redacção anterior à reforma de 1995, era bem mais explícito, ao estabelecer que as questões formais só podiam deixar de ser resolvidas no despacho saneador "se o estado do processo impossibilitar o juiz de se pronunciar sobre elas, devendo neste caso justificar a sua abstenção". Apesar de o texto legal ser outro, parece que será de observar o mesmo regime, sob pena de podermos cair em situações bem contrárias à eficácia processual e à economia de meios.

Assim, cabe ao juiz verificar se os elementos constantes dos autos o impedem de conhecer no despacho saneador das questões formais indicadas no art. 510.º.1.a) do CPC. Nos casos em que, excepcionalmente[627],

---

[626] Neste sentido, J. Alberto dos Reis (*Comentário* ..., Vol. II, ps. 507 e ss.), J. Lebre de Freitas/J. Redinha/R. Pinto (*op. cit.*, p. 350), Manuel de Andrade (*Noções elementares* ..., p. 183) e Varela/Bezerra/Nora (*op. cit.*, p. 393).

[627] Diz-se "excepcionalmente" porque, atenta a natureza das questões a decidir, o habitual é o processo conter já todos os elementos necessários. A propósito do carácter restrito deste diferimento, cfr. M. Teixeira de Sousa (*Sobre o sentido e a função dos pressupostos* ..., ps. 116-117). Cfr. ainda A. Abrantes Geraldes (*op. cit.*, Vol. II, p. 131).

III. A fase do saneamento do processo após a vigência... 261

o juiz entenda faltarem elementos para uma correcta decisão, remetê-la-á para a sentença, lavrando despacho justificativo nesse sentido[628]. A propósito desse despacho, o art. 510.º.4 do CPC estabelece que não cabe recurso do despacho que, com fundamento na falta de elementos para a decisão imediata, relegue para a sentença a apreciação das matérias de que deva conhecer[629]. Importa salientar que a impossibilidade de recurso fixada no preceito citado não contraria o que dissemos quanto à obrigatoriedade de conhecimento das questões processuais no despacho saneador. Por outras palavras, a impossibilidade daquele recurso não se reconduz, longe disso, à concessão de discricionariedade ao juiz acerca das decisões a proferir no despacho saneador[630].

Para concluirmos a referência às decisões a proferir no despacho saneador sobre questões processuais, deve destacar-se a solução consignada na primeira parte do n.º 3 do art. 510.º do CPC, a qual constitui uma importante inovação da reforma de 1995. De acordo com este preceito, o despacho saneador proferido sobre as matérias indicadas no art. 510.º.1.a) do CPC "constitui, logo que transite, caso julgado formal quanto às questões concretamente apreciadas".

Daqui resulta que a circunstância de o juiz exarar no despacho saneador uma declaração genérica no sentido de que inexistem excepções dilatórias ou nulidades processuais não é impeditiva de, mais adiante, vir a ser reconhecida uma excepção ou nulidade. A declaração genérica contida no despacho saneador não constitui caso julgado formal (cfr. os art. 672.º e 677.º). Este só ocorre quanto às excepções ou nulidades que forem objecto de concreta apreciação[631]. O relevo desta solução norma-

---

[628] A propósito da justificação a exarar nesse despacho de diferimento, cfr. J. Alberto dos Reis (*CPC Anotado*, Vol. III, ps. 185-186).

[629] Dado que o n.º 4 do art. 510.º do CPC reproduz o regime constante do n.º 5 do mesmo preceito, na redacção anterior à reforma de 1995, mantém actualidade a doutrina fixada pelo já citado Assento n.º 10/94 (*DR*, Iª Série-A, de 26.05.1994): – "Não é admissível recurso para o Supremo Tribunal de Justiça do acórdão da Relação que, revogando o saneador-sentença que conhecera do mérito da causa, ordena o prosseguimento do processo, com elaboração da especificação e questionário" (hoje, especificação e base instrutória, como veremos). Neste sentido, Lopes do Rego (*op. cit.*, p. 351) e Luso Soares/D. Romeira de Mesquita/Wanda F. de Brito (*op. cit.*, p. 414).

[630] Esta solução legal, que remonta à Reforma Intercalar de 1985, apenas procurou evitar que o eventual recurso pudesse comprometer a celeridade processual.

[631] No entanto, a declaração genérica contida no despacho saneador preclude a

262 *Paulo Pimenta*

tiva decorre não só do facto de ela corresponder à melhor orientação, mas também porque veio pôr termo a uma longa controvérsia doutrinal e jurisprudencial[632].

6.2.1. *Ineficácia da falta de pressupostos processuais*

É chegada a altura de abordar um assunto que temos deixado em suspenso.

Até aqui, foi dito que o proferimento de uma decisão de mérito supõe a verificação de determinados requisitos técnicos – são os pressupostos processuais. Esses pressupostos podem respeitar ao tribunal, às partes e ao objecto da causa.

Por outro lado, também referimos que as excepções dilatórias decorrem da não verificação dos pressupostos processuais[633]. As excepções dilatórias – cujo elenco não taxativo consta do art. 494.º do CPC – têm por efeito obstar ao conhecimento do mérito da causa e implicam a absolvição da instância ou a remessa dos autos para outro tribunal (cfr. o art. 493.º.2 do CPC). Este aspecto é corroborado pelo art. 288.º.1 do CPC, onde se indicam os casos em que o juiz deve abster-se de conhecer do pedido e absolver o réu da instância.

Do exposto resultaria que, antes de partir para o proferimento de uma decisão sobre o mérito da causa – julgando a pretensão procedente ou improcedente –, o juiz deveria verificar se estavam respeitados todos os pressupostos processuais de cujo preenchimento dependia a tal decisão de mérito. Nessa conformidade – e sem embargo das possíveis diligências

---

declaração posterior da ineptidão da petição inicial e do erro na forma do processo, face ao regime fixado no n.º 2 do art. 206 do CPC, conforme já assinalámos.

[632] Como já vimos, o problema consistia em saber se a decisão genérica no despacho saneador sobre a inexistência de excepções dilatórias e nulidades processuais gerava caso julgado formal. Problema que era agravado pelo facto de, quanto à competência absoluta do tribunal, o art. 104.º.2 do CPC de 1961 (revogado) apontar no sentido negativo, enquanto, para a legitimidade, o já citado Assento de 01.02.1963 apontar em sentido afirmativo (note-se que a nova lei de processo fez caducar tal aresto). Sobre este ponto, cfr. A. Abrantes Geraldes (*op. cit.*, Vol. II, p. 128, nota de rodapé n.º 204), J. Lebre de Freitas (*A acção declarativa ...*, p. 156, nota de rodapé n.º 4), M. Teixeira de Sousa (*Estudos sobre o novo ...*, p. 318) e Lopes do Rego (*op. cit.*, p. 350).

[633] Nessa ordem de ideias, Castro Mendes (*Direito ...*, Vol. II, p. 571) afirmava que excepção dilatória e pressuposto processual são o "verso e o reverso da mesma realidade".

III. A fase do saneamento do processo após a vigência... 263

tendentes à sanação do vício –, sempre que o juiz concluísse pela persistência da falta de um concreto pressuposto processual, mais não lhe restaria do que conhecer da consequente excepção e decretar o respectivo efeito (impeditivo da decisão de mérito).

O quadro que acabámos de traçar corresponde ao regime tradicional do nosso processo civil, onde imperava o chamado "dogma da prioridade da apreciação dos pressupostos processuais"[634].

Desta concepção resultava não só que o tribunal não podia pronunciar-se sobre a procedência ou improcedência da acção sem ter, previamente, verificado o preenchimento dos pressupostos processuais, mas também que o facto de já se sentir habilitado a proferir uma decisão de mérito não o desonerava da prévia e imprescindível verificação daqueles pressupostos[635].

Como se sabe, este sistema era susceptível de conduzir a que inúmeras acções cíveis terminassem por motivos diferentes da decisão de mérito, com fundamento na violação deste ou daquele pressuposto processual, com fundamento nesta ou naquela irregularidade técnica. Ora, é óbvio que uma decisão formal de absolvição da instância não resolve nada, nem interessa a ninguém, deixando tudo em aberto, incluindo, naturalmente, a possibilidade de haver uma repetição da causa (cfr. o art. 289.º.1 do CPC). É que a decisão de absolvição da instância não gera caso julgado material, o qual é próprio das decisões que apreciam o mérito, isto é, das decisões sobre a relação material controvertida (cfr. os arts. 671.º.1, 672.º e 497.º.1 do CPC). Daí que a decisão de absolvição da instância não interesse ao tribunal, já que uma acção se desdobrará em duas – a primeira, que terminou com a decisão formal, e a segunda, idêntica à anterior, onde os pressupostos se respeitarão –, o que implica uma duplicação de actividade. Não interessa ao autor, pois este ver-se-á na contingência de, para fazer valer a sua pretensão, ter de propor nova acção, na qual procurará respeitar os pressupostos[636]. Também ao próprio ao réu esse desfecho não

---

[634] Sobre este tema, cfr. M. Teixeira de Sousa (*Estudos sobre o novo* ..., ps. 83 e ss., e *Introdução* ..., ps. 83 e ss.).

[635] Cfr. M. Teixeira de Sousa (*Sobre o sentido e a função dos pressupostos* ..., ps. 86-87).

[636] Cfr. o n.º 2 do art. 289.º do CPC, acerca da vantagem ou conveniência em que a nova acção seja proposta, ou o réu para ela seja citado, dentro de certo prazo. Cfr., ainda, o n.º 4 do citado preceito. Sobre o regime deste segmento normativo, cfr. , J. Lebre de Freitas/J. Redinha/R. Pinto (*op. cit.*, ps. 516-518).

264   Paulo Pimenta

agradará, pois é previsível que volte a ser demandado, assim se protelando a (in)definição da sua situação jurídico-processual.

Para fazer face a esta grave realidade do nosso processo civil[637], o CPC de 1995 instituiu, no n.º 2 do art. 265.º, o princípio geral da sanabilidade da falta de pressupostos processuais, ao mesmo tempo incumbindo o juiz de providenciar, mesmo oficiosamente, pela regularização da instância[638]. Por isso, a primeira parte do n.º 3 do art. 288.º do CPC estabelece que as excepções dilatórias só subsistem (com as consequência inerentes) enquanto a respectiva falta ou irregularidade não for sanada, nos termos do art. 265.º.2 do CPC[639]. O novo regime é dominado pela preocupação de tornear e superar (até onde for possível, naturalmente) todos os obstáculos formais à efectiva resolução material do litígio submetido à apreciação judicial. Aliás, só assim poderá dizer-se que o tribunal realiza a sua função natural, qual seja, a justa composição dos litígios. Até porque o tribunal existe para resolver litígios e não para resolver processos.

Mas, neste domínio, a inovação legislativa foi mais além, decisivamente, mais além. Na verdade, o CPC de 1995 não limitou a providenciar pela criação de condições para o proferimento de uma decisão de mérito, através da sanação dos vícios processuais.

O novo diploma inovou no sentido da superação do próprio dogma da prioridade da apreciação dos pressuposto processuais. Significa isto que, em determinadas circunstâncias, é lícito ao juiz proferir uma decisão de mérito (de procedência ou improcedência da acção) apesar de se mostrar violado um certo pressuposto processual. O novo regime, vertido na segunda parte do n.º 3 do art. 288.º do CPC[640], consagra a orientação

---

[637] Conforme registou J. Lebre de Freitas (*Parecer* ..., p. 748), o nosso país detinha, na Europa, "o *record* numérico das causas judiciais resolvidas por aplicação de normas processuais, numa perversa subversão da instrumentalidade do processo em face do direito substantivo".

[638] Já ficou dito que este preceito – pela concepção que lhe está subjacente – constitui uma das mais importantes medidas do novo código.

[639] Concordamos com Paula Costa e Silva (*op. cit.*, p. 218) quando refere que, em rigor, melhor seria dizer que as excepções dilatórias apenas se verificam se não for suprida a falta ou irregularidade no preenchimento dos pressupostos processuais.

[640] Atente-se que esta inovação foi introduzida pelo segundo dos diplomas em que assenta o CPC de 1995 (o DL n.º 180/96, de 25.09), cujo Preâmbulo justifica com "Razões de economia processual decorrentes da necessária prevalência das decisões de fundo sobre

III. A fase do saneamento do processo após a vigência... 265

que, entre nós, mesmo na vigência do código anterior, M. Teixeira de Sousa vinha sustentando[641].

Passemos a enunciar as coordenadas essenciais deste novo regime, articulando-o com as decisões a proferir no despacho saneador, ao abrigo do art. 510.º.1 do CPC[642].

O ponto de partida é o seguinte[643]: – atingida a fase do saneamento do processo, o juiz conclui que está violado um pressuposto processual. Nessa situação (e nessa altura), pode acontecer que, independentemente da questão ligada ao pressuposto violado, o estado do processo não lhe permita uma imediata decisão sobre o mérito da causa. Por outro lado, pode suceder, também independentemente da questão relativa ao pressuposto violado, que o juiz se sinta já habilitado a decidir o mérito da causa, porque o estado do processo lho proporciona.

No primeiro caso – e persistindo o vício –, a solução que se impõe é a decisão absolutória da instância, decorrente do reconhecimento da excepção dilatória respectiva. Aqui, o desfecho do processo corresponde ao regime tradicional de apreciação prévia dos pressupostos processuais. Mesmo assim, esse desfecho não colide com a preocupação de fazer prevalecer a decisão de mérito, pela simples razão de, nesse momento processual, tal decisão não ser ainda possível, sendo certo que não será curial fazer prosseguir uma instância irregular.

No segundo caso, surge, agora sim, a possibilidade de aplicação do novo regime, em termos de, apesar da falta do pressuposto, a acção vir a ser julgada procedente ou improcedente. Para tal, hão-de verificar-se as condições prescritas na segunda parte do n.º 3 do art. 288.º do CPC. Quais são essas condições?

Em primeiro lugar, que o estado do processo permita o imediato conhecimento do mérito da causa. Em segundo lugar, que o pressuposto processual violado tenha em vista proteger, concretamente, uma das

---

as de mera forma – ultrapassando os obstáculos a uma verdadeira composição do litígio, fundados numa visão puramente lógico-conceptualista do processo – ...".

[641] M. Teixeira de Sousa (*Introdução* ..., ps. 85-86, e *Sobre o sentido e a função dos pressupostos* ..., ps. 85 e ss.). Conforme assinala este autor, a crítica ao "dogma da prioridade" foi iniciada pelo alemão Rimmelspacher.

[642] Note-se, porém, que o regime particular do art. 288.º.3 (segunda parte) do CPC é de observar, não apenas no despacho saneador, mas também na sentença, como resulta do art. 660.º.1 do CPC.

[643] Seguiremos de perto M. Teixeira de Sousa (*Estudos sobre o novo* ..., ps. 83 e ss.).

partes. Em terceiro lugar, que a decisão de mérito a proferir seja inteiramente favorável à parte cujo interesse se pretendeu acautelar através do pressuposto processual em apreço.

Constata-se, pois, que o funcionamento do novo regime supõe a verificação simultânea de vários requisitos[644]. Como se imagina, nem sempre estarão reunidos todos esses requisitos. Digamos que só em circunstâncias *ideais* isso ocorrerá.

Antes de mais, no desenvolvimento das acções declarativas cíveis, o mais normal é o processo, na fase do saneamento, ainda não estar *amadurecido* o suficiente, o que significa não haver condições para antecipar o julgamento de mérito. Portanto, se não se verificar esse primeiro requisito, ao juiz mais não resta do que declarar a excepção dilatória e absolver o réu da instância, estando afastado o regime em análise.

Mesmo que haja condições para o julgamento de mérito, é preciso também que o pressuposto violado tenha sido instituído para proteger uma das partes. Quanto a este aspecto, devemos atentar na função dos pressupostos processuais[645]. É que os pressupostos processuais podem ter em vista acautelar o interesse público na adequada administração da justiça, podem destinar-se a proteger interesses comuns a ambos os litigantes ou podem tutelar interesses próprios de cada uma das partes.

Assim sendo, estará excluída a hipótese de fazer funcionar o esquema do art. 288.º.3 (segunda parte) do CPC quando o pressuposto violado tutele o interesse público ou interesses comuns às duas partes. Nessa conformidade, o juiz não pode lançar mão deste novo regime no caso de violação do pressuposto processual da competência absoluta do tribunal (cfr. o art. 101.º do CPC), pois que tal requisito contende com regras fundamentais do exercício do poder jurisdicional[646]. Esse regime também não se aplicará no caso de violação do pressuposto processual negativo da não verificação de caso julgado, uma vez que o tribunal se veria na desprestigiante alternativa de contradizer ou reproduzir uma decisão anterior (cfr. o art. 498.º.2 do CPC)[647], nem no caso de violação do pressuposto proces-

---

[644] A propósito das referidas condições, cfr. Lopes do Rego (*op. cit.*, p. 230).

[645] Cfr. M. Teixeira de Sousa (*Estudos sobre o novo* ..., p. 84).

[646] Cfr., a propósito, M. Teixeira de Sousa (*Introdução* ..., p. 83, e *Sobre o sentido e a função dos pressupostos* ..., p. 102).

[647] Neste caso, entendemos que o pressuposto negativo tutela um interesse público. Ainda assim, e concomitantemente, é possível descortinar a salvaguarda da posição do réu, impedindo-se que seja constrangido a pronunciar-se sobre uma questão já decidida

III. A fase do saneamento do processo após a vigência... 267

sual da aptidão da petição inicial, já que a nulidade de todo o processo é inconciliável com a prolação de uma decisão de mérito, ofendendo a segurança jurídica (cfr. o art. 193.º.1 do CPC)[648].

O campo privilegiado de aplicação do novo regime é o dos pressupostos processuais relativos às partes. A exigência de tais pressupostos procura acautelar a posição das partes, de modo a que os respectivos interesses sejam devidamente defendidos em juízo e, quanto ao réu, que este não seja importunado por acções inúteis[649]. Concretizando, o pressuposto processual da capacidade judiciária activa tutela, unicamente, o interesse do próprio autor, evitando que sua incapacidade de exercício de direitos possa, eventualmente, colocá-lo em situação de inferioridade face à contraparte, no caso de litigar por si em juízo. Naturalmente, é válido o raciocínio inverso, quanto ao réu incapaz. O pressuposto do patrocínio judiciário obrigatório destina-se a proporcionar à parte a adequada intervenção processual e uma eficiente defesa da respectiva pretensão, impedindo que esta soçobre por motivos alheios ao direito material[650]. O pressuposto processual do interesse em agir destina-se a evitar que o réu seja demandado a propósito de acção inúteis ou, pelo menos, prematuras[651].

Prosseguindo, não basta que o estado do processo permita o imediato conhecimento do mérito, nem que o pressuposto processual violado se destine a proteger uma das partes.

É preciso ainda que a decisão de mérito a proferir seja, integralmente, favorável a essa parte. Isto é, se o pressuposto em causa visa proteger o autor, o novo regime aplicar-se-á se o julgamento de mérito for no sentido da procedência da acção, nos termos peticionados pelo demandante. Paralelamente, se o pressuposto violado tutelar a posição do réu, o juiz deverá aplicar o novo regime quando a decisão de mérito for no sentido da improcedência da acção.

---

por sentença transitada em julgado. Neste último sentido, M. Teixeira de Sousa (*Sobre o sentido e a função dos pressupostos* ..., p. 104). Raciocínio semelhante valerá para o caso da litispendência.

[648] Com referências semelhantes, cfr. A. Abrantes Geraldes (*op. cit.*, Vol. I, p. 38) e M. Teixeira de Sousa (*Estudos sobre o novo* ..., p. 84).

[649] Cfr. M. Teixeira de Sousa (*Estudos sobre o novo* ..., p. 84).

[650] Para uma justificação do patrocínio judiciário, cfr. J. Alberto dos Reis (*CPC Anotado*, Vol. I, ps. 104-105). Cfr., também, M. Teixeira de Sousa (*As partes* ..., p. 35).

[651] Em sentido semelhante, M. Teixeira de Sousa (*As partes* ..., p. 97).

No domínio dos pressupostos processuais destinados a tutelar os interesses das partes (e na perspectiva de cada uma delas), dir-se-á que a função desses pressupostos é a de "evitar uma sentença de mérito desfavorável à parte cuja posição processual o pressuposto procura salvaguardar"[652]. Em termos práticos, daí resulta que, sendo possível absolver o réu do pedido, é preferível essa decisão à mera absolvição da instância, a pretexto da violação de um pressuposto que o protege. Por outro lado, podendo a acção ser julgada procedente, deverá ser essa a decisão, em vez da absolvição do réu da instância, com fundamento na falta de um pressuposto que visa proteger o próprio autor. Mais resulta que a perspectiva de ocorrência de resultado inverso implica que fiquemos pelo regime tradicional do dogma da apreciação prévia do pressupostos processuais. Isto é, estando violado um pressuposto instituído para proteger o autor, a decisão deverá de absolvição da instância, sempre que o desfecho de mérito seja o de improcedência da acção. Quando se mostre violado um pressuposto destinado a salvaguardar o réu, este deverá ser absolvido da instância, se o julgamento de mérito apontar no sentido da sua condenação no pedido[653]. Exemplificando, se o autor propuser uma acção sem estar patrocinado por advogado, sendo obrigatório o patrocínio judiciário, a persistência deste vício constitui uma excepção dilatória, susceptível de determinar a absolvição da instância. No entanto, como vimos, o pressuposto em causa tem em vista proteger o próprio autor. Assim, e apesar do vício, se o juiz, na fase do saneamento, verificar que os elementos constantes do processo já lhe permitem o julgamento de mérito, no sentido da procedência da acção, o novo regime impõe o proferimento imediato da decisão favorável ao autor. No fundo, decide-se tal como se decidiria se o pressuposto estivesse preenchido. Por outras palavras, *ignora-se* a falta do pressuposto, em virtude de ser possível alcançar já – e para a parte protegida pelo pressuposto – o melhor resultado que esta poderia obter, mesmo que patrocinada[654,655].

---

[652] M. Teixeira de Sousa (*Sobre o sentido e a função dos pressupostos* ..., p. 106).

[653] Face à perspectiva de improcedência da acção (quanto ao autor) ou de condenação no pedido (quanto ao réu), o resultado de absolvição da instância é o que melhor corresponde à função do pressuposto violado. Cfr., a propósito, M. Teixeira de Sousa (*Estudos sobre o novo* ..., p. 86) e Paula Costa e Silva (*op. cit.*, p. 219).

[654] É patente a diferença face ao regime anterior. Nesse domínio, o juiz teria de absolver o réu da instância. Se, entretanto, o autor persistisse na vontade de fazer valer a sua pretensão, teria de constituir advogado para propor nova acção. Ora, quanto aos fundamentos e ao pedido, tal acção haveria de ser como que uma repetição da anterior, sendo

III. A fase do saneamento do processo após a vigência... 269

Ponderemos, agora, sobre o pressuposto processual da capacidade judiciária, no lado passivo. Este pressuposto tem em vista salvaguardar a situação do réu, face ao receio de que as suas limitações possam fragilizar a sua posição processual. Daí que a persistência do vício aconselhe, por princípio e por cautela, a sua absolvição da instância, como excepção dilatória que é. Todavia, se os elementos constantes do processo, na fase do saneamento, permitirem ao juiz decidir o mérito da causa, e em sentido favorável ao réu, o novo regime leva a que o demandado seja mesmo absolvido do pedido. Com efeito, ainda que gozasse de capacidade judiciária, o réu não lograria melhor resultado.

Consideremos, ainda, o pressuposto do interesse em agir ou interesse processual, o qual se destina a acautelar a posição do réu. Através da sua exigência, procura-se evitar que alguém seja demandado para uma acção em que a pretensão deduzida nem ao próprio autor aproveitará (uma acção inútil, portanto) ou que este pode alcançar por uma via processual menos onerosa para a contraparte[656]. A falta deste pressuposto constitui uma excepção dilatória, gerando a absolvição do réu da instância, nos termos gerais[657]. No entanto, sempre que o juiz, no despacho saneador, tiver

---

também de admitir que a defesa do réu não seria diferente da deduzida na primeira acção. Perante este quadro, o mais provável é que, na fase do saneamento, o juiz *voltasse* a sentir-se habilitado a decidir o mérito, e em sentido favorável ao autor. Assim, a segunda acção nada traria de novo, salvo quanto ao patrocínio do autor. Em termos materiais, obter-se-ia, agora, o mesmo resultado a que logo poderíamos ter chegado, se o autor tivesse constituído advogado. Quer dizer, um requisito formal, instituído para proteger uma parte, acabava por ter um efeito perverso, *jogando* contra a própria parte, impedindo ou dificultando a definição da situação jurídica em favor dela.

[655] Não se confunda este vício – não constituição de advogado – com os vícios regulados no art. 40.º do CPC – falta, insuficiência e irregularidade do mandato. Aqui, o autor está patrocinado por advogado. Contudo, a actuação deste profissional do foro não está alicerçada, plenamente, no indispensável instrumento de concessão de poderes forenses, gerando uma excepção dilatória [cfr. o art. 494.º.1.h) do CPC], susceptível de ser sanada, nos termos já referidos. Atente-se, porém, que a persistência do vício não legitima uma eventual decisão de procedência da acção, ao abrigo do art. 288.º.3 do CPC, mais não restando do que a absolvição da instância, e a censura do mandatário (cfr. o art. 40.º.2 do CPC). Isto, porque não é possível estabelecer o "vínculo subjectivo" entre o mandatário e a parte que este, pretensamente, patrocina. Neste sentido, A. Abrantes Geraldes (*op. cit.*, Vol. I, p. 39, nota de rodapé n.º 35).

[656] Cfr. M. Teixeira de Sousa (*Sobre o sentido e a função dos pressupostos ...*, p. 104).

[657] Para mais desenvolvimentos acerca deste pressuposto, cfr. M. Teixeira de Sousa (*As partes ...*, ps. 97 e ss.). Cfr., também, Anselmo de Castro (*op. cit.*, Vol. II, ps. 251 e ss.).

condições para conhecer logo do mérito da causa, e sendo a decisão no sentido de improcedência da acção, a aplicação do novo regime conduz à prevalência dessa decisão de mérito sobre a apreciação do pressuposto violado. Portanto, atendendo a que o pressuposto visa proteger o réu, e sendo claro que é melhor resultado a absolvição do pedido do que da instância, o juiz deverá declarar a acção improcedente[658].

Razões de eficácia e celeridade na resolução do litígio poderão ainda justificar que seja *desconsiderada* a excepção dilatória de litispendência se, no momento da sua apreciação, o juiz estiver em condições de decidir de mérito e em termos favoráveis ao réu, absolvendo-o do pedido, e não apenas da instância[659]. Este expediente tem duas virtudes. Primeiro, a decisão proferida (de improcedência) corresponde ao melhor resultado que o réu poderia obter. Segundo, é um modo de, mais rapidamente, pôr termo a duas instâncias, já que, transitada em julgado a decisão de mérito aqui proferida, será invocável a excepção de caso julgado na outra causa[660].

Não é difícil concluir que o regime plasmado na segunda parte do n.º 3 do art. 288.º do CPC constitui, na verdade, um importantíssimo avanço em relação ao sistema precedente, assim se alargando o leque de possibilidades de proferimento de decisões conformes ao direito material[661].

Ainda assim, continuarão a existir situações insusceptíveis se serem remediadas por este novo esquema, mesmo no domínio dos pressupostos relativos às partes. É o que acontecerá com a violação do pressuposto da personalidade judiciária, pois não se vislumbra justificação para proferir

---

[658] Neste sentido, M. Teixeira de Sousa (*As partes ...*, p. 109).

[659] Neste sentido, M. Teixeira de Sousa (*Estudos sobre o novo ...*, p. 86 e *Sobre o sentido e a função dos pressupostos ...*, p. 88). Como dissemos, a exigência do pressuposto negativo da não verificação da litispendência (e do caso julgado) assenta na tutela do interesse público ligado ao prestígio e à dignidade dos tribunais, de um lado, e na protecção do réu, de outro, desonerando-o de discutir duplamente a mesma questão. A valoração desta segunda vertente motiva, no caso da litispendência, a prevalência da imediata decisão de mérito a favor do réu.

[660] Operando-se, por esta via, a curiosa transmutação da causa repetente em causa repetida e *vice-versa*. Sobre estes conceitos, cfr. A. Montalvão Machado/Paulo Pimenta (*O novo processo ...*, p. 100).

[661] Colocando algumas dúvidas à doutrina que está na base do regime do art. 288.º.3 do CPC, antes mesmo da sua consagração legal, cfr. Maria José Capelo (*op. cit.*, ps. 46 e ss., nota de rodapé n.º 51).

III. A fase do saneamento do processo após a vigência... 271

uma decisão de mérito a favor de um ente destituído de personalidade jurídica (cfr. o art. 5.º.2 do CPC)[662].

No campo da legitimidade, importa distinguir a legitimidade singular da plural.

Quanto à ilegitimidade singular activa, não fará sentido proferir uma sentença de procedência da acção, se daí nenhuma vantagem resultará para o verdadeiro titular do direito (ausente da lide). Relativamente, à ilegitimidade singular passiva, uma decisão de improcedência da acção será também irrelevante, já que ela não poderá aproveitar ao verdadeiro sujeito passivo da relação material controvertida[663].

No que respeita à violação do pressuposto da legitimidade plural (litisconsórcio necessário), já sabemos que a ilegitimidade daí resultante é sanável mediante a intervenção em juízo da pessoa em falta, o que supõe, em regra, requerimento nesse sentido ou, mais raramente, a sua intervenção espontânea. Se o vício não for sanado, poder-se-á aplicar o regime do art. 288.º.3 (segunda parte) do CPC, julgando procedente a acção proposta pelo autor (desacompanhado do demais litisconsortes), ou absolver do pedido o réu (desacompanhado dos outros litisconsortes), em vez de se proferir uma decisão de absolvição da instância? À primeira vista, parece justificar-se uma resposta afirmativa, já que, apesar da sua ilegitimidade, o autor conseguiria obter ganho de causa, de que beneficiariam os outros litisconsortes, e o réu alcançaria um resultado absolutório favorável aos restantes litisconsortes. No entanto, a consideração do âmbito do caso julgado, e dos seus limites subjectivos, coloca sérias dúvidas quanto a tal possibilidade. De facto, não é seguro que da decisão proferida possam prevalecer-se, integralmente, aqueles que não estiveram presentes em juízo. Será que essoutros litisconsortes activos poderão usar por sua própria iniciativa a sentença condenatória como título executivo? E poderão os litisconsortes preteridos, sejam activos ou passivos, invocar a excepção de caso julgado, em futura acção contra si proposta? Em face

---

[662] De facto, e sem prejuízo dos casos especiais de atribuição de personalidade judiciária a quem não tem personalidade jurídica (cfr. os arts. 6.º e 7.º do CPC), pergunta-se para que servirá decidir uma acção a favor de um ente sem personalidade jurídica, ora a julgando procedente (se for autor), ora improcedente (se for réu). Mesmo nos casos indicados no art. 8.º do CPC temos dúvidas de que o novo regime do art. 288.º.3 (segunda parte) seja aplicável. Admitindo essa possibilidade, embora sem fundamentação, J. Lebre de Freitas/J. Redinha/R. Pinto (*op. cit.*, p. 515).

[663] Neste sentido, Paula Costa e Silva (*op. cit.*, ps. 219-220).

272   *Paulo Pimenta*

disso, parece ser de excluir do campo de aplicação da segunda parte do n.º 3 do art. 288.º do CPC os casos de violação de litisconsórcio necessário[664].

O regime instituído na segunda parte do n.º 3 do art. 288.º do CPC suscita ainda duas questões, que passamos a tratar.

A primeira delas, tem a ver com o momento exacto em que o juiz deverá ponderar sobre a hipótese de fazer funcionar o esquema previsto naquele preceito. Situando o nosso raciocínio na fase do saneamento[665], já foi dito que o juiz, quando o processo lhe é feito concluso, findos os articulados, deve verificar a regularidade da instância. Nessa intervenção (e quanto ao que agora interessa), se detectar casos de violação de pressupostos processuais susceptíveis de sanação, o juiz deve dar cumprimento ao n.º 2 do art. 265.º do CPC, proferindo o competente despacho présaneador [cfr. o art. 508.º.1.a) do CPC]. Foi dito também que, proferido aquele despacho, ficaria remetida para o despacho saneador a constatação da sanação do vício ou da sua persistência. Nessa ocasião, se o vício já estivesse suprido, declarar-se-ia isso mesmo, passando o juiz a ponderar sobre o eventual conhecimento do mérito, nos termos do art. 510.º.1.b) do CPC. Se o vício persistisse, o juiz deveria fixar as respectivas consequências, nos termos do art. 288.º.1 do CPC, absolvendo o réu da instância. Sucede que, a propósito desse possível desfecho, acrescentámos a seguinte advertência: – "sem prejuízo do disposto na segunda parte do n.º 3 do art. 288.º do CPC", regime que vimos analisando, e é susceptível de conduzir, em certas circunstâncias, ao proferimento de uma decisão de mérito, apesar da violação de um pressuposto processual.

O modo como se expôs a matéria e o modo como se ressalvou o dito art. 288.º.3 do CPC parece indiciar que o funcionamento deste preceito tem carácter residual, em termos de o juiz só dever colocar a hipótese

---

[664] Neste sentido, com maior desenvolvimento, Paula Costa e Silva (*op. cit.*, ps. 220-222). Duvidando da aplicabilidade deste regime nos casos de preterição litisconsórcio necessário, J. Lebre de Freitas (*Introdução* ..., p. 40, nota de rodapé n.º 58) e J. Lebre de Freitas/J. Redinha/R. Pinto (*op. cit.*, p. 516). Pronunciando-se pela aplicação do regime, aparentemente, sem restrições, A. Abrantes Geralds (*op. cit.*, Vol. I, ps. 39-40).

[665] É claro que os considerandos já feitos e os que se seguem serão válidos também para o momento da sentença, não só porque o n.º 1 do art. 660.º do CPC faz apelo ao art. 288.º.3, mas ainda porque o regime do art. 265.º.2 do CPC será de observar em todos os momentos do processo. Portanto, é por razões de conveniência expositiva que circunscrevemos o assunto à fase do saneamento. De qualquer maneira, o normal é que, a colocar-se o problema, isso aconteça mais no despacho saneador do que na sentença. Neste sentido, M. Teixeira de Sousa (*Estudos sobre o novo* ..., p. 319).

III. A fase do saneamento do processo após a vigência... 273

de o aplicar depois de esgotadas (e frustradas) as diligências tendentes à obtenção da prévia sanação do vício detectado, nos termos dos arts. 508.º.1.a) e 265.º.2 do CPC. Será assim[666]? Ou será que o juiz, embora detectando a violação de um pressuposto processual, é admitido a não proferir despacho pré-saneador, passando ao imediato conhecimento do mérito da causa (no despacho saneador, naturalmente), com base na constatação de que o pressuposto violado se destina a proteger a parte a quem é favorável o julgamento de mérito[667]?

O modo como se apresenta estruturado o n.º 3 do art. 288.º do CPC parece apontar no sentido de que o regime da sua segunda parte tem, efectivamente, uma função residual ou subsidiária. Na verdade, a primeira parte deste preceito refere que os vícios só constituem excepções dilatórias (com o efeito consignado no n.º 1 desse artigo) se não forem sanados, nos termos do art. 265.º.2 do CPC. Só então – ou seja, depois de tentada a sanação- é que a lei aventa a possibilidade de, apesar da persistência do vício, ser proferida uma decisão de mérito.

Invocar-se-á a desnecessidade de proferir despacho pré-saneador, tentando suprir a violação de um pressuposto processual instituído para proteger uma parte, quando a decisão de mérito a proferir – esteja sanado ou não o vício – é a mesma, isto é, será de procedência da acção, se a parte protegida pelo pressuposto for o autor, e será de improcedência, se a parte protegida pelo pressuposto for o réu.

Sem embargo, entendemos que a eventualidade de proferimento de uma decisão de mérito, através da aplicação do novo regime do art. 288.º.3 do CPC, não permite, nem justifica, qualquer desvio àquilo que fomos dizendo quanto ao modo como o juiz deve actuar quando o processo lhe é feito concluso, no final dos articulados. Nessa ocasião, o raciocínio do juiz não tem de ser condicionado ou perturbado pelo sentido de um eventual julgamento de mérito no despacho saneador. É óbvio que o juiz deve proceder a um estudo profundo e abrangente de todo o processo, até porque as questões, materiais e formais, se entrecruzam, não havendo verdadeira estanquicidade entre elas. No entanto, nesse exacto momento processual, e no que tange aos pressupostos processuais, o que se espera do juiz é a verificação da regularidade da instância, cabendo-lhe providenciar pela

---

[666] Neste sentido, A. Abrantes Geraldes (*op. cit.*, Vol. I, p. 37) e J. Lebre de Freitas (*A acção declarativa* ..., p. 157, nota de rodapé n.º 6).

[667] Neste sentido, M. Teixeira de Sousa (*Estudos sobre o novo* ..., ps. 84-85) e Paula Costa e Silva (*op. cit.*, p. 223).

sanação dos vícios que encontrar. Portanto, o juiz deve é preocupar-se em assegurar o preenchimento dos pressupostos processuais, na certeza de que, mais adiante, terá oportunidade de apreciar os efeitos da eventual persistência da violação. Dessa maneira, e se os vícios forem mesmo supridos, ficamos com a certeza de que estão acautelados os interesses tidos em vista com a exigência de cada um dos pressupostos processuais. O que significará que, futuramente, não é por aí que deixaremos de ter uma decisão de mérito. Por outro lado, não devemos desconsiderar a hipótese de o juiz, ao proferir o despacho saneador, vir a concluir que, afinal, ainda não tem condições para o imediato conhecimento do mérito, ou que tal decisão não será *integralmente* favorável à parte protegida pelo pressuposto violado, ou até que será favorável à parte contrária[668]. Aliás, para esse novo entendimento do juiz muito poderá contribuir o debate a realizar na audiência preliminar, convocada para os efeitos da alínea b) do n.º 1 do art. 508.º-A do CPC (cfr., ainda, a segunda parte no n.º 3 do mesmo preceito).

É evidente que qualquer uma destas hipóteses inviabilizará a aplicação do novo regime do art. 288.º.3 do CPC, com a seguinte consequência: – o processo deveria *retroceder* para o momento do art. 508.º do CPC, e o juiz teria de providenciar pela sanação do vício, nos termos do art. 265.º.2 do CPC, com as consequências já conhecidas.

Em face do exposto, e embora haja, por vezes, o risco de a tentativa de suprimento do vício poder ser um acto inútil – inutilidade só descortinável *a posteriori*, no entanto –, defendemos que, sendo caso disso, o juiz deve começar por dar cumprimento aos arts. 508.º.1.a) e 265.º.2 do CPC, proferindo despacho pré-saneador, sem atender à eventualidade de aplicação do art. 288.º.3 do CPC. Não só porque evita condicionar o seu raciocínio decisório por questões que, nesse momento, não devem ser valoradas, mas ainda porque o critério que norteia o despacho pré-saneador não é, seguramente, o que o orienta o despacho saneador[669].

Quando chegar a altura de proferir o despacho saneador, e concluindo que se mantém violado um pressuposto processual, o juiz deve, aí

---

[668] Sem esquecermos que tal entendimento pode vir a ter, não o juiz do processo, mas o tribunal da Relação, ao conhecer do recurso de apelação interposto do despacho saneador (cfr. o art. 691.º do CPC). Sobre este ponto, se bem que numa outra perspectiva, J. Lebre de Freitas/J. Redinha/R. Pinto (*op. cit.*, p. 516).

[669] Com posição semelhante, se bem que invocando a norma do n.º 2 (revogada pela reforma de 1995) do art. 494.º do CPC, cfr. Maria José Capelo (*op. cit.*, p. 47, em nota de rodapé).

III. A fase do saneamento do processo após a vigência... 275

sim, e antes de declarar a absolvição da instância (cfr. o art. 288.º.1 do CPC), verificar se há condições para fazer funcionar o regime fixado na segunda parte do n.º 3 do art. 288.º do CPC, julgando de mérito, se for caso disso. Este modo de proceder é, em nosso entender, o que melhor conjuga a função fiscalizadora própria do despacho pré-saneador com a preocupação de restringir ao seu justo limite as funções dos pressupostos processuais.

A outra questão a referir respeita à obrigatoriedade do patrocínio judiciário e à sua violação pelo réu.

Já dissemos que a exigência do patrocínio judiciário se destina a proporcionar à parte uma adequada intervenção processual e uma eficiente defesa da respectiva pretensão, de modo a evitar que deixe de lhe ser reconhecida razão por motivos alheios ao direito material, estabelecendo o art. 32.º.1 do CPC os casos em que esse patrocínio é obrigatório. A razão de ser desta exigência é válida tanto para o autor como para o réu, obviamente. No entanto, a lei regula de modo diferente a violação da obrigatoriedade do patrocínio judiciário pelo autor e pelo réu. Assim, quanto ao autor, o patrocínio judiciário obrigatório é um pressuposto processual e a sua falta constitui uma excepção dilatória [cfr. o art. 494.º.h) do CPC], com a consequente absolvição do réu da instância [cfr. os arts. 288.º.1.e) e 33.º do CPC], desde que não ocorra a respectiva sanação, e sem prejuízo da possibilidade, mesmo que o vício persista, de a acção vir a ser julgada procedente (cfr. o art. 288.º.3 do CPC), nos termos já analisados. Quanto ao réu, o patrocínio judiciário obrigatório é um pressuposto específico da sua actuação em juízo[670]. Daí que a violação desse pressuposto não deva atingir a instância[671], repercutindo-se apenas na esfera dos actos praticados em juízo pelo réu, designadamente, a sua contestação, determinando a respectiva ineficácia ou inatendibilidade. Consequentemente, e desde que o vício não seja suprido, ficará sem efeito a defesa do réu (cfr. o art. 33.º *in fine* do CPC).

O problema está em saber se o regime particular da segunda parte do n.º 3 do art. 288.º do CPC é de aplicar também no âmbito do patrocínio

---

[670] Trata-se de um pressuposto de actos processuais a praticar pelo réu. Assim, cfr. M. Teixeira de Sousa (*As partes* ..., p. 45, e *Introdução* ..., ps. 94-98).

[671] Isto é, não gera absolvição da instância. Aliás, mal pareceria que o réu pudesse vir a ser absolvido da instância com fundamento em vícios ou irregularidades que lhe são imputáveis, exclusivamente.

276   *Paulo Pimenta*

judiciário passivo obrigatório, estando violado tal pressuposto. Concretizando, quando o réu não constitui advogado, sendo obrigatório o patrocínio, deve ser convidado a diligenciar nesse sentido. Tal interpelação far-se-á, normalmente, através do despacho pré-saneador, ao abrigo das disposições conjugadas dos arts. 508.º.1.a), 265.º.2 e 33.º do CPC, tal como já vimos. Proferido o despacho, fica remetida para o despacho saneador a verificação relativa ao suprimento (ou não suprimento) do vício. Se este for suprido, o problema fica ultrapassado. No caso contrário, o efeito normal da persistência do vício será a inatendibilidade da contestação e das demais peças oferecidas pelo réu (cfr., de novo, o art. 33.º *in fine* do CPC). Daí resultará a sujeição do réu ao regime da revelia, tal como se não tivesse contestado. Se puder aplicar-se o regime da revelia operante, os factos articulados na petição consideram-se confessados, abre-se o período de alegações de direito, após o que será proferida sentença, julgando a causa conforme for de direito (cfr. o art. 484.º.1 e 2 do CPC). Esse julgamento tanto pode conduzir à procedência da acção, como à absolvição do réu do pedido, em função, como se sabe, de os factos assim fixados sustentarem ou não a pretensão formulada pelo autor. Note-se, porém, que a eventual absolvição do réu do pedido resulta, não de qualquer conduta ou alegação deste, mas da mera falta de razão do autor, pela inconcludência dos factos por si aduzidos, face ao direito material[672].

Pergunta-se agora: – como deve proceder o juiz se, no momento em que for decretar aquela inatendibilidade da contestação (com a consequente revelia do demandado), verificar que uma excepção peremptória deduzida pelo réu na contestação está em condições de ser julgada procedente já no despacho saneador, determinando a absolvição do réu do pedido?

Neste caso (e ao contrário do anterior), a eventual improcedência da acção ficaria a dever-se, não à inconcludência da matéria articulada pelo autor, mas aos argumentos aduzidos pelo próprio réu, o que resultaria da "invocação de factos que impedem, modificam ou extinguem o efeito jurídico dos factos articulados pelo autor" e implicaria "a absolvição total ou parcial do pedido" (cfr. o art. 493.º.3 do CPC). Ora, para que tal desfecho – a absolvição do réu do pedido – pudesse mesmo concretizar-se, o

---

[672] Se regime da revelia for o inoperante (cfr. o art. 485.º do CPC), os seus efeitos são menos visíveis e a tramitação sofre poucas alterações, dependendo a decisão final da prova a produzir nos autos.

III. A fase do saneamento do processo após a vigência... 277

juiz teria de levar em conta, isto é, teria de atender à própria contestação. O que implicaria a *desconsideração* do vício assente no desrespeito pela obrigatoriedade de constituição de advogado. Por outras palavras, a contestação seria valorada pelo juiz, tal como se estivesse subscrita por advogado com poderes forenses adequados.

Será que o art. 288.º.3 do CPC dá cobertura a esse procedimento? Cremos que sim. Conforme já vimos, o objectivo deste novo preceito é o de proporcionar condições para o proferimento de decisões sobre o mérito da causa, apesar da violação de certos pressupostos processuais, supondo que o pressuposto em jogo se destina a proteger uma das partes, sendo essa, exactamente, a beneficiada pela decisão de mérito. É certo que, no caso em apreço, o reconhecimento e a prevalência do efeito da violação do pressuposto específico do patrocínio judiciário passivo (com a inerente inatendibilidade da contestação) não constitui, por si só, obstáculo ao proferimento de uma decisão de mérito. Aliás, e a funcionar o regime da revelia operante, o art. 484.º.2 do CPC manda que a causa seja julgada "conforme for de direito", julgamento que, como dissemos, tanto pode ser de procedência, como de improcedência da acção. Quer dizer, nesta perspectiva, não seria preciso recorrer ao expediente do art. 288.º.3 do CPC, pois que a decisão a proferir sempre versaria sobre o mérito da causa. No entanto, a eventual improcedência da acção não resultaria da consideração do teor da contestação, mas da pura falta de viabilidade da acção[673].

Em contrapartida, quando o julgamento previsto no art. 484.º.2 do CPC conduzisse à procedência da acção, ficaria a *amarga* convicção de que a decisão de mérito a proferir, nas mesmas circunstâncias, seria bem outra se o réu tivesse constituído advogado. Nesta última hipótese, a contestação já seria atendida e, consequentemente, procederia a excepção peremptória deduzida pelo réu[674].

Em face do exposto, entendemos ser de aplicar ao caso vertente o regime da segunda parte do n.º 3 do art. 288.º do CPC, sob pena criarmos condições para que o desfecho material da acção possa vir a ser condicionado por uma questão formal, o que equivalerá a admitir que um pres-

---

[673] Salvo se, porventura, ocorressem outros obstáculos formais, que impusessem diferente resultado. Neste momento, e por facilidade de raciocínio, estamos a supor a completa regularidade da instância.

[674] Quando o julgamento ao abrigo do art. 484.º.2 do CPC conduzisse, ainda assim, à absolvição do réu do pedido, seria talvez caso para dizer, à boa maneira do nosso povo, que se tinha *escrito direito por linhas tortas*.

278 Paulo Pimenta

suposto específico instituído para proteger o réu acabe, perversamente, por prejudicá-lo. Além de que, até certo ponto, estaremos a tratar de modo diferente o mesmo problema, conforme o perspectivamos do lado activo ou do lado passivo da relação processual[675][676].

6.3. Conhecimento do mérito da causa

Cumprida a primeira parte do raciocínio decisório que preside à elaboração do despacho saneador, e concluindo que não há factores impeditivos do conhecimento do mérito da causa, há-de o juiz, então, ponderar sobre a hipótese de conhecimento imediato do mérito da causa. Quer dizer, assumida a inexistência de obstáculos à decisão de mérito, importa determinar se tal decisão pode ser proferida já no despacho saneador, em plena fase do saneamento, portanto, ou se é necessário o processo avançar, com vista à obtenção de elementos que permitam ao tribunal, a final, isto é, na sentença, pôr termo ao litígio, resolvendo, materialmente, a questão.

Como se sabe, não é habitual as acções cíveis serem decidas, quanto ao mérito, logo no despacho saneador. É que, até esse momento, o processo apenas integra as peças escritas produzidas pelas partes. Considerando a função essencial dos articulados, o normal é que, atingida a fase do saneamento, a vertente fáctica da questão se mostre controvertida, tornando-se imprescindível a produção de prova que habilite o tribunal a definir a matéria de facto com base na qual irá, finalmente, proferir a decisão (sentença). Tal actividade probatória implica, naturalmente, que o processo avance para as fases posteriores ao saneamento, sendo, por con-

---

[675] Em sentido contrário M. Teixeira de Sousa (*Estudos sobre o novo* ..., p. 86), sustentando que a falta de patrocínio judiciário passivo gera a ineficácia da defesa, não podendo o tribunal decidir "como se a contestação fosse eficaz", e acrescentando que "a decisão de mérito nunca pode ignorar a ineficácia do acto, nem superar as suas consequências". Cfr., também, A. Abrantes Geraldes (*op. cit.*, Vol. I, p. 39, nota de rodapé n.º 35).

[676] Note-se que aplicação do regime do art. 288.º.3 do CPC, no âmbito do patrocínio judiciário obrigatório passivo, não se estende aos casos regulados no art. 40.º do CPC. Nessa situação, a contestação não será atendida e o mandatário censurado. Cfr. A. Abrantes Geraldes (*op. cit.*, Vol. I, p. 39, nota de rodapé n.º 35). Recorde-se que já fizemos esta ressalva quando nos referimos à aplicação do art. 288.º.3 do CPC nos casos da violação do patrocínio judiciário activo.

III. A fase do saneamento do processo após a vigência...　　　279

seguinte, impossível antecipar para o despacho saneador a decisão sobre o mérito da causa.

Se o que vimos de referir é o normal – tão normal que a tramitação da acção declarativa e a sequência das fases e actos processuais assentam nessa suposição –, a verdade é que encontramos causas que reúnem condições para a decisão final do processo poder ser proferida, sem necessidade de mais provas, logo no despacho saneador. Assim acontecerá nas acções em que a matéria de facto relevante já se encontra definida (provada) ao findar da fase dos articulados, restando o enquadramento jurídico respectivo. Na altura do despacho saneador, os factos a considerar na decisão de mérito serão os que possam ter-se como provados em virtude de confissão[677], de admissão[678] ou de documento junto aos autos[679,680]. Esse enquadramento conduzirá à procedência ou à improcedência da acção, conforme os factos apurados preencham (ou não) a previsão normativa correspondente à causa de pedir ou à excepção peremptória.

É, exactamente, a esse tipo de situações que se reporta o art. 510.º.1.b) do CPC, ao prever o conhecimento imediato do mérito da causa, "sempre que o estado do processo permitir, sem necessidade de mais provas, a apreciação, total ou parcial, do pedido ou dos pedidos deduzidos ou de alguma excepção peremptória"[681]. Quer dizer, embora possa não ser normal ou frequente, impõe-se que, quando possível, o juiz conheça imediatamente do mérito da causa, não deixando para mais tarde (para a sentença) o

---

[677] Cfr., os arts. 352.º e ss. do CC, e os arts. 38.º e 552.º e ss. do CPC. Sobre o tema, cfr. J. Lebre de Freitas (*A acção declarativa* ..., ps. 237 e ss., e *A confissão* ..., ps. 159 e ss., e 235 e ss.) e M. Teixeira de Sousa (*As partes* ..., ps. 241-243).

[678] Cfr., a propósito, os arts. 490.º e 505.º do CPC, que regulam o ónus de impugnação e fixam o efeito da sua inobservância.

[679] Cfr. os arts. 362.º e ss. do CC, e os arts. 523.º e ss. do CPC. Sobre o tema, cfr. J. Lebre de Freitas (*A acção declarativa* ..., ps. 201e ss.) e M. Teixeira de Sousa (*As partes* ..., ps. 243-252).

[680] A propósito dos critérios de apreciação da prova, cfr. J. Lebre de Freitas (*A acção declarativa* ..., ps. 187-189) e M. Teixeira de Sousa (*As partes* ..., ps. 236 e ss.).

[681] Note-se que, neste ponto, a redacção actual do art. 510.º do CPC é de molde a não suscitar algumas das dúvidas levantadas pela redacção anterior à reforma de 1995, onde se distinguia o conhecimento de mérito "só de direito" do conhecimento de mérito "de direito e de facto ou só de facto", sendo certo que, em rigor, a questão não pode ser apenas de direito, supondo sempre um certo substrato fáctico. Sobre este último ponto, cfr. Castro Mendes (*Direito* ..., Vol. II, p. 638, nota de rodapé n.º 534). Acerca da evolução legislativa, cfr. A. Abrantes Geraldes (*op. cit.*, Vol. II, ps. 134-136).

280 Paulo Pimenta

que pode resolver já. Isto, primeiro, por uma questão de economia processual, depois, por uma questão de razoabilidade, já que toda a posterior actividade processual nada acrescentaria de pertinente à questão[682].

Concretizando, o conhecimento do mérito da causa, nos termos do art. 510.º.1.b) do CPC, pode manifestar-se dos modos a seguir enunciados, sendo que tal conhecimento pode não determinar o extinção da instância[683].

A acção será julgada procedente no despacho saneador, e o réu condenado no pedido, findando a instância, quando estejam plenamente provados os factos integradores da causa de pedir, desde que não tenham sido deduzidas excepções peremptórias ou, tendo-o sido, quando os factos invocados não preencham a previsão normativa correspondente[684] ou, então, quando tenha sido feita prova de que tais factos (ou alguns deles) não ocorreram.

A acção será julgada improcedente no despacho saneador, e o réu absolvido do pedido, com extinção da instância, sempre que os factos articulados pelo autor não permitam a produção do efeito jurídico pretendido. Note-se que, neste caso, a eventual insuficiência do suporte fáctico da pretensão do autor só há-de ser tomada em conta depois de accionado o mecanismo de convite ao aperfeiçoamento dos articulados facticamente imperfeitos (cfr. o art. 508.º.3 do CPC). Por outro lado, esta decisão será de proferir quer os factos tenham sido impugnados, quer não. Isto é, a improcedência da acção resulta da constatação da sua inconcludência, ou seja, mesmo que todos os factos alegados se demonstrassem, isso nunca poderia conduzir à procedência[685].

A acção será também julgada improcedente no despacho saneador, e o réu absolvido do pedido, extinguindo-se a instância, quando estiver plenamente provado que não se verificaram os factos integradores da causa de pedir. A mesma decisão deverá ser proferida quando só alguns desses

---

[682] À luz desta ideia, e como já vimos, o art. 510.º do CPC, na redacção anterior à reforma de 1995, impunha que fosse decidida no despacho saneador a matéria relativa ao mérito da causa, sempre que, sendo a questão de direito, pudesse ser logo decidida com a necessária segurança, ou, sendo a questão de facto e de direito, ou só de facto, o processo contivesse todos os elementos para uma decisão conscienciosa [cfr. as alíneas b) e c) do n.º 1 e o n.º 3 do referido preceito].

[683] Para este efeito, seguimos de perto a exposição J. Lebre de Freitas (*A acção declarativa ...*, ps. 159-161).

[684] Cfr. A. Abrantes Geraldes (*op. cit.*, Vol. II., p. 137).

[685] Cfr. A. Abrantes Geraldes (*op. cit.*, Vol. II., ps. 136-137).

III. A fase do saneamento do processo após a vigência...　　　281

factos não tenham, comprovadamente, ocorrido, e seja de concluir que a eventual prova dos restantes não será suficiente para a procedência da acção, pouco importando, portanto, a continuação do processo.

A acção será julgada improcedente no despacho saneador, e o réu absolvido do pedido, extinguindo-se a instância, quando estiverem plenamente provados os factos em que assenta a excepção peremptória invocada pelo réu.

A excepção peremptória invocada será julgada improcedente no despacho saneador, em virtude de os factos invocados não permitirem a produção do respectivo efeito ou quando esteja provado que esses factos (ou alguns deles) não ocorreram. Neste caso, a decisão de improcedência da excepção não põe termo ao processo, devendo a instância prosseguir, agora, circunscrita à matéria relativa à causa de pedir, que se encontra carecida de prova.

No campo das questões relativas ao mérito da causa que estejam em condições de ser decididas na fase do saneamento, a regra é, portanto, a da obrigatoriedade do seu conhecimento no despacho saneador, mesmo que tal decisão não ponha termo ao processo[686]. Como se imagina, quando o juiz se coloca a si próprio a questão de saber se tem, efectivamente, condições para conhecer do mérito da causa no despacho saneador, o mais frequente é ser duvidoso o sentido da resposta. Quer dizer, poucos serão os processos em que, na fase do saneamento, o juiz pode, claramente, concluir que todos os factos alegados estão provados ou não provados. Haverá sempre um conjunto, mais ou menos alargado, mais ou menos relevante, de factos que se mantêm controvertidos. O problema estará em determinar o relevo a atribuir a tais factos, isto é, saber se a decisão de mérito pode ser proferida logo no despacho saneador, apoiando-se nos factos já apurados e desatendendo os demais, ou não.

Por outro lado, esta dificuldade é agravada pela perspectiva de a questão de direito poder ter mais do que uma solução, implicando que o relevo dos referidos factos (ainda controvertidos) varie em função desta ou daquela possível solução jurídica. Nessas situações, justifica-se que o juiz só conheça do mérito da causa no despacho saneador quando "possa emi-

---

[686] Porque, em todos os casos referidos, a decisão versa sobre o mérito da causa, o recurso próprio é o de apelação (cfr. o art. 691.º.1 e 2 do CPC). Quando a decisão não ponha termo ao processo, como acontece nesta última situação, em regra, o recurso de apelação apenas subirá a final (cfr. o art. 695.º do CPC).

tir uma decisão segura que, em princípio, não seja afectada pela evolução posterior" do processo, designadamente, em via de recurso. Por uma questão de cautela, e para esse efeito, o juiz deverá usar um "critério objectivo", isto é, tomando como referência indicadores que não se cinjam à sua própria convicção acerca da solução jurídica do problema[687].

Importa referir que o conhecimento do mérito da causa mencionado no art. 510.º.1.b) do CPC tanto pode respeitar ao pedido original, como ao pedido reconvencional, sendo-lhe aplicáveis, adaptadamente, todas as considerações que temos feito.

Acresce que, nos termos do mesmo preceito, o conhecimento do pedido pode ser meramente parcial, o que equivale à consagração do entendimento subscrito, maioritariamente, pela doutrina e pela jurisprudência[688].

Por outro lado, merece destaque a circunstância de o novo código de processo civil ter adoptado o entendimento segundo o qual a decisão sobre a procedência ou improcedência de alguma excepção peremptória constitui sempre uma decisão sobre o mérito da causa[689].

Deve ainda mencionar-se a hipótese de os factos integradores da causa de pedir ou da excepção peremptórias dependerem de prova documental.

---

[687] Cfr. A. Abrantes Geraldes (*op. cit.*, Vol. II, ps. 137-139) e J. Lebre de Freitas (*A acção declarativa* ..., p. 162).

[688] Neste sentido, A. Abrantes Geraldes (*op. cit.*, Vol. II, ps. 139-140), Abílio Neto (*CPC Anotado, 15ª* ..., p. 686) e J. Lebre de Freitas (*A acção declarativa* ..., p. 163, em nota de rodapé). Note-se que a possibilidade de julgamentos parciais no despacho saneador não abrange a hipótese de proferimento, nesse despacho, de decisão de improcedência de uma das causas de pedir fundamento da acção. Neste sentido A. Abrantes Geraldes (*op. cit.*, Vol. II, p. 139, nota de rodapé n.º 219) e J. Lebre de Freitas (*A acção declarativa* ..., p. 163, em nota de rodapé). Sobre o tema dos julgamentos parciais, no domínio da lei antiga, cfr. Anselmo de Castro (*op. cit.*, Vol. III, ps. 259-262) e Varela//Bezerra/Nora (*op. cit.*, p. 384, nota de rodapé n.º 1).

[689] O relevo desta solução advém do facto de ter resolvido a controvérsia, doutrinal e jurisprudencial, sobre o assunto, nomeadamente, acerca da espécie de recurso a interpor, face ao teor dos arts. 510.º.4 e 691.º.2 do CPC, ambos na redacção anterior à revisão de 1995. Sobre este ponto, na lei antiga, cfr. A. Montalvão Machado/Paulo Pimenta (*Processo* ..., Vol. III, ps. 219-221).

III. A fase do saneamento do processo após a vigência...   283

Já nos referimos a esta situação quando tratámos do proferimento do despacho pré-saneador perante articulados irregulares documentalmente insuficientes. Dissemos que há determinados documentos essenciais cuja apresentação é indispensável, quer por exigência da lei, quer por serem imprescindíveis para a prova de um facto (integrador da causa de pedir ou da excepção peremptória) de que depende o êxito da pretensão deduzida. Mais dissemos que, dada a importância fulcral desses documentos, não faria sentido deixar uma acção prosseguir a sua marcha sem nos assegurarmos de que tal documento existe e está nos autos. Daí o proferimento do despacho pré-saneador, nos termos do art. 508.º.2 do CPC, convidando a parte a proceder à junção do documento em falta. Acrescentámos ainda que, junto o documento, a acção observaria a sua tramitação normal e teria o desfecho que viesse a impor-se, considerando todos os elementos constantes dos autos. Caso contrário, a falta do documento equivaleria à impossibilidade de prova do facto respectivo, com a eventual improcedência da pretensão, o que seria objecto de apreciação no despacho saneador. Nessa conformidade, chegado o momento do despacho saneador, ao constatar que o facto ou os factos que integram a causa de pedir ou a excepção só podem ser provados por documento, o qual não está junto aos autos (apesar do convite dirigido ao autor ou ao réu), e sendo tais factos imprescindíveis para a procedência do pedido, qual será a decisão do juiz nesse despacho?

Neste ponto, deve atender-se ao sentido da exigência do documento.

Quando o documento – autêntico, autenticado ou particular – em falta é exigido como uma formalidade *ad substantiam*, tal meio de prova não pode ser substituído por qualquer outro, nem por outro documento que não tenha força probatória superior (cfr. o art. 364.º.1 do CC)[690]. Daqui decorre a impossibilidade de prova do facto respectivo e, consequentemente, a improcedência da acção ou da excepção peremptória, o que deve ser declarado no próprio despacho saneador. Nessa situação, de nada adiantaria o prosseguimento da instância, já que, independentemente de tudo o mais, a pretensão deduzida sempre *esbarraria* na falta de prova de um facto do qual depende a sua procedência[691,692].

---

[690] A exigência desta formalidade pode resultar da lei (cfr. o art. 364.º.1 do CC) ou de convenção das partes (cfr. o art. 223.º.1 do CC).

[691] Essa inutilidade de diligências processuais subsequentes, designadamente, instrutórias será ainda mais patente quando a falta de prova de factos da causa se circunscreva àqueles cuja prova tem de ser documental. É que sobre tais factos, embora

Quando resultar, claramente, da lei que o documento em falta é exigido como mera formalidade *ad probationem*, ou seja, apenas para prova da declaração (cfr. o art. 364.º.2 do CC), a solução pode vir a ser diferente. Nesses casos, e de acordo com o referido preceito do código civil, o documento pode ser substituído por confissão expressa, judicial ou extrajudicial, tendo esta última de constar de documento de igual ou superior força probatória. Supondo que não há confissão extrajudicial, resta a hipótese de a falta do documento ser colmatada por confissão judicial. Essa confissão implica a prestação de depoimento de parte (cfr. o art. 552.º do CPC). Para efeito da matéria que estamos a tratar – o conhecimento do mérito da causa no despacho saneador –, o depoimento de parte há-de ser prestado na própria audiência preliminar (cfr. o art. 556.º.3 do CPC), o que supõe a sua determinação pelo juiz ou requerimento da contraparte ou da comparte (cfr. os arts. 552.º.1 553.º.3 do CPC).

Quando o depoimento tiver, efectivamente, lugar na audiência preliminar, é possível que a questão de mérito venha a ser decidida no despacho saneador, sendo o sentido da decisão condicionado pelo teor do depoimento, o que tanto pode conduzir à procedência, como à improcedência da pretensão em causa[693].

Em contrapartida, se a parte que devia depor não comparecer ou, comparecendo, não responder ao que lhe for perguntado, tal atitude terá como consequência a impossibilidade de a questão de mérito ser decidida no despacho saneador. É que, para além da condenação da parte em multa, o tribunal apreciará livremente o valor da conduta para efeitos probatórios (cfr. o art. 357.º.2 do CC e o art. 519.º.2 do CPC), sendo certo que a convicção judicial para que remetem estes preceitos é a do órgão a quem cabe

---

controvertidos, nunca poderia pronunciar-se o órgão incumbido do julgamento da matéria de facto (cfr. o art. 646.º.4 do CPC). Neste sentido, A. Abrantes Geraldes (*op. cit.*, Vol. II, p. 137).

[692] Sem prejuízo de ter sido impugnado o documento (cfr. o art. 544.º do CPC) ou de lhe haver sido oposta uma excepção probatória (cfr. o art. 546.º do CPC), dependendo a respectiva decisão de produção de prova, conforme alerta J. Lebre de Freitas (*A acção declarativa* ..., p. 139).

[693] Se o depoimento não conduzir ao reconhecimento da declaração negocial, o facto correspondente será tido como não provado, com a improcedência da acção ou da excepção peremptória. Se, pelo contrário, o depoimento conduzir à confissão, o facto será dado como provado. Perante isso, a decisão será proferida de imediato (no despacho saneador), sempre que não haja necessidade mais provas quanto a outros factos relevantes.

III. A fase do saneamento do processo após a vigência...   285

o julgamento da matéria de facto, ao qual há-de, pois, ser dada oportunidade de intervenção (cfr. o art. 653.º do CPC). Ora, de acordo com a nossa organização judiciária, não é garantido que haja correspondência entre o juiz da causa e aquele órgão que aprecia a matéria de facto, ou melhor, é possível que o juiz do processo não tome parte no julgamento da matéria de facto[694]. Por isso, no caso em apreço, o juiz da causa não deverá pronunciar-se sobre a questão – declarar provado ou não provado o facto – no despacho saneador, devendo os autos prosseguir[695].

Por fim, quando não tenha sido requerido ou determinado oficiosamente o depoimento de parte, uma vez que isso corresponde, em termos práticos, à preclusão da hipótese de prova do facto, estará o juiz em condições de decidir a questão logo no despacho saneador, no sentido do improcedência da acção ou da excepção peremptória[696].

*

[694] Em processo ordinário, o julgamento da matéria de facto compete a juiz singular, salvo se ambas as partes tiverem requerido a intervenção do tribunal colectivo (cfr. o art. 646.º.1 do CPC, na redacção introduzida pelo DL n.º 183/2000, de 10.08). Nos termos do disposto no art. 105.º da LOFTJ, nas comarcas em que haja varas, o colectivo é constituído por juízes privativos; nas restantes comarcas, é constituído por dois juízes de círculo e pelo juiz do processo. Nos processos em que não intervenha o colectivo, o julgamento da matéria de facto e prolação da sentença final cabem ao juiz que seria presidente do colectivo, se este interviesse (cfr. o art. 646.º.5 do CPC). O art. 107.º da LOFTJ prescreve que a presidência do colectivo compete ao juiz do processo, nos tribunais em que o colectivo integra juízes privativos, e compete a um dos juízes de círculo, quando estes intervenham no colectivo.

[695] Sobre este assunto, e no mesmo sentido, J. Lebre de Freitas (*A acção declarativa* ..., ps. 161-162).

[696] Neste sentido, J. Lebre de Freitas (*A acção declarativa* ..., p. 162). Tenha-se em conta que, embora seja possível a prestação de depoimento de parte na audiência preliminar, o mais habitual é que ocorra na audiência final (cfr. o art. 556.º.1 do CPC), mediante requerimento nesse sentido, apresentado na própria audiência preliminar [cfr. o art. 508.º-A.2.a) do CPC], mas em momento posterior à prolação do despacho saneador. Portanto, a situação a que aludimos no texto (decisão no despacho saneador, atenta a preclusão da hipótese de prova do facto, por não ter sido requerido o depoimento de parte) supõe que à parte que podia fazer tal requerimento tenha sido concedida oportunidade efectiva para tal. Cremos que esta solução é a que melhor conjuga os interesses em presença, expressando, de resto, o sentido actual dos princípios da cooperação e do contraditório. Sobre o contraditório, cfr. J. Lebre de Freitas (*Introdução* ..., ps. 96 e ss.).

Prosseguindo a análise da matéria referente à prolação do despacho saneador, temos, então, o seguinte quadro.

Se o juiz, no momento em que profere esse despacho[697], entender que o processo ainda não está em condições de ser decidido, materialmente, por o estado da causa o não permitir, bastar-lhe-á fazer uma breve referência a tal circunstância, concluindo o despacho com a declaração expressa dessa impossibilidade[698]. Note-se, não é admitido recurso do despacho pelo qual o juiz, com fundamento na falta de elementos, remeta para a sentença a decisão sobre o mérito da causa (cfr. o art. 510.º.4 do CPC).

Se, pelo contrário, o juiz considerar que o estado da causa já lhe permite o conhecimento do mérito da causa – o que significa que os factos necessários para a resolução do litígio estão já provados no processo, não carecendo, portanto, de ulterior actividade probatória[699] –, a decisão de mérito deverá ser antecipada para o despacho saneador, o que significa que o despacho saneador funcionará como sentença final, sendo, aliás, assim considerado (cfr. o art. 510.º.3 *in fine* do CPC) – é o que, habitualmente, nas lides forenses, se designa por "saneador-sentença".

Nessa conformidade, o despacho saneador – que julgará a acção procedente ou improcedente – é passível de recurso de apelação (cfr. o art. 691.º do CPC), constituindo caso julgado material logo que transite em julgado (cfr. os arts. 671.º e 673.º do CPC) e conduzindo à extinção da instância [cfr. o art. 287.º.a) do CPC], salvo se a decisão de mérito aí proferida conhecer apenas de algum dos pedidos formulados, devendo a acção prosseguir quanto aos demais[700].

---

[697] E depois de cumprida a alínea a) do n.º 1 do art. 510.º do CPC, sem que o processo deva terminar por razões de ordem processual, naturalmente.

[698] Neste sentido, A. Montalvão Machado/Paulo Pimenta (*O novo processo...*, p. 207).

[699] Neste sentido, Castro Mendes (*Direito ...*, Vol. II, p. 638).

[700] Pode, igualmente, suceder que a decisão proferida no despacho saneador respeite à reconvenção, continuando pendente a acção original, ou *vice-versa*, desde que, neste caso, a questão reconvencional mantenha utilidade (cfr., a propósito, o art. 274.º.6 do CPC). Por outro lado, como já referimos, a decisão de improcedência de uma excepção peremptória, versando embora sobre o mérito da causa (cfr. o art. 691.º.2 do CPC), também não põe termo à instância, pelo contrário.

*

Em face do exposto, verifica-se que o despacho saneador integra dois capítulos[701].

O primeiro capítulo respeita aos fins mencionados na alínea a) do n.º 1 do art. 510.º do CPC (conhecimento de questões processuais). O segundo capítulo destina-se ao fim referido na alínea b) daqueles número e artigo (conhecimento do mérito da causa).

No entanto, tal despacho pode quedar-se pelo primeiro capítulo, se o juiz, com fundamento em razões de natureza processual, puser termo à instância. Recorde-se que tal desfecho supõe a impossibilidade de aplicação do regime particular instituído na segunda parte do n.º 3 do art. 288.º do CPC, nos termos já estudados.

*

Para concluirmos as referências à prolação do despacho saneador, resta tratar do n.º 2 do art. 510.º do CPC.

Segundo este segmento normativo, o despacho saneador deve ser proferido oralmente, pelo juiz, mediante ditado para a acta. Todavia, para a hipótese de as questões a resolver nesse despacho terem uma complexidade que não se coadune com a decisão oral, o legislador previu a possibilidade de o juiz se reservar a faculdade de lavrar por escrito o despacho saneador, no prazo de vinte dias (cfr. a segunda parte do n.º 2 do art. 510.º do CPC).

Nesses casos, a audiência suspende-se, fixando-se logo data para a sua continuação, se disso for caso (cfr. o art. 510.º.2 *in fine*). A este propósito, importa ter em conta os possíveis sentidos da decisão a proferir no despacho saneador. Nuns casos, o despacho pode pôr termo ao processo. Assim acontece com a declaração de absolvição da instância e com a decisão que julga a acção procedente ou improcedente. Noutros casos, a decisão pode não implicar o fim do processo. É o que sucede com a decisão que julga improcedente uma excepção dilatória ou uma excepção peremptória, bem como com a decisão que só conhece de algum dos pedidos.

---

[701] A propósito do despacho saneador, cfr., ainda, o regime consagrado no n.º 5 do art. 510.º do CPC, relativo às acções destinadas à defesa da posse, que corresponde ao que, anteriormente, constava do art. 1036.º, hoje revogado. Sobre este ponto, Paula Costa e Silva (*op. cit.*, ps. 265-267).

Na primeira situação, isto é, quando o despacho saneador põe termo ao processo, não parece que tenha utilidade retomar a audiência preliminar (que tinha sido suspensa), já que o único acto a praticar será a simples leitura do despacho saneador, na presença das partes. Nesse caso, é mais adequado que a decisão lhes seja notificada, nos termos gerais, tal como seria se não tivesse havido sequer audiência preliminar[702].

Na segunda hipótese, como o processo não termina com a prolação do despacho saneador, deverá proceder-se à sua leitura em nova sessão da audiência preliminar, após o que se passará a praticar os demais actos que tenham justificado a sua convocação, nos termos do art. 508.º-A do CPC, ainda não realizados, designadamente, a selecção da matéria de facto[703] e a indicação dos meios de prova, sendo que este último pertence já às funções complementares da audiência (cfr. o art. 508.º-A.2 do CPC).

De qualquer modo, atente-se que, nos termos da lei, a possibilidade de suspensão da audiência para o proferimento do despacho saneador por escrito tem carácter excepcional, não podendo, pois, constituir a regra acerca do modo de prolação do despacho saneador, nos processos em que haja lugar à audiência preliminar.

---

[702] Neste sentido, J. Lebre de Freitas (*A acção declarativa* ..., ps. 149 e 173, nota de rodapé n.º 54), explicitando o alcance da expressão "se for caso disso" (cfr. o art. 510.º.3 *in fine*) e defendendo a interpretação extensiva da primeira parte do n.º 1 do art. 512.º do CPC.

[703] Conforme parece resultar da lei, tendo havido audiência preliminar para qualquer uns dos fins indicados no art. 508.º-A.1 do CPC, mesmo que tenha sido suspensa para proferimento do despacho saneador, esta deverá retomar-se sempre que o despacho não ponha termo ao processo. E retomar-se-á, pelo menos, para a selecção da matéria de facto. Quer dizer, sempre que haja audiência preliminar, a selecção da matéria de facto tem de realizar-se aí, não parecendo possível que o juiz notifique as partes do despacho saneador que tenha proferido por escrito, se daí não resultar o termo do processo. Com perspectiva diferente, J. Lebre de Freitas (*A acção declarativa* ..., p. 149).

7. SELECÇÃO DA MATÉRIA DE FACTO

7.1. **Preliminares**

Quando a acção deva prosseguir para as fases processuais subsequentes, com vista à realização, designadamente, da actividade probatória, importa aproveitar a fase saneadora do processo para ordenar ou organizar os pontos de facto articulados pelos litigantes, assim tornando mais eficiente o posterior desenrolar da instância.

Conforme se adiantou, organização da matéria de facto implica uma triagem dos factos articulados pelas partes, numa dupla perspectiva. Primeiro, de entre toda a matéria articulada, há que determinar quais os factos que podem, efectivamente, ter relevo para a decisão da causa. Só esses deverão ser tidos em conta, *abandonando*-se os restantes. Segundo, os factos tidos por relevantes para a boa decisão da causa deverão ser discriminados em duas classes ou categorias: – factos já assentes, não necessitados de prova; – factos controvertidos, carecidos de prova.

A selecção fáctica a que aludimos tem grande importância pois toda a tramitação processual subsequente será condicionada por tal selecção. Esse aspecto é bem visível no campo dos factos controvertidos. Uma vez que são relevantes para a decisão da causa – deles dependendo, portanto, a procedência das pretensões deduzidas – e estão controvertidos, cada uma das partes irá providenciar pela demonstração em juízo dos factos que sustentam a respectiva pretensão. Quer dizer, a instrução do processo far-se-á por referência à matéria de facto catalogada de controvertida. Por outro lado, no julgamento da matéria de facto, o tribunal irá tomar em consideração os factos que, na fase do saneamento, foram dados como controvertidos, declarando-os provados ou não provados, em função da prova produzida. Quanto aos factos que tenham sido dados como assentes, voltarão a ser considerados, mais adiante, na fundamentação da sentença.

Deve registar-se, porém, que as afirmações antecedentes têm um carácter muito genérico, deixando de lado certos aspectos bem importantes. Assim, é pacífico que a selecção de facto realizada na fase do saneamento é meramente instrumental ou provisória, sujeita às alterações que vierem a justificar-se, podendo ocorrer, designadamente, a ampliação do elenco dos factos controvertidos [cfr. o art. 650.º.2.f) do CPC][704]. Depois, o órgão incumbido do julgamento da matéria de facto não se pronunciará sobre todos os concretos pontos de facto carecidos de prova fixados na fase do saneamento (cfr. o art. 646.º.4 do CPC). Além disso, o juiz encarregado de lavrar a sentença final deve fazer uma última análise do acervo fáctico dos autos, com a possibilidade de proceder a *ajustamentos* na selecção fáctica originária e *corrigir* mesmo algum excesso cometido no julgamento da matéria de facto (cfr. o art. 659.º.2 do CPC). Por outro lado, apesar de cada uma das partes ter o ónus de prova dos factos que sustentam a respectiva pretensão, nada impede que a demonstração desses factos resulte do *contributo* da contraparte (cfr. o art. 515.º do CPC – princípio da aquisição processual) ou mesmo de indagação oficiosa (cfr. o art. 265.º.3 do CPC)[705].

*

Antes de entrarmos na análise do objecto da selecção da matéria de facto, deve dizer-se que, conforme decorre da alínea e) do n.º 1 do art. 508.º-A, bem como do n.º 2 do art. 508.º-B do CPC, esta selecção só tem lugar quando a acção for contestada.

Como sabemos, a falta de contestação implica a situação processual de revelia do réu. Quando a revelia é operante, isso conduz à confissão dos factos articulados na petição inicial (cfr. o art. 484.º.1 do CPC). Aí, o processo entra, directamente, na fase da discussão escrita do aspecto jurídico da causa, a que se seguirá a sentença (cfr. o art. 484.º.2 do CPC).

---

[704] Cfr., por outro lado, o art. 712.º.4 do CPC.

[705] Este aspecto – irrelevância da origem da prova – leva a que seja preferível falar em "ónus de iniciativa da prova", em vez do tradicional "ónus da prova", reservando este conceito último para as questões ligadas à decisão no caso de falta de prova, ou seja, para a definição dos efeitos desvantajosos da falta de prova de um facto (cfr. o art. 516.º do CPC). A este propósito, cfr. J. Lebre de Freitas (*A confissão* ..., p. 222, nota de rodapé n.º 62, e *Introdução* ..., p. 32, nota de rodapé n.º 34, e p. 139, nota de rodapé n.º 60).

III. A fase do saneamento do processo após a vigência...

O que significa que a fase do saneamento é suprimida[706]. Já quando a revelia do réu é inoperante – o que sucede nos casos indicados no art. 485.º do CPC –, a simples falta de contestação não gera a confissão dos factos articulados pelo autor. Em termos práticos, a inoperância da revelia determina a necessidade de produção de prova relativamente à matéria de facto (ou parte dela) constante da petição inicial, tal como se estivesse controvertida. Neste âmbito, e como já assinalámos, há que distinguir a hipótese prevista na alínea a) das situações referidas nas alíneas b), c) e d) do art. 485.º do CPC. Com efeito, no caso daquela alínea a), o que acontece é que o réu revel beneficia da contestação apresentada por outro réu. Portanto, para todos os efeitos, a acção foi contestada, nada bulindo com a tramitação previsível do processo, o que significa que, oportunamente, será feita selecção da matéria de facto da causa. Em contrapartida, nos casos das ditas alíneas b), c) e d) do art. 485.º do CPC, não há, de todo, contestação nos autos. Tal circunstância, quanto ao que agora interessa, implicará a dispensa da tarefa de selecção da matéria de facto, nos termos dos referidos arts. 508.º-A.1. e) e 508.º-B.2 do CPC[707].

Aproveitemos para salientar que este regime não constitui novidade do CPC de 1995, pois já se encontra instituído desde a Reforma Intercalar de 1985 (cfr. a redacção do art. 511.º.1 do CPC de 1961 subsequente a essa reforma). Acrescente-se que, já na altura, se discutiu a bondade da opção de abolir a selecção da matéria de facto nas acções não contestadas que devessem prosseguir em regime de revelia inoperante, sendo certo que, face ao código vigente, a questão mantém pertinência[708]. À primeira vista, poder-se-ia pensar que, nesses casos, a selecção seria pouco mais do que inútil, já que apenas poderia incluir (segundo a terminologia da época) o "questionário", contendo a matéria de facto carecida de prova. Isto porque, dir-se-ia, não poderia haver "especificação", em virtude de a inoperância

---

[706] Havendo, igualmente, supressão da fase da instrução, da discussão da matéria de facto e do julgamento da matéria de facto. Sobre o regime da revelia operante e as consequentes alterações na tramitação da acção, cfr. A. Montalvão Machado/Paulo Pimenta (*O novo processo*..., ps. 177-179).

[707] Quanto ao regime da revelia inoperante e às decorrentes alterações na tramitação da acção, cfr. A. Montalvão Machado/Paulo Pimenta (*O novo processo*..., ps. 179-182).

[708] A propósito da discussão deste ponto no âmbito da Comissão que preparou o DL n.º 242/85, de 09.07, cfr. o *BMJ*, 361.º, ps. 109 e ss., com destaque para a posição crítica de Herculano Esteves. Por outro lado, justificando a solução legal, cfr. Antunes Varela (*Linhas fundamentais* ..., *RLJ*, n.º 3767, p. 41, nota de rodapé n.º 1).

da revelia obstar a que certos factos fossem dados como assentes. Portanto, no fundo, se fosse feito o "questionário", este seria como que uma *cópia* da petição inicial. No entanto, importa ter presente que o regime da revelia inoperante fixado nas alíneas b), c) e d) do art. 485.º do CPC não é idêntico para todas elas, sendo certo que a inoperância prevista na última alínea é bem mais restrita do que as anteriores, o que significa que certos factos resultam já provados, apesar de a revelia ser inoperante[709]. Por outro lado, de toda a matéria articulada pelo autor – necessitada de prova, em virtude da inoperância da revelia –, bem pode suceder que parte dela seja irrelevante para o desfecho da lide, não se justificando onerar o autor (e o próprio processo) com as diligências de prova de tais factos. Em face disso, a única forma de restringir a instrução do processo ao seu adequado limite seria elencar os pontos de facto que, sendo relevantes, ainda não pudessem ser dados como assentes, em virtude da inoperância da revelia, aproveitando-se para indicar os que já se mostrassem provados, nos casos em que isso acontecesse. Tal procedimento teria toda a utilidade e vantagem para a economia do processo, evitando que a actividade instrutória incidisse sobre factos irrelevantes ou mesmo sobre factos que, na verdade, já podiam ter-se como provados[710]. Quer dizer, evitar-se-ia que certas fracções da instrução fossem inúteis, assim se cumprindo o princípio consignado no art. 137.º do CPC.

Apesar de tudo, o CPC de 1995 parece excluir a selecção de facto nas acções não contestadas que prossigam em regime de revelia inoperante. Sem embargo, aceitamos que, em certas acções, o juiz proceda à selecção da matéria de facto, sempre que tal diligência se revele útil para *pôr ordem* no substrato fáctico da causa e tornar mais profícua a instrução e a tramitação subsequente do processo[711].

---

[709] Note-se que, entre o regime actual do art. 485.º do CPC e o anterior à reforma de 1995, há duas alterações. Primeiro, extinguiu-se a protecção concedida a certas pessoas colectivas revéis. Segundo, previu-se a inoperância da revelia no caso de citação edital de réu que permaneça em regime de revelia absoluta [cfr. a alínea b) *in fine*], embora já fosse possível chegar à mesma solução, à face da lei anterior, pela aplicação conjugada dos arts. 483.º e 484.º.1 do CPC de 1961. Sobre este ponto, cfr. A. Montalvão Machado/Paulo Pimenta (*Processo* ..., Vol. III, ps. 164-165 e 170) e Varela/Bezerra/Nora (*op. cit.*, ps. 348-349).

[710] Neste sentido, Paula Costa e Silva (*op. cit.*, p. 242).

[711] Em sentido semelhante, J. Lebre de Freitas (*A acção declarativa* ..., p. 151).

III. A fase do saneamento do processo após a vigência... 293

7.2. Objecto da selecção fáctica

Passemos a analisar o modo como se procede à selecção da matéria de facto na fase do saneamento. Como ponto de partida, e tendo por referência o art. 511.º do CPC, podemos dizer que a selecção da matéria de facto consiste em fixar os factos alegados pelas partes que sejam relevantes para o desfecho da lide, à luz das várias soluções possíveis da questão de direito[712].

Nessa conformidade, a selecção da matéria de facto assenta em quatro coordenadas essenciais. Primeiro, a selecção só pode conter factos. Segundo, é suposto que os factos tenham sido alegados. Terceiro, tais factos hão-de ser relevantes para a decisão da questão. Quarto, na determinação dessa relevância deve atender-se às possíveis correntes doutrinárias e jurisprudenciais relativas à solução da questão jurídica em presença.

A concretização dessas coordenadas leva-nos a uma nova incursão na questão do âmbito do ónus de alegação fáctica que impende sobre as partes e no tema dos poderes cognitivos do tribunal em matéria de facto. Além disso, leva-nos à distinção entre matéria de facto e matéria de direito.

No que respeita ao ónus de alegação fáctica e aos poderes cognitivos do tribunal, limitar-nos-emos a recordar algumas das ideias já expressas noutro lugar[713]. Assim, de acordo com o disposto no art. 264.º.1 do CPC, incumbe às partes "alegar os factos que integram a causa de pedir e aqueles em que se baseiam as excepções", estabelecendo o respectivo n.º 2 que, em regra, o tribunal "só pode fundar a decisão nos factos alegados pelas partes".

Como se disse, tal regime corresponde à concepção tradicional do princípio do dispositivo, à luz do qual a definição do âmbito fáctico da lide pertence às partes, com a importante consequência de a actuação do tribunal estar limitada a esse quadro fáctico. Já dissemos que um dos aspectos em que o CPC de 1995 mais inovou foi o dos poderes cognitivos do

---

[712] Neste ponto, o confronto da redacção dos arts. 508.º-A.1.e), 508.º-B.1.a), 508.º-B.2, 511.º.1 e 511.º.2 do CPC torna patente a falta de rigor e precisão na terminologia da lei, fruto, além do mais, das *oscilações* do texto legal, na versão do DL n.º 329--A/95, de 12.12, e na versão do DL n.º 180/96, de 25.09. Dando conta dessas imperfeições, cfr. A. Abrantes Geraldes (*op. cit.*, Vol. II, ps. 124-125), A. Montalvão Machado (*op. cit.*, p. 305) e J. Lebre de Freitas (*A acção declarativa ...*, p. 167, nota de rodapé n.º 35).

[713] Cfr. *supra III.4.5.3.*

tribunal, permitindo ao tribunal tomar em consideração outros factos além dos alegados pelas partes, ao abrigo dos n.º.s 2 e 3 do citado art. 264.º do CPC. Paralelamente, o CPC de 1995 atenuou o regime da preclusão que andava associado ao àquele ónus de alegação fáctica.

A qualificação de um facto como "facto relevante" para efeito da selecção da matéria de facto, a que alude o art. 511.º do CPC, implica uma aproximação ao sentido actual do ónus de alegação fáctica e ao regime da preclusão que lhe está associado, em conjugação ainda com os novos poderes cognitivos do tribunal.

Tendo em conta o disposto no art. 264.º do CPC, adiantámos que há duas grandes categorias de factos: – de um lado, temos os factos principais ou essenciais da causa, isto é, os factos necessários à procedência da acção ou da excepção; – de outro, os factos instrumentais, ou seja, os factos cuja função é a de indiciarem os factos principais, o que significa que não são indispensáveis para a decisão da causa.

Relativamente aos factos principais ou essenciais da causa, o ónus de alegação recai sobre as partes. Cada uma delas tem o ónus de introduzir em juízo os factos essenciais para a procedência da acção ou da excepção, conforme o caso, sob pena de não merecer acolhimento a respectiva pretensão.

Na categoria de factos essenciais ou principais tivemos ocasião de distinguir dois planos. Há certos factos (factos nucleares) que integram o núcleo primordial da causa de pedir ou da excepção, desempenhando uma função individualizadora dessa causa de pedir ou dessa excepção, a ponto de a sua falta implicar a ineptidão da petição inicial ou a nulidade da excepção. Além desses, há outros factos principais que, sendo também essenciais para a procedência da acção ou da excepção, não integram o respectivo núcleo primordial, tendo uma função de complemento ou concretização dos factos nucleares. Como dissemos, tais factos não deixam de ser principais, isto é, a sua falta conduz, inevitavelmente, à improcedência da acção ou da excepção. No entanto, estes últimos factos não são identificadores da causa de pedir ou da excepção, embora a integrem. São, portanto, factos complementares ou concretizadores dos factos nucleares. É da articulação ou conjugação de uns e outros que depende a procedência da acção ou da excepção. Assim, os factos complementares são os completadores de uma causa de pedir (ou de uma excepção) complexa, ou seja, uma causa de pedir (ou uma excepção) aglutinadora de diversos elementos, uns constitutivos do seu núcleo primordial, outros complementando

III. A fase do saneamento do processo após a vigência...			295

aquele. Por sua vez, os factos concretizadores têm por função pormenorizar a questão fáctica exposta sendo, exactamente, essa pormenorização dos factos anteriormente alegados que se torna fundamental para a procedência da acção (ou da excepção)"[714].

Em virtude do exposto, qualquer decisão de procedência de uma acção ou de uma excepção supõe que constem dos autos os respectivos factos principais ou essenciais, tanto os nucleares, como os complementares ou concretizadores, sendo certo que a alegação desses factos incumbe às partes.

Quanto ao modo como a alegação fáctica deve processar-se, a via própria é a dos articulados, seja nos articulados normais (petição inicial e contestação), seja nos eventuais (réplica e tréplica) que possam ser oferecidos, e dentro dos respectivos limites. No entanto, atenuando o rígido sistema de preclusões que caracterizava o regime processual anterior, o CPC de 1995 veio permitir que, em certas circunstâncias, a alegação ocorra ainda nos articulados judicialmente estimulados (na sequência do convite previsto no art. 508.º.3 do CPC). É também possível que essa alegação fáctica venha a acontecer em plena audiência preliminar [cfr. o art. 508.º--A.1.c) do CPC]. Sucede que, como referimos, em termos de atenuação do regime da preclusão, o CPC de 1995 não se ficou por aqui. Na verdade, de acordo com art. 264.º.3 do CPC, a decisão pode ainda tomar em consideração os factos complementares ou concretizadores (dos factos nucleares já alegados) que resultem da instrução da causa, desde que se verifiquem as circunstâncias aí indicadas, ou seja, desde que a parte a quem aproveitem esses factos expresse vontade de se prevalecer deles[715] – o que é uma manifestação clara do dispositivo – e que seja proporcionado o exercício do contraditório.

Assim, podemos dizer que, actualmente, apesar de todos os factos principais ou essenciais da causa deverem ser alegados nos articulados espontaneamente oferecidos pelas partes, como resulta do art. 264.º.1 do CPC, a falta ou a imperfeição dessa alegação não impede, sem mais, que tal alegação ocorra mais tarde, mediante convite nesse sentido (cfr. o art. 508.º.3 do CPC) ou mesmo em audiência preliminar [cfr. o art. 508.º-

---

[714] Definições colhidas em A. Montalvão Machado/Paulo Pimenta (*O novo processo* ..., ps. 232-233).

[715] Acerca dessa expressão de vontade, cfr. A. Montalvão Machado (*op cit.*, ps. 356 e ss.), J. Lebre de Freitas (*A acção declarativa* ..., p. 276) e Pais de Sousa/Cardona Ferreira (*op. cit.*, p. 32).

-A.1.c) do CPC], desde que os factos originariamente invocados permitam a individualização da causa de pedir ou da excepção. Quer dizer, nuns casos a omissão de alegação relativa aos factos principais nucleares redundará em ineptidão da petição inicial ou em nulidade da excepção, constituindo falha insanável. Noutros casos, essa alegação relativa aos factos principais nucleares será apenas insuficiente ou imprecisa, podendo ser sanada pelo aperfeiçoamento (completamento ou correcção) respectivo. Quanto aos factos principais complementares ou concretizadores, a sua omissão nos articulados não tem efeitos preclusivos, podendo a falta ser suprida na fase do saneamento, nos termos já referidos, ou mesmo depois, quando resultem da instrução, conforme prescreve o art. 264.º.3 do CPC[716].

Em face do exposto, e para os efeitos do art. 511.º.1 do CPC, os "factos relevantes" para a decisão da causa são os factos submetidos ao ónus de alegação, ou seja, os factos principais ou essenciais, tanto os nucleares (que individualizam a causa de pedir ou a excepção), como os complementares ou concretizadores daqueles.

Como se compreende, dado que a selecção da matéria de facto é realizada na fase do saneamento, o juiz só pode tomar em consideração os factos que já constem dos autos. Aqueles que forem adquiridos depois, serão aditados à selecção original [cfr. os arts. 264.º.3 e 650.º.2.f) do CPC].

Nos termos assinalados, ao lado dos factos principais ou essenciais da causa temos uma outra categoria, constituída pelos factos instrumentais.

Factos instrumentais são os que permitem inferir a existência dos factos principais, sendo que por si só não têm a virtualidade de conduzir à procedência da acção ou da excepção, pela simples razão de a sua função ser apenas probatória e não já de "preenchimento e substanciação jurídico-material das pretensões e da defesa"[717]. Estes factos têm natureza indiciária, constituindo uma prova meramente indiciária dos factos principais, sendo possível, através deles, chegar à demonstração dos factos principais correspondentes, com base num processo dedutivo, baseado em regras de experiência humana.

À questão de saber se o ónus de alegação fáctica nos articulados que impende sobre as partes abrange também os factos instrumentais, respondemos negativamente. Com efeito, às partes incumbe introduzir em juízo

---

[716] Neste sentido, M. Teixeira de Sousa (*Estudos sobre o novo* ..., ps. 77-79).
[717] Cfr. Lopes do Rego (*op. cit.*, p. 200).

III. A fase do saneamento do processo após a vigência...

(alegando-os, pois) os factos de que depende a procedência das respectivas pretensões. Esses factos são apenas os principais, até porque os instrumentais, não fazendo parte do tipo legal, não condicionam o desfecho da lide, atenta a sua função indiciária. Portanto, circunscrevendo-se o ónus de alegação aos factos principais, estão as partes dispensadas de invocar os factos instrumentais nos respectivos articulados[718].

Por outro lado, do disposto no n.º 2 do art. 264.º do CPC resulta a possibilidade de consideração oficiosa dos factos instrumentais que resultem da instrução e discussão da causa[719]. No tocante à consideração oficiosa dessa matéria, o juiz tanto pode considerar os factos instrumentais que brotem, *espontaneamente*, da instrução, como pode tomar a iniciativa de investigar esses factos na fase da instrução, dispondo, pois, de verdadeiros poderes inquisitórios[720]. É claro que o reconhecimento daqueles poderes inquisitórios não implica, nem significa sequer, que o juiz possa ou deva, em cada processo, fazer conjecturas sobre possíveis factos instrumentais, imaginando a sua existência e pondo-se a investigá-los, com vista a, se os *descobrir*, introduzi-los nos autos. Não é disso que se trata. A utilização deste importante poder inquisitório não deve fazer-se *às cegas*, até porque, as mais das vezes, isso redundaria num esforço inglório. O juiz só deve investigar os factos instrumentais quando seja levado a supor, por alguma indicação, por alguma pista (um depoimento testemunhal, por exemplo), constante do processo que há determinados pontos de facto não vertidos nos autos que podem, eventualmente, ajudar a esclarecer o quadro fáctico principal da causa, com vista à justa composição do litígio[721].

---

[718] Neste sentido, M. Teixeira de Sousa (*Estudos sobre o novo* ..., p. 76).

[719] Como dissemos, em rigor, os factos hão-de resultar da instrução, e não da discussão da causa, pois que a discussão corresponde ao debate entre os advogados das partes, após a produção de prova em audiência final [cfr. o art. 652.º.3.e) e 5 do CPC], não sendo previsível que aí surjam ainda factos instrumentais. Este mesmo raciocínio vale para o caso da consideração dos factos principais complementares ou concretizadores, ao abrigo do art. 264.º.3 do CPC. Neste sentido, A. Montalvão Machado (*op. cit.*, ps. 340 e 356, nota de rodapé n.º 637).

[720] Neste sentido, M. Teixeira de Sousa (*Estudos sobre o novo* ..., ps. 74-75). Cfr., também, A. Montalvão Machado (*op. cit.*, ps. 343-345).

[721] Sobre este ponto, cfr. A. Montalvão Machado (*op. cit.*, ps. 344), referindo que os juiz não tem que invariavelmente "desconfiar" da existência de factos instrumentais. Cfr. os sugestivos exemplos de casos que justificam a investigação oficiosa de factos instrumentais, apresentados por A. Abrantes Geraldes (*op. cit.*, Vol. I, p. 63, nota de rodapé n.º 80). Cfr., ainda, Varela/Bezerra/Nora (*op. cit.*, ps. 415-416).

Conforme vimos, quanto aos factos instrumentais não vigora o ónus da sua alegação nos articulados, pela simples razão de a respectiva função ser apenas probatória ou indiciária dos factos principais. No entanto, a inexistência desse ónus não equivale à proibição de as partes alegarem factos instrumentais nos seus articulados. Nesse caso, a alegação não pode, obviamente, servir para *substituir* a alegação dos factos principais. A alegação de factos instrumentais nos articulados – paralelamente aos principais – é uma possibilidade ao dispor das partes. Parece-nos, de resto, que a utilização dessa técnica de alegação, além de legítima, é mesmo justificada ou aconselhável em certos tipos de acções, particularmente, naquelas em que é, reconhecidamente, difícil a prova directa do facto principal que integra a causa de pedir ou a excepção, facto ao qual só é possível *chegar* pela prova de um facto *intermédio* (ou indiciário) que a ele conduza, isto é, quando a parte pressinta que vai precisar de lançar mão de certos factos instrumentais para efeitos probatórios[722]. Quer dizer, por vezes, as partes sentem a conveniência (a vantagem) de redigirem os suas peças escritas em termos de a narração não se cingir à crua articulação dos factos principais, optando por adorná-la com referências suplementares, com vista a criar uma determinada "envolvência fáctica" que, em princípio, jogará a seu favor. Do que se trata é de alargar a narração às circunstâncias que permitam apurar a existência, o significado e o alcance dos factos principais[723]. Embora essas referências não sejam determinantes para o desfecho da lide, servem para reforçar a versão fáctica principal e, mais do que isso, têm a particularidade de fazerem supor a existência dos factos principais da causa, dos quais depende a procedência da pretensão deduzida[724]. Admitamos uma acção de indemnização decorrente acidente de viação: – o facto principal pode ser, por exemplo, a velocidade a que circulava o veículo (além de outros, ou não fosse a causa de pedir complexa). Acompanhando a indispensável alegação de que o veículo circulava a esta ou àquela velocidade, o autor pode incluir na narração certas referências que, não substituindo aquela, supõem a existência ou verificação desse facto principal. Assim acontece se o autor mencionar a extensão do rasto de travagem que o veículo deixou, se indicar a distância

---

[722] Neste sentido, Lopes do Rego (*op. cit.*, p. 201).

[723] Nesta ordem de ideias, José Osório (*op. cit.*, p. 207) dizia que, ressalvados os limites da boa fé, "os articulados podem ter a minúcia e a amplitude que se lhes queira dar".

[724] Neste sentido, José Osório (*op. cit.*, p. 210).

III. A fase do saneamento do processo após a vigência... 299

a que foi projectada a vítima do acidente ou se descrever os danos sofridos pelo veículo no embate ou os causados num muro ou noutra viatura. Como se vê, estas indicações, só por si, não correspondem ao facto principal cuja prova é necessária para a procedência da acção. No entanto, é patente que poderão ter um importante contributo para o tribunal vir a dar esse facto principal como provado. Estes aspectos fácticos, se provados, ajudarão a supor (a presumir) uma determinada realidade, qual seja (no caso), a velocidade a que circulava o veículo. É, exactamente, essa a função dos factos instrumentais[725].

A perspectiva de as partes poderem alegar (e impugnar, naturalmente)[726] factos instrumentais levanta a questão de saber se tais factos devem também ser considerados no momento em que é feita a selecção da matéria de facto, na fase do saneamento[727].

Em princípio, atenta a sua função, meramente, indiciária ou probatória, não se vislumbra justificação para considerar os factos instrumen-

---

[725] Admitamos outra situação: – numa acção de despejo proposta ao abrigo do art. 64.º.1.h) do RAU, o facto principal pode ser o encerramento, por mais de um ano, do prédio arrendado para o comércio. Para corroborar a sua alegação fáctica, o autor pode invocar o facto de o réu, há cerca de um ano e meio, ter declarado junto da repartição de finanças competente a "cessação da actividade" a cuja categoria pertencia o "negócio" que tivera instalado no prédio arrendado. Este facto é, meramente, indiciário, pois não corresponde ao "encerramento do prédio". Contudo, pode ser uma importante "pista" para se poder presumir o facto principal. Daí a vantagem ou conveniência da sua alegação (e prova).

[726] Conforme dissemos, não há um verdadeiro ónus de alegação de factos instrumentais nos articulados. No entanto, quando uma das parte decidir alegá-los, a outra ficará submetida ao ónus de impugnação desses factos, nos termos do art. 490.º do CPC, sob pena de ser terem por admitidos os factos instrumentais não impugnados. É evidente que isso não implica o reconhecimento do facto principal correspondente, o qual até terá sido impugnado. Significa apenas que aquela concreta realidade factual indiciária (não rejeitada) está admitida, devendo ser valorada, conjuntamente com outros elementos dos autos, na altura devida, isto é, no momento em que o tribunal julgar a matéria de facto (principal). Em sentido semelhante, cfr. Lopes do Rego (*op. cit.*, p. 328). Em sentido diferente, afastando o ónus de impugnação dos factos instrumentais, M. Teixeira de Sousa (*Estudos sobre o novo ...*, p. 290). Por seu turno, Paula Costa e Silva (*op. cit.*, p. 246) fala em "inexistência aparente" desse ónus de impugnação.

[727] Nos casos em que os articulados não contenham factos instrumentais o problema, normalmente, não se colocará. Note-se, porém, que M. Teixeira de Sousa (*Estudos sobre o novo ...*, p. 312) admite a possibilidade de o juiz levar à base instrutória os factos instrumentais que pretenda investigar oficiosamente (cfr. os arts. 264.º.2 e 265.º.3 do CPC).

tais na selecção da matéria de facto, tanto para os declarar assentes, como para os declarar controvertidos. No entanto, a questão não é tão linear como pode parecer.

Suponhamos que o autor limitou a sua alegação aos factos principais, e que estes foram impugnados pelo réu. Em tal hipótese, a selecção da matéria de facto ficará circunscrita aos factos principais, pois são os que constam dos autos.

Admitamos, entretanto, que o autor, a acompanhar a articulação dos factos principais, alegava também factos instrumentais. Perante isso, podia suceder que o réu impugnasse uns factos e outros, impugnasse só os principais ou impugnasse só os instrumentais. Na primeira situação – impugnação completa –, nenhum dos factos poderia ser dado como assente. Na segunda hipótese, apenas não se teriam por assentes os factos principais, devendo considerar-se admitidos por acordo os instrumentais[728]. No terceiro caso, a falta de impugnação dos factos principais levaria a que fossem dados como assentes, com a possibilidade de a decisão de mérito ser proferida logo no despacho saneador, nos termos já analisados, sendo certo que pouco importaria o posição do réu quanto aos factos instrumentais, dado que a prova do facto principal estava feita[729].

Perante as diversas possibilidades colocadas (e desde que o processo deva prosseguir), o problema consiste em saber se os factos instrumentais dados como assentes devem ser levados à selecção da matéria de facto, ao lado dos factos principais que também estejam já provados, e se os factos instrumentais controvertidos devem ser incluídos nessa selecção, juntamente com os factos principais carecidos de prova.

Neste ponto, parte da doutrina vai no sentido da não selecção dos factos instrumentais, argumentando-se com a natureza indiciária desses

---

[728] Neste sentido, Lopes do Rego (*op. cit.*, p. 328). Em sentido diferente, M. Teixeira de Sousa (*Estudos sobre o novo ...*, p. 80), entendendo que a impugnação do facto principal envolve a impugnação do facto instrumental que tenha sido alegado. Salvo o devido respeito, parece-nos que uma coisa é a impugnação do facto principal obstar a que, por ora, se extraia do facto instrumental a conclusão da existência do facto principal. Coisa distinta é a mera assunção de uma concreta realidade factual (instrumental). Portanto, o reconhecimento (pela não impugnação) de um facto instrumental não significa senão isso, ficando em aberto a valoração dessa realidade, isto é, fica em aberto a questão de saber se essa realidade (instrumental) permite presumir outra (principal), que foi impugnada. Tal valoração será feita em sede de julgamento da matéria de facto (cfr. o art. 653.º do CPC).

[729] Sem prejuízo, obviamente, dos casos fixados no n.º 2 do art. 490.º do CPC, em que a falta de impugnação não implica a admissão dos factos.

III. A fase do saneamento do processo após a vigência...   301

factos, acompanhada da possibilidade de os factos principais até virem a ser demonstrados através de outros factos instrumentais (que não os alegados), ao que acresce a hipótese de o tribunal os poder considerar oficiosamente[730].

Refira-se, a propósito, que este problema já era suscitado no domínio dos códigos anteriores, sendo que, face ao CPC de 1939, o entendimento era o de que esses factos não deveriam ser levados à selecção da matéria de facto[731], enquanto que, perante o CPC de 1961, passou a entender-se que a selecção dos factos instrumentais era possível[732].

Outra parte da doutrina sustenta que, actualmente, embora não seja obrigatória a selecção de factos instrumentais, tal expediente revela-se útil e vantajoso, considerando, além do mais, a circunstância de o elenco dos factos controvertidos funcionar como um elemento disciplinador da subsequente actividade probatória[733].

Também assim o entendemos. De resto, como já foi dito, apesar de não estarem oneradas com a alegação de factos instrumentais nos articulados, as partes, em certos processos, optam por adicionar essa alegação à dos factos principais. E fazem-no por uma questão pragmática e de conveniência, designadamente, atendendo à presumível dificuldade de prova do próprio facto principal. Quer dizer, desse modo, as partes como que antecipam a estratégia probatória que intentam seguir, ou seja, as partes mostram que vão orientar a sua actividade probatória no sentido de demonstrar certos factos indiciários para, através deles, o tribunal poder

---

[730] Assim, cfr. J. Lebre de Freitas (*A acção declarativa* ..., p. 165), Lopes do Rego (*op. cit.*, p. 353) e M. Teixeira de Sousa (*Estudos sobre o novo* ..., ps. 80 e 311).

[731] O art. 515.º.§ 1.º do CPC de 1939 mandava incluir no questionário "só (...) os factos (...) indispensáveis" para resolver a causa. Sobre este ponto, cfr. Castro Mendes (*Do conceito* ..., p. 153, nota de rodapé n.º 36). Cfr., ainda, A. Montalvão Machado (*op. cit.*, p. 139) e J. Lebre de Freitas (*A acção declarativa* ..., p. 166, nota de rodapé n.º 34, e *Introdução* ..., p. 136, nota de rodapé n.º 54).

[732] Para isso muito contribuiu a redacção do art. 511.º.1 do CPC de 1961, prevendo a selecção dos factos que "interessam à decisão da causa". Sobre este ponto, cfr. A. Montalvão Machado (*op. cit.*, ps. 140-141), M. Teixeira de Sousa (*Estudos sobre o novo* ..., p. 80) e J. Lebre de Freitas (*A acção declarativa* ..., p. 166, nota de rodapé n.º 34, e *Introdução* ..., p. 136, nota de rodapé n.º 54). Por outro lado, note-se que, apesar da evolução legislativa, Castro Mendes (*Direito* ..., Vol. II, p. 648) continuava a entender que os factos instrumentais não seriam objecto de selecção.

[733] Neste sentido, A. Abrantes Geraldes (*op. cit.*, Vol. II, ps. 146-147), Isabel Alexandre (*op. cit.*, p. 277) e Paula Costa e Silva (*op. cit.*, ps. 243 e 246).

presumir ou deduzir o facto principal. Se assim é, justifica-se que esses pontos de facto instrumentais sejam logo objecto da selecção fáctica. Nesse circunstancialismo, os factos instrumentais devem ser considerados relevantes, para os efeitos do art. 511.º do CPC. É claro que a relevância desses factos para a decisão da causa não é directa. Trata-se de uma relevância indirecta[734]. O que não significa, pelo contrário, que não tenham interesse para a dinâmica do processo e para o seu próprio desfecho. O interesse desses factos é tanto maior quanto mais deles depender a prova dos factos principais, aspecto que há-de ser tomado em conta caso a caso. Em face do exposto somos da opinião de que a selecção da matéria de facto deve incluir os factos instrumentais sempre que, em concreto, tal se revele conveniente e útil para ordenar e disciplinar a actividade probatória[735]. Assim, atingido o momento em que se procede à selecção da matéria de facto, o juiz incluirá na categoria da matéria assente os factos instrumentais admitidos por acordo (cfr. o art. 490.º.2 do CPC) desde que, em concreto, deva entender-se que terão relevo para a prova dos factos principais que integram a causa de pedir ou a excepção. Em contrapartida, incluir-se-ão no elenco dos factos carecidos de prova os factos instrumentais que ainda não possam ser dados como assentes, designadamente, por terem sido objecto de impugnação, desde que, mais uma vez, revelem ter interesse para a prova dos factos principais da causa[736]. Desse modo, no que respeita aos factos instrumentais, ficarão definidos os factos sobre os quais não serão precisas diligências probatórias e aqueles sobre os quais versará a actividade instrutória.

Embora a doutrina trate o assunto da selecção de factos instrumentais mais pela perspectiva dos factos carecidos de prova, deve notar-se que, às vezes, pode até ser mais importante a definição dos factos instru-

---

[734] Neste sentido, Paula Costa e Silva (*op. cit.*, p. 243).

[735] Atente-se que alguns dos autores que excluem a selecção dos factos instrumentais a vão admitindo numa ou noutra situação. Cfr. J. Lebre de Freitas (*A acção declarativa* ..., ps. 165-166) e M. Teixeira de Sousa (*Estudos sobre o novo* ..., ps. 80 e 311-312).

[736] M. Teixeira de Sousa (*Estudos sobre o novo* ..., p. 312) refere a hipótese de aí serem incluídos os factos instrumentais que o juiz pretenda investigar oficiosamente, ao abrigo dos arts. 264.º.3 e 265.º.2 do CPC. Não afastando essa possibilidade, afigura-se-nos que, salvo tratando-se de factos alegados pelas partes, esse expediente terá rara verificação, pois o juiz não tem, normalmente, condições para, na fase do saneamento, fazer prognósticos sobre este ou aquele facto instrumental. A propósito, cfr. a opinião de Castro Mendes (*Do conceito* ..., p. 153, nota de rodapé n.º 36), se bem que no domínio do CPC de 1939.

III. A fase do saneamento do processo após a vigência...   303

mentais que, na fase do saneamento, já estão assentes. Primeiro, porque tendo um facto instrumental sido alegado por uma parte e não impugnado pela outra, esse ponto de facto torna-se incontroverso, não sendo curial que, mais adiante, tal realidade venha a ser questionada. Segundo, à falta de uma indicação formal no sentido de que esse facto está provado, a parte que o alegou ficará onerada com a produção de prova respectiva, com a hipótese (não descartável) de acabar por não conseguir fazer prova dele, o que seria paradoxal. Terceiro, apesar de o juiz que profere a sentença poder tomar em consideração a matéria vertida nos articulados, em termos de vir a dar como assentes pontos de facto que assim podiam ser considerados já fase do saneamento (cfr. o art. 659.º.3 do CPC), há o risco de certos aspectos escaparem a essa última *fiscalização* do acervo fáctico da causa, com as inerentes consequências ao nível da prova (ou não prova) dos factos principais. Acresce que, antes da conclusão do processo para a elaboração sentença, temos o julgamento da matéria de facto. Nesse momento, o tribunal colectivo ou singular, conforme os casos[737], irá apreciar o modo como decorreu a actividade probatória, e declarar provados ou não provados os factos carecidos de prova sobre os quais deva pronunciar-se (cfr. os arts. 646.º.4 e 653.º.2 do CPC). Para tal decisão podem ter interesse (e tê--lo-ão, certamente) determinados factos instrumentais alegados e não

---

[737] Face à actual redacção do CPC de 1995, proveniente do DL n.º 183/2000, de 10.08, a intervenção do tribunal colectivo na audiência final será cada vez mais rara. De facto, o novo n.º 1 do art. 646.º do CPC faz depender essa intervenção de requerimento de ambas as partes, o que, é bom de ver, não será habitual (cfr. o art. 7.º.6 do DL n.º 183/2000, acerca da aplicação do novo regime às causas pendentes). Sem esquecermos a alteração introduzida pelo DL n.º 242/85, de 09.07, no art. 646.º.2 do CPC de 1961, notemos que, na vigência do CPC de 1995, esta tendência de restringir a intervenção do tribunal colectivo começou a desenhar-se com o DL n.º 375-A/99, de 20.09, pois também ele alterou a redacção do n.º 1 do art. 646.º do CPC, fixando que o tribunal colectivo interviria se alguma das partes o requeresse. Com este diploma quebrou-se a tradição do nosso processo civil assente na regra da intervenção do colectivo nas acções ordinárias, que ainda constava da versão original do CPC de 1995. Não podemos deixar marcar o nosso desacordo perante o novo regime. Por um lado, o tribunal colectivo possui virtualidades propiciadoras – se bem aproveitadas – de uma melhor apreciação da prova. Em idêntico sentido, Pais de Sousa/Cardona Ferreira (*op. cit.*, ps. 108 e 187). Por outro, estamos certos de que a evolução legislativa não radica numa desconsideração da importância daquele órgão colegial, mas numa forma – enviesada, diga-se – de fazer face à reconhecida falta de magistrados judiciais. A propósito do tribunal colectivo e da sua abolição, cfr. Antunes Varela (*A frustrada reforma ...*, *RLJ* n.º 3890, p. 134, e *A reforma do processo civil português ...*, *RLJ* n.º 3871, p. 295, nota de rodapé n.º 26).

impugnados nos articulados, ou seja, factos indiciários assentes. Se não houver um *registo* formal desses factos, o tribunal incumbido do julgamento de facto ver-se-á sempre na contingência de analisar essas peças escritas para determinar se daí podem extrair-se factos instrumentais provados, que não tenham, porventura, sido aflorados na instrução. É que a decisão da matéria de facto pode ser, significativamente, condicionada por este ou por aquele facto instrumental. Com a agravante de, face à actual organização judiciária, inúmeras vezes o órgão que julga a matéria de facto não integrar o juiz do processo, que acompanhou o período inicial da acção e está, portanto, em condições de ter uma ideia mais aproximada do teor dos articulados[738]. Portanto, é conveniente a selecção dos factos instrumentais já assentes, não só porque a fase do saneamento é o momento mais adequado para tal, mas ainda porque é o modo de evitar que alguns desses factos possam vir a desperdiçar-se[739].

Por outro lado, é evidente que não deixará de ter relevo a definição dos factos instrumentais alegados e carecidos de prova, o que funciona como uma advertência às partes para orientação da sua actividade instrutória. De qualquer modo, bem podemos dizer que em relação a esses (porque terão sido impugnados) as partes estão de sobreaviso e cuidarão de carrear para o processo os competentes meios de prova. Tudo isto, sem prejuízo de o desenrolar do processo vir a revelar outros factos instrumentais, os quais também poderão ser utilizados como meio probatório dos principais.

Em síntese, dentro dos condicionalismos referidos, defendemos a pertinência da inclusão dos factos instrumentais alegados na selecção da matéria de facto.

Prosseguindo a análise deste tema, importa destacar que a selecção a realizar na fase do saneamento só pode versar sobre matéria de facto, ou seja, só podem ser seleccionados factos. Este aspecto ganha particular

---

[738] Conforme já ficou dito, nos processos em que não intervenha o colectivo, o julgamento da matéria de facto e prolação da sentença final cabem ao juiz que seria presidente do colectivo, se este interviesse (cfr. o art. 646.º.5 do CPC). O art. 107.º da LOFTJ prescreve que a presidência do colectivo compete ao juiz do processo, nos tribunais em que o colectivo integra juízes privativos, e compete a um dos juízes de círculo, quando estes intervenham no colectivo. Neste último caso, que acabará por ser a regra, pois na maioria das comarcas não há varas, o julgamento de facto (bem assim a prolação da sentença) cabe a um juiz que não teve intervenção anterior no processo.

[739] Dando conta dessa preocupação, Paula Costa e Silva (*op. cit.*, p. 245).

III. A fase do saneamento do processo após a vigência... 305

relevo no campo da matéria controvertida ou carecida de prova. É sobre essa matéria que versa a instrução do processo, isto é, a actividade probatória ou de produção de prova.

A prova, conforme decorre do art. 341.º do CC, tem por função a demonstração da realidade dos factos[740]. Assim, em processo, a prova consiste na actividade desenvolvida com vista a convencer o tribunal acerca da realidade dos factos alegados controvertidos ou carecidos de demonstração (cfr. o art. 655.º.1 do CPC), aspecto que encontra correspondência no art. 513.º do CPC, preceito que define o objecto da instrução[741,742]. Nessa conformidade, só fará sentido seleccionar pontos de facto, não apenas porque os meios probatórios se referem a factos[743], mas também porque o órgão incumbido de apreciar a prova não pode pronunciar-se senão sobre questões de facto (cfr. o art. 646.º.4 do CPC).

O respeito por este limite da selecção implica a cuidada distinção entre matéria de facto e matéria de direito. Esta distinção marca de forma indelével todo o processo civil, desde os articulados até à decisão final da causa. Por um lado, as partes devem organizar as suas peças escritas de modo a não confundir, a não misturar, a alegação de factos com a respectiva valoração jurídica e, menos ainda, a não reduzir a sua alegação a meras afirmações de pendor conclusivo ou jurídico. Por outro lado, a estrutura do nosso processo civil radica na clara distinção entre o campo de intervenção do órgão (colegial ou singular) incumbido de julgar a

---

[740] No dizer de Castro Mendes (*Do conceito* ..., p. 531), o objecto da prova "não é a realidade, mas uma representação intelectual apresentada como correspondendo-lhe: atomìsticamente, uma *afirmação*; globalmente, uma *versão*". Mais adiante, na p. 741 da referida obra, Castro Mendes define a prova do seguinte modo: – "*é o pressuposto da decisão jurisdicional que consiste na formação através do processo no espírito do julgador da convicção de que certa alegação singular de facto é justificavèlmente aceitável como fundamento da mesma decisão*".

[741] Sobre este ponto, cfr. Castro Mendes (*Direito* ..., Vol. II, ps. 655-661) e M. Teixeira de Sousa (*As partes* ..., ps. 195-196).

[742] Atente-se na circunstância de o art. 513.º do CPC (ao contrário do que sucedia nos códigos anteriores) não se limitar a fazer corresponder o objecto da instrução à matéria de facto seleccionada como controvertida. É que, como vimos, a selecção da matéria de facto supõe que a acção tenha sido contestada. No entanto, quando a falta de contestação implique mera revelia inoperante terá também lugar actividade probatória, versando sobre factos carecidos de prova, se bem que não controvertidos (por não impugnados). Dando nota deste aspecto, cfr. Isabel Alexandre (*op. cit.*, p. 277) e Paula Costa e Silva (*op. cit.*, p. 247).

[743] Cfr. os arts. 552.º, 577.º.1, 612.º.1, 638.º.1 do CPC.

matéria de facto e do juiz a quem compete lavrar a sentença, sendo que nesta há ainda uma delimitação entre a discriminação dos factos provados e a aplicação do direito aos mesmos[744].

Sem grandes desenvolvimentos, até porque a especificidade e complexidade da matéria ultrapassa, largamente, o âmbito deste trabalho, temos que a necessidade desta distinção assenta na decomposição do acto do julgamento, separando-se o que respeita a puros factos do que se refere ao respectivo tratamento jurídico[745]. Como se sabe, a norma jurídica "pressupõe uma situação da vida que se destina a reger, mas que não define senão tipicamente nos seus caracteres mais gerais"[746]. Desse modo, a sua aplicação implica o prévio apuramento dos factos concretos susceptíveis de se integrarem na previsão normativa. Apurados os factos, terá lugar a sua valoração jurídica, a fim de que possa vir a produzir-se o efeito jurídico (estatuição) fixado na norma.

Nessa conformidade, a selecção da matéria de facto apenas deverá versar sobre factos, ou seja, "acontecimentos e circunstâncias concretos, determinados no espaço e no tempo, passados e presentes, do mundo exterior e da vida anímica humana que o direito objectivo converteu em pressuposto de um efeito jurídico"[747]. Serão também de incluir nessa selecção, ao lado das ocorrências ou eventos reais, as chamadas ocorrências virtuais (factos hipotéticos), que não são, propriamente, factos, mas juízos de facto[748].

Em contrapartida, deverá excluir-se da selecção de facto tudo o que corresponda a conceitos de direito, não deixando, contudo, de atender-se aos casos em que, na formulação da lei, são utilizados conceitos jurídicos que têm também uso na linguagem corrente, como acontece com as expressões "empréstimo", "venda", "arrendamento", "pagamento", "hóspede", "sinal", etc. Nesses casos, é de admitir a inclusão desses termos na selecção da matéria de facto, valendo como factos e tomando-os no seu significado comum[749]. Já assim não deverá ser, todavia, quando o

---

[744] Cfr., a propósito, Antunes Varela (*Os juízos de valor* ..., ps. 9-10) e J. Lebre de Freitas (*A acção declarativa* ..., p. 169).

[745] Cfr. José Osório (*op. cit.*, p. 200).

[746] Cfr. Anselmo de Castro (*op. cit.*, Vol. III, p. 268).

[747] Cfr. Rosenberg (*op. cit.*, T. II, p. 209).

[748] Cfr. Varela/Bezerra/Nora (*op. cit.*, ps. 408-409).

[749] Neste sentido, Anselmo de Castro (*op. cit.*, Vol. III, p. 269) e J. Lebre de Freitas (*A acção declarativa* ..., p. 170).

III. A fase do saneamento do processo após a vigência... 307

objecto da acção esteja, ainda que só em parte, dependente da determinação do significado exacto daquelas expressões, as quais configurarão uma questão de direito, insusceptível de ser seleccionada[750].

Os estudos desenvolvidos pela doutrina e pela jurisprudência[751] têm proporcionado importantes pistas para a resolução do problema, apesar do melindre de certas questões.

Assim, não deverão ser levadas à selecção de facto, por versarem sobre matéria de direito, as questões de saber se há uma "ofensa grave" ou se um dos cônjuges cometeu "adultério", em termos de constituir fundamento de divórcio litigioso (cfr. o art. 1779.º do CC), se a dívida foi contraída em "proveito comum do casal" [cfr. o art. 1691.º.1.c), 2 e 3 do CC], se há "reputação como filho e tratamento como filho" ou se há "concubinato duradouro", nas acções de investigação da paternidade [cfr. o art. 1871.º.1.a) e c) do CC], se houve "simulação" na celebração de um negócio (cfr. o art. 240.º do CC), se o réu inquilino tem ou não "residência permanente" no prédio arrendado [cfr. o art. 64.º.1.i) do RAU], se a alteração das circunstâncias básicas do contrato é "normal" ou "anormal" (cfr. o art. 437.º do CC), se o objecto ou fim do negócio é "contrário à ordem pública ou ofensivo dos bons costumes" (cfr. os arts. 280.º e 281.º do CC), se os benefícios obtidos por um dos contraentes através do contrato são

---

[750] Neste sentido, A. Abrantes Geraldes (*op. cit.*, Vol. I, p. 197), Anselmo de Castro (*op. cit.*, Vol. III, p. 269), Castro Mendes (*Do conceito* ..., ps. 574 e 587-588) e J. Lebre de Freitas (*A acção declarativa* ..., p. 170). Por exemplo, deve ser considerada matéria de direito a expressão "empréstimo", quando a acção tem por objecto determinar a que título o autor entregou ao réu a quantia em dinheiro que ora peticiona em juízo. Igualmente, deve ser tomada apenas no seu sentido técnico-jurídico a expressão "arrendamento" usada pelo réu para obstar à entrega do prédio reivindicado pelo autor. Também não deve ser tomada como facto a expressão "hóspede", quando a acção de despejo se funda no art. 64.º.1.e) do RAU.

[751] Cfr. os Assentos proferidos pelo STJ sobre esta problemática: "é matéria de direito a fixação do quantitativo da indemnização devida por acidente de viação produzido por veículos em circulação na via pública" [de 14.07.1936; *Diário do Governo* (*DG*), Iª Série, de 05.08.1936]; "constitui matéria de facto, da exclusiva competência das instâncias, determinar a intenção do testador (de 19.10.1954; *DG*, Iª Série, de 05.11.1954); "constitui matéria de direito decidir se as injúrias são graves para o efeito de servirem de fundamento do divórcio litigioso" (de 03.04.1963; *DG*, Iª Série, de 30.04.1963); "constitui matéria de direito saber se o testador se encontra em perfeito juízo segundo o n.º 1 do art. 1764.º do Código Civil" (de 26.05.1964; *DG*, Iª Série, de 22.06.1964. Note-se que o diploma citado é o CC de 1867); "a averiguação da filiação biológica constitui matéria de facto da exclusiva competência das instâncias" (de 25.07.1978; *DR*, Iª Série, de 28.10.1978).

"manifestamente excessivos ou injustificados" (cfr. o art. 282.º do CC), se o veículo circulava a "velocidade exagerada, inadequada ou excessiva"[752].

Conforme resulta do disposto no art. 511.º.1 do CPC, a selecção da matéria de facto deve ser realizada em termos de albergar os factos que sejam relevantes para a decisão da causa, segundo as várias soluções plausíveis da questão de direito.

Já dissemos que, por vezes, os articulados contêm factos irrelevantes, inúteis em si mesmos, seja qual for a solução final do pleito, factos esses que não hão-de ser considerados na selecção fáctica.

Ao lado desses factos, haverá outros cuja utilidade ou inutilidade depende da concreta solução jurídica que a questão venha a ter. Quer dizer, se tal solução vier a ser num certo sentido, determinados factos poderão ser importantes, mas se a solução for noutro sentido, esses mesmos factos poderão não ter qualquer relevo.

Ora, uma vez que, normalmente, nesta fase processual, não é ainda seguro (nem tem de ser) o sentido da decisão final do litígio, a lei prescreve que sejam convocados (seleccionados) todos os factos que possam interessar à decisão da causa, segundo as várias soluções plausíveis da questão de direito, isto é, tendo em conta "qualquer das soluções aventadas na jurisprudência ou na doutrina, ou que, em todo o caso, o juiz tenha como dignas de ser consideradas"[753]. O acto de selecção fáctica deve nortear-se mais por critérios objectivos do que subjectivos, ou seja, o juiz não deve limitar-se a seleccionar os factos que se afigurem relevantes para fundar a solução jurídica do caso segundo o seu critério pessoal (por mais acertado que possa ser). Deve, isso sim, estar atento a outros possíveis enquadramentos jurídicos, de modo a seleccionar matéria susceptível de fundar a decisão em qualquer desses enquadramentos. Esta *técnica* de selecção é a mais correcta e cautelosa. Primeiro, porque o próprio juiz pode vir a concluir que, afinal, o enquadramento jurídico que idealizou não é o mais indicado. Segundo, e como já se disse, porque não é certo que

---

[752] Sobre o tema, com diversas referências jurisprudenciais, cfr. A Abrantes Geraldes (*op. cit.*, Vol. I, ps. 197-199) e M. Teixeira de Sousa (*Estudos sobre o novo ...*, p. 312). Cfr., ainda, Anselmo de Castro (*op. cit.*, Vol. III, ps. 270-272), J. Alberto dos Reis (*CPC Anotado*, Vol. III, ps. 206 e ss.) e Varela/Bezerra/Nora (*op. cit.*, ps. 409-412).

[753] Neste sentido, Manuel de Andrade (*Noções elementares ...*, p. 188, nota de rodapé n.º 1). No mesmo sentido, J. Lebre de Freitas (*A acção declarativa ...*, p. 167) e M. Teixeira de Sousa (*Estudos sobre o novo ...*, p. 311).

III. A fase do saneamento do processo após a vigência...

esse magistrado venha a participar no acto de julgamento da matéria de facto ou na elaboração da sentença. Terceiro, porque não é de descurar a possibilidade de, em sede de recurso, os tribunais superiores procederem a diferente qualificação jurídica[754]. O cumprimento desta prescrição pode, eventualmente, conduzir a algum *excesso* de selecção fáctica, na medida em que certos factos poderão acabar por não ter qualquer utilidade. Mas, em contrapartida, evita-se o inconveniente de, tendo o juiz idealizado ou pré-concebido uma determinada solução jurídica (seleccionando apenas factos pertinentes segundo essa solução), termos de fazer retroceder o processo para a instrução, a discussão e o julgamento da "nova" matéria de facto, revelada pertinente, à luz da diferente solução que, entretanto, vier a vingar[755,756].

Definido o elenco dos factos com relevo para o desfecho da lide, segundo as várias soluções plausíveis da questão de direito, o passo seguinte da função selectiva será o de "catalogar" tais factos, agrupando-os em duas categorias. Serão levados à "especificação" os factos considerados assentes e serão vertidos na "base instrutória" os factos carecidos de prova.

Antes de passarmos à análise dessas duas categorias de factos, importa fazer uma referência à eventual selecção dos factos que não carecem de alegação ou de prova, a que alude o art. 514.º do CPC.

O n.º 1 deste preceito estabelece que não carecem de alegação nem de prova os factos notórios, tomando-se como tais aqueles que são de conhecimento geral. Factos notórios são os factos conhecidos ou facilmente cognoscíveis pela generalidade das pessoas de determinada esfera social, aí se incluindo as partes e o juiz da causa, em termos de não haver motivos para duvidar da sua existência[757,758]. A notoriedade de um facto dispensa

---

[754] Neste sentido, A. Abrantes Geraldes (*op. cit.*, Vol. II, p. 154).

[755] Neste sentido, entre outros, A. Montalvão Machado/Paulo Pimenta (*Processo ...*, Vol. III, p. 224), Manuel de Andrade (*Noções elementares ...*, p. 188) e Varela/ /Bezerra/Nora (*op. cit.*, ps. 417-418).

[756] Cfr. o art. 712.º.4 do CPC, a propósito da ampliação da selecção fáctica determinada pelo tribunal da Relação.

[757] Neste sentido, J. Lebre de Freitas (*Introdução ...*, p. 133). Cfr., também, A. Montalvão Machado (*op. cit.*, p. 132, nota de rodapé n.º 273) e M. Teixeira de Sousa (*As partes ...*, p. 207). Para maior desenvolvimento, cfr. Castro Mendes (*Do conceito ...*, ps. 614 e s., particularmente, ps. 628-638).

[758] São conhecidos os exemplos de factos notórios: – a distância entre as duas maiores cidades do país; a realização de um evento de grande relevo (*v. g.*, a Expo 98), a

310 Paulo Pimenta

a respectiva prova, não sendo, consequentemente, de incluir na selecção dos factos carecidos de prova em juízo[759]. No entanto, se o facto notório for alegado por alguma das partes será de o incluir na selecção dos factos assentes, desde que se revele pertinente para a decisão da causa[760].

O n.º 2 do art. 514.º do CPC trata dos factos de que o tribunal tem conhecimento oficial, isto é, em virtude do exercício das suas funções. Atenta a origem (funcional) do conhecimento destes factos, a lei dispensa a sua alegação e prova[761]. Para que tal suceda, porém, a lei exige que o próprio juiz junte aos autos documento comprovativo do facto cujo conhecimento funcional invoca[762]. Em consequência, tal facto nunca deverá ser incluído na matéria de facto carecida de prova, mas há-de constar do elenco dos factos já provados[763].

7.2.1 Especificação

Os factos relevantes para a decisão da causa que já estejam assentes serão agrupados numa categoria própria. O CPC de 1995 não atribui uma designação exacta a esse conjunto de factos, limitando-se a referir a matéria de facto relevante "que se considera assente" [cfr. o art. 508.º--A.1.e) do CPC] ou "considerada como assente" (cfr. o art. 511.º.2 do CPC).

---

ocorrência de uma catástrofe natural, a revolução do 25 de Abril de 1974, o fim da soberania portugesa em Macau, etc.

[759] Neste sentido, M. Teixeira de Sousa (*Estudos sobre o novo* ..., p. 312) e Paula Costa e Silva (*op. cit.* p. 250).

[760] Neste sentido, Varela/Bezerra/Nora (*op. cit.*, p. 420).

[761] Assim acontecerá, por exemplo, quando a causa constitua repetição de uma outra pendente no mesmo tribunal ou já decidida por sentença, transitada em julgado, proferida pelo mesmo tribunal. Pode também ocorrer quando o juiz *introduz* no processo um facto que já foi demonstrado (documentalmente) num outro processo em que interveio (*v. g.*, a morte de uma das partes, a transferência da propriedade de um imóvel).

[762] Como é pacificamente aceite, o conhecimento invocado pelo juiz só pode resultar do exercício das suas funções. Quer dizer, o juiz não pode utilizar matéria que, eventualmente, seja do seu conhecimento privado. Se, por exemplo, o juiz presenciou ou tem conhecimento de factos que respeitam ao litígio só lhe resta *fazer de conta* que nada viu ou sabe, salvo se for indicado como testemunha, hipótese em que deverá declarar-se impedido no processo, nos termos do art. 620.º.1 do CPC. Neste sentido, M. Teixeira de Sousa (*As partes* ..., p. 208).

[763] Neste sentido, Varela/Bezerra/Nora (*op. cit.*, p. 421).

III. A fase do saneamento do processo após a vigência...

Como já vimos, não era assim que as coisas se passavam no CPC 1939 e no CPC de 1961. Nesses diplomas, a peça que integrava a matéria de facto assente era designada por "especificação", por contraposição ao "questionário", que albergava os factos carecidos de prova. No CPC de 1995, preferíamos que o legislador tivesse conferido uma designação própria ao elenco dos factos assentes. Primeiro, por uma questão de paralelismo com a "base instrutória". Segundo, por uma questão de conveniência procedimental no quotidiano forense. Como tal não sucedeu, esses factos usam ser referenciados como a "matéria assente", sem prejuízo de surgir alguma designação doutrinal para o efeito. Por nós, sugerimos que a peça de onde constam os factos tidos por assentes continue a ser designada por "especificação"[764].

Assim, a especificação corresponde à matéria de facto assente. Aí serão vertidos os factos que, no momento processual do saneamento, se têm como adquiridos para o processo, isto é, os factos já apurados, não carecidos de prova.

Quais os factos que reúnem essas condições?

O CPC de 1961 (cfr. o respectivo art. 511.º.1) esclarecia que eram os factos que já estivessem assentes "por virtude de confissão, acordo das partes ou prova documental". O CPC de 1995 é omisso, quanto a esse ponto, mas devemos entender que o regime é o mesmo[765].

Nessa conformidade, serão levados à especificação os factos relevantes para a decisão da causa que tenham sido invocados por uma parte e não impugnados pela outra. É que tais factos consideram-se admitidos por acordo, logo, assentes (cfr. os arts. 490.º.2 e 505.º do CPC, sem prejuízo dos desvios aí consignados).

Além desses, serão especificados os factos confessados. A confissão, meio de prova que consiste no reconhecimento da realidade de um facto que é desfavorável ao confitente e favorece a parte contrária (cfr. o art. 352.º do CC), pode ser judicial ou extrajudicial (cfr. o art. 335.º do CC). Sendo judicial, a confissão tanto pode ser feita nos articulados

---

[764] Opinião similar tem J. Lebre de Freitas (*A acção declarativa ...*, p. 164, nota de rodapé n.º 22), registando que a designação é cómoda e não tem inconvenientes. Até porque, como refere Lopes do Rego (*op. cit.*, p. 352), a actual enumeração dos factos assentes estará próxima da anterior figura da especificação. Cfr., também, A. Abrantes Geraldes (*op. cit.*, Vol. II, p. 125), destacando que as expressões tradicionais estavam "perfeitamente assimiladas".

[765] Neste sentido, Paula Costa e Silva (*op. cit.*, ps. 244-245).

(cfr. os arts. 38.º e 567.º.2 do CPC), como pode ocorrer em audiência preliminar, ora em resultado de depoimento de parte (cfr. os arts. 552.º e 556.º.3 do CPC), ora em resposta a esclarecimentos ou informações solicitados pelo tribunal (cfr. os arts. 266.º e 519.º do CPC) [766]. Confessado o facto, está feita a sua prova, portanto, deverá ser incluído na especificação.

Por fim, serão incluídos na especificação os factos provados por documento, autêntico ou particular, junto aos autos[767].

7.2.2. Base instrutória

Os factos relevantes que ainda não possam de ser dados como assentes integrarão a base instrutória. Assim, a base instrutória é a peça que abarca os factos relevantes para a decisão da causa que estejam controvertidos ou carecidos de prova.

Quais são esses factos?

Primeiro, os factos articulados por uma das partes e impugnados pela outra.

Segundo, os factos que, apesar de não impugnados, não podem considerar-se admitidos por acordo. Assim acontece com os factos em relação aos quais não funciona a cominação fixada no art. 490.º.2 do CPC, para o qual remete também o art. 505.º. Nessa conformidade, têm-se como controvertidos os factos não impugnados que estejam em oposição com a defesa considerada no seu conjunto. Têm-se, igualmente, como controvertidos os factos que não admitem confissão. Finalmente, têm-se por con-

---

[766] A propósito do regime da confissão, cfr. os arts. 352.º e ss. do CC, particularmente, os arts. 356.º e 358.º. Sobre este tema, cfr. J. Lebre de Freitas (*A acção declarativa* ..., ps. 227 e ss.) e M. Teixeira de Sousa (*As partes* ..., ps. 241-243, e *Estudos sobre o novo* ..., ps. 315 e 325-326)

[767] Note-se que, ao contrário do que é prática corrente dos tribunais, a selecção dos factos provados documentalmente não deve ser feita pela mera remissão para o teor do documento. Na verdade, o documento não é um facto, mas um meio de prova daquele. Portanto, deve ser *escolhido* (e referido explicitamente) o facto constante do documento que se tem por assente. Registe-se, por outro lado, que esta orientação é também válida para a sentença, para os efeitos do art. 659.º.2 do CPC. Neste sentido. A. Abrantes Geraldes (*op. cit.*, Vol. II, p. 153) e jurisprudência aí citada. Cfr., também, Varela/ /Bezerra/Nora (*op. cit.*, p. 401, nota de rodapé n.º 2).

III. A fase do saneamento do processo após a vigência...   313

trovertidos os factos que só podem ser demonstrados por documento, ainda não junto aos autos[768].

Aspecto que suscita algumas dúvidas é o da inclusão na base instrutória de um facto alegado cuja prova dependa de documento, que ainda não esteja no processo, sendo certo que esta questão já era debatida no regime processual anterior.

À primeira vista, não se vislumbram motivos para duvidar da inclusão desse facto na base instrutória, ou não estivesse ele por provar e não fosse a base instrutória o acervo da matéria de facto carecida de prova. Quer dizer, tal facto seria objecto da actividade instrutória do processo, isto é, seria objecto da prova, tal como refere o art. 513.º do CPC. Porém, atenta a natureza do meio probatório exigido para a demonstração desse facto, o órgão (colectivo ou singular – cfr. o art. 653.º.2 do CPC) incumbido do julgamento da matéria de facto não pode pronunciar-se sobre ele. É o que decorre do disposto no art. 646.º.4 do CPC, preceito que declara não escritas as respostas dadas sobre factos que só podem ser provados por documento[769].

Assim, perante a impossibilidade de o julgamento da matéria de facto versar sobre os factos cuja prova depende de documento, parecerá uma inutilidade levar tais factos à base instrutória. É que sobre eles apenas irá pronunciar-se o juiz incumbido de proferir a sentença (cfr. o art. 659.º.3 do CPC). Quererá isso dizer que a base instrutória deve ter o seu âmbito limitado ao campo de intervenção do órgão que julga a matéria de facto, excluindo-se da selecção aquela categoria de factos[770]? Enten-

---

[768] Quando referimos os desvios ao efeito cominatório fixado no art. 490.º.2, estamos a supor, naturalmente, que os factos não tenham sido objecto de impugnação. No entanto, é óbvio que, não sendo admitida confissão sobre o facto, será irrelevante o seu eventual reconhecimento pela contraparte, assim persistindo a necessidade de prova do mesmo, razão pela qual deve ser levado à base instrutória. Tratando-se de facto cuja prova dependa de documento, a questão coloca-se, essencialmente, nos mesmos termos, sem prejuízo da situação particular em que o documento desempenha apenas uma função *ad probationem*, caso em que pode ser substituído por confissão expressa, judicial ou extrajudicial (cfr. os n.º.s 1 e 2 do art. 264.º do CC, a que já nos referimos).

[769] No CPC de 1961, o regime era o mesmo, atento não apenas o seu art. 646.º.4, mas ainda o art. 653.º.2, o qual impedia que a decisão relativa à matéria de facto se pronunciasse sobre factos que só pudessem provar-se documentalmente.

[770] Assim se pronunciava Herlander Martins (*op. cit.*, ps. 339-341), na vigência do CPC de 1961. Actualmente, A. Abrantes Geraldes (*op. cit.*, Vol. II, ps. 154-156), parece

314   *Paulo Pimenta*

demos que não. Na nossa opinião, o mais acertado é levar à base instrutória todos os factos relevantes que ainda não estejam provados,
independentemente do meio probatório necessário para a sua demonstração[771]. É essa, aliás, a função primordial da base instrutória: – definir
os factos carecidos de prova, os factos sobre que recairá a instrução (cfr. o
art. 513.º do CPC). A partir daí, ficam as partes cientes de como hão-de
conduzir a sua actuação em juízo, com vista a obter o resultado que dese-
jam. Por outra palavras, cada uma das partes fica a saber quais os factos
que deve procurar provar, dos quais depende a procedência da respectiva
pretensão. Coisa diversa será o âmbito de intervenção do órgão ao qual
compete o julgamento da matéria de facto, âmbito que é definido, negativamente, pelo n.º 4 do art. 646.º do CPC. Portanto, afigura-se-nos que não
há qualquer contradição intrínseca do sistema. O regime dos preceitos
em presença é compatível e adequado. Uma coisa é a instrução, outra é o
julgamento da matéria de facto, nada mais.

*

Como se sabe, nos diplomas anteriores, a peça na qual eram vertidos
os factos carecidos de prova era designada por "questionário". Com o CPC
de 1995, a peça que engloba os factos carecidos de prova é designada por
"base instrutória".

Importa esclarecer se estamos face a uma mera alteração de designação ou se, mais do que isso, perante uma nova perspectiva da selecção
da matéria de facto. Será que o sentido actual da selecção da matéria de
facto, particularmente, da que ainda está por provar, é distinto do tradicional?

Sem grande desenvolvimento, até porque já foram feitas algumas referências ao assunto, recordemos que, a partir de certa altura,

---

inclinar-se, por princípio, no mesmo sentido, embora aluda a uma contradição intrínseca
do sistema e refira que este comporta as duas alternativas, acabando por admitir a solução
inversa, por razões de ordem pragmática. Também Lopes do Rego (*op. cit.*, p. 354) rejeita
a inclusão desses factos na base instrutória, argumentando com o "risco sério" de, por
manifesto lapso, o órgão do julgamento de facto vir a pronunciar-se sobre eles, argumento
que, salvo o devido respeito, não procede.

[771] Neste sentido, Paula Costa e Silva (*op. cit.*, ps. 248-250). Cfr., também, J. Lebre
de Freitas (*A acção declarativa* ..., p. 168) e M. Teixeira de Sousa (*Estudos sobre o
novo* ..., p. 312).

III. A fase do saneamento do processo após a vigência... 315

criou-se uma certa *animosidade* em relação à figura do questionário[772,773].

Um dos pontos mais sensíveis tinha a ver com o modo como era elaborado o questionário. Fruto de toda uma concepção assente em ónus e preclusões, que tendia para a estabilização da matéria de facto relevante na fase do saneamento[774], o questionário surgia como o repositório dos factos articulados que se mostrassem carecidos de prova. Esta peça era integrada por quesitos (questões de facto), sendo por referência a eles que decorreria a actividade probatória e aos quais responderia o órgão incumbido do julgamento da matéria de facto, no estrito âmbito da sua intervenção. Tendo em conta a precisa função dos quesitos, entendia-se que estes deveriam ser elaborados em termos simples e claros, para que as partes soubessem, concretamente, o que devia ser provado, e para que a respostas respectivas pudessem ser, igualmente, objectivas e concisas. Nessa perspectiva, o aconselhável seria que a cada quesito correspondesse um facto, em termos de o órgão de julgamento lhe poder responder do seguinte modo: – "provado" ou "não provado". Isto é, dever-se-ia evitar que o tribunal tivesse de responder fazendo distinções, reservas ou restrições[775]. Estas recomendações acerca do modo de redigir os quesitos, se bem que não tivessem um carácter rígido e inflexível[776], tinham a virtude de alertar o juiz para o cuidado a ter na elaboração do questionário. É que o julgamento da matéria de facto, em vez de ser feito "em linguagem corrida, mediante a narração completa dos factos (...) que o tribunal considere provados", assumia "o estilo analítico e desarticulado de meras respostas sucessivas aos diferentes quesitos do questionário"[777].

A realidade forense veio a mostrar que o modo com eram, habitualmente, redigidos os quesitos acabava por funcionar como um elemento perturbador ou limitador, tanto para os actos probatórios, como para o próprio acto do julgamento de facto. Na verdade, era muito frequente o

---

[772] Dando nota disso, Antunes Varela (*A reforma do processo ...*, *RLJ*, n.º 3803, ps. 34-35).

[773] Como se sabe, o questionário era uma peça muito característica do processo civil português, que não encontrava paralelo noutros ordenamentos. Cfr. Antunes Varela (*Do anteprojecto ao projecto ...*, *RLJ*, n.º 3789, p. 359).

[774] Neste sentido, Lopes do Rego (*op. cit.*, p. 352).

[775] Sobre este ponto, cfr. J. Alberto dos Reis (*CPC Anotado*, Vol. III, ps. 223-224), Manuel de Andrade (*Noções elementares ...*, p. 189).

[776] Cfr. J. Alberto dos Reis (*CPC Anotado*, Vol. III, p. 224).

[777] Cfr. Varela/Bezerra/Nora (*op. cit.*, p. 651).

316   *Paulo Pimenta*

questionário reconduzir-se "à minuciosa, rígida e formalística formulação de quesitos, reproduzindo cada uma das afirmações de facto atomisticamente feitas pelas partes nos articulados"[778]. Daí resultava, tantas e tantas vezes, um elenco desgarrado e fragmentário de factos probandos. Consequentemente, era *normal* que a leitura da resposta aos quesitos (conjugada com os factos especificados) não permitisse descortinar o quadro fáctico a que respeitavam. Outras vezes, a *preocupação* de limitar a resposta à fórmula "provado – não provado" era impeditiva de que se alcançasse uma decisão conforme à realidade, cuja dinâmica era inconciliável com a rigidez e inflexibilidade dos quesitos e das respostas correspondentes[779]. Por outro lado, muitas vezes acontecia o juiz não permitir que a inquirição às testemunhas ultrapassasse o rígido e redutor teor dos quesitos, deixando-se de fora vários questões (laterais, circunstanciais ou instrumentais), em relação às quais a testemunha estava em condições de depor, com rigor e verdade, e dos quais poderiam resultar importantes contributos para a justa composição do litígio. Tal modo de inquirir as testemunhas (que alguns juízes impunham), retirava ao depoimento toda a sua espontaneidade e naturalidade, acabando por impedir que a testemunha contasse a sua história, aquilo que viu, que percepcionou ou sentiu, afinal, que transmitisse aquilo para cuja transmissão fôra chamada a depor[780].

Numa palavra, certa prática forense, em vez do aproveitamento das indiscutíveis virtualidades do questionário, como elemento disciplinador da actividade probatória, acabou, inadvertidamente, por transformar tal peça num *espartilho*, que amarrava as partes e o juiz[781,782]. Ora, esta situação acabava por ter efeitos perversos e artificiais. Por exemplo, numa acção de efectivação de responsabilidade civil emergente de acidente de viação, tendo o autor alegado que o veículo segurado na ré circulava à velocidade de 90 km/hora, ou conseguia mesmo provar esse facto, ou

---

[778] Cfr. Lopes do Rego (*op. cit.*, p. 352).

[779] Para além dos riscos, recordados por Lopes do Rego (*op. cit.*, p. 353), de as respostas isoladas aos quesitos virem a ser contraditórias entre si, em termos de conduzir à anulação do julgamento de facto.

[780] Dando nota disso, e criticando tal modo de proceder de certos juízes, como se o questionário fosse um *colete de forças*, cfr. A. Abrantes Geraldes (*op. cit.*, Vol. II, ps. 213-214).

[781] Cfr. A. Estelita Mendonça (*op. cit.*, p. 449).

[782] Este esquema tinha diversas consequências em sede de instrução. Cfr. os arts. 552.º, 560.º, 572.º, 633.º e 638.º.1 do CPC de 1961.

[783] Sobre este ponto, cfr. C. Ferreira da Silva (*op. cit.*, ps. 297-299).

III. A fase do saneamento do processo após a vigência... 317

sujeitava-se a que o tribunal o desse como não provado, sem que houvesse decisão de facto acerca da velocidade a que circularia tal veículo, aspecto que poderia conduzir à improcedência da acção. Quer dizer, era insólito que não houvesse nenhuma declaração (decisão) relativa à velocidade, apesar de ser óbvio que a alguma velocidade haveria o veículo de circular[783]. Ainda assim, a visão redutora do questionário argumentaria que o tribunal se limitava a responder à questão colocada, assim cumprindo a sua função[784].

Perante os evidentes constrangimentos a que conduzia o questionário, nos termos em que era entendido e elaborado, começou a esboçar-se a ideia de que o melhor seria essa peça ser substituída por outra que se limitasse a definir os "grandes temas da prova". Voltando ao exemplo do acidente de viação, em vez de se perguntar a velocidade alegada e outros concretos factos articulados, a pergunta deveria ser construída em termos de questionar as circunstâncias em ocorreu o acidente, "assim englobando todas as questões, *pensadas e possíveis,* sobre as condições de tempo, lugar ou modo em que se produziu o acidente"[785], com a vantagem de o julgamento da matéria de facto poder levar em conta todos os aspectos que, efectivamente, expressassem a realidade daquele acidente.

Deve dizer-se que o aparecimento das já referidas "Linhas orientadoras", em finais de 1992, criou a expectativa de que o novo ordenamento jurídico-processual pudesse dar um passo em frente, nesta matéria[786]. Tal não aconteceu, porém. Melhor dizendo, a evolução do regime não foi tão decisiva como se esperava. Na realidade, o articulado do CPC de 1995 não permite a conclusão de que a base instrutória corresponde à enunciação dos grandes temas de prova[787]. Em contrapartida, também não parece que se reconduza ao velho questionário[788].

---

[784] Sobre este ponto, cfr. J. Lebre de Freitas (*Revisão* ..., p. 469). Cfr., também, A. Estelita Mendonça (*op. cit.,* p. 449), dando conta de que o espartilho que era o questionário impedia que se perguntasse qual era a cor de uma coisa, sendo preciso formular tantos quesitos quantas as cores referidas nos articulados, quando é certo que a coisa só haveria de ter uma cor.

[785] Cfr. J. Lebre de Freitas (*Parecer* ..., p. 774).

[786] Assim esperava, por exemplo, J. Lebre de Freitas (*Revisão* ..., ps. 467-468).

[787] Neste sentido, A. Abrantes Geraldes (*op. cit.,* Vol. II, p. 145) e Lopes do Rego (*op. cit.,* p. 352).

[788] No entanto, assim se pronunciam J. Aveiro Pereira (*op. cit.,* p. 129) e Pais de Sousa/Cardona Ferreira (*op. cit.,* ps. 26-28). Note-se que, inicialmente, comentando o projecto do novo CPC, também J. Lebre de Freitas (*Revisão* ..., ps. 419 e 468) sustentou que

Quanto a este ponto, estamos convencidos de que o regime instituído pelo novo código estabelece um meio termo entre a quesitação minuciosa, pormenorizada e rígida do código antigo e a formulação de grandes temas probatórios. Daqui decorre que a elaboração da base instrutória deve continuar a ser norteada pela preocupação de disciplinar a instrução, definindo a matéria carecida de prova, mas sem tolher a dinâmica própria da realidade factual subjacente ao processo, isto é, procurando contribuir para que, no julgamento da matéria de facto, o tribunal tenha *margem* para explanar o efectivo e concreto quadro fáctico que lhe foi dado a observar pela prova produzida em juízo. Nessa medida, respeitando sempre o quadro fáctico traçado pelas partes – ou não tivessem elas o monopólio da alegação fáctica –, as questões de facto a incluir na base instrutória hão-de ter a minúcia e os contornos que o próprio litígio aconselhar. Já vimos que, dentro de certos limites, a narração fáctica contida nos articulados pode ser mais ou menos pormenorizada, em função da estratégia processual da própria parte, atitude que é legítima e aceitável. No entanto, em sede de elaboração da base instrutória, entendemos que o juiz não deve *impressionar-se* com a eventual pormenorização daquela narração fáctica, acabando por reproduzir todas as alegações que se mostrem contro vertidas. Perante aquele quadro fáctico, o juiz deve, isso sim, discernir quais são, verdadeiramente, os pontos de facto cuja indagação se justifica, para a boa decisão da causa[789]. Serão esses os pontos de factos que integrarão a base instrutória. As questões correspondentes hão-de ser formuladas com o enquadramento (mais ou menos pormenorizado, mais ou menos abrangente) que se afigure mais adequado, face à realidade que os autos pretendem reproduzir[790].

Como se imagina, este modo de selecção da matéria de facto, se tem mais virtualidades do que anterior, é mais exigente para o juiz. Agora, o juiz não pode limitar-se, como antigamente, a fazer um confronto dos

---

o questionário se manteria, embora "crismado" de base instrutória. No entanto, em obra mais recente (*A acção declarativa ...*, p. 164, nota de rodapé n.º 23, e p. 167, nota de rodapé n.º 34), o mesmo autor reconhece que a substituição do questionário pela base instrutória não foi mera "operação de cosmética", e visou conferir maior generalidade à formulação das questões de facto.

[789] É nesta ponderação que, em certos casos, o juiz pode ser levado concluir pela relevância ou conveniência da inclusão de factos instrumentais na base instrutória. A propósito, cfr. A. Abrantes Geraldes (*op. cit.*, Vol. II, ps. 238-240).

[790] A propósito, cfr. A. Abrantes Geraldes (*op. cit.*, Vol. II, ps. 147-148).

III. A fase do saneamento do processo após a vigência...   319

articulados das partes, para daí extrair os factos controvertidos[791]. Na verdade, a base instrutória supõe um estudo mais aprofundado do processo, uma maior ponderação e mesmo um juízo de prognose acerca da evolução da própria instrução. Sem que isso implique cair em qualquer subjectivismo, menos ainda em discricionariedade, parece-nos que, no regime actual, a base instrutória de cada processo terá a *marca* do juiz responsável pela mesma. Para isso, serão decisivos a ponderação e a experiência do juiz incumbido de proceder à selecção da matéria de facto. Na certeza de que, quanto melhor organizada estiver a base instrutória, melhores frutos poderão resultar da instrução da causa e mais conforme à realidade virá a ser o julgamento da matéria de facto. Numa palavra, mais perto de realizar a sua função estará o processo civil.

A propósito do teor ou conteúdo da base instrutória importa referir uma questão susceptível de vir a colocar-se no concreto domínio da actividade probatória, particularmente, na prova testemunhal.

Dissemos que a base instrutória não pode limitar-se a enunciar os grandes temas da prova, mas também não tem de reconduzir-se à antiga formulação minuciosa de quesitos. O seu âmbito será aquele que a realidade do processo mais aconselhe. Portanto, nuns processos, as questões colocadas corresponderão aos factos principais da causa e serão, tendencialmente, mais genéricas. Noutros processos, incluirão já factos instrumentais e serão, por isso, mais circunscritas ou pormenorizadas.

Quanto aos factos principais, *guiando-se* pela base instrutória, as partes podem conduzir a sua actividade probatória, com vista à prova desses próprios factos principais.

Relativamente aos factos instrumentais, as partes são também admitidas a tentar prová-los. Neste ponto, poderá haverá duas situações diferentes. É que os factos instrumentais tanto podem ter sido incluídos, originariamente, na base instrutória, como não. No primeiro caso, as partes podem diligenciar no sentido da sua prova, sem mais. No segundo caso, a prova de factos instrumentais também pode ser tentada. Como eles não constam da base instrutória, as partes deverão começar por indicar (alegar) os factos instrumentais que visam provar, como meio de obterem a prova

---

[791] Nesse antigo método de seleccionar a matéria facto controvertida, dir-se-ia que, objectivamente, num dado processo, a selecção teria sempre o mesmo teor, fosse qual fosse o juiz que a organizasse.

do correspondente facto principal[792]. Em qualquer dos casos, assistir-se-á, para efeitos instrutórios, a um *desdobramento* do facto principal nos factos instrumentais que as partes queiram usar com uma função probatória.

Aspecto que suscita dúvidas é o do modo e momento da definição daqueles factos instrumentais que a parte queira utilizar, a título de desdobramento do facto principal probando. É claro que o problema não se coloca em relação aos factos instrumentais alegados nos articulados que tenham sido levados à base instrutória. Esses factos poderão ser objecto de prova, naturalmente.

Situação distinta é a dos factos instrumentais articulados pelas partes, mas não levados à base instrutória (nem à especificação), bem como a dos factos instrumentais não articulados sequer. Quanto a estas duas categorias de factos instrumentais é preciso que a parte manifeste vontade de produzir prova sobre eles. Tal manifestação de vontade deverá ocorrer em conjugação com a indicação dos concretos meios probatórios a utilizar para a prova desses factos.

Os requerimentos probatórios apresentados depois de definido o âmbito da instrução devem ser acompanhados da menção dos factos que a parte se propõe demonstrar através dos concretos meios de prova requeridos. Assim acontece, designadamente, com o depoimento de parte (cfr. o art. 552.º.2 do CPC), com a prova pericial (cfr. o art. 577.º.1 do CPC) e com a inspecção judicial (cfr. o art. 612.º do CPC). Nessa conformidade, se a parte pretender fazer prova de algum dos factos (principais ou instrumentais) constantes da base instrutória, bastar-lhe-á identificar esse facto nessa qualidade (de seleccionado), ao apresentar o requerimento probatório. Já nos casos em que pretenda produzir prova sobre factos instrumentais não seleccionados, o seu requerimento probatório deve incluir a indicação exacta dos factos (probatórios) cuja demonstração visa através do meio de prova requerido[793]. Esta indicação expressa dos factos instrumentais probandos, além de ser uma forma de disciplinar a actividade

---

[792] Idêntico regime será de observar quando, sem prejuízo dos factos instrumentais já incluídos na base instrutória, as partes queiram utilizar outros.

[793] Neste sentido, M. Teixeira de Sousa (*Estudos sobre o novo* ..., ps. 79 e 82), acrescentando que vigora, neste âmbito, um regime de preclusão quanto à alegação dos factos instrumentais, sem prejuízo, naturalmente, dos poderes inquisitórios do juiz, nos termos do art. 264.º.2 do CPC.

III. A fase do saneamento do processo após a vigência...

instrutória, evitando-se o improviso, proporciona o respeito pelo princípio do contraditório (cfr. o art. 517.º do CPC)[794].

Este desdobramento do facto principal em factos instrumentais pode ter grande importância, face às limitações legais quanto ao número de depoimentos testemunhais. É que, nos termos do art. 633.º do CPC, por cada facto que se propõe provar, a parte não pode produzir mais de cinco testemunhas. Ora, se a limitação do número de depoimentos se reportasse aos factos principais da causa, é de imaginar que, muitas vezes, isso implicaria grave restrição do direito de prova, sempre que a demonstração daquele facto principal implicasse o recurso a factos probatórios. Na verdade, os cinco depoimentos admitidos poderiam não *cobrir* todos os factos instrumentais que a parte pretendesse provar para conseguir a demonstração do facto principal correspondente. Por isso, o melhor entendimento é o de que, sem prejuízo do efectivo teor da base instrutória, o limite à inquirição de testemunhas não deve reportar-se a cada questão vertida na base instrutória, mas a cada um dos concretos pontos de facto, naturalísticamente entendidos, sobre que a parte pretenda produzir prova, nos termos sobreditos[795]. Em abono desta posição podemos invocar a evolução do texto legal, seja no art. 513.º, ao não fazer coincidir o objecto da prova com a base instrutória, seja no art. 633.º, ao fixar o limite de inquirição em relação a cada um dos factos que a parte "se propõe provar"[796].

---

[794] No campo da prova testemunhal, é certo que a lei exige também a indicação dos factos sobre que há-de versar o depoimento (cfr. o art. 633.º do CPC). Sucede que, normalmente, essa indicação não tem de ser feita logo com o requerimento probatório (cfr., porém, o art. 624.º.3 do CPC), ficando reservada para o início do próprio depoimento. Por isso, com vista a garantir um tratamento semelhante para a prova testemunhal de factos instrumentais não seleccionados, entendemos que a parte não terá de fazer a indicação desses factos aquando do oferecimento do rol de testemunhas, bastando que o faça no início da audiência final, juntando aos autos uma peça escrita *ad hoc*, com duplicado para a parte contrária. Nos casos em que o depoimento se faça através do novo sistema de teleconferência (cfr. a nova redacção do art. 623.º do CPC, introduzida pelo DL n.º 183/2000, de 10.08, sendo que a actual redacção do n.º 2 do preceito provém da Lei n.º 30-D/2000, de 20.12) sugerimos que a indicação desses factos instrumentais ocorra no início da própria diligência.

[795] Neste sentido, Lopes do Rego (*op. cit.*, p. 418).

[796] No regime processual anterior, a prova recaía sobre os factos constantes do questionário (cfr. o art. 513.º do CPC de 1961 e o art. 517.º do CPC de 1939), e o número de depoimentos admitidos tinha por referência cada um dos factos incluídos no questionário (cfr. o art. 633.º do CPC de 1961 e o art. 636.º do CPC de 1939). Atente-se, por outro lado,

Nessa conformidade, a parte pode optar entre fazer a prova do próprio facto principal incluído na base instrutória (prova histórica ou representativa) e fazer a prova dos factos instrumentais correspondentes (prova indiciária)[797]. Quando optar pela primeira alternativa, a parte só pode usar cinco depoimentos testemunhais para a prova daquele facto principal. Preferindo a segunda alternativa, a parte será admitida a produzir cinco depoimentos testemunhais em relação a cada um dos concretos pontos ou aspectos da situação de facto controvertida, cuja prova lhe convier em termos indiciários[798].

O modo mais flexível, mas não menos rigoroso, de proceder à organização da base instrutória, conjugado com a forma como pode desenrolar-se a actividade de produção de prova – tanto de factos principais, como de factos instrumentais –, à luz do novo código de processo civil, terá naturais consequências em sede de julgamento da matéria de facto, regulado no art. 653.º do CPC.

Na verdade, alguns dos citados aspectos do actual regime processual civil, designadamente, a superação dos tradicionais quesitos, a distinção entre factos principais e factos instrumentais, acompanhados pelo reforço das exigências na fundamentação da decisão de facto, implicam que o próprio julgamento de facto se oriente por uma nova perspectiva. Assim, "em vez de um rol atomístico e inorgânico de factos e circunstâncias que o tribunal julgou provados, não provados ou provado apenas em parte, a descrição da matéria de facto deverá necessariamente ter em conta a funcionalidade própria de cada facto – a função essencial ou meramente probatória ou instrumental por ele desempenhada – e a conexão existente entre os diversos segmentos ou parcelas da matéria de facto relevante, carecendo ainda de revelar o modo de formação da convicção do tribunal"[799]. Quer dizer, o novo esquema da selecção da matéria de facto

---

que o actual texto legal terá em vista também os casos em que a acção não contestada prossegue em regime de revelia inoperante, havendo, portanto, necessidade de produzir prova sobre determinados factos.

[797] Neste sentido, M. Teixeira de Sousa (*Estudos sobre o novo* ..., p. 81). Tenha-se presente, no entanto, a perspectiva deste autor acerca da (não) inclusão dos factos instrumentais na base instrutória.

[798] Neste sentido, Lopes do Rego (*op. cit.*, p. 418) e M. Teixeira de Sousa (*Estudos sobre o novo* ..., p. 82).

[799] Cfr. Lopes do Rego (*op. cit.*, p. 435).

III. A fase do saneamento do processo após a vigência...   323

conduz a que o julgamento de facto não tenha de se apresentar como um conjunto desgarrado de respostas. Agora, a decisão de facto constituirá uma descrição de uma determinada situação (de facto), tal como esta foi *dada a observar* ao tribunal pela prova produzida nos autos. Ao modo mais flexível de definir o objecto da prova corresponde uma maneira mais flexível de o tribunal dar conta do quadro fáctico que emergiu dos autos. A apontada maleabilidade no julgamento da matéria de facto não pode significar falta de rigor e critério, pelo contrário. Mau seria que o tribunal *moldasse* a descrição fáctica por si realizada, desatendendo à prova, efectivamente, produzida. É indiscutível que o tribunal só pode basear-se nos elementos constantes do processo, estando-lhe, portanto, vedado descrever a realidade factual tal como supõe ter acontecido. Do que se trata apenas é de proporcionar que o julgamento de facto possa ser integrado, articulado, criando uma visão de conjunto dos factos apurados em juízo, mas sem qualquer inovação ou suposição fáctica.

Como se vê, o novo regime, se confere esta maleabilidade ao julgamento de facto, exige do tribunal uma acção muito mais rigorosa, atenta e ponderada na apreciação da prova. Já não estará em causa a mera resposta facto por facto, de modo *descomprometido* ou *indiferente* em relação ao quadro fáctico a que essas respostas possam conduzir, sendo que, muitas vezes, como dissemos, esse quadro acabava por ser lacunoso, confuso, truncado, inerte, enfim, incapaz de expressar a dinâmica que animava a realidade a que os autos se reportavam. Agora, o tribunal tem a possibilidade de expor a sua *versão integral* acerca do quadro fáctico litigioso, de acordo com a convicção que tenha formado[800]. Daqui resulta que a decisão sobre a matéria de facto, não deixando de cumprir a função que lhe é própria, poderá e deverá apresentar o recorte que cada processo concreto justifique[801]. Acresce que a circunstância de esta decisão poder conter a dita versão integral do quadro fáctico litigioso terá uma enorme vantagem. É que a simples leitura (ainda em privado) dessa decisão logo permitirá ao juiz (ou juízes) a quem coube a apreciação da prova verificar se o quadro fáctico aí explanado é coerente e sustentado, se é verosímil, se

---

[800] Aproveitemos para recordar a interessante posição que, há já quase trinta anos, A. Estelita Mendonça (*op. cit.*, p. 451) tinha acerca do julgamento de facto: – "Finda a audiência, os Juízes diriam a sua convicção, obrigatòriamente, sobre esses factos, sem que fossem impedidos de descrever, até os pormenores se o entendessem, com princípio, meio e fim, o condicionalismo dos factos essenciais, com as suas razões e explicações".

[801] Cfr., ainda, A. Abrantes Geraldes (*op. cit.*, Vol. II, ps. 222 e ss.)

é compatível com o que terá acontecido na realidade da vida. Quando assim não for, isto é, quando esse quadro fáctico suscitar dúvidas, tiver falhas ou incongruências, poderá ser sinal de que algo falta esclarecer ou de que algo terá escapado ao tribunal. Nessa situação, o aconselhável será voltar à sala da audiência, ordenando o que for adequado à descoberta da verdade, dentro dos limites legais, conforme prevê a segunda parte do n.º 1 do art. 653.º do CPC[802].

7.3. Procedimento da selecção fáctica

Nos termos do art. 508.º-A.1.e) do CPC, a selecção da matéria de facto feita na audiência preliminar é precedida de um debate.

A previsão deste debate tem carácter inovatório face ao regime precedente. Como se sabe, no diploma anterior, a selecção da matéria de facto estava a cargo do juiz, que a fazia por escrito, em seguida ao despacho saneador (cfr. o art. 511.º.1 do CPC de 1961), sem prévia audiência das partes. O novo código prevê que o acto de selecção da matéria de facto, continuando embora a ser da responsabilidade do juiz (cfr. o art. 511.º.1 do CPC), seja precedido de um debate, destinado a auxiliar a tarefa do juiz.

Entendemos que o debate a que alude a lei não deve circunscrever--se à intervenção dos advogados das partes, na presença do juiz. Em rigor, o juiz deve também tomar parte nesse diálogo. O objectivo dessa diligência é alcançar a selecção comparticipada dos factos relevantes para o desfecho da lide. Nessa conformidade, tanto os advogados como o juiz devem entrar nessa diligência animados de um espírito de cooperação e entreajuda processual, de modo a que, perante as versões fácticas trazidas pelas partes ao processo, seja possível obter uma plataforma de entendimento sobre quais os factos com relevo para a decisão da causa e, dentro destes, quais os já assentes e os ainda controvertidos[803]. Neste ponto, não se trata, portanto, de aproximar as partes para qualquer solução consen-

---

[802] Diga-se, em abono da verdade, que é raro isto acontecer nos nossos tribunais. De resto, as mais das vezes, a decisão de facto não é tomada logo em seguida à audiência e a publicitação dessa decisão ocorre noutro momento. Desse modo, a hipótese de retomar a audiência fica prejudicada.

[803] Sobre a actuação dos advogados e do juiz, nesta diligência, cfr. A. Montalvão Machado (*op. cit.*, ps. 302-303).

III. A fase do saneamento do processo após a vigência...   325

sual da questão. Apenas se pretende o contributo das partes na definição do objecto fáctico da lide, por referência ao qual decorrerá o processo.

O eficaz cumprimento da previsão legal exige dos advogados e do juiz um estudo prévio e cuidado do processo, particularmente, nas acções cujos articulados integram alegações fácticas muito extensas, onde é previsível que a selecção fáctica comparticipada se revista de maior dificuldade. Assim, antes da audiência, os advogados deverão ter o cuidado de reler e analisar os articulados produzidos nos autos, de modo a ficarem com ideias seguras acerca dos factos que, em seu entender, são relevantes, bem como dos que podem ter-se como provados e dos ainda carecidos de prova. Idêntica atitude deverá ter o juiz da causa, de forma a estar em condições de conduzir eficientemente o debate e, findo esse, proferir o despacho de selecção da matéria de facto. Para tal, é admissível, aconselhável mesmo, que juiz e advogados vão munidos de um projecto ou esboço dos factos que, em seu entender, devem ser seleccionados[804]. O confronto desses projectos facilitará uma aproximação ao elencos dos factos que hão-de ser seleccionados.

Deve acrescentar-se que o mais indicado é que este debate decorra de modo informal, em jeito de diálogo, cabendo sempre ao juiz garantir a eficácia do mesmo. A informalidade que deve presidir ao acto leva a que não fique registo algum do teor das intervenções orais dos advogados e do juiz ao longo do debate.

Findo o debate, terá lugar o acto formal – por despacho judicial oral – de selecção da matéria de facto, selecção que obedecerá aos critérios *supra* referidos. Nos casos em que o debate tiver decorrido de modo profícuo, e tiver sido possível – não ignorando, naturalmente, o litígio que divide as partes – obter um consenso entre estas acerca da selecção fáctica, dir-se-á que o despacho judicial que, formalmente, fixa a matéria de facto se limita a consolidar (ratificar) aquilo que resultou do debate[805]. Já se as partes não chegarem a um consenso sobre este assunto, mais não restará ao juiz do que proceder à selecção fáctica. Como se vê, tanto num caso, como noutro, a função selectiva compete ao juiz. A diferença é que, na

---

[804] Neste sentido, A. Abrantes Geraldes (*op. cit.*, Vol. II, ps. 119-120) e Pais de Sousa/Cardona Ferreira (*op. cit.*, p. 27).

[805] É óbvio que esse eventual "acordo" entre as partes não vincula o juiz. Na verdade, este só confirmará tal acordo – seleccionando os factos nesses termos – se o achar adequado. Neste sentido, cfr. A. Montalvão Machado (*op. cit.*, p. 303).

primeira situação, as partes colaboram, através do consenso obtido, o que sempre terá a vantagem de evitar a dedução de reclamações contra a selecção da matéria de facto feita, isoladamente, pelo juiz[806,807].

*

Proferido o despacho que organiza a matéria de facto, são as partes admitidas, de seguida, a reclamar contra tal selecção [cfr. os arts. 508.º-A.1.e) *in fine* e 511.º.2 do CPC], tanto no que respeita à especificação, como à base instrutória.

Tal reclamação pode ter como fundamento a deficiência, o excesso ou a obscuridade da selecção fáctica. Ao contrário do anterior, o código vigente não precisa o conteúdo desses fundamentos de reclamação[808]. De qualquer modo, a deficiência da selecção resultará da não inclusão na especificação ou na base instrutória de factos relevantes para a decisão da causa. Por sua vez, o excesso da selecção radicará na inclusão, seja na especificação, seja na base instrutória, de matéria não alegada ou irrelevante para a decisão, bem como na especificação de um facto que devia ser levado à base instrutória. Finalmente, a selecção será obscura quando a sua redacção suscite dúvidas acerca dos contornos da matéria de facto seleccionada[809].

Deduzida alguma reclamação, e depois de ouvir a parte contrária, o juiz decidirá a reclamação, através de despacho, que só poderá ser objecto de impugnação a final, no recurso que vier a ser interposto da sentença [cfr. o art. 511.º.3, conjugando-o com o art. 508.º-A.1.e) do CPC].

*

Uma vez que a selecção da matéria de facto tem lugar na audiência preliminar, tudo se processa oralmente, como é próprio. Todavia, nos termos do art. 159.º do CPC, deverão ficar registados, mediante ditado para

---

[806] Neste sentido, A. Montalvão Machado (*op. cit.*, ps. 306).

[807] A matéria das reclamações contra a selecção da matéria de facto está regulada no art. 511.º do CPC, assunto de que trataremos de seguida.

[808] Note-se que na versão inicial do novo código, contida no DL n.º 329-A/95, de 12.12, o n.º 2 do art. 511.º tinha uma redacção mais próxima da antiga.

[809] Sobre este ponto, cfr. J. Lebre de Freitas (*A acção declarativa ...*, p. 150, nota de rodapé n.º 18) e Paula Costa e Silva (*op. cit.*, ps. 250-251).

III. A fase do saneamento do processo após a vigência...   327

a acta, os seguintes pontos: – o despacho que selecciona a matéria de facto; – as reclamações deduzidas pelas partes e as respostas respectivas; – o despacho que decide as reclamações.

*

A propósito da selecção da matéria de facto na audiência, importa fazer mais as seguintes considerações.

Resulta do art. 508.º-A do CPC que a selecção fáctica se realiza na audiência preliminar, na sequência de debate entre os advogados da partes. Esse debate é oral, seguindo-se-lhe o despacho (igualmente oral) de selecção da matéria de facto. Mais resulta do referido preceito (agora em conjugação com o art. 508.º-B do CPC)[810] que a regra é tal selecção fazer--se sempre em audiência preliminar. Dito de outro modo, havendo audiência preliminar, convocada para algum dos outros fins indicados na lei, nela se procederá também à selecção dos factos. Apenas num caso parece ser possível a selecção não ocorrer naquela audiência. Assim acontecerá quando não haja justificação para convocar a audiência preliminar para qualquer dos outros fins que ela poder comportar e desde que, cumulativamente, o próprio acto de selecção de facto se revista, no entender do juiz, de simplicidade, hipótese em que o juiz seleccionará a matéria de facto por escrito, integrando tal acto na mesma peça que contém o despacho saneador [cfr. o art. 508.º-B.1.a) e 2 do CPC].

Compreende-se, e aplaudem-se, as razões que levaram o legislador a *prender* as partes e o juiz à selecção fáctica em audiência preliminar. O debate que se espera aconteça para esse fim será (dentro do todo que constitui a audiência) uma das mais importantes concretizações da oralidade e da cooperação que o novo código pretendeu implementar no processo civil português.

No entanto, a este respeito, pensamos que há dois planos distintos a considerar. Uma coisa será o próprio debate entre os advogados das partes, com a intervenção activa e eficiente do juiz, debate que se pretende informal, vivo e profícuo, habilitando o juiz a melhor proceder à selecção da matéria de facto. Para esse desiderato, é indispensável a realização da audiência preliminar, pelas indiscutíveis virtualidades que contém. Coisa diversa, será a concreta selecção dos factos relevantes da causa. Tal

---

[810] Este artigo regula os casos de dispensa da audiência preliminar, matéria a tratar *infra* (cfr. *III.8*).

selecção, apesar do importante contributo do debate que a antecede, compete ao juiz da causa, e concretiza-se num despacho[811]. Da formulação legal resulta que o debate e o próprio despacho constituem dois momentos (sucessivos) de um todo, que é a "selecção da matéria de facto". Aquilo que nos parece é que, em muitos processos, haveria vantagem em proporcionar ao juiz a possibilidade de, em acto isolado e por escrito, proceder à selecção dos factos relevantes da causa. Desse modo, munido das pistas que lhe tivessem sido fornecidas pelo dito debate, o juiz teria condições para, com serenidade e maior rigor, lavrar o competente despacho de selecção da matéria de facto. Note-se que este despacho é muito importante, pois que, apesar do seu sentido instrumental e provisório, é por referência ao mesmo que decorrem as fases subsequentes do processo. Daí a conveniência de que seja elaborado em condições adequadas. E é certo que a selecção fáctica realizada, imediata e oralmente, na própria audiência nem sempre o é nas melhores condições de trabalho para o juiz, o qual acaba por não dispor de um momento de reflexão e ponderação acerca daquilo que o debate proporcionou. Este procedimento que sugerimos é justificado, particularmente, naquelas acções que apresentam versões fácticas muito extensas e complexas, merecedoras de especiais cautelas na respectiva selecção.

Em síntese, defendemos que a selecção da matéria de facto deve ser precedida de um debate entre os advogados das partes. Concluído esse debate, será de admitir que o juiz opte entre proferir, de imediato, o despacho de selecção de facto (ditando-o para a acta) e reservar-se a possibilidade de o fazer por escrito. É claro que esta segunda via só terá real justificação se o juiz entender, no seu prudente critério, que há conveniência em que a selecção seja feita por escrito[812,813]. A objecção que pode

---

[811] Marcando também a diferença entre o debate e o acto de selecção fáctica, cfr. M. Teixeira de Sousa (*Apreciação* ..., p. 401).

[812] A experiência forense mostra que, habitualmente, a selecção feita em audiência preliminar o é apenas por apontamento. Quer dizer, o juiz acaba por não ditar para a acta um despacho integral, por via do qual seleccione os factos relevantes da causa. Com efeito, o funcionário da secretaria limita-se a anotar algumas indicações nesse sentido, que depois serão vertidas na acta, situação que é bem delicada, do ponto de vista da segurança. A este propósito, cfr. F. Silveira Ramos (*op. cit.*, p. 19). Cfr., também, A. Abrantes Geraldes (*op. cit.*, Vol. II, ps. 163-164).

[813] Esta solução será paralela à que o n.º 2 do art. 510.º do CPC consagra para o despacho saneador. Também aí o juiz pode vir a proferi-lo por escrito, quando tal se justifique.

III. A fase do saneamento do processo após a vigência... 329

colocar-se a esta perspectiva é a da necessária suspensão da audiência preliminar para que o juiz lavre o despacho por escrito. Não vemos que haja grande problema a esse nível. Na verdade, se a alternativa for entre a qualidade e o rigor da selecção de facto e alguma maior celeridade, preferimos, inequivocamente, a qualidade e o rigor dos actos processuais.

E não se pense que esta solução implicará que a audiência preliminar venha a sofrer duas suspensões, a primeira, para os fins do art. 510.º.2 do CPC, a segunda, para a selecção dos factos, por despacho escrito. Na realidade, o adequado funcionamento da audiência preliminar demanda que esta, embora ordenada e organizada, seja pautada pela informalidade, só assim sendo possível retirar todos as vantagens da oralidade e da cooperação. Significa isto que, em termos práticos, o cumprimento das múltiplas finalidades da audiência preliminar, de acordo com as várias alíneas do n.º 1 do art. 508.º-A do CPC, não tem de fazer-se em termos estanques e vincados, não sendo sequer exigível que os actos praticados observem a estrita sequência daquelas alíneas[814,815]. O sentido desta audiência é o de promover uma aproximação entre os intervenientes no processo, colocando-os em diálogo. Portanto, competirá ao juiz dirigir os trabalhos, de modo a que, findo o diálogo encetado, tenha sido possível *cobrir*, com utilidade e oportunidade, todos os assuntos que justificaram a marcação da audiência preliminar[816]. Se tal for conseguido, a audiência cumpriu a sua função. Caso contrário, ter-se-á tratado de uma mera formalidade.

---

[814] A este propósito, mostrando a inconveniência de uma visão estanque das alíneas do art. 508.º-A.1 do CPC, cfr. A. Abrantes Geraldes (*op. cit.*, Vol. II, ps. 118-119). Por outro lado, registe-se que Antunes Varela (*A reforma do processo civil português ..., RLJ*, n.º 3885, ps. 363-364) aponta alguma dificuldade de articulação entre as ditas alíneas. Salvo o devido respeito, tal dificuldade só existirá se essas alíneas forem tomadas em termos estanques. O que confirma, justamente, o que dissemos acerca da vantagem em que essa sequência não seja castradora dos fins da própria audiência.

[815] Portanto, é possível que tudo se consiga com uma única suspensão da audiência. Assim, o juiz proferirá por escrito o despacho saneador e, quando a decisão aí vertida não puser termo à instância, passará a seleccionar a matéria de facto, beneficiando do debate realizado antes da suspensão.

[816] Quer isto dizer que o juiz deve, em cada processo, fixar à audiência o âmbito que seja conveniente à respectiva eficácia. Tratar-se-á, no fundo, de concretizar, com as devidas adaptações, o sentido subjacente ao novo princípio da adequação formal (cfr. o art. 265.º-A do CPC). Com posição semelhante, A. Abrantes Geraldes (*op. cit.*, Vol. II, p. 119).

7.4. Valor da selecção da matéria de facto

O acto de selecção da matéria de facto implica, como vimos, determinada valoração dos factos alegados nos autos, seja quanto à sua relevância ou irrelevância para a decisão da causa, seja quanto ao seu carácter assente ou controvertido, nesse momento processual.

A questão que se coloca é a de saber se esta organização da matéria de facto, operada na fase do saneamento, tem natureza vinculativa, precludindo posteriores alterações. Actualmente, é pacífico o entendimento de que tal selecção tem uma função meramente provisória ou instrumental, não havendo obstáculo aos posteriores *arranjos* que se mostrarem pertinentes. Dir-se-á que o primeiro caso de alteração à selecção fáctica é o que decorre da procedência da reclamação contra si dirigida. Como vimos, havendo audiência preliminar, a selecção da matéria de facto tem lugar aí, sendo as partes admitidas a reclamar contra tal selecção. Se a reclamação proceder, a selecção será alterada em conformidade. No entanto, haja ou não reclamações, e, havendo-as, mesmo que improcedam, importa referir que as alterações à selecção da matéria de facto podem ocorrer a outros títulos.

Quanto à especificação, a circunstância de aí não ser incluído determinado facto não significa que este não esteja já provado, no momento em que aquela peça é elaborada. Para acautelar essa eventualidade (de não ter sido especificado um facto já provado), o art. 659.º.3 do CPC, a propósito da fundamentação da sentença, não manda atender, pura e simplesmente, aos factos considerados como assentes na fase do saneamento, antes deixando em aberto a possibilidade de o juiz ainda vir a dar como provado um facto que, indevidamente, escapou à especificação[817]. Quer dizer, a especificação não gera caso julgado negativo[818]. Por outro lado, se um facto foi, erradamente, considerado assente, isso não obsta a que venha a ser qualificado como controvertido e exigida a respectiva prova. Por outras palavras, a especificação também não gera caso julgado positivo[819].

---

[817] A propósito, cfr. A. Montalvão Machado/Paulo Pimenta (*O novo processo* ..., ps. 239-240) e Castro Mendes (*Direito* ..., Vol. II, p. 757).

[818] Neste sentido, J. Lebre de Freitas (*A acção declarativa* ..., p. 171), de acordo, aliás, com a doutrina tradicional: – cfr. Anselmo de Castro (*op. cit.*, Vol. III, ps. 282 e ss.) e Castro Mendes (*Direito* ..., Vol. II, ps. 651-652).

[819] Neste sentido, J. Lebre de Freitas (*A acção declarativa* ..., ps. 172-173). Recorde-se que esta questão era discutida no regime processual precedente, embora a orientação dominante fosse a referida no texto. Nesse sentido se pronunciavam, entre

III. A fase do saneamento do processo após a vigência... 331

É óbvio que no caso de um facto *transitar* da especificação para a base instrutória, terá de ser proporcionada à parte a quem o facto favorecer a possibilidade de produzir a prova respectiva, adequando-se o processado na medida do necessário[820].

No que respeita à base instrutória, esta peça também não gera caso julgado, podendo vir a ser alterada em certas situações. Uma delas é a prevista na alínea f) do n.º 2 art. 650.º do CPC, segundo a qual compete ao juiz que presida à audiência final providenciar pela ampliação da base instrutória, nos termos do art. 264.º. Conforme já vimos, o tribunal pode fundar a sua decisão, não só nos factos principais alegados, oportunamente, pelas partes, mas também nos que sejam complemento ou concretização daqueles e resultem da instrução da causa, desde que a parte interessada mostre vontade de deles se aproveitar e seja respeitado o contraditório (cfr. o art. 264.º.3 do CPC). O tribunal pode ainda considerar, mesmo oficiosamente, os factos instrumentais que resultem da instrução da causa (cfr. o art. 264.º.2 do CPC). Nessa conformidade, verificados os requisitos fixados para a sua consideração pelo tribunal, uns e outros factos devem ser aditados à base instrutória, podendo as partes produzir prova quanto a eles, respeitando-se os limites estabelecidos para os depoimentos testemunhais, sendo os meios de prova indicados logo ou, caso não seja possível, no prazo de dez dias (cfr. o art. 650.º.3 e 4 do CPC). A hipótese de ampliação da base instrutória, nos termos sobreditos, mostra bem como tem carácter provisório a selecção fáctica operada na fase do saneamento. Neste contexto, importa frisar que a ampliação da base instrutória tanto pode respeitar aos factos principais da causa (que constituam complemento ou concretização de outros antes alegados), como aos factos instrumentais que o tribunal pretenda considerar[821,822].

---

outros, Anselmo de Castro (*op. cit.*, Vol. III, ps. 282-282) e Varela/Bezerra/Nora (*op. cit.*, ps. 427-429). Cfr., também, o já citado Assento do STJ n.º 14/94, de 26.05.1994 (*DR*, 1ª Série-A, de 04.10.1994), cuja doutrina mantém actualidade, tal como afirma Lopes do Rego (*op. cit.*, p. 354). Em sentido contrário, pronunciava-se Castro Mendes (*Direito* ..., Vol. II, p. 651), sendo que, actualmente, parece ser também essa a posição de Paula Costa e Silva (*op. cit.*, p. 253) e de Rui Rangel (*op. cit.*, p. 217).

[820] Neste sentido, Lopes do Rego (*op. cit.*, p. 354).

[821] Neste sentido, A. Montalvão Machado (*op. cit.*, p. 340), J. Lebre de Freitas (*A acção declarativa* ..., ps. 275-276) e M. Teixeira de Sousa (*Estudos sobre o novo* ..., ps. 339-340). Em sentido diferente, Lopes do Rego (*op. cit.*, p. 430), sustentando que a consideração de factos instrumentais não implica a ampliação da base instrutória.

[822] Questão que gerou controvérsia nos regimes processuais precedentes foi a de

Além disso, a ampliação da base instrutória pode vir a ser decidida pelo tribunal da Relação, seja no âmbito do recurso interposto da decisão final (cfr. o art. 712.º.4 do CPC), seja na sequência de determinação do Supremo Tribunal de Justiça, mandando o processo baixar à 2ª instância (cfr. o art. 729.º.3 do CPC)[823].

Por outro lado, a base instrutória pode ser objecto de aditamentos em virtude da apresentação de articulados supervenientes (cfr. o 506.º.6 do CPC) ou da dedução de certos incidentes (cfr., por exemplo, os arts. 380.º.2 e 549.º.2 do CPC)[824].

---

saber se os factos a incluir nos "quesitos novos" a que aludiam o art. 653.º.g) do CPC de 1939 e o art. 650.º.2.f) do CPC de 1961 tinham de ser carreados pelas partes para o processo ou bastava que fossem "indispensáveis para a boa decisão da causa". Dando nota dessa problemática, A. Montalvão Machado (*op. cit.*, ps. 128 e ss.) e J. Lebre de Freitas (*A acção declarativa ...*, p. 275, nota de rodapé n.º 16).

[823] Levanta Paula Costa e Silva (*op. cit.*, p. 252), no que é acompanhada por A. Abrantes Geraldes (*op. cit.*, Vol. II, p. 269, nota de rodapé n.º 425), a questão de o juiz incumbido de proferir a sentença final poder vir a ordenar a ampliação da base instrutória, com a reabertura da instrução, sempre que o entenda conveniente para o adequado enquadramento jurídico da causa. É certo que esse expediente poderia evitar que, mais tarde, a necessidade de ampliação fosse sentida pelo tribunal de recurso. Nesse medida, a solução será de acolher. No entanto, face à actual organização judiciária, o juiz da sentença é o próprio juiz que preside à audiência final (cfr. os arts. 105.º a 108.º da LOFTJ e o art. 646.º.5 do CPC). Daí que, como aquela autora reconhece, seja hipótese quase inverificável o mesmo juiz, num curto lapso de tempo, vir a concluir que a base instrutória por que se guiou na audiência é, afinal, insuficiente.

[824] Neste sentido, J. Lebre de Freitas (*A acção declarativa ...*, p. 171).

8. DISPENSA DA AUDIÊNCIA PRELIMINAR

De acordo com o novo esquema da acção declarativa comum ordinária, a convocação de uma audiência preliminar, em plena fase do saneamento, apresenta-se com carácter obrigatório. Quer isto dizer que o legislador partiu do princípio de que é aconselhável a realização desta diligência, destinada a cumprir os fins (todos ou alguns) consignados nas diversas alíneas do n.º 1 do art. 508.º-A do CPC. No entanto, é óbvio que a necessidade ou a conveniência de tal audiência, bem como o seu próprio âmbito, serão definidos perante cada processo em concreto. Por outras palavras, verificada alguma das situações indicadas naquelas alíneas, impor-se-á a convocação da audiência preliminar. Fora desses casos, não fará sentido tal diligência, pois que redundaria num acto inútil. É à luz desta ideia que devem ser conjugados o art. 508.º-A.1 – preceito que já analisámos – e o art. 508.º-B.1 do CPC. Este último estabelece que o juiz pode dispensar a audiência preliminar nas seguintes situações.

Primeiro, quando a sua realização tivesse em vista, como único objectivo, a fixação da base instrutória e a simplicidade da causa justifique tal dispensa [cfr. o art. 508.º-B1.a) do CPC]. A este propósito, impõe-se dizer, antes de mais, que só por lapso legislativo se refere apenas a "fixação da base instrutória" e não também, como seria próprio, a "matéria de facto considerada assente", ou então, mais genericamente, a "selecção da matéria de facto"[825]. Por outro lado, neste contexto, o que justificará a dispensa da audiência preliminar não será tanto a "simplicidade da causa", mas a simplicidade do próprio acto de selecção fáctica. Se o juiz entender que a tarefa de selecção fáctica se apresenta sem grande dificuldade, em

---

[825] Prevendo-se, no art. 508.º-A.1.e) do CPC, a audiência preliminar para a selecção da matéria de facto em ambas as vertentes (factos assentes e base instrutória), o critério da sua dispensa deveria ter em conta aquele âmbito. De qualquer modo, entendemos que, na prática forense, não poderão colocar-se dúvidas a este propósito. O problema é apenas de rigor terminológico. Com referência semelhante, A. Montalvão Machado/Paulo Pimenta (*O novo processo* ..., p. 210, nota de rodapé n.º 478).

termos de não ser preciso o contributo do debate prévio, pode dispensar a audiência preliminar. Portanto, o critério não há-de ser o da simplicidade ou complexidade da questão objecto da causa, até porque numa acção *complexa* a selecção fáctica pode ser simples e, ao invés, em certas acções mais *simples*, o acto de selecção da matéria de facto pode revestir particular complexidade[826,827].

Segundo, a audiência preliminar pode ser dispensada quando a sua convocação tivesse em vista o fim indicado na primeira parte da alínea b) do n.º 1 do art. 508.º-A do CPC – discussão de excepções dilatórias a decidir no despacho saneador –, nos casos em que tais excepções hajam sido já debatidas nos articulados, bem como nos casos em que a sua decisão revista manifesta simplicidade [cfr. o art. 508.º-B.1.b) do CPC]. Neste domínio, importa recordar que a convocação da audiência preliminar se justifica por três razões. Assim, pode ter em vista proporcionar o exercício do contraditório de parte, quando a excepção tenha sido invocada no último articulado admissível (cfr. o art. 3.º.4 do CPC). Pode ainda ter em vista o respeito pelo contraditório, noutra perspectiva, quando o juiz pretenda conhecer oficiosamente de uma excepção dilatória não suscitada nos articulados (cfr. o art. 3.º.3 do CPC). Por fim, pode ter em vista o aprofundamento, na presença do juiz, da discussão iniciada nos articulados.

Nessa conformidade, a dispensa da audiência preliminar, ao abrigo do preceito em análise, será de admitir na hipótese de a excepção já ter sido debatida nos articulados[828], em termos convenientes e satisfatórios

---

[826] Neste sentido, M. Teixeira de Sousa (*Estudos sobre o novo* ..., p. 306) e Paula Costa e Silva (*op. cit.*, p. 259). Aliás, como salienta J. Lebre de Freitas (*A acção declarativa* ..., p. 150, nota de rodapé n.º 19), do teor do Preâmbulo do DL n.º 329-A/95, de 12.12, resulta claro que a simplicidade a que a lei pretende aludir é a da própria selecção da matéria de facto.

[827] Note-se que a ponderação sobre a simplicidade da selecção da matéria de facto, para os efeitos do art. 508.º-B.1.a) do CPC, só se justifica quando o juiz entenda não haver quaisquer outros motivos para a convocação da audiência preliminar. Nessa hipótese (e só nessa), justifica-se a dispensa da audiência, sempre que a selecção se mostre simples. Em todos os restantes casos, isto é, sempre que tenha lugar a audiência preliminar, a selecção da matéria de facto deve cumprir-se nessa audiência, independentemente do seu grau de dificuldade, sem prejuízo da proposta que fizemos sobre a selecção por escrito, em certos casos, após debate na audiência.

[828] A excepção foi debatida ou, pelo menos, foi suscitada por uma parte e a outra teve oportunidade de responder à arguição. Na verdade, o que releva é a hipótese de contraditório, não tanto o seu exercício. A propósito, cfr. Paula Costa e Silva (*op. cit.*, p. 259).

III. A fase do saneamento do processo após a vigência... 335

(isto é, com a profundidade adequada), e na hipótese de, embora a excepção não tenha si suscitada, ser manifestamente desnecessário fazer anteceder a respectiva decisão de uma discussão (cfr. o art. 3.º.3 do CPC)[829].

Terceiro, a audiência preliminar pode ser dispensada quando a sua convocação tivesse em vista o fim indicado na segunda parte da alínea b) do n.º 1 do art. 508.º-A do CPC – discussão sobre o mérito da causa –, sempre que a decisão de mérito a proferir se revista de manifesta simplicidade [cfr. os arts. 3.º.3 e 508.º-B.1.b) do CPC].

Uma leitura apressada e desenquadrada do art. 508.º-B.1 do CPC poderia levar à conclusão de que a audiência preliminar sempre teria de ser convocada para os fins indicados nas alíneas a), c) e d) do n.º 1 do art. 508.º-A do CPC. Mas não é assim.

Por um lado, a tentativa de conciliação não corresponde a uma finalidade típica e exclusiva da fase do saneamento. Como resulta do art. 509.º.1 do CPC, a conciliação das partes, quando admissível, pode ser tentada em qualquer estado do processo, isto é, antes, durante ou depois da fase do saneamento. A previsão desta diligência entre as finalidades da audiência preliminar terá mais a ver com uma preocupação do legislador em *lembrar* ao juiz a conveniência de aproveitar a presença das partes na audiência preliminar – destinada a certos outros fins – para tentar a sua conciliação, com a vantagem adicional de, desse modo, *não se queimar* a possibilidade de as partes virem a ser convocadas uma outra vez, só para fins conciliatórios (cfr. a limitação imposta na parte final do n.º 1 do art. 509.º do CPC). Aliás, já referimos que a convocação da audiência preliminar apenas para o fim indicado no art. 508.º-A.1.a) do CPC mais não é do que convocar as partes para uma verdadeira "tentativa de conciliação". Para isso, o juiz não precisará sequer de invocar aquele preceito, já que o art. 509.º.1 do CPC dá cobertura bastante ao objectivo do juiz. Até porque, seja qual for o preceito invocado no despacho convocatório,

---

[829] Mesmo que esteja em causa o exercício do contraditório face a uma excepção invocada no último articulado admissível (cfr. o art. 3.º.4 do CPC), a audiência poderá acabar por ser dispensada, quando o juiz entenda julgá-la improcedente, já que daí não resulta prejuízo para a contraparte. Neste sentido, sentido A. Abrantes Geraldes (*op. cit.*, Vol. II, p. 100, nota de rodapé n.º 164) e J. Lebre de Freitas (*A acção declarativa* ..., p. 147).

é evidente que sempre teremos de concluir que as partes estão a ser convocadas *exclusivamente* para fins conciliatórios. Pelo exposto, a questão da conciliação das partes, por si só, nunca pesará na decisão de convocar ou dispensar a audiência preliminar.

Por outro lado, a convocação da audiência preliminar para o fim consignado na alínea c) do n.º 1 do art. 508.º-A do CPC não terá qualquer justificação quando as partes tenham alegado e impugnado (convenientemente) os factos, ou quando, não o tendo feito, hajam respondido (satisfatoriamente) ao convite de completamento ou correcção que lhes foi dirigido pelo juiz, ou quando não tenham, sequer, acedido àquele convite, ou, ainda, quando os contornos do litígio se mostrem definidos (adequadamente)[830]. A circunstância de o art. 508.º-B.1 do CPC não incluir estas situações entre os motivos de dispensa da audiência preliminar não pode significar que ela tenha sempre de ser convocada para aquele fim, até porque isso seria paradoxal.

Por fim, e como já ficou dito, também não fará sentido convocar a audiência preliminar, unicamente, para o fim referido na alínea d) do n.º 1 do art. 508.º-A do CPC, ou seja, para proferir despacho saneador, ditando-o para a acta, na presença das partes (cfr. o art. 510.º.2 do CPC).

Como explicar, então, que a lei indique alguns casos de dispensa da audiência preliminar, omitindo outros? Antes de mais, dir-se-á que, em rigor, o modo de prever a convocação da audiência preliminar talvez não devesse ser o que ficou consignado na lei, isto é, começando por prescrever a obrigatoriedade da audiência em inúmeras situações, indicando, depois, os casos (não todos, como se vê) de dispensa da audiência.

Acreditamos que na base desta técnica legislativa tenha estado a intenção de enfatizar a importância da audiência preliminar no novo processo civil (cfr., a propósito, o Preâmbulo do DL n.º 329-A/95, de 12 de Dezembro), procurando *prender* os intervenientes processuais à sua realização. Não se esqueça que a audiência preliminar *sucede* à audiência preparatória (regulada nos arts. 508.º e 509.º do CPC de 1961), a qual havia caído em *desgraça* no regime precedente, o que constituiu, aliás, o epílogo de uma *decadência* iniciada muito antes, por diversos motivos, conforme já se referiu.

---

[830] Neste sentido A. Montalvão Machado/Paulo Pimenta (*O novo processo ...*, p. 204).

III. A fase do saneamento do processo após a vigência... 337

Daí o legislador ter optado por acentuar o carácter obrigatório da audiência preliminar, assim criando condições para que a mesma entrasse nos hábitos forenses. Numa palavra, a primeira preocupação do legislador foi a de evitar que a audiência preliminar *morresse à nascença*, com o risco de desaproveitamento das potencialidades que, indiscutivelmente, possui. Aliás, ainda hoje, decorridos alguns anos sobre o início de vigência do novo código de processo civil, mantém-se a controvérsia sobre a importância e a utilidade da audiência preliminar na acção declarativa.

Na verdade, se o legislador sentisse que os destinatários (juízes e advogados, particularmente) do novo regime processual civil estavam *sensibilizados* para o eficaz aproveitamento das potencialidades desta audiência, talvez não fosse preciso prescrever a sua obrigatoriedade. Bastaria prever a figura e definir o seu âmbito de aplicação, cometendo ao juiz a função de determinar, em cada processo concreto, e no seu prudente critério, em que medida haveria necessidade ou conveniência na convocação das partes para uma audiência preliminar, sendo certo que, pelo menos, a efectivação do contraditório sempre demandaria tal diligência.

Como sabemos, a opção do legislador teve de ser outra. Ainda assim, de entre as finalidades previstas, em abstracto, para esta audiência, parece evidente que algumas delas serão, digamos, nucleares – as indicadas nas alíneas b) e e) do n.º 1 do art. 508.º-A do CPC. Quer dizer, é em atenção a elas que se justifica tal diligência, seja pela sua importância intrínseca, seja pela frequência com que essas situações ocorrem na prática forense. As restantes finalidades da audiência – as indicadas nas alíneas a), c) e d) do n.º 1 do art. 508.º-A do CPC – têm um cariz acessório ou eventual face às primeiras[831]. Daí o teor do art. 508.º-B.1 do CPC, regulando os casos de dispensa da audiência preliminar por referência àquelas tais finalidades, e não também as estas últimas[832].

---

[831] Com posição semelhante, Lopes do Rego (*op. cit.*, p. 347). Note-se que a qualificação destas finalidades como acessórias é feita no confronto com as ditas nucleares, supostamente, mais relevantes. Umas e outras integram, no entanto, o elenco dos objectivos principais da audiência preliminar, nos termos sobreditos.

[832] Parecendo ser este o sentido da lei, poderá questionar-se a não colocação da finalidade da alínea c) do n.º 1 do art. 508.º-A entre as funções "nucleares" da audiência preliminar, tanto mais que a sua previsão expressa, significativamente, a ideia de diálogo que inspira o novo processo civil. Cremos que o legislador admitiu não serem tantos assim os casos em que a audiência preliminar é necessária para alcançar aquele objectivo. As mais das vezes, o problema, a existir, poderá ser ultrapassado pela prolação do despacho pré-saneador, nos termos do art. 508.º.3 do CPC.

Tendo em atenção o regime legal, uma vez atingido o momento processual a que alude o proémio do n.º 1 do art. 508.º-A do CPC, o juiz deve partir do princípio de que a audiência preliminar tem de ser convocada. Portanto, importará fixar, de entre as finalidades possíveis da audiência, quais as que *cabem* no processo em concreto, exarando despacho nesse sentido. Tal audiência só deverá deixar de ser convocada quando, da conjugação desse preceito com o disposto no art. 508.º-B.1 do CPC, for de concluir que, em concreto, não há motivos para a realização da audiência preliminar, justificação que deverá vertida, de modo explícito, no despacho respectivo.

Do exposto resulta que não está na mera disponibilidade do juiz a convocação ou não convocação da audiência preliminar. Por outras palavras, é sindicável a decisão de dispensar a audiência preliminar[833]. Se a lei estabelece a obrigatoriedade da audiência preliminar, é evidente que a sua dispensa só pode acontecer nos casos previstos. Daí, desde logo, a necessidade de o juiz explicitar as razões que o levam a dispensar a audiência preliminar, a fim de que as partes possam formar a sua opinião acerca da bondade de tal dispensa. Quando a dispensa não se enquadre na previsão legal, isso configura a omissão de um acto que a lei prescreve. Tal omissão constitui uma nulidade processual, pois que é susceptível de influir no desfecho da acção (cfr. o art. 201.º.1 do CPC). Uma vez que a omissão do acto processual – entenda-se, a não realização da audiência preliminar – está coberta pela decisão judicial da sua dispensa, a questão deixará de ser tratada como uma mera nulidade. O problema reside no próprio despacho e no julgamento aí contido. Assim, se as partes pretenderem reagir, o modo adequado será, não a arguição da nulidade, mas o recurso da decisão judicial de dispensa da audiência preliminar[834]. O provimento desse agravo implicará a prática do acto omitido. Logo, deverá realizar-se a audiência preliminar, para os fins competentes, e o processo retomará a sua marcha a partir desse

---

[833] Em sentido contrário, Pais de Sousa/Cardona Ferreira (*op. cit.*, p. 43), defendendo ser insusceptível de recurso o despacho que dispense a audiência preliminar, por o mesmo ser de mero expediente, provendo apenas pelo andamento regular do processo (cfr. os arts. 679.º e 156.º.4 do CPC).

[834] O recurso será de agravo, deverá subir imediatamente, em separado e sem efeito suspensivo (cfr. os arts. 733.º, 734.º.2, 737.º e 740.º *a contrario* do CPC). Com diferente posição, cfr. Lopes do Rego (*op. cit.*, p. 348), enquadrando a questão no regime das nulidades.

III. A fase do saneamento do processo após a vigência...   339

ponto, com a consequente anulação dos actos que tenham sido, entretanto, praticados[835].

*

Nos processos em que haja audiência preliminar, os dois despachos mais tradicionais da fase do saneamento – o despacho saneador e o de selecção da matéria de facto – são proferidos nessa audiência [cfr. o art. 508.º-A.1.d) e e) do CPC], sem embargo da possibilidade excepcional de a audiência se suspender para o despacho saneador ser proferido por escrito (cfr. o art. 510.º.2 do CPC), e sem embargo da nossa sugestão de que, em determinadas circunstâncias, o juiz proceda à selecção da matéria de facto por escrito.

Quando não haja audiência preliminar (por ter sido dispensada), a fase do saneamento continua a comportar aqueles dois despachos, que deverão de ser proferidos pelo juiz, isoladamente e por escrito. A esse propósito, o n.º 2 do art. 508.º-B do CPC estabelece que, tendo a acção sido contestada e devendo prosseguir, o despacho de selecção da matéria de facto é lavrado logo em seguida ao próprio despacho saneador, integrando-se ambos na mesma peça escrita, com a possibilidade de tal selecção se fazer mesmo por remissão para os articulados.

Como se pode verificar, nesta parte[836], a fase do saneamento, nos casos em que não há audiência preliminar, apresenta contornos semelhantes aos que tinha no domínio do CPC de 1961, após a Reforma Intercalar de 1985. Já aí a selecção fáctica supunha a contestação da acção, era integrada numa peça escrita – despacho global –, que continha também o despacho saneador, e podia ser feita por remissão (cfr. o art. 511.º.1 e 2 do CPC de 1961). Há, todavia, uma importante diferença, relativa à reclamação contra a selecção da matéria de facto. No regime anterior, as partes podiam reclamar contra tal selecção logo após a notificação daquele despacho global (cfr. o art. 511.º.3 do CPC de 1961). No código actual as reclamações contra a selecção da matéria só podem ser apresentadas no início da audiência final (cfr. o art. 508.º-B.2 *in fine* do CPC). Portanto,

---

[835] A este propósito, Paula Costa e Silva (*op. cit.*, ps. 261-262).

[836] Isto é, não considerando a matéria relativa ao despacho pré-saneador, regulada, inovadoramente, no art. 508.º do CPC.

340   *Paulo Pimenta*

são diferidas para a audiência final as eventuais reclamações, as respostas e a decisão respectiva, sendo que esta só pode ser impugnada no recurso interposto da decisão final (cfr. o art. 511.º.3 do CPC).

A solução ora consagrada suscita algumas reservas. Se é certo que, face à anterior, tem a vantagem de impedir que o processo se atrase em seguida ao proferimento do despacho saneador e do despacho de selecção de facto (para permitir a reclamação, a resposta e a decisão sobre a reclamação), também é verdade que não evita tal problema. Apenas o transfere para o momento em que a audiência final tiver início. E aqui com dois inconvenientes. Por um lado, isso pode dificultar ou impedir o ritual da audiência. Basta que a reclamação proceda e deva ser ampliada a base instrutória, hipótese em que as partes poderão indicar os respectivos meios de prova, para o que podem carecer de prazo (cfr. o art. 650.º.3 do CPC). Por outro lado, e mais grave, pode suceder que determinado procedimento probatório deva realizar-se fora da audiência, como acontecerá com a prova pericial (cfr. os arts. 568.º e ss. do CPC) e a prova por inspecção (cfr. o art. 612.º do CPC). Pode também acontecer que sejam arroladas testemunhas a inquirir por teleconferência (cfr. o art. 623.º do CPC). Numa palavra, aquilo que se ganha num momento do processo, pode vir a perder-se noutro[837,838].

Seja como for, isto é, apesar dos apontados inconvenientes, cumpre referir que foi clara intenção do legislador *acabar* com a reclamação logo em seguida ao acto de selecção da matéria de facto, transferindo essa eventual reclamação para o início da audiência final[839].

---

[837] Isto, sem olvidarmos os casos em que terão sido realizadas certas diligências probatórias antes da audiência (por referência ao âmbito original da base instrutória), tornadas, entretanto, inúteis, em virtude da procedência da reclamação deduzida no início da audiência final, com a consequente *transferência* dessa matéria de facto, da base instrutória para a especificação.

[838] Pronunciando-se a favor da solução legal, Paula Costa e Silva (*op. cit.*, ps. 260--261). Sobre o tema, que tem levantado alguns problemas no quotidiano forense, cfr., ainda, A. Abrantes Geraldes (*op. cit.*, Vol. II, ps. 159-160).

[839] Note-se que a formulação do n.º 2 do art. 508.º-B do CPC (podendo as partes...) não permite entender que a reclamação *pode* ocorrer no início da audiência, sem prejuízo de também poder ser apresentada logo em seguida à notificação do despacho saneador, nos moldes tradicionais (conjugar os arts. 508.º-B.2 e 512.º do CPC). A expressão *pode* apenas pretende revelar a faculdade que as partes têm de reclamar. Querendo fazê-lo, o momento da reclamação é o indicado na lei, ou seja, no início da audiência final. Neste sentido, J. Lebre de Freitas/A. Montalvão Machado/R. Pinto (*op. cit.*, p. 270), referindo

III. A fase do saneamento do processo após a vigência...   341

*

Como as partes não assistem à prolação do despacho de selecção da matéria de facto, o qual assume a forma escrita, hão-de ser notificadas para indicarem as provas, tendo em conta o teor da base instrutória fixada pelo juiz.

Nos termos do art. 512.º.1 do CPC, devendo a acção prosseguir e não tendo havido audiência preliminar, as partes são notificadas do despacho global que integra o despacho saneador e o despacho de selecção da matéria de facto. Assim notificadas, as partes têm quinze dias para apresentarem os respectivos requerimentos probatórios (ou para alterarem os indicados nos articulados), bem como para requerem a gravação da audiência final ou a intervenção do tribunal colectivo[840]. Findo esse prazo, o juiz fixará data para a audiência final, tendo em conta a duração provável das diligências instrutórias que tenham de realizar-se antes daquela audiência (cfr. o art. 512.º.2 do CPC).

Como é fácil constatar, o facto de não se realizar a audiência preliminar implica o desdobramento, por vários momentos, de diversos actos que podiam ser concentrados nessa diligência, com grande eficiência e economia, o que constitui mais uma das vantagens da audiência preliminar.

---

que o n.º 2 do art. 508.º-B do CPC "posterga" a reclamação para o início da audiência final. Também Rodrigues Bastos (*op. cit.*, Vol. III, 2001, p. 65) afirma que a reclamação é "protelada" para o início da audiência final.

[840] Por outro lado, podem as partes tomar posição sobre as decisões contidas no despacho saneador, interpondo recurso, nos termos gerais. Note-se que, neste âmbito, estamos perante um despacho saneador que não pôs termo à acção. O recurso pode ser de apelação (cfr. o art. 691.º do CPC) ou de agravo (cfr. o art. 733.º), conforme o teor da decisão a impugnar. Para a hipótese da apelação, cfr. o disposto no art. 695.º do CPC.

9. BREVE REFERÊNCIA À FASE DO SANEAMENTO EM PROCESSO SUMÁRIO

Tradicionalmente, no processo sumário, a fase do saneamento não apresentava diferenças significativas em relação ao regime fixado para o processo ordinário. Aliás, nessa parte, a lei limitava-se a uma remissão para os preceitos correspondentes da forma comum ordinária do processo. Assim, art. 787.º do CPC de 1939 mandava observar o disposto nos arts. 512.º a 515.º, com meras restrições nos prazos e permitindo o uso da palavra pelos advogados apenas uma vez. Por seu turno, o art. 787.º do CPC de 1961 remetia para o regime dos artigos 508.º a 511.º, com redução de prazo e idêntica restrição no uso da palavra pelos advogados.

O CPC de 1995, na sua versão original, apresentava alguma evolução, na medida em que, embora o seu art. 787.º mandasse observar o disposto nos arts. 508.º a 512.º-A, procedeu a um diferente enquadramento da audiência preliminar, invertendo a regra acerca da sua convocação. Enquanto, no processo ordinário, a regra é a realização dessa audiência, apenas se dispensando em certos casos, no processo sumário, a regra é a não realização da audiência preliminar. Na verdade, segundo aquele art. 787.º do CPC, esta audiência só se realiza quando a complexidade da causa ou a necessidade de garantir o respeito pelo princípio do contra-ditório o determinem.

Quanto à convocação da audiência preliminar assente na com-plexidade da causa, cremos que aí se incluem várias situações. De um lado, a complexidade de quaisquer questões, formais ou substancias, a decidir no despacho saneador, justificando-se ouvir as partes sobre o assunto, por referência ao disposto no art. 508.º-A.1.b) do CPC. De outro, a conveniência do esclarecimento das posições assumidas pelas partes no processo, tendo em conta a complexidade da questão litigiosa, por referência ao disposto no art. 508.º-A.1.c) do CPC. Finalmente, a complexidade do próprio acto de selecção da matéria de facto, em ter-mos de aconselhar que o mesmo beneficie do contributo de um de-

344 *Paulo Pimenta*

bate entre os advogados das partes, por referência ao disposto no art. 508.º-A.1.e) do CPC[841].

No que respeita à realização da audiência preliminar para garantir o contraditório, cabe na previsão legal o caso em que, no último articulado admissível, o autor tenha deduzido uma excepção, seja face ao pedido reconvencional, seja face à matéria invocada pelo réu na acção de simples apreciação negativa[842], impondo-se seja proporcionada ao réu a faculdade de responder à arguição (cfr. o art. 3.º.4 do CPC). Cabe, igualmente, na previsão legal a hipótese de o juiz projectar decidir no despacho saneador questões de conhecimento oficioso não discutidas pelas partes nos articulados (cfr. o art. 3.º.3 do CPC)[843].

Como se disse, este era o regime constante do novo código de processo civil, no momento do seu início de vigência (em 1 de Janeiro de 1997). No entanto, o já citado DL n.º 375-A/99, de 20 de Setembro, veio dar nova redacção ao art. 787.º do CPC de 1995, tendente a *aligeirar* o formalismo processual.

Assim, o texto que constituía o corpo do art. 787.º passou a integrar o seu n.º 1. Além disso, em clara inovação, foi aditada, na parte final desse n.º 1, a previsão da possibilidade de o juiz se abster de proceder à selecção da matéria de facto, quando tal tarefa se revista de simplicidade, abstenção que pode ocorrer mesmo nos casos em que haja audiência preliminar[844].

---

[841] Recorde-se a referida imperfeição terminológica que apontámos ao art. 508.º-B.1.a) do CPC, que prevê a dispensa da audiência preliminar a pretexto da simplicidade da causa, quando do que se trata é da simplicidade da selecção fáctica.

[842] Conforme resulta do disposto no arts. 785.º e 786.º do CPC, o último articulado admissível em processo sumário é a resposta, sendo esse, aliás, o único articulado eventual previsto nesta forma processual.

[843] Apesar de tudo, nas referidas situações, pode suceder que, invocando a sua manifesta desnecessidade (atenta a simplicidade da questão), o juiz acabe por não convocar a audiência preliminar (cfr. o art. 3.º.3 do CPC).

[844] O novo texto legal apenas alude à abstenção da fixação da base instrutória, o que poderia significar que a elaboração da especificação sempre teria de fazer-se, solução nada curial. Cremos que se trata de mais uma imprecisão legislativa, tal como a que já registámos a propósito dos arts. 508.º-A.1.e) e 511.º do CPC. Aliás, o n.º 2 do art. 787.º do CPC volta a referir a abstenção da selecção fáctica, agora sem discriminação, limitando-se a remeter para o n.º 2 do art. 508.º-b do CPC. Sobre este ponto, tentando extrair algum sentido útil do texto legal, J. Lebre de Freitas (*A acção declarativa* ..., p. 311).

III. A fase do saneamento do processo após a vigência... 345

Nas acções sumárias em que não haja audiência preliminar, deverá dar-se cumprimento ao art. 508.°-B.2 do CPC, o que significa que o despacho saneador será lavrado por escrito, aí se incluindo, de seguida, o próprio despacho de selecção da matéria de facto. Mas, também aqui, o juiz pode dispensar a selecção da matéria de facto, quando entenda que esta tarefa se reveste de simplicidade (cfr. o art. 787.°.2 do CPC).

De acordo com o novo regime, além da não convocação da audiência preliminar e da hipótese de dispensa da selecção da matéria de facto, e ainda possível que o juiz entenda que não há quaisquer questões a apreciar em despacho saneador (cfr. o art. 510.°.1 do CPC), caso em que se limitará a proferir despacho ordenando a notificação da partes para apresentarem os seus requerimentos probatórios (ou alterarem os já oferecidos) e para, querendo (e sendo admitida), requererem a gravação da audiência final (cfr. os arts. 787.°.3 e 512.° do CPC)[845].

Neste último caso, a fase do saneamento *exterioriza-se* nesse simples despacho, cujo teor é justificado pelas concretas circunstâncias do processo. Nessa medida, afigura-se-nos pouco rigorosa a parte inicial do n.° 3 do art. 787.° do CPC, onde se refere a hipótese de "não ter havido saneamento e condensação do processo". Na realidade, fase do saneamento há sempre. Nem que se expresse por este singelo despacho. Com efeito, o juiz só deve proferir tal despacho depois de um cuidado estudo do processo e se daí puder concluir que não se justificam as

---

[845] De acordo com o art. 791.°.2 do CPC, em processo sumário, a gravação da audiência final só pode ser requerida se a acção admitir recurso ordinário, o que tem a ver com a função de tal gravação, ou seja, a possibilidade de impugnação do julgamento da matéria de facto (cfr., a propósito, o art. 690.°-A do CPC). Os recursos ordinários estão indicados no art. 676.°.2 do CPC, contrapondo-se aos extraordinários. O critério geral de admissibilidade dos recursos ordinários está fixado no art. 678.°.1 do CPC, e confronta o valor da causa da causa com a alçada do tribunal (cfr. o art. 24.° da LOFTJ). No entanto, casos há em que cabe recurso ordinário para a Relação independentemente do valor da causa. Cfr., a propósito, o art. 678.°.5 do CPC e art. 57.° do RAU. Por outro lado, assinale-se que, actualmente, e desde a alteração introduzida no art. 791.° do CPC pela Lei n.° 3/99, de 13 de Janeiro, deixou de ser possível requerer a intervenção do tribunal colectivo em processo sumário. Até então, aquele 791.° – mesmo no CPC de 1961 (aqui, quer na redacção original, quer na resultante da reforma de 1967) – conduzia a tal possibilidade.

demais diligências típicas da fase do saneamento[846]. Ora, é indiscutível que tal estudo constitui tarefa judicial própria do saneamento do processo[847,848].

---

[846] Mesmo em processo ordinário, quando o juiz o juiz entende que não há decisões concretas a proferir, deve exarar despacho dizendo isso mesmo, como já referimos. Essa é uma das expressões que o despacho saneador pode assumir. Registe-se que, às vezes, mesmo antes da reforma, se encontravam despachos com o seguinte teor: – "Nada a sanear". Este teor, talvez demasiado ligeiro, só pode querer significar que o juiz, analisados os autos, concluiu que não havia questões a apreciar em concreto, nos termos do art. 510.º.1 do CPC.

[847] Neste sentido, A. Montalvão Machado/Paulo Pimenta (*O novo processo* ..., p. 249).

[848] Em processo sumaríssimo, não há fase do saneamento. A sua tramitação, regulada nos arts. 793.º a 800.º do CPC, comporta apenas duas fases: – a dos articulados, e a da audiência final. Por isso, o art. 795.º do CPC estatui que, findos os articulados, será marcado dia para a audiência final, salvo se o juiz entender que pode já pôr termo ao processo, julgando procedente alguma excepção dilatória ou nulidade, ou conhecendo do mérito da causa. Questão que a lei não regula é a da possibilidade de, findos os articulados, o juiz proferir um despacho com as funções indicadas no art. 508.º do CPC, isto é, para o suprimento da falta de pressupostos processuais sanáveis, para o suprimento de irregularidades e para o aperfeiçoamento fáctico dos articulados. O argumento de que tal não será possível, face ao carácter ligeiro e breve desta tramitação, não pode colher, sob pena de a celeridade funcionar como um obstáculo à realização da justiça. Ponderando sobre este problema, J. Lebre de Freitas (*A acção declarativa* ..., ps. 317-318) defende a prolação desse despacho "pré-saneador" nos dois primeiros casos [cfr. os arts. 508.º.1.a), 265.º.2 e 508.º.1.b) e 2 do CPC], rejeitando-a no caso do art. 508.º.3 do CPC, o que se coaduna com a natureza discricionária que lhe assinala. Na nossa opinião, de harmonia com o apontado carácter vinculado desse despacho, nas suas três vertentes, o despacho será de proferir em qualquer uma das três situações.

IV. CONCLUSÃO

No início deste trabalho, assumimos o objectivo de estudar o regime da fase do saneamento do processo instituído pela reforma de 1995. Esse estudo teria de passar pela análise das soluções previstas na lei, em termos procedimentais. Porém, tal objectivo só seria, efectivamente, logrado se fossemos capazes de enquadrar essas soluções no próprio espírito da reforma. Na verdade, conforme tivemos a oportunidade de referir, a nota mais saliente da revisão de 1995 consistiu na reformulação de alguns dos princípios fundamentais do processo civil. Embora muitos dos aspectos da reforma estejam para além do âmbito deste trabalho, procurámos, na medida do possível, integrar este estudo numa dimensão mais abrangente. Daí as referências ao sentido actual do dispositivo e do inquisitório e, muito significativamente, ao novo princípio da cooperação. Daí o apelo a uma nova maneira de estar em juízo, a uma aproximação dos intervenientes no processo, marcada pelo ideia de diálogo e de comprometimento de todos na realização da função do processo: – a justa composição do litígio.

O trabalho desenvolvido procurou tornar mais *perceptíveis* os actuais contornos da fase do saneamento do processo. Com efeito, estamos convencidos de que esta fase processual só produzirá os resultados a que tende – os quais poderão ser muito frutuosos – quando os seus destinatários apreenderem o espírito da reforma. E, em rigor, segundo cremos, isso ainda não se verificou. Em primeira linha, esses destinatários são os magistrados (judiciais e do Ministério Público) e os advogados. Em segunda linha, serão aqueles que recorrem à justiça, isto é, as partes nos processos. Os magistrados e os advogados, porque são eles os profissionais do foro, cujo quotidiano é *preenchido* pelo processo civil. Muito do futuro desta reforma está nas suas mãos, indiscutivelmente. As partes surgem depois, porque o acesso delas ao processo civil é feito através dos respectivos mandatários, os quais têm o dever de as preparar e as alertar para o sentido da sua presença em juízo, à luz do novo código.

É claro que nem todos os problemas se resolvem por via do processo civil. Aliás, a verdadeira eficácia do processo supõe a verificação prévia de determinadas condições logísticas que, lamentavelmente, não estão ainda reunidas, ao nível da organização judiciária, ao nível do quadro de magistrados, ao nível do funcionamento das secretarias judiciais e ao nível das instalações dos tribunais. No entanto, não será por isso que o novo código de processo civil deixará de ter virtudes. Tem-nas, são múltiplas, e será uma pena se as não aproveitarmos, sendo certo que o ideal seria o CPC de 1995 estar já rodeado das tais condições indispensáveis. Recorde--se que foi, justamente, essa a *exigência* fixada por Klein, por ocasião da elaboração do emblemático código de processo civil austríaco, há um século atrás.

Para a fase do saneamento do processo, o novo código de processo civil trouxe relevantes novidades, de cuja concretização muito há a esperar, assim queiram aqueles de quem depende a sua aplicação no terreno. Foi o que aconteceu com a instituição do novo despacho pré-saneador (nas suas três vertentes), com a criação da audiência preliminar, com a possibilidade de a selecção da matéria de facto vir a ser um instrumento que permita a eficácia da instrução e a descoberta da verdade (e não o contrário). Paralelamente, a afirmação do princípio da sanabilidade da falta de pressupostos processuais, a flexibilização do ónus de alegação fáctica e a atenuação do regime das preclusões, muito contribuirão para que mais processos sejam resolvidos por sentenças de mérito e, principalmente, que tais sentenças sejam adequadas, materialmente, à realidade extraprocessual a que se dirigem.

Esperamos ter sido capazes de revelar tudo isso. Se assim puder ser entendido, talvez este trabalho constitua um contributo para o novo processo civil português.

BIBLIOGRAFIA

Apenas se citam as obras referidas no trabalho.
Os autores e as obras citam-se por ordem alfabética.
A expressão *op. cit.* a seguir a um autor significa que apenas foi considerada a obra indicada nesta bibliografia. Nos casos em que foram consultadas mais do que uma obra do mesmo autor, elas são indicadas por referência ao respectivo título.

ALEXANDRE, Isabel
— *Aspectos do novo processo civil (A fase da instrução no processo declarativo comum)*, Lisboa 1997.

ANDRADE, Manuel A. Domingues de
— *Lições de processo civil* (apontamentos de T. Moreno, Sousa Seco e P. Augusto Junqueiro), Coimbra 1945;
— *Noções elementares de processo civil*, Coimbra 1979.

BAPTISTA, J. João
— *Processo civil I. Parte geral e processo declarativo*, Lisboa 1996.

BATISTA, J. Pereira
— *Reforma do processo civil. Princípios fundamentais*, Lisboa 1996.

BASTOS, Jacinto Rodrigues
— *Notas ao código de processo civil*, Vol. I, 3ª Edição, Lisboa 1999, Vol. II, 3ª Edição, Lisboa 2000, Vol. III, Lisboa 1972 e Vol. III, 3ª Edição, Lisboa 2001.

BERIZONCE, Roberto Omar
— *"Código-tipo" y reforma del proceso em América Latina: entre el derecho común y el derecho uniforme*, Revista uruguaya de derecho procesal, 1, Montevideo 1989.

352 Paulo Pimenta

BRITO, Pedro Madeira de
— *Aspectos do novo processo civil (O novo princípio da adequação formal)*, Lisboa 1997.

CAPELO, Maria José de Oliveira
— *Interesse processual e legitimidade singular nas acções de filiação*, Studia Iuridica, 15, Coimbra 1996.

CARDOSO, Eurico Lopes
— *Código de processo civil anotado*, Coimbra 1962.
— *Código de processo civil anotado*, 3ª Edição, Coimbra 1967.

CARLOS, Adelino da Palma
— *Linhas gerais do processo civil português*, Lisboa 1991.

CASANOVA, Salazar
— *Direito processual civil – Estudos sobre temas do processo civil (Celeridade e eficácia no processo civil)*, Lisboa 2001.

CASTRO, Artur Anselmo de
— *Direito processual civil declaratório*, Coimbra 1981/1982.

CHIOVENDA, Giuseppe
— *Instituições de direito processual civil* (tradução de Paolo Capitanio), Campinas 1998.

CONSOLO, Claudio / LUISO, Francesco P. / SASSANI, Bruno
— *Commentario alla riforma del processo civile*, Milano 1996.

COSTA, Salvador da
— *A injunção e as conexas acção e execução*, Coimbra 2001.

CROZE, Hervé / MOREL, Christian
— *Procédure civile*, Paris 1988.

CUNHA, Paulo
— *Processo comum de declaração* (apontamentos de Artur Costa e Jaime de Lemos), 2ª Edição, Braga 1944.

DINAMARCO, Cândido Rangel
— *A reforma do código de processo civil*, 4ª Edição, 2ª Tiragem, São Paulo 1998.

Bibliografia

DOMINGUEZ, V. Cortês / SENDRA, V. Gimeno / CATENA, V. Moreno
— *Derecho procesal civil*, Madrid 1996.

FERREIRA, Cardona
— *Decreto-lei 242/85, de 9 de Julho (Reforma intercalar do processo civil)
– Notas práticas*, Torres Novas, 1986.

FREITAS, José Lebre de
— *A acção declarativa comum, à luz do código revisto*, Coimbra 2000;
— *A confissão no direito probatório*, Coimbra 1991;
— *Em torno da revisão do direito processual civil*, Revista da Ordem dos Advogados, Ano 55, I, Lisboa 1995;
— *Inconstitucionalidades do código de processo civil*, Revista do Ordem dos Advogados, Ano 52, I, Lisboa 1992;
— *Introdução ao processo civil. Conceito e princípios gerais à luz do código revisto*, Coimbra 1996;
— *Parecer da comissão de legislação da Ordem dos Advogados sobre o projecto de código de processo civil*, Revista da Ordem dos Advogados, Ano 50, III, Lisboa 1990;
— *Revisão do processo civil*, Revista da Ordem dos Advogados, Ano 55, II, Lisboa 1995.

FREITAS, José Lebre de / MACHADO, António Montalvão / PINTO, Rui
— *Código de processo civil anotado*, Vol. 2.º, Coimbra 2001.

FREITAS, José Lebre de / REDINHA, João / PINTO, Rui
— *Código de processo civil anotado*, Vol. 1.º, Coimbra 1999.

GERALDES, António Santos Abrantes
— *Temas da reforma do processo civil*, Vol. I, 2ª Edição, Coimbra 1999, e Vol. II, 3ª Edição, Coimbra 2000.

GOLDSCHMIDT, James
— *Derecho procesal civil* (tradução em língua espanhola de Leonardo Prieto Castro), Barcelona 1936.

GUILLÉN, Víctor Fairén
— *XII Jornadas Iberoamericanas de derecho procesal (Textos propuestos para la regulacion de la audiencia preliminar en el proyecto de codigo procesal civil-tipo para iberoamerica)*, Vol. II, Madrid 1990.

HABSCHEID, Walter J.
— *A função social do processo civil moderno e o papel do juiz e da partes*

354   *Paulo Pimenta*

na direcção e instrução do processo (direitos alemão e suíço), Scientia Iuridica, Tomo XLI, n.ᵒˢ 235/237, Braga 1992.

JAUERNIG, Othmar
— *Direito processual civil* (tradução de F. Silveira Ramos), Coimbra 2002.

MACHADO, António Montalvão
— *O dispositivo e os poderes do tribunal, à luz do novo código de processo civil*, 2.ª Edição, Porto 2001.

MACHADO, António Montalvão / PIMENTA, Paulo
— *Processo civil*, Porto 1994/1995;
— *O novo processo civil*, 4ª Edição, Coimbra 2002.

MAGALHÃES, Barbosa de
— *Estudos sobre o novo código de processo civil*, Lisboa 1940.

MARTINS, Herlander Antunes
— *A quesitação de factos susceptíveis apenas de prova documental*, Revista dos Tribunais, Ano 87.º, n.º 1844, Porto 1969.

MENDES, Armindo Ribeiro / FREITAS, José Lebre de
— *Parecer da comissão de legislação da Ordem dos Advogados sobre o anteprojecto de código de processo civil*, Revista da Ordem dos Advogados, Ano 49, II, Lisboa 1989.

MENDES, João de Castro
— *Direito processual civil*, Lisboa 1987;
— *Do conceito de prova em processo civil*, Lisboa 1961.

MENDONÇA, António Estelita
— *Os juízes, o processo e o questionário*, Scientia Iuridica, Tomo XXI, Braga 1972.

MORENO, Faustino Córdon
— *Ley de enjuiciamiento civil – Estudio preliminar*, Pamplona 2000.

MÚRIAS, Pedro Ferreira
— *Por uma distribuição fundamentada do ónus da prova*, Lisboa 2000.

NETO, Abílio
— *Código de processo civil*, 3ª Edição, Lisboa 1979;
— *Código de processo civil*, 15ª Edição, Lisboa 1999.

OSÓRIO, José
— *Julgamento de facto*, Revista de Direito e Estudos Sociais, Ano VII, Coimbra 1954.

PEREIRA, João Aveiro
— *O saneamento e a condensação no processo civil*, O Direito, Ano 130.º, n.º III-IV (Suplemento), Lisboa 1999.

PIMENTA, Paulo
— *Reconvenção*, Boletim da Faculdade de Direito da Universidade Coimbra, Vol. LXX (Separata), Coimbra 1994.

RAMOS, Fernando Silveira
— *As actas dos tribunais*, *Sub Judice* - Justiça e Sociedade, n.º 1, Lisboa 1991.

RANGEL, Rui
— *Direito processual civil – Estudos sobre temas do processo civil (Saneamento e condensação – A audiência preliminar: realidade ou ficção)*, Lisboa 2001.

REGO, Carlos Lopes do
— *Comentários ao código de processo civil*, Coimbra 1999.

REIS, José Alberto dos
— *Breve estudo sobre a reforma do processo civil e comercial*, 2ª Edição, Coimbra 1929;
— *Código de processo civil anotado*, Vol. II, 3ª Edição (reimpressão), Coimbra 1981, Vol. III, 4ª Edição (reimpressão), Coimbra 1985, e Vol. V (reimpressão), Coimbra 1984;
— *Código de processo civil (dúvidas e questões)*, Revista de Legislação e de Jurisprudência, Ano 72.º, Coimbra 1939/1940;
— *Comentário ao código de processo civil*, Coimbra 1945/1946;
— *Curso de processo ordinário, sumário e sumaríssimo civil e comercial* (apontamentos de António Batoque e António César Abranches), 2ª Edição, Coimbra 1932;
— *O novo código de processo civil*, Revista de Legislação e de Jurisprudência, Ano 72.º; Coimbra 1939/1940;
— *Processo ordinário civil e comercial*, Coimbra 1907;
— *Processo ordinário e sumário*, 2ª Edição, Coimbra 1928.

ROSENBERG, Leo
— *Tratado de derecho procesal civil* (tradução em língua espanhola de Angela Romera Vera), Buenos Aires 1955.

356 Paulo Pimenta

SALVADOR, Manuel Gonçalves
— *Saneador (caso julgado)*, Estudos de Direito, 1.º Volume, Lisboa 1965;
— *Valor do despacho saneador*, Justiça Portuguesa (Separata), Lisboa 1962.

SATTA, Salvatore / PUNZI, Carmine
— *Diritto processuale civile*, 13ª Edição, Padova 2000.

SENDRA, Vicente Gimeno
— *Jornadas sobre la reforma del proceso civil (Pasado, presente y futuro de la justicia civil)*, Madrid 1990.

SILVA, Carlos Manuel Ferreira da
— *A audiência preliminar em processo civil*, Scientia Iuridica, Tomo XLI, n.ᵒˢ 238/240, Braga 1992.

SILVA, Paula Costa e
— *Aspectos do novo processo civil (Saneamento e condensação no novo processo civil: A fase da audiência preliminar)*, Lisboa 1997.

SOARES, Fernando Luso
— *Direito processual civil*, Coimbra 1980.

SOARES, Fernando Luso / MESQUITA, Duarte Romeira / BRITO, Wanda Ferraz de
— *Código de processo civil anotado*, 11ª Edição, Coimbra 2000.

SOUSA, A. Pais de / FERREIRA, J. O. Cardona
— *Processo civil*, Lisboa 1997.

SOUSA, Miguel Teixeira de
— *A irrecorribilidade da abstenção de pronúncia por insuficiência da matéria de facto* (anotação ao Assento n.º 10/94, de 13 de Abril), Revista da Ordem dos Advogados, Ano 54, II, Lisboa 1994;
— *Apreciação de alguns aspectos da «Revisão do processo civil – Projecto»*, Revista da Ordem dos Advogados, Ano 55, II, Lisboa 1995;
— *As partes, o objecto e a prova na acção declarativa*, Lisboa 1995;
— *Direito processual civil – Estudos sobre temas do processo civil (A audiência preliminar: uma mudança de paradigma no processo civil)*, Lisboa 2001.
— *Estudos sobre o novo processo civil*, 2ª Edição, Lisboa 1997;
— *Introdução ao processo civil*, Lisboa 1993;
— *Sobre o sentido e a função dos pressupostos processuais (Algumas reflexões sobre o dogma da apreciação prévia dos pressupostos proces-*

suais na acção declarativa), Revista da Ordem dos Advogados, Ano 49, I, Lisboa 1989.

VARELA, Antunes
— *A evolução do processo civil nos últimos quarenta anos*, Boletim do Ministério da Justiça, n.º 160, Lisboa 1966;
— *A frustrada reforma do processo civil*, Revista de Legislação e de Jurisprudência, n.ºs 3889-3890, Coimbra 1998;
— *A reforma do processo civil*, Revista de Legislação e de Jurisprudência, n.º.s 3803-3810, Coimbra 1991/1992;
— *A reforma do processo civil português – Principais inovações na estrutura do processo declaratório ordinário*, Revista de Legislação e de Jurisprudência, n.ºs 3870-3900, Coimbra 1997/1999;
— *A reforma do processo e o diploma intercalar*, Revista de Legislação e de Jurisprudência, n.ºs 3734-3736, Coimbra 1985;
— *Anteprojecto do código de processo civil (Comentário)*, Revista de Legislação e de Jurisprudência, n.ºs 3772-3779, Coimbra 1988/1989;
— *Do anteprojecto ao projecto do código de processo civil*, Revista de Legislação e de Jurisprudência, n.ºs 3781-3793, Coimbra 1989/1990;
— *Linhas fundamentais do anteprojecto do novo código de processo civil*, Revista Legislação e de Jurisprudência, n.ºs 3763-3772, Coimbra 1987/1988;
— *Os juízos de valor da lei substantiva, o apuramento dos factos na acção e o recurso de revista*, Colectânea de Jurisprudência, Ano XX, Tomo IV, Coimbra 1995.

VARELA, Antunes / BEZERRA, J. Miguel / NORA, Sampaio e
— *Manual de processo civil*, 2ª Edição, Coimbra 1985.

VAZ, Alexandre Mário Pessoa
— *Direito processual civil. Do antigo ao novo código*, Coimbra 1998.

VAZ, Teresa Sapiro Anselmo
— *Novas tendências do processo civil no âmbito do processo declarativo comum (alguns aspectos)*, Revista da Ordem dos Advogados, Ano 55, III, Lisboa 1995.

VINCENT, Jean / GUINCHARD, Serge
— *Procédure civile*, 24ª Edição, Paris 1996.

ÍNDICE

I. INTRODUÇÃO 9

II. A FASE DO SANEAMENTO DO PROCESSO ANTES DA VIGÊNCIA DO NOVO CÓDIGO DE PROCESSO CIVIL.. 15

A) A FASE DO SANEAMENTO DO PROCESSO NO PERÍODO ANTERIOR AO CÓDIGO DE PROCESSO CIVIL DE 1939........ 17

   1. NOTA LIMINAR 17

   2. O DECRETO N.º 3, DE 29 DE MAIO DE 1907 19

   3. O DECRETO N.º 12:353, DE 22 DE SETEMBRO DE 1926.... 21

   4. O DECRETO N.º 18:552, DE 3 DE JULHO DE 1930 23

   5. O DECRETO N.º 21:287, DE 26 DE MAIO DE 1932 25

   6. O DECRETO N.º 21:694, DE 29 DE SETEMBRO DE 1932.... 27

B) A FASE DO SANEAMENTO DO PROCESSO NO CÓDIGO DE PROCESSO CIVIL DE 1939 31

   1. PRELIMINARES 31

   2. ENQUADRAMENTO DA FASE DO SANEAMENTO DO PROCESSO NA TRAMITAÇÃO DA ACÇÃO DECLARATIVA... 35

   3. AUDIÊNCIA PREPARATÓRIA 37
      3.1. Finalidades da audiência preparatória 37
      3.2. Convocação e regime da audiência preparatória 40

360   *Paulo Pimenta*

4. DESPACHO SANEADOR 43
4.1. Preliminares 43
4.2. Funções do despacho saneador 44
4.3. Valor das decisões proferidas no despacho saneador 49
4.4. Recurso do despacho saneador 52

5. ORGANIZAÇÃO DA MATÉRIA DE FACTO 55
5.1. Preliminares 55
5.2. Especificação 57
5.3. Questionário 59
5.4. Reacções contra a especificação e o questionário 61

C) A FASE DO SANEAMENTO DO PROCESSO NO CÓDIGO DE
PROCESSO CIVIL DE 1961 65

1. PRELIMINARES 65

2. ENQUADRAMENTO DA FASE DO SANEAMENTO DO
PROCESSO NA TRAMITAÇÃO DA ACÇÃO DECLARATIVA   69

3. AUDIÊNCIA PREPARATÓRIA 71
3.1. Casos de audiência preparatória 71
3.2. Convocação e regime da audiência preparatória 73

4. DESPACHO SANEADOR 75
4.1. Preliminares 75
4.2. Funções do despacho saneador 76
    4.2.1. Apreciação das excepções dilatórias e das nulidades
        processuais 76
    4.2.2. Decisão das excepções peremptórias 81
    4.2.3. Conhecimento directo do pedido 83
4.3. Valor das decisões proferidas no despacho saneador 85
4.4. Recurso do despacho saneador 90

5. ORGANIZAÇÃO DA MATÉRIA DE FACTO 95
5.1. Preliminares 95
5.2. Especificação 98
5.3. Questionário 98
5.4. Reacções contra a especificação e o questionário 102
5.5. Valor da especificação e do questionário 104

III. A FASE DO SANEAMENTO DO PROCESSO APÓS A VI-GÊNCIA DO NOVO CÓDIGO DE PROCESSO CIVIL...... 107

1. PRELIMINARES 109
2. ANTECEDENTES DO NOVO CÓDIGO DE PROCESSO CIVIL

    2.1. A Reforma Intercalar de 1985... 111
    2.2. O Anteprojecto de 1988 114
    2.3. O Projecto de 1990.. 115
    2.4. As "Linhas orientadoras da nova legislação processual civil" 119

3. ENQUADRAMENTO DA FASE DO SANEAMENTO DO PRO-CESSO NA TRAMITAÇÃO DA ACÇÃO DECLARATIVA ... 123
    3.1 Preliminares... 123
    3.2. Tramitação da acção declarativa, desde a apresentação da petição inicial até ao início do saneamento......................... 128

4. DESPACHO PRÉ-SANEADOR.. 137
    4.1. Preliminares... 137
    4.2. O despacho pré-saneador e a falta de pressupostos proces-suais 138
    4.3. O despacho pré-saneador e os articulados irregulares 147
    4.4. O despacho pré-saneador e os articulados facticamente im-perfeitos 154
    4.5. Regime do despacho pré-saneador...................................... 175
        4.5.1. Regime do despacho pré-saneador proferido para su-prir a falta de pressupostos processuais susceptíveis de sanação... 176
        4.5.2. Regime do despacho pré-saneador proferido para su-prir as irregularidades dos articulados 180
        4.5.3. Regime do despacho pré-saneador proferido para o aperfeiçoamento fáctico dos articulados................... 182

5. AUDIÊNCIA PRELIMINAR 209
    5.1. Preliminares 209
    5.2. Objectivos principais da audiência preliminar 219
        5.2.1. Tentativa de conciliação das partes......................... 219
        5.2.2. Discussão sobre as excepções dilatórias que o juiz deva apreciar 229
        5.2.3. Discussão sobre o eventual conhecimento imediato do mérito da causa 231
        5.2.4. Discussão destinada à delimitação do litígio e ao supri-

mento das insuficiências ou imprecisões fácticas que
ainda subsistam ou que aí se revelem 233
5.2.5. Prolação do despacho saneador................................ 236
5.2.6. Selecção da matéria de facto.................................... 237
5.3. Objectivos complementares da audiência preliminar.......... 240

6. DESPACHO SANEADOR.. 245
6.1. Preliminares.. 245
6.2. Conhecimento de questões processuais 246
6.2.1.Ineficácia da falta de pressupostos processuais 262
6.3. Conhecimento do mérito da causa 278

7. SELECÇÃO DA MATÉRIA DE FACTO 289
7.1. Preliminares 289
7.2. Objecto da selecção fáctica 293
7.2.1 Especificação.. 310
7.2.2. Base instrutória.. 312
7.3. Procedimento da selecção fáctica...................................... 324
7.4. Valor da selecção da matéria de facto 330

8. DISPENSA DA AUDIÊNCIA PRELIMINAR........................ 333

9. BREVE REFERÊNCIA À FASE DO SANEAMENTO EM
PROCESSO SUMÁRIO... 343

IV. CONCLUSÃO.. 347

BIBLIOGRAFIA... 351

ÍNDICE 359